舰船减振降噪基础

帅长庚　马建国　高　华　编著

科学出版社

北　京

内 容 简 介

　　本书系统介绍舰船减振降噪的基础理论和若干工程应用。全书共分 8 章，第 1 章介绍水声探测与声隐身基础知识，第 2～4 章分别介绍水动力噪声、舰船推进器噪声以及机械噪声等三类主要噪声源的产生机理及常用控制方法，第 5 章介绍舱室空气噪声及其控制技术，第 6 章介绍船舶振声测量基础知识及测试评估方法，第 7 章介绍减振元件性能测量与评估方法，第 8 章介绍基于自拖曳阵的本艇辐射噪声监测与预报基础理论及技术应用。

　　本书内容较全面，概念清楚，实用性强，在取材上选用了大量国内外文献及工程实用案例，并加入了本领域相关的最新研究成果，可作为舰船减振降噪相关专业高年级本科生、研究生及在职培训人员的教学用书，同时又可供有关工程技术人员参考。

图书在版编目(CIP)数据

舰船减振降噪基础/帅长庚，马建国，高华编著.—北京：科学出版社，2023.5
ISBN 978-7-03-073901-8

Ⅰ．①舰…　Ⅱ．①帅…　②马…　③高…　Ⅲ．①军用船-减振降噪
Ⅳ．①U674.7

中国版本图书馆 CIP 数据核字(2022)第 227848 号

责任编辑：刘凤娟　杨　探／责任校对：彭珍珍
责任印制：吴兆东／封面设计：无极书装

科 学 出 版 社 出版
北京东黄城根北街 16 号
邮政编码：100717
http://www.sciencep.com

北京建宏印刷有限公司 印刷
科学出版社发行　各地新华书店经销
＊

2023 年 5 月第 一 版　开本：720×1000　1/16
2023 年 5 月第一次印刷　印张：31 1/4
字数：613 000
定价：148.00 元
(如有印装质量问题，我社负责调换)

前　言

　　舰船减振降噪是一项高度综合的复杂系统工程，不仅涉及振动、声学、力学、材料、机械、控制等学科领域，且与舰船总体、系统、设备等密切相关。近年来，随着国内对舰船减振降噪关注度的日益提升，很多不同学科专业背景的学生、工程技术人员都想进入该领域，从事相关技术研究，尽管他们可在许多文献中阅读到大量减振降噪相关资料，但这些资料体量大且过于分散，使他们很难快速系统地全面了解并掌握该领域知识。针对这一情况，我们依托重点学科建设项目，结合多年减振降噪教学、科研及工程实践经验，从水声探测与隐身，以及船舶振动与噪声控制、噪声测试、元器件性能测量与评估等方面出发，对国内外相关文献资料进行消化整理，编撰出本书，其可作为想从事舰船减振降噪相关专业研究的高年级本科生、研究生及在职培训人员的教材，同时也可供有关工程技术人员参考。在应用本书之前，读者须有振动、声学基础等相关知识储备。

　　本书在内容选择上，重点是使读者了解降噪与隐身的关系，知悉舰船主要噪声源及控制方法、振声及元器件测量等基本知识，着重物理概念、机理分析、工程实践等相关内容的叙述。根据上述指导思想，本书共设 8 章。第 1 章简要介绍了水声探测与声隐身的基础知识，包括水声学的基本理论知识、声呐探测原理，以及影响声呐探测的因素等；第 2~4 章对水动力噪声、舰船推进器噪声以及机械噪声等三类主要噪声源的产生机理进行了分析，并对当前国内外常用的控制方法进行了详细的阐述；随着舰船朝着越来越安静化发展，过高的舱室空气噪声越来越受到重视，第 5 章针对此问题介绍了舱室空气噪声的噪声源及工程控制技术；船舶振动噪声测试是船舶设计、建造、使用过程中认识和了解系统特性的重要技术手段，也是对减振降噪技术评估不可或缺的技术手段，本书第 6 章和第 7 章分别对船舶振声及减振元件性能测量与评估的方法进行了介绍；第 8 章为一种新技术应用的介绍，利用舰船拖曳声呐阵对其辐射噪声进行实时监测、预报与评估。

　　本书由帅长庚教授主编，并编写了第 1~4 章和第 6 章，负责全书的审校工作；马建国博士编写了第 5 章和第 8 章；高华博士编写了第 7 章；骆飞洋博士、李步云博士、袁成人博士在第 2~4 章和第 6 章的编写过程中负责资料收集整理，张世轲博士为本书统稿做了大量工作；在本书初稿完成之后，何琳院士、杨雪研究员、程果副研究员、金著博士、吴伟彬博士等作了认真细致的审阅，并提出了许多宝贵的意见。在此一并表示衷心感谢！

　　舰船减振降噪技术仍在不断发展中，目前仍有不少难题尚未解决，新的方法和技术也在不断涌现，本书无法将所有的问题和方法都做以介绍，编者深感水平有限，本书中不免有不当之处，敬请读者不吝指正。

帅长庚

2022 年 9 月于武汉

目 录

第 1 章 水声探测与声隐身

目前用于水下探测的主要有主动声呐和被动声呐。主动声呐通过自身发射声波，并分析接收到的目标反射波来探测目标；被动声呐通过分析声呐基阵捕获对方发出的各种水声信号来探测目标。声呐系统的工作流程，一般由三个基本环节组成，即声源 (声信号发射系统或被探测目标)、海水信道和接收设备，它们决定了声呐性能的优劣。这三个环节中的每一个，又需要用若干参数定量描述其特性，这些参数称为声呐参数。根据声呐系统的信号流程，将声呐参数有机组合起来，就得到声呐方程。声呐方程从能量角度综合了声呐参数对声呐性能的影响，它是声呐设计和声呐合理使用的依据。水下噪声研究的对象主要为海洋环境噪声、目标自噪声以及目标辐射噪声。其中海洋环境噪声和目标自噪声是声呐系统的主要干扰背景噪声，限制装备的性能；目标辐射噪声是声呐系统的声源，通过接收该噪声实现目标的检测。对水下噪声的研究，一方面可提高声呐系统的抗干扰能力和技术性能；另一方面可用于目标的减振降噪，以提高目标自身的隐蔽性和安全性 [1-3]。

1.1 水声学基础

1.1.1 声呐参数

1. 声源级

声源级 SL 定义为

$$SL = 10 \lg \left(\frac{\text{标准距离上的声源强度}}{\text{参考声强}} \right) = \frac{I}{I_0} \tag{1.1.1}$$

其中，标准距离上的声源强度 I 指的是发射器声轴方向上离声源声中心 1m 处的声强，参考声强 I_0 指的是均方根声压 1μPa 的平面波声强，它约为 $0.67 \times 10^{-18} \mathrm{W/m^2}$。

无指向性声源级 SL 指的是距离声源中心标准距离 1m 处的声强。当无指向性辐射声源的输出功率为 P_a 时，距其中心 1m 处的声强为

$$I = P_a/(4\pi) \tag{1.1.2}$$

则其声源级可表示为

$$SL = 10 \lg P_a + 170.77 \tag{1.1.3}$$

2. 发射换能器的发射指向性指数

发射换能器应具有指向性，使发射的声能集中在指定方向上，进而相应的回声信号强度也得到提高，可有效提高主动声呐作用距离。发射换能器的 "指向" 特性，通常用发射指向性指数 DI 来表示，其定义为

$$DI = 10\lg \left(\frac{I_d}{I_{nd}} \right) \tag{1.1.4}$$

其中，I_d 为指向性发射器声轴方向上测得的声强，I_{nd} 为无指向性发射器的声强。

此时的声源级 SL 为

$$SL = 10\lg P_a + 170.77 + DI \tag{1.1.5}$$

3. 辐射声功率

发射换能器的辐射总声功率 P 与提供给发射换能器的电功率 P_e 之比为发射换能器的效率 E。

发射器的效率依赖于带宽，对于可调的窄带发射器，其效率可在 0.2~0.7 变化，目前船用声呐的辐射声功率范围为几百瓦到几十千瓦，发射指向性指数为 10~30dB，所以其声源级范围为 210~240dB[4]。

4. 传播损失

传播损失 (TL) 是度量声源到远处接收机之间声强衰减大小的一个物理量。由于海水介质为不均匀的非理想介质，介质本身的吸收、声传播过程中波阵面的扩展及海水中各种不均匀性的散射等原因，传播方向上的声强将会逐渐减弱。若 I_0 为距离声源等效声中心 1m 处的声强，I_a 为距离声源 a 处的声强，则传播损失 TL 为

$$TL = 10\lg \left(\frac{I_0}{I_a} \right) \tag{1.1.6}$$

在海水中，声波的传播损失主要由扩展损失和吸收损失两部分组成，即

$$传播损失TL = 扩展损失TL_1 + 吸收损失TL_2 \tag{1.1.7}$$

声传播扩展损失可表示为

$$TL_1 = n \cdot 10\lg r \tag{1.1.8}$$

其中，r 为传播距离；n 为常数，在不同的计算条件下，它取不同的数值。表 1.1.1 给出了典型声传播损失公式中 n 的取值。

表 1.1.1 典型声传播损失公式中 n 的取值

n 的取值	适用条件
0	适用于平面波，无扩展损失
1	适用于柱面波
3/2	计入海底声吸收情况下的浅海声传播
2	适用于球面波
3	适用于声波通过浅海负跃变层后的声传播损失
4	计入平整海面的声反射干涉效应后，在远场区内的声传播损失

声波在海水中传播时，吸收损失主要有黏性和分子弛豫两种机理。海水吸收引起的传播损失与吸收系数 α 和传播距离 r 有关，可表示为

$$TL_2 = r\alpha \tag{1.1.9}$$

分子弛豫产生的损失仅存在于海水中，其机理为声压诱发作用使一些分子还原为离子，在频率非常高 (约高于 500kHz) 的情况下，压力的变化对于分子弛豫的产生而言过快，因此无能量的吸收，故不存在分子弛豫产生的吸收损失；在 2~500kHz 的频段，硫酸镁分子弛豫损失起主导作用；频率低于 2kHz 时，吸收损失主要来自硼酸分子的弛豫。

在 0.1~1kHz 范围，水中的吸收系数 α 可用三项 (见表 1.1.2) 相加的和表示。

表 1.1.2 不同环境下水中的吸收系数 α

影响因素	α
海水和淡水共同的黏滞损失	$\dfrac{1.71 \times 10^8 \left(\dfrac{4}{3}\mu_f + \mu_f'\right) f^2}{\rho c^3}$
溶解镁盐导致的弛豫损失 (仅限海水)	$\dfrac{2.03 \times 10^{-5} S f_{\rm rm} f^2 \left(1 - 1.23 \times 10^{-3} p\right)}{f^2 + f_{\rm rm}^2}$
硼酸的存在导致的弛豫损失 (仅限海水)	$\dfrac{53.9 f_{\rm rb} f^2 \cdot 10^{0.69\rm pH - 8}}{c \left(f^2 + f_{\rm rb}^2\right)}$

表 1.1.2 中，α 为吸声系数 (单位:dB/m)；μ_f 为动态剪切黏度 (单位:kg/(m·s))；μ_f' 为体积黏度 (单位：kg/(m·s))；ρ 为密度 (单位：kg/m^3)；c 为声速 (单位：m/s)；S 为盐度 (单位：千分率)；f 为频率 (单位：kHz)；$f_{\rm rb}$ 为硼盐的弛豫频率 (单位：kHz)；$f_{\rm rm}$ 为镁盐的弛豫频率 (单位：kHz)；p 为大气压 (单位：Pa)；pH 为海水酸性。

表 1.1.2 中的一些参数受周围环境温度的影响比较明显，表 1.1.3 给出了温度 T 与海水动态剪切黏度 μ_f 的关系，表 1.1.4 和表 1.1.5 分别列出了温度 T 与海水中硫酸镁、硼酸的弛豫频率关系。

表 1.1.3   温度与海水动态剪切黏度的关系

温度/℃	$\mu_f/(\mathrm{kg}/(\mathrm{m}\cdot\mathrm{s}))$
0	1.787×10^{-3}
5	1.519×10^{-3}
10	1.307×10^{-3}
15	1.139×10^{-3}
20	1.002×10^{-3}
25	0.8904×10^{-3}
30	0.7975×10^{-3}

注：其中水的体积黏度 μ_f' 是动态剪切黏度 μ_f 的 2.81 倍。

表 1.1.4   温度与海水中硫酸镁的弛豫频率关系

温度/℃	$f_{\mathrm{rm}}/\mathrm{kHz}$
0	59.2
5	74.6
10	93.2
15	116
20	142
25	174
30	211

表 1.1.5   温度与海水中硼酸的弛豫频率关系 ($s = 35‰$)

温度/℃	$f_{\mathrm{rb}}/\mathrm{kHz}$
0	0.862
5	1.01
10	1.18
15	1.37
20	1.58
25	1.81
30	2.07

5. 目标强度

在主动声呐探测中，水下目标反射特性与发射信号波形一起构成信号源的特性。在声呐方程中，用目标强度这一参量来描述目标反射能力，目标强度 TS 的定义是距离目标 "声学中心" 1m 处由目标反射回来的声强与在同一方向上由远处入射的声强之比，即

$$TS = 10\lg\left(\frac{I_r}{I_i}\right) \tag{1.1.10}$$

其中，I_i 为距离目标 "声学中心" 1m 处由目标反射回来的声强，I_r 为同一方向上由远处入射的声强。

目标强度是空间方位的函数,在空间的不同方位,目标的回波强度也不同。潜艇、鱼雷、水雷或海洋生物等复杂结构水下目标的反射声形成过程是多种的,主要有:① 镜反射;② 表面上有规则性的散射,不规则性就是曲率半径小于波长的棱角、边缘等;③ 声透入目标内部,引起内反射声波;④ 共振效应,某些入射波频率和方位可以激起目标不同的振动模式,往往会提高目标强度。

水下目标的反射声与入射声相比,经常具有如下特征:① 多普勒频移;② 脉冲声信号的持续时间拉长;③ 回声包络的不规则性;④ 调制效应。经舰船螺旋桨调制的尾部方向反射声与船壳和尾流所合成的回声包络频率不同,会使反射声出现拍频或振幅变化。对于像潜艇这样形状和结构都非常复杂的反射体,在理论上计算目标强度是非常困难的,虽然做了大量实测研究,但到目前为止,仍有许多问题有待深入研究。

6. 海洋环境噪声级

海水介质中,存在大量各种各样的噪声源,并对声呐设备的工作构成干扰,环境噪声级就是用来度量环境噪声强弱的量,其定义为

$$NL = 10 \lg \left(\frac{I_N}{I_r} \right) \tag{1.1.11}$$

其中,I_r 为参考声强,I_N 为测量带宽内的噪声强度。

7. 接收器的接收指向性指数

与发射换能器总有一定的指向性一样,接收换能器一般也有指向特性,称为接收指向性指数 DI,定义为

$$DI = 10 \lg \left(\frac{I_d}{I_{nd}} \right) \tag{1.1.12}$$

设两个水听器,一个无指向性,另一个有指向性,且其轴向灵敏度等于无指向性水听器的灵敏度,设为单位值。现将它们置于单位立体角内的噪声功率为 I_i 的各向同性噪声场中,此时无指向性水听器产生的噪声功率是

$$R_N = m \int_{4\pi} I_i \mathrm{d}\Omega = 4\pi m I_i \tag{1.1.13}$$

式中,m 是与水听器灵敏度有关的比例常数,$\mathrm{d}\Omega$ 是元立体角。在同一噪声场中,指向性水听器产生的噪声功率是

$$R_D = m \int_{4\pi} I_i b(\theta, \varphi) \mathrm{d}\Omega = m I_i \int_{4\pi} b(\theta, \varphi) \mathrm{d}\Omega \tag{1.1.14}$$

其中，$b(\theta, \varphi)$ 是归一化的声束图案函数，θ, φ 是空间方位角。根据指向性指数的定义，由式 (1.1.13) 和 (1.1.14) 可得

$$DI = 10\lg \frac{R_N}{R_D} = 10\lg \left(\frac{4\pi}{\displaystyle\int_{4\pi} b(\theta, \varphi)\, \mathrm{d}\Omega} \right) \tag{1.1.15}$$

值得注意的是，参数 DI 只对于各向同性噪声场中的完全相干信号才有意义，对于不具有各向同性特性的信号和噪声场，需用阵增益来表示指向性接收器的上述特征 [4]。

接收水听器的接收指向性指数，原则上通过积分式 (1.1.15) 得到，但是对于一些几何形状较为简单的换能器阵，可用阵的尺寸来表示它的值。表 1.1.6 列出了四种简单形状基阵的 DI 表达式，给出了 DI 与基阵尺寸的函数关系。

表 1.1.6   四种简单形状基阵的 DI 表达式 [4]

型式	声束图案函数	$DI = 10\lg$
长度为 $L \geqslant \lambda$ 的连续线阵	$\left[\dfrac{\sin(\pi L/\lambda)\sin\theta}{(\pi L/\lambda)\sin\theta} \right]^2$	$\dfrac{2L}{\lambda}$
无线障板上直径为 $D \geqslant \lambda$ 的活塞	$\left[\dfrac{2J_1 \sin(\pi D/\lambda)\sin\theta}{(\pi D/\lambda)\sin\theta} \right]^2$	$\left(\dfrac{\pi D}{\lambda} \right)^2$
间距为 d 的 n 个等间隔基元构成的线阵	$\left[\dfrac{\sin(n\pi d\sin\theta/\lambda)}{n\sin((\pi d/\lambda)\sin\theta)} \right]^2$	$1 + \dfrac{2}{n}\displaystyle\sum_{\rho=1}^{n-1} \dfrac{(n-\rho)\sin(2\rho\pi d/\lambda)}{2\rho\pi d/\lambda}$
双基元阵，间距为 d, $n = 2$	$\left[\dfrac{\sin(2\pi d\sin\theta/\lambda)}{2\sin\theta\,[(\pi d/\lambda)\sin\theta]} \right]^2$	$\dfrac{2}{1 + \left[\dfrac{\sin(2\pi d/\lambda)}{2\pi d/\lambda} \right]}$

8. 检测阈值

如果声呐设备接收器在接收带宽内的信号功率与工作频带带宽 (或 1Hz 带宽内) 的噪声功率的比值较高，则设备就能工作，它的 "判决" 也是可信的；反之，上述比值较低时，设备就不能正常工作，它做出的 "判决" 也就不可信。工程上将工作带宽内接收信号功率与工作带宽 (或 1Hz 带宽内) 的噪声功率的比值 (用分贝表示) 称为接收信号信噪比，它被定义为

$$SNR = 10\lg \frac{\text{信号功率}}{\text{噪声功率}} \tag{1.1.16}$$

在水声技术中，习惯上将设备刚好能完成预定职能时所需的处理器输入端的

信噪比值称为检测阈,它定义为

$$DT = 10 \lg \frac{刚好完成某种职能的信号功率}{水听器输出端上的噪声功率} \tag{1.1.17}$$

由式 (1.1.17) 可知,检测阈 DT 即为信号声级高出噪声声级的分贝数,对于完成同样职能的声呐来说,检测阈值较低的设备,其处理能力较强,性能也就较好。

声呐方程中 DT 是一个难以确定的量,若为视觉检测,一般 $DT \geqslant 6\mathrm{dB}$;若为听觉检测,不同声呐员会有不同的值,一个训练有素的声呐员的检测阈可以很低,甚至为负的分贝值,因而作用距离就会很远。因此,声呐探测过程中,声呐员的作用不可忽视,必须长期训练。

1.1.2　声呐方程

声呐设备总是工作在背景干扰的环境中,其工作时既接收有用的信号,同时也收到背景噪声。如果接收信号级与背景干扰级之差刚好等于设备的检测阈值,根据检测阈值的定义可知,此时设备刚好能完成预定的职能,反之,设备就不能正常工作。利用此种关系作为组成声呐方程的基本原则 [3-5]。

1. 主动声呐方程

主动声呐是自己发射声波,通过接收目标的回波来发现目标,并测定其方位、距离和径向速度,它是反潜探测的主要手段之一,可用于探测静止不动的无噪声目标、低噪声目标、测深、探雷等。舰用主动声呐由于体积限制,一般工作频率在 3kHz 以上。

根据主动声呐信息流程及声呐方程的基本原则,可以很方便地写出主动声呐方程。考虑一个收发合置的主动声呐,其辐射声源级为 SL,当辐射达到目标时(如果声源的轴指向目标),由于有传播损失,因而声级降低,变为 $SL-TL$,又由于被目标强度为 TS 的目标反射或散射,因而在返回声源方向上,距目标的声学中心 1m 处的声级为 $SL-TL+TS$,此时回声到达接收阵时,声级再次由于传播损失而衰减,变为 $SL-2TL+TS$。另一方面,由于环境噪声级 NL 也作用于接收水听器,但它受到接收阵接收指向性指数 DI 的抑制,所以在换能器端上,相对噪声功率为 $NL-DI$。因为换能器的声轴与回声来的方向相合,所以相对回声功率不受换能器指向性指数 DI 的影响。于是,得到接收信号的信噪比 (以分贝表示) 的表达式

$$SL - 2TL + TS - (NL - DI) \tag{1.1.18}$$

根据声呐方程组成原则,就可得到如下形式的主动声呐方程:

$$SL - 2TL + TS - (NL - DI) = DT \tag{1.1.19}$$

方程 (1.1.19) 适用于收、发合置型声呐。在某些声呐中声源和接收器分开，此时声信号往返的传播损失一般不相同，所以不能简单地用 $2TL$ 来表示往返传播损失。另外，方程 (1.1.19) 仅适用于背景干扰为各向同性的环境噪声情况。但对于主动声呐来说，混响也是它的背景干扰，而混响是非各向同性的，因而当混响成为主要背景干扰时，就应使用等效平面波混响级 RL 来替代各向同性背景干扰 $NL-DI$，此时主动声呐方程为

$$SL - 2TL + TS - RL = DT \tag{1.1.20}$$

在实际工作中，为方便起见，对声呐方程式诸项的不同组合给以不同的名称，这些组合量具有明确的物理意义。设 SE 为剩余信号时，主动声呐方程可写为

$$SE = SL - 2TL + TS - (NL - DI + DT) \tag{1.1.21}$$

当 $SE=0$ 时，在规定的 DT 阈的概率条件下检测刚好实现。

在式 (1.1.19) 中，参数 SL、NL、DI、DT、TS 与探测距离无关，定义优质因数 FOM

$$FOM = SL + TS - (NL - DI + DT) \tag{1.1.22}$$

由 $FOM=2TL$ 可计算出声呐对目标探测的最远作用距离，FOM 越大，声呐的作用距离越远。

2. 被动声呐方程

被动声呐探测是通过检测目标的辐射噪声来发现目标的，并测定其方位、距离等参数，可分为宽带探测和窄带探测两种，其中宽带探测采用较宽的工作频带和较长的积分时间，以获取尽可能高的时间增益，提供声场各个方向的声强分布，通过波瓣的比较来发现目标；窄带探测用于检测线谱目标，采用多通道快速傅里叶分析设备和多通道后置积累器来实现多波束窄带分析，计算分波束输出线谱的互功率谱来识别目标并测定其方位。如图 1.1.1 所示为采用被动声呐浮标侦测潜艇辐射噪声示意图。

首先，此时噪声源 SL 为距离目标 1m 处的目标辐射噪声级，目标强度 TS 这一参数不需要了；其次，噪声源发出的噪声不需要往返程传播，传播损失 TL 应计单程；再次，被动声呐的背景干扰一般为环境总噪声，不存在混响干扰。此时被动声呐方程可写为

$$SL - TL - (NL - DI) = DT \tag{1.1.23}$$

设 SE 为剩余信号时，被动声呐方程也可写为

$$SE = SL - TL - (NL - DI + DT) \tag{1.1.24}$$

定义优质因数 FOM

$$FOM = SL - (NL - DI + DT) \tag{1.1.25}$$

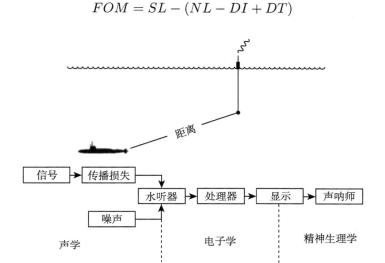

图 1.1.1 被动声呐浮标侦测潜艇辐射噪声示意图

3. 声呐方程的应用

经典声呐方程是建立在声呐信号平均能量的基础上，而且某些参数散布在很大的范围内，因而其应用会受到一定的限制。尽管如此，经典声呐方程以简洁、明了的形式，说明了影响声呐工作诸因素的相互关系，物理意义十分清晰，所以在声呐设备的最佳设计和设备性能预报中得到十分广泛的应用。

声呐方程在水声工程中因使用目的和场合的不同，有许多不同形式的重要应用，具体可归纳为以下两个方面。

1) 声呐性能预报

声呐性能预报是针对已有的或正在设计、研制中的声呐设备进行性能预报。这时设备的设计特点和若干参数是已知的或假设的，要求对另外一些声呐参数作出估计，以检验设备的某些重要性能。

例 1.1.1 设某一主动声呐具有声源级 SL=140dB，指向性指数 DI=15dB，检测阈 DT 为 8dB，当环境噪声级 NL 为 -10dB 时，对于目标强度 TS 为 15dB 的检测距离 r 为多少？

解 根据主动声呐方程式 (1.1.19) 可得

$$TL = \frac{1}{2}\left(SL + TS - NL - DI + DT\right)$$

$$= \frac{1}{2}(140 + 15 + 10 - 15 + 8) = 79 \ (\text{dB})$$

假定为无吸收的球面扩散，则 $TL = 20\lg r = 79\text{dB}$，可得 $r \approx 8912\text{m}$。

2) 声呐设计

声呐方程的另一个用途是用于声呐设计。这时，预先规定了所设计设备的职能及相应的各项战术技术指标，在此条件下，应用声呐方程综合平衡各参数的影响，以达到参数的合理选取和设备的最佳设计。

例 1.1.2　设在下列条件下：$TL=80\text{dB}$，$NL=10\text{dB}$，$DT=-10\text{dB}$，要求一被动声呐能检测 $SL=50\text{dB}$ 的噪声目标，则其接收指向性指数 DI 应设计为多少？

解　根据被动声呐方程式 (1.1.23) 可得

$$DI = NL + DT - SL + TL = 10 - 10 - 50 + 80 = 30(\text{dB})$$

1.1.3　海洋声传播特性

1. 声速

海洋中的声速与温度、压力 (深度) 和盐度有关，测量表明，声速随温度、压力和盐度的增加而增加，其中以温度的影响最为显著。有多种经验公式可对其进行计算，文献 [1] 中列出了其中一种为

$$
\begin{aligned}
c = {} & 1492.9 + 3(t-10) - 6 \times 10^{-3}(t-10)^2 - 4 \times 10^{-2}(t-18)^2 \\
& + 1.2(s-35)^2 - 10^{-2}(t-18)(s-35) + h/61
\end{aligned}
\tag{1.1.26}
$$

其中，c 为声速 (m/s)，t 为温度 (℃)，s 为盐度 (千分比：ppt)，h 为深度 (m)。

2. 声速分布图

声速分布图是海洋中声速随深度变化的曲线图，与地理位置、季节、一天中的时间和温度有关。由于声速随着温度和深度的增加而增加，当海面处的水温高于深处海水的温度时，随着深度的增加就有两个相反的声速变化趋势，这导致了水面以下几百米的深度上，声速分布图千变万化，若进一步考虑每天的天气与海情，以及海面表层受风浪的作用，那么声速分布图会更加复杂。

典型的深海声速分布图如图 1.1.2 所示，主要分为深海等温层、温跃层和表面层等三层。其中表面层由于海水风浪的搅拌混合作用，使该层海水温度均匀，层内的声梯度可正可负。温跃层又分为主温跃层和季节性温跃层，其中季节性温跃层随深度增加，温度降低，在夏、秋季节，温度发生跃变，而且可确认跃变所在的深度范围。冬季和春季则变化平稳，此时可视其为表面层的一部分。主温跃层

几乎不受季节影响，其处于深海寒冷区的上方，此处的温度比深海处的寒冷区温度要高。深海等温层中，虽然深度的增加使压力也增加了，但低温和高压的最终结果使层中的声速降低。深海大约 4℃ 恒温直达海底，故此层中，声速仅随着压力增加而增加，在高纬度地区，此层会扩大至更靠近海面的区域，在北极可全部视为该层，而不考虑其他层。图 1.1.2 中所示的虚线，即为纬度 60° 的海区声速分布图。

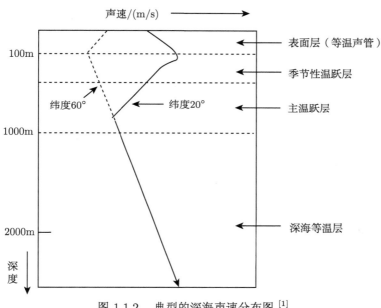

图 1.1.2　典型的深海声速分布图 [1]

3. 海洋中典型声速剖面及声传播

对海洋中声传播影响最大的是声速剖面及声速梯度随深度和水平的变化，特别是随深度的变化。海洋中典型声速剖面主要包括等声速剖面、表面声道 (正声速梯度)、水下声道、双轴水下声道、负梯度声道等。鉴于我国周边均为浅海，浅海负声速梯度声传播尤其值得关注。

1) 表面声道

当海洋表层海水经风搅拌均匀，温度、盐度基本一致时，海水声速从表面至一定深度 h 因为海水压力而随深度增加，该深度后开始下降，就形成典型的表面声道，如图 1.1.3(a) 所示。此时声道轴位于海面，声能量传播如图 1.1.3(b) 所示。南北极地区，以及冬季的浅海区域都极易形成该典型波导环境。设 x_b 为与声道下边界相切的边界声线的掠射角时，小于该角的声线将在声道内传播，而大于该

角的声线将进入 h 水平面以下区域，减少了声道中的能量。

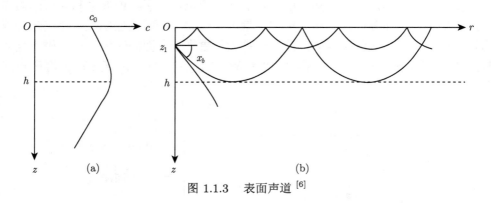

图 1.1.3　表面声道 [6]

2) 水下声道

在深水区，典型的声速剖面如图 1.1.4 所示，声速在某一确定深度处形成极小值，这一深度称为声道轴。

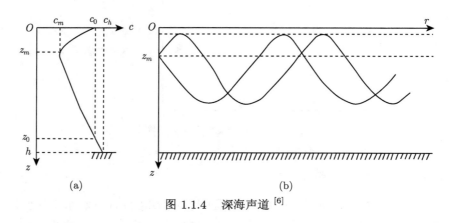

图 1.1.4　深海声道 [6]

声道轴以上，通常由于日照，海水温度随深度逐渐减小，声速亦减小；在声道轴以下，主要是海水压力导致声速随深度增加而增加。当声源位于声道轴附近时，声线不会与海面、海底碰撞，很大部分能量将被限制在声道内，能远距离传播。图中声速 c_h 与 c_0 的大小，主要是由海洋的深度决定的。

3) 双轴水下声道

双轴水下声道就是表面声道和深海声道同时存在的情况下，声传播规律也遵循两种声道的规律。双轴水下声道如图 1.1.5 所示。当声源较浅时，声能量主要在表面波导传播，大掠射角或海面不平整性导致声线进入水下声道传播的就形成了能量的泄漏,如图 1.1.5 中 2 和 3 声线所示。

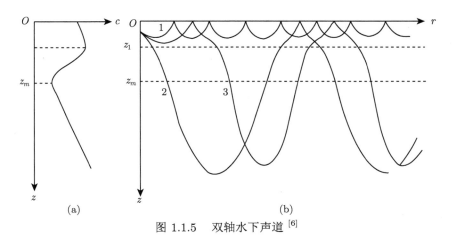

图 1.1.5 双轴水下声道 [6]

4) 负梯度声道 (反波导传播)

负梯度声道是声速随深度单调地下降,主要是海洋上层水体受日光照射导致温度升高的结果,如图 1.1.6 所示,这在浅海区夏日午后是比较常见的现象。这时所有的声线都向下传播,在浅海区将导致所有声线都与海底碰撞引起散射和吸收,损耗能量,与海面相切的声线是极限声线,图中的声影区表示声能量无法直接到达,需要反射或散射才能到达,该区的能量比较小。

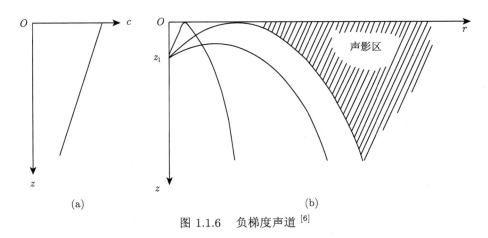

图 1.1.6 负梯度声道 [6]

5) 浅海声传播

浅海负梯度声传播,在我国以大陆架为主的海域比较常见,特别是在夏、秋季，上层海水经过太阳加热后形成，如图 1.1.7 所示。这种形式的声传播都经历了海底的反射，所以每次反射，声能量都经历了透射和散射，声波会明显衰减，远距离传播声衰减很大。可以注意到，某些出射角的声线达不到海面即已翻转向下传播，但它们都经过海底反射。因此，对于浅海声传播，掌握海底性质是至关重要的，特别是负梯度。

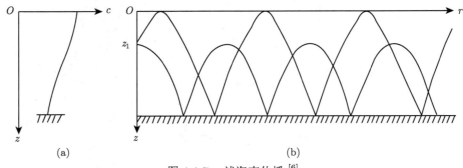

图 1.1.7　浅海声传播 [6]

1.1.4　海洋中的环境噪声

海洋环境噪声也称为自然噪声，是水声信道的一种背景干扰。研究海洋环境噪声可以得到声场的时空统计特性与环境因素之间的依赖关系，找出其规律，可为声呐设备设计和研制提供必要的数据。同时利用噪声场和信号场在时空统计特性方面的差异，设计信号处理方案，提高设备的抗干扰能力。海洋环境噪声源及其特性主要表现如下 [7]。

1. 潮汐和波浪的静水压力效应

潮汐和波浪是引起海洋内部海水静压力变化的原因，是低频噪声源。

2. 地震扰动

地震扰动是海洋中极低频 (0.1∼10Hz) 噪声源，其在海水中产生的等效声压为

$$p = 2\pi f \rho c a \tag{1.1.27}$$

式中，a 为地震扰动引起的地球表面垂直振幅，f 为噪声频率，ρ 为海水密度，c 为声速。

3. 海洋湍流噪声

海洋中无规则随机水流形成的湍流，其内部压力变化会产生声效应，而且湍流运动还会引起压力变化辐射噪声，但其随距离衰减较快，它是一种低频 (1∼10Hz) 噪声源。

4. 波浪非线性作用引起的低频噪声

海面波浪运动产生的海水静水压力随深度增加迅速减小, 直至消失。理论上, 两个反方向传播的行波波浪相遇, 可能互相作用形成行波, 产生的压力不随深度增加而减小, 其频率是波浪的两倍。波浪非线性作用引起的噪声是低频噪声源。

5. 远处航船噪声

远处航船噪声是十赫兹到数百赫兹频率范围内的主要噪声源, 以往的测量结果表明: 自然噪声与风和天气无关, 且到达深水水听器的噪声来自水平方向。在 50~500Hz 范围内, 测量到的自然噪声谱有一段凸起或者平坦部分, 与传播的辐射噪声谱极大值相符合, 航船频繁海区的自然噪声测量值与航船稀少海区相比要高很多。

6. 风成噪声

海面粗糙度是更高频段自然噪声的噪声源, 在 500Hz~25kHz 频率范围内, 自然噪声与海况、水听器处风速直接相关, 到达深水水听器方向接近垂直。风成噪声与风速的相关性比海况的相关性更高。

1.2 声呐探测原理

1.2.1 声呐探测模型

1. 理想探测模型

声呐方程中一般定义: 当剩余信号 $SE=0$ 时, 目标探测概率 $Pd=50\%$; $SE>0$ 时, 目标探测概率 $Pd>50\%$; $SE<0$ 时, 目标探测概率 $Pd<50\%$。目标探测过程中, 剩余信号 $SE=0$ 附近, 探测概率曲线一般较陡峭, 如图 1.2.1 所示, 为简化分析, 可用阶跃函数 (图中虚线) 来表示剩余信号 SE 与探测概率 Pd 的关系曲线, 即

$$Pd = \begin{cases} 1, & SE \geqslant 0 \\ 0, & SE < 0 \end{cases} \tag{1.2.1}$$

因此, 在目标探测接触过程中, 随着目标距离的靠近, 当出现剩余信号 $SE \geqslant 0$ 时, 即可确定探测到目标, 如图 1.2.2 所示。

2. 正态分布模型

理想探测模型假定剩余信号 SE 为一定值, 在多数情况下, 并不适用。实际目标辐射噪声声源级 SL 会随航速、方位等改变而发生变化; 传播损失 TL、环境噪声级 NL 也会随海区、季节、海况等不同而变化, 均是一种随机信号, 因此剩

余信号也应为随机信号，声呐方程计算得到的剩余信号为该随机信号的均值 $\overline{SE}$。如图 1.2.3 所示，假定声呐瞬时测量的声压信号 SL 为正态分布，实际瞬态剩余信号 $\widetilde{SE}$ 也为正态分布，满足

$$\widetilde{SE} = \overline{SE} + X \tag{1.2.2}$$

式中，$\widetilde{SE}$ 为瞬态剩余信号；$\overline{SE}$ 为声呐方程计算得到的剩余信号均值；X 为正态分布，均值为 0，方差为 σ^2，σ 是反映剩余信号乃至探测范围变化的关键参数。

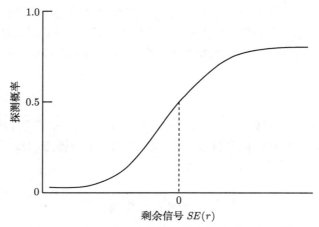

图 1.2.1　输出信噪比与探测概率的关系示意图 [8]

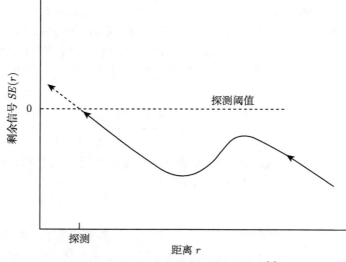

图 1.2.2　目标探测接触过程示意图 [8]

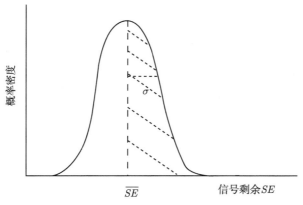

图 1.2.3　瞬态剩余信号的概率分布

根据上述理论，任意时刻的可探测概率可表示为

$$Pd = P\left(SE \geqslant 0\right) = P\left(\overline{SE} + X \geqslant 0\right) = P\left(X \leqslant \overline{SE}\right) = \frac{1}{\sqrt{2\pi}\sigma} \int_{-\infty}^{\overline{SE}} \mathrm{e}^{\frac{-y^2}{2\sigma^2}} \mathrm{d}y$$

$$(1.2.3)$$

由此可见，每次测量得到的 $\widetilde{SE}$ 可能大于 $\overline{SE}$，也可能小于 $\overline{SE}$。理想探测模型和正态分布探测模型的探测概率与接触距离关系对比如图 1.2.4 所示，从图中可以看出，采用正态分布探测模型更能反映真实的探测过程。

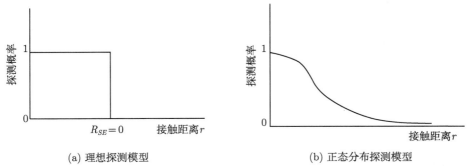

(a) 理想探测模型　　　　　　　　　　　　　(b) 正态分布探测模型

图 1.2.4　理想探测模型和正态分布探测模型的探测概率与接触距离关系对比 [8]

尽管上面的正态分布探测模型可以得到一个更准确的探测概率，但是该探测模型没有考虑时间维度。例如，假设一静态目标与探测水听器间距离为 r，通过选择适当的 σ 值，可得到某一时刻瞬态探测概率为 0.3，如果目标与探测水听器距离一直保持不变，且持续辐射相同噪声信号，那么目标积累的被探测概率是否会增加或者还是保持 0.3 不变？如果水听器没有探测到目标，需要等待多长时间

可进行另外一次探测？这些问题均与探测过程中潜在的变化有关。在这个例子中，目标被认为是静止不动的，但在实际情况中，探测目标总是在运动的，这使得问题变得更加复杂。

在考虑时间变化的情况下，如何进行探测，间隔多长时间从高斯分布中选取一个数值 X，才能使剩余信号达到 $SE=0$ 的阈值？如果我们能够频繁地探测和选取随机数值 X，那么达到阈值的概率将会得到很大的提高。

下面简单介绍一些针对这些问题的探测模型，这些模型将考虑时间等因素，使其结果能够更加符合真实情况 [8]。

3. 独立模型

独立模型认为两次时间间隔为 T 的探测是相互独立的事件。该模型的建立，需要选择合适的参数：时间间隔 T 和高斯分布标准差值 σ。模型的预测结果受参数的影响比较大。如果时间间隔 T 的值选择很小，则随时间累计的探测概率会接近于 1。

4. 相关模型

当两次探测的时间间隔 T 远大于一般情况下相遇时间 (剩余信号达到阈值所需时间) 时，我们可以建立一个完全相关的模型。在该模型中，高斯分布的随机值 X 在每次测量中被选为定值。在多次测量后，累积的探测概率就是其中最大的瞬时探测概率。在建立该模型时，仅需选择合适的高斯分布标准差值 σ。

5. 长短模型

长短模型是一种介于独立模型和相关模型之间的模型。该模型将随机分量分解为一个长时分量和短时分量的和。长时分量间隔一个相遇时间，从高斯随机分布 (标准差为 σ_1) 中选取一个随机数；短时分量则在每个时间间隔 T 内，从另一高斯随机分布 (标准差为 σ_s) 中选取一个随机数。该模型无法求取解析解，但可以通过计算机仿真的方法得到结果。在建立该模型时，需要合理选择的参数有标准差值 σ_1、σ_s 和时间间隔 T。

6. λ-σ 模型

λ-σ 模型是由 J. D. Kettelle 提出的一种被广泛应用的模型。和其他模型类似，该模型也从高斯随机分布中选择随机数 X，但是选取随机数的时间间隔并不是恒定的，这个时间间隔也被认为是一个随机数，并从指数分布模型 (参数为 λ) 中选择。从而，最终得到的探测概率将由两个参数 λ 和 σ 决定。该模型可以通过仿真得到结果，并且对一些常见的重要案例也可以通过解析解得到探测概率。

7. 高斯-马尔可夫模型

高斯-马尔可夫模型与 $\lambda\text{-}\sigma$ 模型相似,也受参数 λ 和 σ 的影响,但该模型需考虑在 k 时刻选取的随机数 x 会受到 $k-1$ 时刻选取的随机数 x 的影响。该模型的可探测概率可以表示为

$$p\left(x_k|x_{k-1}\right) = \frac{1}{\rho\sqrt{2\pi(1-\rho^2)}}e^{-\frac{(x_k-\rho x_{k-1})^2}{2\rho^2(1-\rho^2)}} \tag{1.2.4}$$

其中,$\rho = e^{-\lambda(t_k-t_{k-1})}$。

这个方法可以消除 $\lambda\text{-}\sigma$ 模型中出现的突变或者不连续的现象。该模型无法通过解析的方法求解,但是可以通过仿真的方法得到结果。

8. 半半模型

该模型也是一种介于独立模型和相关模型之间的模型,该模型的可探测概率可以表示为

$$p_d(t) = \alpha p_d^{IND}(t) + (1-\alpha)p_d^{DEP}(t) \tag{1.2.5}$$

其中,$p_d^{IND}(t)$ 表示独立模型的可探测概率,$p_d^{DEP}(t)$ 表示相关模型的可探测概率。

如式 (1.2.5) 所示,半半模型是简单地将两种模型的可探测概率加权重叠加。最常用的加权系数为 $\alpha = 0.5$,这也是该模型名字的由来。

上面介绍的 3~8 类的模型,考虑了同一探测器在不同时间的探测结果的相关性,那么,对于空间分布的多个探测器,例如声呐浮标场,又应该如何进行建模呢。对于此类问题,已经有一些类似于长短模型的方法进行分析,但是目前对空间分布的声呐探测问题的研究还有很多工作要做,当前的模型还不够准确可靠,本书对于该类问题不做过多赘述。

9. 计算机仿真模型

借助于计算机的强大能力,世界上一些国家建立了计算机仿真模型,用来研究各种声呐探测场景。

AP 系列的仿真模型在 20 世纪 60 年代末和 70 年代初被陆续引入应用。AP 代指反潜战项目 (anti-submarine warfare project),该类计算模型采用大量蒙特卡罗仿真的方法,模拟从攻击方和反击方探测的场景。每次仿真计算包含了上百个子程序以及上千个变量。在该系列中,按照实际应用场景,有不同的仿真模型。例如,APAIR 模拟了飞机对抗潜艇的情景;APSUB 研究两个潜艇之间的对抗;APSURF 则可以最多仿真多个水面舰艇和多个预警机之间的对抗情景。

SIM II 在 20 世纪 70 年代初被提出并成为最流行的潜艇间对抗的仿真模型,该模型也可被用于水面舰艇和空中对抗的仿真。SCREEN 在 20 世纪 70 年代末

由 Wagner Associates 建立，它并不是一个仿真模型，而是利用解析的方法求解，它能够描述反潜作战的声学探测和定位能力。

1.2.2 辐射噪声

辐射噪声是被动声呐探测的信号源。典型舰船辐射噪声谱特征如图 1.2.5 所示，其辐射噪声频谱包括连续谱和线谱，随着频率的增加连续谱和线谱的幅值逐渐减小 [9]。连续谱是一种瞬态非周期性频谱，其特征为在 50~100Hz 范围内达到最大，当频率大于 200Hz 时，声源级与频率的平方成反比，即频率每增加一倍，其声源级减少 6dB。线谱是一种周期性或准周期性频谱，是船舶声源级最易观察到的信号，在低航速、噪声最小的情况下也可以被探测到，而且线谱对于每一艘船舶而言是唯一的。

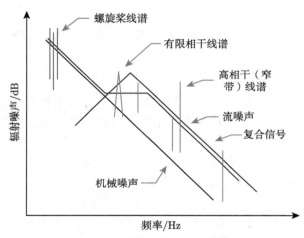

图 1.2.5　典型舰船辐射噪声谱特征

随着舰船航速的增加，连续谱幅值会增大，并向低频端延伸拓展，如图 1.2.6

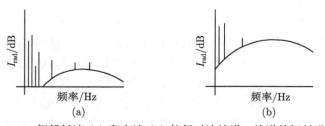

图 1.2.6　舰船低速 (a) 和高速 (b) 航行时连续谱、线谱的辐射噪声

所示。对于潜艇等水下航行器而言，随着潜艇下潜深度的减小，螺旋桨更容易出现空化，进而可能增大辐射噪声。

潜艇辐射噪声信号的强度，通常用 10Hz~10kHz 范围内的三分之一倍频程频谱表示。通常 3000Hz 以下的线谱都非常重要，为了研究辐射噪声的线谱特征，有必要选取较窄的带宽进行窄带分析，带宽选取如表 1.2.1 所示。

表 1.2.1　频谱分析带宽选取建议 [1]

频率范围/Hz	分析带宽选取/Hz
0~100	0.3
100~1000	1
1000~3000	4

不同舰船，其辐射噪声谱级不一样，被动声呐可根据其声级和线谱频率特征分辨出来，图 1.2.7 给出了典型声呐探测目标辐射噪声谱，图中给出的声级，尤其是离散线谱集中区域，被认为是最坏的一种情况。实际上，对于潜艇和鱼雷等水下航行器而言，其低频线谱已得到很好的控制，例如较老潜艇在 200Hz 处的线谱噪声可达 125dB，但现代先进潜艇在该频率附近的线谱噪声已降至宽带连续谱以下，迫使被动声呐探测能力向更低频方向拓展，例如使用更长的拖曳阵，以探测更低频率的线谱噪声，极低频线谱噪声一般难以消除。

1. 舰船辐射噪声的平均功率谱

舰船辐射噪声的平均功率谱是由连续分布的宽带噪声谱和在若干离散频率上的窄带分量即线谱构成，其强度和功率谱形状与航速、深度有密切关系，它在水平面内有着明显的方向性；舰船辐射噪声的概率分布也不能看成是高斯分布的，因为有时会偏离高斯分布 [10]。

舰船噪声的宽带连续噪声谱分量主要是由螺旋桨噪声、水动力噪声和机械噪声三部分构成。高速时，螺旋桨噪声、水动力噪声占主导地位；低速时，机械噪声占主导地位。

舰船噪声的线状噪声谱分量主要集中在 1000Hz 以下的低频频段，产生线谱的噪声源主要有：不平衡的旋转部件，如不圆的轴和电机电枢；重复的不连续性，如齿轮、电枢槽和涡轮机叶片；往复运动的机械噪声；螺旋桨叶片共振线谱和叶片速率线谱；水动力引起的共振。

对于一定深度和航速，舰船噪声谱存在一个临界频率，低于此频率主要是机械噪声和螺旋桨噪声线谱，高于此频率主要是螺旋桨空化产生的宽带连续谱，一般水面舰船和潜艇的临界频率介于 100~500Hz，鱼雷的机械设备和螺旋桨转速更高，其临界频率也更高，介于 500~1500Hz，其线谱可拓展至 3000Hz。对于低速潜艇而言，其线谱强度可高于附近连续谱 10~25dB，稳定度可达 10min 以上，这是被动声呐窄带检测的物理基础，各类线谱的宽度和稳定度不同，声呐窄带处理器分析带宽最窄的为 0.025Hz。

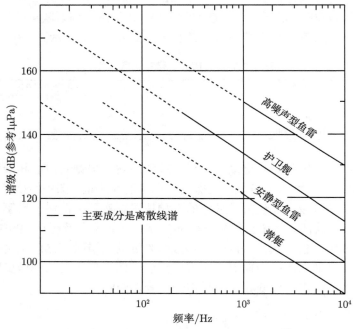

图 1.2.7　典型声呐探测目标辐射噪声谱 [1]

水动力噪声是指不规则或起伏的水流引起舰船一些部件共振而产生的线谱噪声；一些开口空腔可以被通过的水流激励产生共振而发出线谱噪声，这些线谱主要在低频端。

2. 舰船辐射噪声的动态谱

典型的螺旋桨宽带噪声存在振幅周期调制，称为螺旋桨拍，调制的频率等于螺旋桨转动的轴频或叶频，在被动声呐听测设备中，利用这种现象进行目标识别，并且可根据转数来推算目标速度。这种动态调制可用 "双重频率功率谱" 进行描述。

舰艇辐射噪声总的时变功率谱可写成如下形式 [10]：

$$G(t,f) = G_L(f) + G_x(f) + 2m(t)m(f)G_x(f) \tag{1.2.6}$$

式中，$G_L(f)$ 为线谱成分；$G_x(f)$ 为跨带平稳高斯噪声；$2m(t)m(f)G_x(f)$ 为局部过程的时变谱，又称为时变调制功率谱，它反映辐射噪声中动态特性与时间 t 的关系，$m(t)$ 为调制函数，$m(f)$ 为调制深度谱。

将 $G(t,f)$ 对 t 作傅里叶变换得到双重频率功率谱：

$$G(F,f) = G_L(f)\delta(F) + G_x(f)\delta(F) + 2m(f)G_x(f)M(F) \qquad (1.2.7)$$

在实际应用中，第一次用较宽的带宽如 1/3 倍频程滤波器测 $G(f)$，经检波低通滤波取下包络 $m(t)$ 后，再用快速傅里叶变换 (FFT) 进行第二次谱分析得到 $M(F)$ 等。

3. 舰船辐射噪声的方向性

在理想的模型中，假设目标辐射噪声是无方向性的且具有点源的性质，实际上这个假设是不成立的。对螺旋桨而言，尽管螺旋桨空化噪声源本身可视为点源是无方向性的，但是由于船体及尾流的屏蔽作用，在船艏、艉方向辐射噪声将显著低于两舷方向。图 1.2.8 给出一艘货船近场辐射噪声场的等强分布线，在船艏、艉方向有明显的凹进。研究表明，尾流层对船艉方向辐射噪声的屏蔽作用很强，尾流层的厚度约为舰船吃水深度的 1.6 倍，螺旋桨噪声沿近似水平方向传播的部分衰减很厉害。在浅海，在船艏方向近距离测量水面船辐射噪声随深度变化时会发现，水面附近声强特别小，远距离测量水面船辐射噪声随深度变化不明显，海底附近较弱。总的效果是在船艏方向只能以一定俯角辐射噪声。从远距离在海底测量船艏方向噪声有时可低于舷侧方向 5~10dB 以上 [10]。

机械噪声通过船体振动辐射出来，其方向性分布很复杂，不同辐射点有着不同的方向性分布。

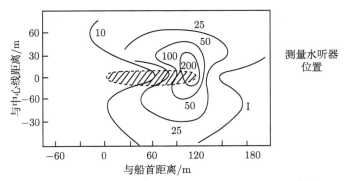

图 1.2.8 一艘货船近场辐射噪声场的等强分布线 [10]

等高线上标数为声压值 (Pa)，测量频段为 2.5~5 kHz

4. 舰船辐射噪声的概率分布

理想模型假设目标辐射噪声是高斯分布的，实际测量的辐射噪声概率分布有时与高斯分布有一定距离。例如，窄带线谱的每一根谱线是正弦信号，在这条线谱附近较窄的频带内测量概率分布,当线谱强度与连续谱能量可比拟时,将严重偏离高斯分布[10]。

1.2.3   宽带和窄带探测

被动声呐系统可用宽带和窄带技术分析目标辐射噪声频谱特征,其中宽带声呐探测的是目标在较宽频带范围内的辐射噪声总能量,通常用倍频程频谱表示;窄带声呐探测是将辐射噪声总能量分成若干窄频带进行分析,以提取离散线谱噪声特征,例如,螺旋桨辐射的宽带噪声通常存在叶频基频和谐波频率的幅值调制,通过窄带分析方法解调 (DEMON) 获得其调制频率特征[1]。

由于窄带声呐探测可以提供详细的目标辐射噪声信息,因此具有很好的目标预警和识别能力,但其定位精度有限,因为对于目标特别是潜艇而言,其辐射噪声仅在极低频率处出现突出线谱。宽带声呐探测工作频率较高,其波束较窄,可利用信号相关技术进一步提高定位精度,具有较好的方位检测能力。然而对于长拖曳阵而言,在极低窄带频率处也可实现良好的定位精度。

宽带声呐包括波束成形器 (可采用能量或互相关技术)、积分器、信号归一化和显示终端,其终端典型显示方式为目标方位或波束与时间的关系图,对于能量探测的积分增益为 $5\lg B_S T_e$,对于互相关技术,积分增益为 $5\lg 2B_S T_e$,其中 B_S 为信号带宽,通常为倍频程,T_e 为积分时间,即信号在单个波束中的可能滞留时间。

窄带声呐主要进行频谱计算,分两步将时间序列波束成形器输出转变为功率谱数据。第一步适用于来自全部波束的所有数据频率分析,起到监视作用;第二步又称为微调处理,允许操作员对整个频谱进行局部放大,以提高频率分辨率。整个分析过程的增益可表示为 $10\lg B$,其中 B 为分析带宽,如果信号带宽 B_S 大于分析带宽 B,则信号会溢出,分析增益会降低至 $10\lg B/B_S$。电子积分把来自每一个分析单元的能量随时间步长加和,选取时间步长的数量称为积分因子 IF,其增益为 $5\lg IF$[11]。

1. 宽带噪声检测

被动接收到的目标辐射噪声信号一般不能预先知道,是一种随机信号,从时间处理来看,最佳的接收机是能量检测器,但目标与干扰还存在空间分布上的差异,目标在空间上是一个点,而干扰源在空间上是分布的,通过空间分布的差别可以把目标信号和干扰噪声区分开。信号的空间处理和时间处理是不能截然分开的。

对于由 M 个无指向水听器构成的三维空间基阵,波束成形方法是将各水听器的输出给予适当的时延,使得对某一方向入射的平面波,各水听器得到同相的输出信号,将这些信号相加,即在该方向上形成波束,波束成形器后接平方器和积分器,就构成宽带能量检测器,又称为普通标准基阵处理器,原理如图 1.2.9 所示。

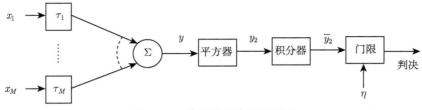

图 1.2.9 宽带能量检测器原理

在宽带能量检测器中，要取得很高的时间增益，就要增加积分时间，如采用单波束旋转扫描进行空间搜索，积分时间和扫描速度之间就产生矛盾，解决这一问题的方法是采用多波束系统，同时形成很多个波束覆盖整个观察空间，每个波束是一套独立的能量检测器，这时判决目标不仅可以根据与绝对门限的比较，还可以采用波瓣间相互比较。在声呐中实现宽带多波束成形的最佳方法是采用数字波束成形技术，其原理就是将信号限幅成 1bit 量化信号，用移位寄存器代替延迟线进行延时。与标准处理器相比，增益略有损失，其增益损失约为 $2/\pi$，实测结果，损失约 2.4dB，对于混响，损失约 3dB；此外，多目标分辨能力差，因为限幅的非线性影响会产生大目标压制附近小目标的现象，严重时小目标损失可达 6dB，当然也可通过多比特量化的数字多波束成形器来解决这一问题，例如采用 4bit 量化时，性能已接近理想的线性波束成形器。

宽带能量检测器一个很大的缺点就是，当干扰场不满足平稳、均匀、各向同性条件时，很容易由于背景场声强的起伏或空间分布上的不均匀而产生虚警，从而降低检测能力。针对这类问题，可采用分波束相关处理方法克服，其原理与互谱法测向相同。

2. 窄带线谱噪声检测

使用宽带的目的是获得尽可能高的时间增益，实际舰船噪声功率谱中在数百赫以下存在相当稳定的线状谱，数百秒内变化往往小于 1Hz，有时高出平均谱 20～30dB。通过检测这些线状谱来检测目标的设备称为线谱检测器，即被动窄带处理器。

由于线状谱的频率是未知的，检测时采用傅里叶变换分析器，以 1Hz 或更窄的分辨率来分析整个低频频段；为了获得足够的稳定度或增益，要求较长的后置积累时间，声呐检测线状谱的积分时间可长达数百秒；为了分析测定方位，一般将基阵分成两半，各自形成波束，将两个半基阵的输出进行傅里叶变换得到线状谱，并对应求互功率谱，应用互功率谱法进行目标方位的测定。

1.2.4　声呐阵列

减振降噪技术的发展使得潜艇、鱼雷等水下航行器的宽带连续谱和中高频线谱噪声得到显著降低，现代声呐必须采用更大的阵列，以获得低频足够的增益和指向性，实现对潜艇、鱼雷等的随时探测和识别[1,12]。

1. 船体安装声呐阵列

水面舰艇船体安装的声呐阵列通常是圆柱形，位于艏部或船底声呐导流罩内，其自噪声较高，工作频率对于窄带线谱可低至 100Hz，对于宽带线谱最高可高达 10kHz，对于约 1kHz 以下的频率，阵列指向性指数非常小，其对潜探测效果不佳，可作为水声对抗的一种手段实现一定距离内的普通来袭鱼雷预警，但对于安静型全电推进的美国 Mark 型鱼雷将很难探测到。

潜艇艇体安装的声呐可以为圆柱形、圆形阵列，也可采用平面、艇体共形阵列，其指向性指数在低频处还是非常小，但自噪声相对于水面舰艇而言要小得多，因此对潜艇、鱼雷等水下航行器的探测效果较好，安静型潜艇除外。

2. 声呐线列阵

声呐线列阵可由水面舰艇或潜艇拖曳，其长度一般为 32 个或 64 个波长，工作频率可低至 10Hz，由于远离母船，自噪声极低，它是探测潜艇、鱼雷的一种非常有效的手段。

1.2.5　被动声呐终端

图 1.2.10 给出了完整的被动声呐系统。将基阵信号在全频率范围上形成波束，并输出到听音设备、宽带或窄带声呐[8]。

1. 人耳监听

人耳监听的长处在于可同时利用监听信号的所有信息，包括在强度和频率上的谐波、波形、波动特征等，通常识别误差相对较小，可用于辅助探测识别目标。人耳听觉频率范围为 20Hz~20kHz，声强级变化范围为 0~120dB。而且人耳在很宽的可听频段上，能够分辨出差别小至 50~100Hz 的两种声音。因此，训练有素的声呐员在被动声呐系统中仍然是重要的，尤其在目标识别过程中发挥着无与伦比的作用。不过人耳也有一些缺点，比如一次只能听到一个波束，存储或积分时间局限在 1s 内[1]。

人耳并不是一个简单的宽带拾听器，在相当程度上它是一个覆盖全部可听频率范围的许多窄带滤波器的连接组合。这些假设滤波器中的每一个滤波器都有其带宽，也即所谓的耳朵临界带宽 (Δf_c)，对于 300~2000Hz 的频率，其大小在 50~100Hz，在 300~2000Hz 频率之外，这个值会略有增加。

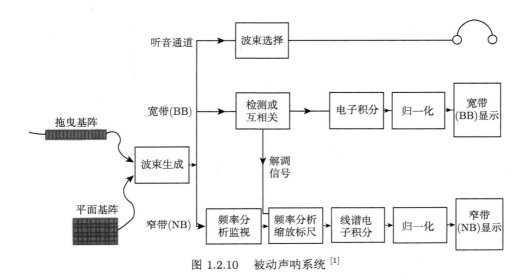

图 1.2.10   被动声呐系统 [1]

在合理的限制之内，增加临界带宽之外的噪声谱级对于临界带宽之内的信号不会有掩蔽作用，如图 1.2.11 所示，掩蔽噪声可用下式表示：

$$C\left(f\right) = N_S\left(f\right) + 10\lg\Delta f_c\left(f\right) \tag{1.2.8}$$

式中，$N_S(f)$ 为在频率 f 处的噪声谱级。

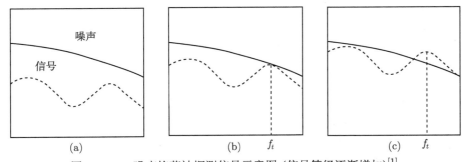

图 1.2.11   噪声掩蔽被探测信号示意图 (信号等级逐渐增加)[1]

人耳的识别能力与 $C(f)$ 有关，随着目标特征信号级的增加，在接收器带宽内的任一频率处达到掩蔽噪声级时，目标在该频率处将被判为探测到，该频率称为频率阈值 f_t，如图 1.2.11(b) 所示。显然，对于一般的宽带接收器，只有当被探测信号超过掩蔽噪声级直至正的信噪比时才能探测到该信号，如图 1.2.11(c) 所示。

减小监听带宽可能错过频率阈值或者移至较高掩蔽噪声对应的频率阈值，因此监听带宽应覆盖被探测目标信号的整个频谱。

2. 宽带显示

宽带声呐检测来自波束生成器的信号，首先对信号频带上的能量进行积分求和，然后对信号做归一化处理并将其进行显示，一般情况下用振幅-方位 (波束) 显示或方位 (波束) 与时间 B 型显示，如图 1.2.12 所示。振幅-方位 (波束) 显示常用的显示方法有 A 型显示器和极坐标显示器，其中，A 型显示器是一种直角坐标显示器，横轴表示方位，纵轴表示振幅 (声强)，这种显示分辨目标容易，但方位显示不够直观；极坐标显示器基线是一个圆，声强由沿圆心辐射线向外凸出和向内凹进来表示，这种显示方位很直观，但显示动态区域较 A 型小。方位 (波束) 与时间 B 型显示一般可提供 10~30min 以内声呐四周声强分布随时间的变化，由于采用亮度 + 色调来表示目标的强弱，其动态范围较小，但其信息容量远大于 A 型显示。

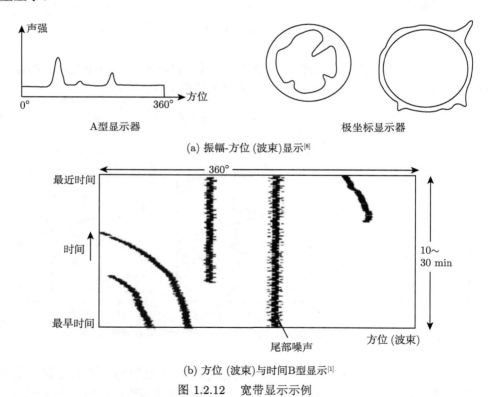

(a) 振幅-方位 (波束)显示[8]

(b) 方位 (波束)与时间B型显示[1]

图 1.2.12   宽带显示示例

3. 窄带显示

窄带声呐通过对信号做频谱计算，将时间序列波束生成器的输出信号分两阶段转换为功率谱数据。第一阶段对来自所有波束的所有数据进行变换以产生监视能力；第二阶段允许操作者将观察范围"缩小"到总频谱图的局部，从而增加频率分辨能力，通常也称其为标尺处理过程。来自所有波束或者来自选择的一组波束的输出结果以频率和时间 B 型显示，如图 1.2.13 所示，横轴表示频率，纵轴表示时间，亮度表示声强，有时也可将几个波束的输出并列显示，这种显示又被称为低频分析与记录谱图 (low frequency analysis recording，LOFAR)。

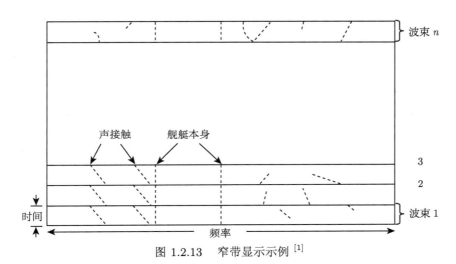

图 1.2.13　窄带显示示例[1]

　　由于不同频率、不同方位和不同时间上的平均噪声功率级的大小差别很大，但是又必须将它们显示给操作者，因此利用显示数据的变化范围，将所有需要显示的数据进行统一处理，从而消除噪声平均值之间的巨大差别，使它们能够统一显示在动态范围之内。图 1.2.14 给出了典型的归一化算法，在信号显示之前对一个频率单元上的功率值进行归一化，对其他单元上的数据可以重复此过程。

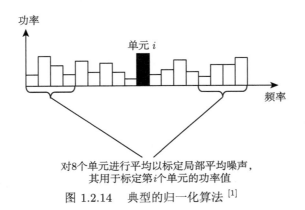

对8个单元进行平均以标定局部平均噪声，
其用于标定第i个单元的功率值

图 1.2.14　典型的归一化算法[1]

1.3   水下目标探测

1.3.1   目标信号处理

从被动声呐方程可知，为有效从背景噪声中将有用信号检测出来，必须对接收到的信号进行一系列的处理。这种处理可以分作两步：第一步是波束成形，由多个水听器构成的基阵，利用信号与噪声在统计特性上的差异，取得空间增益 GS；第二步是对波束成形后的输出作进一步处理，通常称作后置积累，以获得足够的时间增益 GT[13]。

1. 波束成形系统

波束成形是声呐信号处理的主要组成部分，无论是被动声呐还是主动声呐都要有波束成形系统，一方面是为了获得足够大的信噪比，另一方面是为了得到高精度的目标分辨能力。所以，波束成形系统是现代声呐的核心部件，是声呐具有良好的战术、技术性能的基础 [1,13]。

我们知道声呐系统具备目标的定向和定位能力，要实现这个功能，就需要将很多水听器按一定规则排成一个基阵。波束成形就是基阵在空间上抗噪声和混响干扰的一种处理过程。实现波束成形要进行一系列运算，包括加权、延时以及对空间各水听器接收信号的求和。波束成形器可以看作一个空间域的滤波器，它只允许来自某一个方向的信号通过，而拒绝其他方向的信号。

指向性函数是刻画波束成形性能的数学表达式，与布阵理论紧密联系在一起。假设信号的入射方向为 (θ, φ)，如果保持信号的强度不变，那么系统的输出 $D(\theta, \varphi)$ 就反映了它对不同方向信号的灵敏度，$D(\theta, \varphi)$ 就称为该基阵系统的指向性函数，如图 1.3.1 所示。如果 $D(\theta)$ 在 $\theta = \theta_0$，$\varphi = \varphi_0$ 处取得最大值，那么我们就称 $D(\theta, \varphi)/D(\theta_0, \varphi_0)$ 为归一化指向性函数。指向性函数不仅与基阵的形状有关，也和入射信号有关。在图 1.3.1 中，如果 $D(\theta)$ 在某个方向 θ_0 有极大值，那么当目标出现在 θ_0 方向时，声呐系统的输出就取得极大值，这样可以根据系统极大值出现的方向断定目标的方向。

指向性函数表达了基阵的这样一种能力：① 把信号集中于某一方向；② 抑制其他方向来的干扰。它是声呐系统的最基本特征之一，是声呐设计者应当优先考虑的问题。为比较实际使用各种不同指向性曲线的优劣，有必要了解一下与指向性函数有关的参量 [13]。

(1) 主瓣方向：$D(\theta)$ 达到极大值的方向为主瓣方向，如图 1.3.2(a) 所示，$\theta = 0$ 的方向即为主瓣方向。

(2) 主瓣宽度：从主瓣方向开始，$D(\theta)$ 下降到极大值 $D(\theta)$ 的 $1/\sqrt{2}$ 倍的地方，称为主瓣半宽度，于是 $2\theta_0$ 就叫做主瓣宽度，也叫做半功率点宽度。

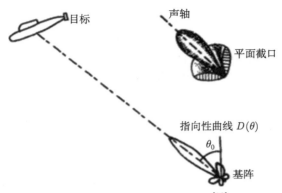

图 1.3.1 指向性函数的概念[13]

(3) 最大旁瓣高度: 在 $D(\theta)$ 的曲线中, 除极大值之外的次极大值都称为旁瓣。旁瓣与主瓣的比值就叫做旁瓣高度。图 1.3.2(a) 中最大旁瓣出现在 θ_1 方向。

(4) 聚集系数: 这是表明基阵在水平面内抑制各向同性的、均匀噪声场能力的一个量, 我们用 γ 表示

$$\gamma = \frac{2\pi}{\int_0^{2\pi} D^2(\theta)\mathrm{d}\theta} \tag{1.3.1}$$

它实际上是 $D^2(\theta)$ 在 $[0, 2\pi]$ 内的面积和外接长方形面积的比值。

如果考虑到基阵在整个空间的指向性 $D(\theta, \varphi)$, 那么聚集系数为

$$\mu = \frac{4\pi}{\int_0^{\pi} \int_{-\pi/2}^{\pi/2} D^2(\theta, \varphi) \cos\theta \mathrm{d}\theta \mathrm{d}\varphi} \tag{1.3.2}$$

一个声呐系统的指向性曲线, 除了用图 1.3.2(a) 所示的直角坐标来表示外, 还可以用其他方式描述。图 1.3.2(b) 是纵坐标为分贝 (dB) 的指向性曲线, 图 1.3.2(c) 是极坐标表示。

波束成形的最紧要目的是定向。当信号传播到各水听器时, 由于声程差的缘故, 每个水听器的输出信号是有差异的。如果能把这种差异进行人为的补偿, 那么补偿后的信号就都一样了。这就是波束成形的基本思想。

被动声呐所要检测的信号是淹没于海洋噪声背景中的舰艇辐射噪声, 用 $n(t)$ 表示海洋背景噪声, $s(t)$ 表示舰艇辐射噪声, 均看作遵从高斯分布的平稳随机信号。

假定一个基阵由 N 个水听器构成, 入射信号是平面波。以平面上的某一点为参考点, 设到达第 i 个水听器的信号为 $s[t + \tau_i(\theta_0)]$, 这里 θ_0 为信号入射角。

如果将这一路信号延时 $\tau_i(\theta_0)$，以此类推，那么所有水听器的输出信号均可变成 $s(t)$。将 N 路信号相加之后便得到 $Ns(t)$，然后平方、积分得到 $N^2\sigma_s^2$，其中 σ_s^2 为信号功率。如果信号入射方向改变为 θ，那么第 i 路信号经过延时 $\tau_i(\theta_0)$ 后变成 $s[t + \tau_i(\theta) - \tau_i(\theta_0)]$。假设第 i 路信号中混有噪声 $n_i(t)$，则此时系统的输出为 [13]

$$D(\theta) = E\left\{\sum_{i=1}^{N} s\left[t + \tau_i(\theta) - \tau_i(\theta_0)\right] + \sum_{i=1}^{N} n_i\left[t - \tau_i(\theta_0)\right]\right\}^2 \tag{1.3.3}$$

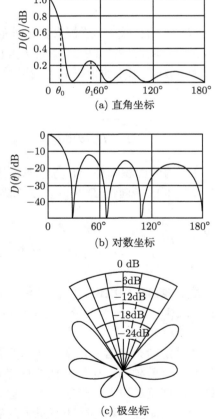

(a) 直角坐标

(b) 对数坐标

(c) 极坐标

图 1.3.2   指向性曲线的表示方法 [13]

当 $\theta = \theta_0$ 时，该值等于 $N^2\sigma_s^2 + N\sigma_n^2$，其中 σ_n^2 为噪声功率。由此可知，信号增强了 N^2 倍，而噪声仅增强了 N 倍。从而由波束成形带来的增益为

$$G_s = \left(\frac{N^2\sigma_s^2}{N\sigma_n^2}\right) \bigg/ \left(\frac{\sigma_s^2}{\sigma_n^2}\right) = N \tag{1.3.4}$$

这就是通常所说的空间增益

$$GS = 10\lg G_s = 10\lg N \tag{1.3.5}$$

由此可知,一个由 N 个水听器构成的基阵,如果各基元所接收的噪声相互独立,那么它的增益为 $10\lg N$。N 越大,增益就越高,这就是在声呐中采用多基元、大基阵的原因。

上述模型为一般波束成形模型,具体到不同的基阵有各自的计算方式。

比如线列阵,若其由 N 个阵元组成,且阵元间距为 $\lambda/2$,则

$$GS = 10\lg N \tag{1.3.6}$$

显然,这里的阵元间隔为 $\lambda/2$ 是针对一个频率而言。对于一个宽带系统,GS 将随频率不同而发生变化。

随着频率的降低,线列阵近似成为长度为 $L = N\lambda_0/2$ 的连续阵,此处 λ_0 是对应于线列阵设计频率 f_0 的波长,所以有

$$GS = 10\lg \frac{2L}{\lambda} \tag{1.3.7}$$

或

$$GS = 10\lg N + 10\lg(f/f_0) \tag{1.3.8}$$

式 (1.3.8) 可以满足设计频率 f_0 以下 2～3 个倍频程的计算要求。需要注意,空间增益 GS 总是正值,不可能小于 0dB。

随着频率的升高,所设计的线列阵不能被近似为连续线列阵,随着间距趋向于 λ,旁瓣显著增多,所以这个方程不适用于高于设计频率的情形。

例 1.3.1 一线列阵由 64 个阵元组成,设计工作频率为 1kHz,阵元间距为 $\lambda/2$,求分别工作在 1kHz、100Hz 时的空间增益。

解

$$\lambda = \frac{c}{f} = \frac{1500}{1000} = 1.5(\text{m})$$

线列阵长度

$$L = 32\lambda = 32 \times 1.5 = 48(\text{m})$$

在 1kHz 时,

$$GS = 10\lg N = 10\lg 64 \approx 18\text{dB}$$

在 100Hz 时,

$$GS = 10 \lg(2L/\lambda) = 10 \lg(2 \times 48/15) \approx 8 \text{dB}$$

对于平面阵，可以看成线列阵的组合，因此其空间增益可以通过对线列阵的简单求和来计算。比如，一个 $M \times N$ 型平面阵，所有相邻阵元之间的距离皆为 $\lambda/2$，则可看作 M 个 N 型线列阵的组合，其空间增益为

$$GS = 10 \lg(M \times N) \tag{1.3.9}$$

然而在实际情况中，需要为平面阵加装隔声反射板，这样在通常情况下，需要在上述结果中加上 3dB，即

$$GS = 3 + 10 \lg(M \times N) + 20 \lg(f/f_0) \quad (\text{dB}) \tag{1.3.10}$$

其适用条件同线列阵。

对于柱形阵，如图 1.3.3 所示，其由含有一组按圆周排列的竖线列阵组成。为了形成波束，对一定数量的竖线列阵进行相位调节，使得这些阵元组合起来像一个平面阵，然后沿着圆周方向，以一定的角度形成相邻的波束。对于采取了隔声与助声措施的柱形阵，其空间增益为 [1]

$$GS = 10 \lg 5hdf_0 \tag{1.3.11}$$

其中，h 和 d 分别为柱形阵的高度和直径，f_0 为形成 $\lambda/2$ 阵元间距的设计频率。

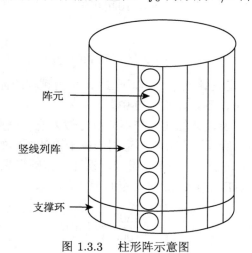

阵元
竖线列阵
支撑环

图 1.3.3   柱形阵示意图

2. 后置积累

信号处理指的是在时域、频域内从某些掩蔽背景中检测或提取所需信噪比的运算。主要考虑的问题是将一给定的信号从与之重叠的随机噪声中分出来。在这种情况下，信号的统计特性在处理器的确定中起着重要的作用。

假设观察到的 n 个样本为 $x_1(t), \cdots, x_n(t)$，则能量检测器为 [13]

$$y(t) = \frac{1}{n} \sum_{i=1}^{n} x_i^2(t) \tag{1.3.12}$$

假设信号和噪声的功率分别为 σ_s^2 和 σ_n^2，则系统的输入信噪比为

$$L_i = \frac{\sigma_s^2}{\sigma_n^2} \tag{1.3.13}$$

计算能量检测器的增益 G_t，由高斯信号乘积的数学期望公式和积分变换得到

$$G_t = \left[\frac{T}{2 \int_0^T \left(1 - \frac{|\tau|}{T} \right) \rho_n^2(\tau) \mathrm{d}\tau} \right]^{1/2} \tag{1.3.14}$$

式中，T 为积分时间；$2 \int_0^T \left(1 - \frac{|\tau|}{T} \right) \rho_n^2(\tau) \mathrm{d}\tau$ 为噪声的等效相关半径，记为 $\hat{\tau}$。

系统的输出信噪比为

$$L_o = \frac{\sigma_s^2}{\sigma_n^2} G_t \tag{1.3.15}$$

时间增益为

$$GT = 10 \lg G_t = 5(\lg T - \lg \hat{\tau}) \tag{1.3.16}$$

被动声呐中的最佳检测器是能量检测器，从理论上讲，积分时间越长，增益就越大，但是增益的提高并不是没有限制的。因为当观测时间太长时，噪声的平稳性就无法保证。实际测试表明，当积分时间超过某一临界值后，系统增益趋于饱和。从技术实现上考虑，许多声呐系统采用的能量检测并不是最方便的，可以采用半波整流、全波整流或均方根电路作为检波系统 [13]。

例 1.3.2 一个能量检测器的积分时间为 $T = 0.5\mathrm{s}$，输入噪声等效相关半径为 $\hat{\tau} = 200\,\mu\mathrm{s}$，求该能量检测器的时间增益。

解

$$GT = 5 \lg \frac{T}{\hat{\tau}} = 5 \lg \frac{0.5}{200 \times 10^{-6}} = 5 \lg 2500 \approx 17(\mathrm{dB})$$

1.3.2 目标方向测量

在生活中，当目标声源位于人正前方或正后方时，声波将同时到达双耳，如果目标声源偏某一方向，则到达时间或相位及强度将有差别。研究表明，经过训练

的人耳能够分辨的时间差约为 0.00063s，相当于空气中声源从原来方向偏离 3°。早期，声呐接收阵长度选为 950mm，这样水中声波从基阵一端走到另一端需费时 0.00063s 左右，与空气中声波走完两耳之间的距离所需时间相同，这样设备定向精度也为 3° 左右 [5]。利用现代声呐进行测向正是基于"双耳效应"发展起来的，所用的测向方法主要有极大值法、相位差值法、时延估计法、正交相关定向法和互谱定向法等 [5,7,13-15]。

1. 极大值法

极大值法测向原理如图 1.3.4 所示，图中用两个水听器组成一个简单的可旋转接收基阵，以船头方向为 0°。假设初始目标位于基阵右前方，与基阵声轴夹角为 θ，这样目标噪声将先后到达右边和左边水听器，从两个水听器输出的信号具有相位差，信号幅值较小，声音较轻。之后，以顺时针转动基阵，目标声源声波到达两个水听器的声程差和相位差均减小，信号幅值渐渐增大，声音会由弱变强。当基阵恰好转动 θ，转至基阵正前方时，信号声程差和相位差都等于零，信号幅值达到极大值，声音最响，这时就可确定目标声源位于船首右前方 θ 处。

极大值法的定向精度主要由基阵的方向性，即波束的宽度决定，一般为 3° ∼ 4°。如果要求更高的定向精度，可以采用相位差值法。

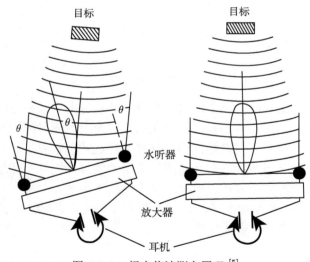

图 1.3.4　极大值法测向原理 [5]

2. 相位差值法

相位差值法又称为和差定向法，原理如图 1.3.5 所示，用距离为 d 的两个基元组成一个简单接收基阵，假定声速为 c，声信号以 θ 角入射，到达两个水听器时

的相位差为 Φ，则两路差 $x = d\sin\theta$，时间差 $\tau = d\sin\theta/c$，相应差 $\Phi = 2\pi x/\lambda = 2\pi d\sin\theta/\lambda$。

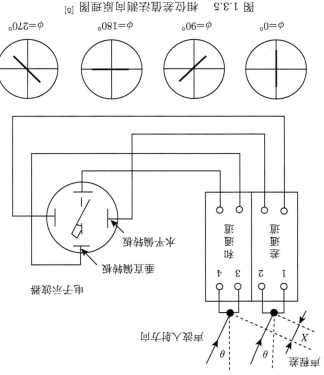

φ=0° φ=90° φ=180° φ=270°

图 1.3.5 相位差确定声波来向的原理图[5]

当两个天线所收到的信号输入"和通道"和"差通道"进行相位加和相减，和信号的幅度与 $\cos\dfrac{\Phi}{2}$ 成正比，差信号的幅度与 $\sin\dfrac{\Phi}{2}$ 成正比，两个信号的相位相差为 90°。把和信号加到 y 轴，把差信号的相位接近为 90°，然后加到 x 轴。若正入射时，$\Phi = 0$，在荧光屏上现出一条亮线。当接近正入射时，和信号的幅值接近最大，在荧光屏上的值增大，差信号的幅值增大，这条线是一条垂直线。假如声波不是正入射，则 $\Phi \neq 0$，那么和信号与差信号各作用下，在荧光屏上是一条斜线，它与垂直线夹角为

$$\beta = \Phi/2 = \pi d\sin\theta/\lambda \qquad (1.3.17)$$

这里要注意的是，应当选取 $d < \lambda/2$，以使 $|\beta| \leqslant 90°$，否则会引起角度的混乱。利用相位收发偏差方向，在这种情况下，在荧光屏上看一条斜线，再测出相位角及将其经过斜率来调整并补偿器。实现对目标的跟踪。但在实际应用的系统中，电子束有个

水听器的灵敏度不一样，要是阵元的灵敏度也不一样，因此在方位估计差排布上用阵列的一个椭圆。根据两路信号的幅度值不一样，分别为 A 和 B，超声波器接收椭圆的长轴轴为 $A+B$，短轴为 $|A-B|$，信号波束其与它们的相移为 α，则椭圆长轴与垂线的关系可表示为

$$\beta = \frac{1}{2}\arctan\left\{\frac{2(A+B)\sin\alpha/(A-B)}{[(A+B)/(A-B)]^2-1}\right\} \tag{1.3.18}$$

另外，由式 (1.3.17) 可知，β 与 $\sin\theta$ 成正比例而并不是与 θ 成比例的，即 β 与 θ 的关系为非线性，当 θ 较小时，在本关系可用工上基本到线性各波段各波束来的探测关系。为此，在实际应用中一般与非线性校正电路来进行测向。

3. 时延估计法

对于阵元间距为 d 的两个水听器线阵的接收端模型，如图 1.3.6 所示，其信号以 θ 角入射，信号入射角与时延的关系为[13]

$$\tau = d\sin\theta/c \tag{1.3.19}$$

当输入信噪比较小时，测向系统时延估计分析精度可表示为

$$\Delta\tau_{\min} = \left(\frac{3}{8\pi^2 T}\right)^{\frac{1}{3}}\frac{1}{SNR}\frac{\sqrt{f_2^3-f_1^3}}{} \tag{1.3.20}$$

其中，T 为观测时间；$SNR=S/N$，表示输入信噪比；f_2、f_1 分别为信号带宽上、下限频率。

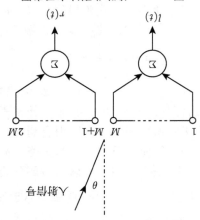

图 1.3.6 被动分裂波束示意图

由式 (1.3.20) 可知，$\Delta\tau_{\min}$ 与输入信噪比、观测时间和频带均成反比。如果给定精度要求，应综合优化选取这些参数。

实际应用时，要使很小的 θ 对应较大的 τ，必须使 d 较大，因此有必要尽量多使用一些水听器组成基阵，一方面可提高信噪比，另一方面可增大 d，从而实现精确定向。图 1.3.6 为 $2M$ 个基元组成的线阵，由 1 至 M 的单元输出求和后得到左波束 $l(t)$，由 $M+1$ 至 $2M$ 的单元输出求和后得到右波束 $r(t)$，左右两列波束的相位差可表示为 $\Phi = 2\pi M d \sin\theta/\lambda$。这与两个相隔 Md 的水听器所接收信号的相位差一样。假设这两列波束所在的位置为等效声学中心，两个水听器基元分别位于左右两个等效声学中心，那么两波束相位差与时延的关系可表示为[13]

$$\tau = \frac{\Phi}{2\pi f} = M\frac{d}{c}\sin\theta \tag{1.3.21}$$

或

$$\theta = \arcsin\left(\frac{\tau}{Md}c\right) \tag{1.3.22}$$

由上式可知，时延 τ 与信号的频率无关，线阵的等效中心不动，只要估计出时延 τ 后，便可给出 θ。当基元数 $2M$ 较大时，满足 $Md \approx L/2$，L 为线阵长度，则上式可变为

$$\theta \approx \arcsin\left(\frac{2\tau}{L}c\right) \tag{1.3.23}$$

对于 $2M$ 个基元组成的圆弧阵，如图 1.3.7 所示，圆弧阵的半径为 r_0，基元总个数为 N_0，相邻两基元的夹角为 α_0。若 θ 很小，则左右两波束的相位差和时延可分别表示为[13]

$$\Phi = \frac{4\frac{r_0}{c}f\theta N_0}{M}\left[\sin\left(\frac{M}{2}\alpha_0\right)\right]^2 \tag{1.3.24}$$

$$\tau = \frac{2\frac{r_0}{c}\theta N_0}{M\pi}\left[\sin\left(\frac{M}{2}\alpha_0\right)\right]^2 \tag{1.3.25}$$

由上式可知，当 θ 很小时，圆弧阵的等效中心也是不动的。在得到时延 τ 后即可给出 θ

$$\theta = \frac{M\pi\tau c}{2r_0 N_0\left[\sin\left(\frac{M}{2}\alpha_0\right)\right]^2} = \mu\tau \tag{1.3.26}$$

其中

$$\mu = \frac{M\pi c}{2r_0 N_0 \left[\sin\left(\dfrac{M}{2}\alpha_0\right)\right]^2} \tag{1.3.27}$$

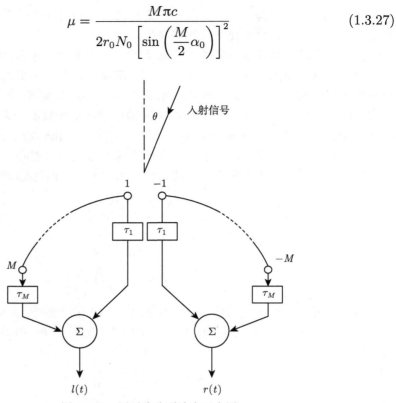

图 1.3.7 圆弧阵分裂波束示意图

例 1.3.3 设一个圆弧阵的半径 $r_0 = 2\text{m}$，基元数 $N_0 = 128$，每一波束由 60 个基元的信号构成，即 $M = 30$，如果时延 $\tau = 15.7\text{ms}$，则信号的入射角为多少度？

解 根据已知条件，$\alpha_0 = 2\pi/N_0 = 2.812°$，代入式 (1.3.27) 可得

$$\mu = \frac{M\pi c}{2r_0 N_0 \left[\sin\left(\dfrac{M}{2}\alpha_0\right)\right]^2} = 0.6121\text{m/s}$$

则 $\theta = \mu\tau = 0.0157 \times 0.6121 \approx 0.00961 \approx 0.55°$。

4. 正交相关定向法

正交相关定向法与相位差值定向法不同，它不是把信号直接送到显示器，而是将它们积分以后再送去显示，显示器上的偏离角可表示为

$$\gamma = \Phi \tag{1.3.28}$$

对比式 (1.3.28) 和式 (1.3.17) 可知，相位差值法定向反映出来的仅是 $\varPhi/2$，而正交相关定向反映出来的是 $\varPhi$，因此正交相关定向法的灵敏度要比相位差值法提高一倍。此外，与相位差值法相比，正交相关定向法在方位偏差显示器上显示要优越很多，因为在输入信噪比较小的时候，相位差值法定向系统显示器上出现的是一个不断旋转的椭圆，背景"不干净"，而正交相关定向系统显示器上背景要干净一些。

5. 互谱定向法

前面介绍的几种测量目标方位角的方法均建立在波束可以转动的基础上，需要一个补偿器，使波束能够在 360° 内连续转动，因此补偿器延迟线要设计得相当密，以便信号的时延能够得到精确补偿。对于数字式声呐系统，通常是多波束系统，波束指向是固定的，无法转动，必须通过计算两路信号时间序列的互功率谱来估计信号之间的时延，以实现精确的方位测量。

假设两个基元接收到的信号时间序列分别为 $l(0), l(T_s), \cdots, l(NT_s), \cdots$，以及 $r(0), r(T_s), \cdots, r(NT_s), \cdots$，其离散傅里叶变换为

$$
\begin{cases}
L_q(n) = \displaystyle\sum_{k=0}^{N-1} l\left[(q+k)T_s\right] \mathrm{e}^{\frac{-\mathrm{j}2\pi kn}{N}} \\[4mm]
R_q(n) = \displaystyle\sum_{k=0}^{N-1} r\left[(q+k)T_s\right] \mathrm{e}^{\frac{-\mathrm{j}2\pi kn}{N}}, \quad n = 0, 1, \cdots, N-1
\end{cases}
\tag{1.3.29}
$$

式中，下角标 q 表示时间序列的起点，当 N 比较大时，

$$
R_q(n) \approx \mathrm{e}^{\frac{\mathrm{j}2\pi n\tau}{NT_s}} L_q(n) \tag{1.3.30}
$$

式中，$n/(NT_s)$ 为第 n 条谱线的位置。

$l(kT_s)$ 和 $r(kT_s)$ 的互功率谱为

$$
K_q(n) = L_q^*(n) R_q(n) = \left| L_q(n) \right|^2 \mathrm{e}^{\frac{\mathrm{j}2\pi n\tau}{NT_s}} \tag{1.3.31}
$$

由此可得第 n 条谱线所对应的相位差 $\varPhi_n$ 为

$$
\varPhi_n = \frac{2\pi n\tau}{NT_s} = 2\pi f_n \tau = \arctan\left\{ \frac{\mathrm{Im}\left[K_q(n)\right]}{\mathrm{Re}\left[K_q(n)\right]} \right\} \tag{1.3.32}
$$

式中，$f_n = n/(NT_s)$。

为得到足够精确的 $\varPhi_n$ 估计值，应该有足够多的输入样本，进行多次傅里叶变换，然后在各条谱线上进行平均，其平均互功率谱可表示为

$$
K(n) = \frac{1}{M} \sum_{m=1}^{M} K_{mN}(n) \tag{1.3.33}
$$

式中，$K_{mN}(n)$ 为第 m 次互功率谱，M 为傅里叶变换的次数，N 为信号时间序列的长度。

将平均互功率谱代入式 (1.3.32) 可得

$$\Phi_n = 2\pi f_n \tau = \arctan \left\{ \frac{\text{Im}\left[K(n)\right]}{\text{Re}\left[K(n)\right]} \right\} \tag{1.3.34}$$

由式 (1.3.34) 可知，对于一组 f_n，可以得到一组 Φ_n，进而得到一组 τ_n。通过 τ_n 加权估计可得到真正的时延值 τ。

最小二乘法估计：

$$\hat{\tau}_{\text{ns}} = \frac{1}{2\pi} \frac{\sum\limits_{n=1}^{N-1} f_n \Phi_n}{\sum\limits_{n=1}^{N-1} f_n^2} = \frac{\sum\limits_{n=1}^{N-1} f_n \tau_n}{\sum\limits_{n=1}^{N-1} f_n^2} \tag{1.3.35}$$

平均加权估计：

$$\hat{\tau}_{\text{aw}} = \frac{1}{N-1} \sum_{n=1}^{N-1} \tau_n = \frac{1}{N-1} \sum_{n=1}^{N-1} \frac{\Phi_n}{2\pi f_n} \tag{1.3.36}$$

互功率谱模加权估计：

$$\hat{\tau}_{\text{pw}} = \frac{1}{W_0} \sum_{n=1}^{N-1} \left|K(n)\right|^2 \tau_n \tag{1.3.37}$$

式中，$W_0 = \sum\limits_{n=1}^{N-1} \left|K(n)\right|^2$。

1.3.3　目标距离测量

声呐系统常用的测距方法有脉冲波测距法、调频法、三点式测距法 [5,7,13-15]。前两种为主动声呐测距，后面一种主要用于被动声呐测距。

1. 脉冲波测距法

由声呐发射机产生功率足够大的单频脉冲电信号，通过安放在水里的发射换能器变换成声信号发射出去，当发射出的脉冲波遇到距离 r 处的目标时，会产生回波，经过时间 t 后接收机通过换能器接收到目标回波，目标距离可表示为

$$r = \frac{1}{2}ct \tag{1.3.38}$$

式中，r 为距离，c 为声速，t 为时间。

脉冲发射的工作方式不是连续的，每次发射之后，便要暂时中断一下，在这段时间，由接收机通过换能器接收目标回波；然后再重复发射，再中断，依此循环下去。这种工作方式的优点是，容易把目标回波和发射波区分开来。

通常把前一个发射信号与后一个发射信号之间的时间间隔，叫做脉冲重复周期，脉冲重复周期由声呐的探测距离决定，探测距离较近的可多发射几个；距离较远的，应少发射几个。一般的声呐系统都能产生几种不同重复周期的信号，以适应不同探测距离的需要。

脉冲发射信号的持续时间称为单频脉冲宽度，它对声呐工作效能有较大影响。在振幅相同的条件下，脉冲宽度越大，单频脉冲所携带的能量越多，所以传播也会更远，但声呐的距离分辨力也会相应降低。声呐的距离分辨力就是声呐对于同一方向上两个不同距离目标的分辨能力。例如，某声呐的距离分辨力为 1 链 (即 0.1 海里 $\approx$185m)，即该声呐能将前后两个相距 1 链远的目标正确地区分开来。要是脉冲宽度太大，后一个目标回波的"头"就可能与前一个目标回波的"尾"搭接起来，甚至相互重叠，以致在指示器上分辨不清究竟是一个目标还是两个目标。反之，如果脉冲宽度较窄，则比较容易分辨清楚。

脉冲宽度太窄，也不行。因为单频脉冲信号所含频率并不是单一的，它除了含有工作频率载频之外，还含有许多高于载频或低于载频的频率，信号所含有的频率分量的多少，即频带宽度 B，它与脉冲宽度 τ 成反比：

$$B \approx \frac{1}{\tau} \tag{1.3.39}$$

例如，某单频脉冲信号脉冲宽度 τ =1ms，载频为 10kHz，则该信号的频带宽度约等于 1kHz，即包含从 9.5~10.5kHz 的所有频率分量。

另一方面，目标回波最后送至指示器之前，必须经过换能器、放大器等设备，这些设备都具有一定的"通频带"，即只有在通频带内的频率分量才能畅通无阻。信号的脉冲宽度越窄，所含的频率分量越多，即频带宽度越宽，由此，则要求换能器、放大器等设备的通频带也越宽，否则会引起信号失真，影响声呐工作性能。但是，制作通频带宽的换能器比较困难，另外，通频带宽也会导致更多的噪声混入，使信噪比严重降低。通常，发射脉冲的宽度在几毫秒至几百毫秒范围内选取。

2. 调频法

调频法又称为连续发射调频波测距法，结构及原理如图 1.3.8 所示。该方法所发射的不是单频脉冲信号，而是频率按线性变化的连续调频信号，例如锯齿形连续调频信号，发射频率从 $F+S$ 开始，以一个恒定的速度降低，当降低至 F 值时，突然跳回原来的值，此后，再次按恒定的速度降低，如此周而复始，循环不已，其中 S 为调频量。设调频周期为 T，则单位时间频率下降速率应是 S/T，当发射信号遇到距离为 r 的目标时，会产生回波，回波落后的时间为 $2r/c$，此时发射波的频率降低了 $(S/T)(2r/c)$，发射波与回波的频率差值为

$$f = \frac{2r}{c}\frac{S}{T} \tag{1.3.40}$$

由上式可得

$$r = cT\frac{f}{2S} \tag{1.3.41}$$

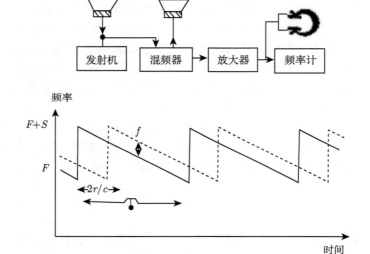

图 1.3.8   调频法测距原理图 [5]

由上式可知，只要得到差频 f，即可算出目标距离。差频的测量可由混频器来完成，把发射波和目标的回波送到混频器中，在混频器的输出端利用频率选择器即可获取回波与发射波的差频 f。

这种声呐能够连续获得目标信息，目标回波持续时间长，有经验的声呐员可通过听测来粗略估计目标距离，而且目标性质、大小、形状不同，回波的幅度和频率也会发生变化，也可通过听测来区分目标。

用这种声呐测距时，发射与接收换能器必须分开而不能兼用，因为信号的发射和接收都是连续进行的。

在实际应用中，目标距离和方位常用距离方位型显示器或平面位置指示器显示。

3. 三点式测距法

三点式测距模型如图 1.3.9 所示，图中三个并排的水听器 H_1、H_2、H_3，H_1、H_2 间距为 d_1，H_2、H_3 间距为 d_2，S 为目标声源，采用前面介绍的时延估计方法可估计出声信号到达 H_1、H_2 的时延 τ_{12}，到达 H_2、H_3 的时延 τ_{23}，H_2、H_3 与水平轴的夹角为 α，则目标声源的距离可表示为

$$R = \frac{d_1^2 \cos^2 \psi + d_2^2 \cos^2(\psi + \alpha)}{2c(\tau_{12} - \tau_{23}) + 2\left[d_2 \sin(\psi + \alpha) - d_1 \sin \psi\right]} \tag{1.3.42}$$

信号的入射角 ψ 的估计，要对下式进行比较:

$$c\tau_{12} = d_1 \sin \psi \tag{1.3.43a}$$

$$c\tau_{23} = d_2 \sin(\psi + \alpha) \tag{1.3.43b}$$

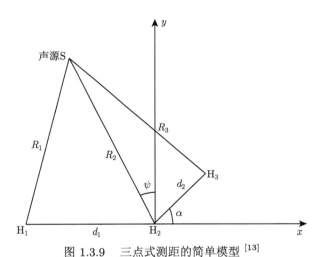

图 1.3.9 三点式测距的简单模型 [13]

例 1.3.4 设一个三点直线阵，$d_1 = d_2 = d$，$\alpha = 0$，当 $\dfrac{d}{R} \ll 1$ 时，式 (1.3.42) 可简化为

$$R = \frac{d^2 \cos^2 \psi}{c(\tau_{12} - \tau_{23})} = \frac{2d^2 - c^2(\tau_{12}^2 + \tau_{23}^2)}{2c(\tau_{12} - \tau_{23})}$$

式中，入射角

$$\psi = \arcsin\left[\frac{c(\tau_{12} + \tau_{23})}{2d}\right]$$

例 1.3.5　设一个三点直角阵，$d_1 = d_2 = d$，$\alpha = \pi/2$，则通过式 (1.3.43a)、式 (1.3.42) 可得

$$\psi = \arcsin \frac{c\tau_{12}}{d} = \arccos \frac{c\tau_{23}}{d}$$

$$R = \frac{2d^2 - c^2(\tau_{12}^2 + \tau_{23}^2)}{2c(\tau_{12} - \tau_{23}) + 2d(\cos\Phi - \sin\Phi)}$$

三点式测距主要用于被动声呐，被动声呐对距离估计的精度除了与基阵长度、声源距离及时延估计精度有关之外，还对舰船摇晃及基阵安装尺寸误差十分敏感。

目前，舰船上用的被动测距声呐主要有两种类型：一种是潜艇上的共形阵，左右舷侧各三个，每一线阵等效于一个接收元，这种测距系统及其基阵尺寸受潜艇本身长度限制，另外为保证各子阵输出严格遵循时延差表达式，每个子阵排列都必须是直线阵，否则当入射角 Φ 较大时，测距误差也会随之增大。另一种类型为拖曳线列阵，它可以使基阵尺寸 d 有较大的伸缩性，而且本舰辐射噪声的干扰也大大降低，但是拖体的稳定性会带来新的问题。

1.3.4　目标航速、航向测量

常用测量目标速度和航向的方法是，每间隔一定时间，从记录器上读出目标的距离和方位，从而解算出目标的距离变化率和方位变化率，即得目标航速和航向 [5,7,13-14]。

在生活中经常遇到，当目标声源和观察者有相对运动时，观察者接收到的频率和目标声源发出的频率是不同的，两者相互接近时接收到的频率升高，相互离开时则降低。这就是所谓的"多普勒效应"，利用"多普勒效应"测量目标航速和航向的原理如图 1.3.10 所示 [5]。假设主动声呐发射频率 f 的声波，以 1500m/s 的速度在海水中传播，相邻两个波峰之间的时间间隔 $T = 1/f$。如果声呐和潜艇均静止不动，则潜艇每隔时间 T 遇到一个波峰，声呐接收机每秒钟收到 f 个潜艇回波波峰；如果声呐向着潜艇运动，在 A 处发出某一个波峰，在 B 处发出下一个波峰，由于传播距离缩短了，后一个波峰到达潜艇所需的时间必定比前一个波峰少一些，即潜艇前后遇到两个直达波峰的时间间隔将小于 T，潜艇每秒钟遇到的波峰数将多于 f 个，而接收机收到的回波频率将高于发射波频率；如果声呐与潜艇做反向运动，则声呐所接收到的回波频率将低于发射波的频率。

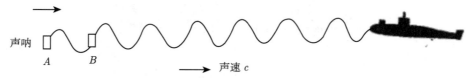

图 1.3.10　"多普勒效应"测航速、航向的原理图

声呐与潜艇之间的距离因它们两者或其中一个运动而发生变化, 使声呐接收的回波频率相应增加或减小, 回波频率变化量即多普勒频移与两者相对运动速度成正比:

$$\Delta f \approx \frac{2f(v_s + v_t)}{c} \tag{1.3.44}$$

式中, f 为发射波的频率; c 为声速; v_s 和 v_t 分别为声源和目标的径向速度, 即两者连线方向上的速度, 相向运动时取正值, 反向运动时取负值。

例如, 假设发射波频率 f =15kHz, 声源与目标以同一速度相对运动 $v_s = v_t$ =10m/s, 声速 c =1500m/s, 则得到 Δf =400Hz, 即回波频率大约比发射波频率高 400Hz; 如果声源不动, 目标离开声源, 即 v_s =0, $v_t = -$ 10m/s, 则 $\Delta f = -$ 200Hz, 即回波频率比发射波频率低 200Hz。

根据式 (1.3.44), 如果测出多普勒频移, 即可得到声源与目标的径向速度。

多普勒效应的存在, 对于听测混响中的目标回波、提高听觉分辨能力十分有益, 通过对比混响与目标回波音调的异同来判断目标的运动方向。混响基本上是由海水中各种固定物体的回波叠加而成的, 在声源静止时, 它的音调基本不变, 如果潜艇目标对着声呐船驶来, 目标回波将高于混响音调; 反之, 目标回波音调低于混响音调; 当潜艇横向驶过时, 目标回波音调与混响音调大致相同, 如图 1.3.11 所示。

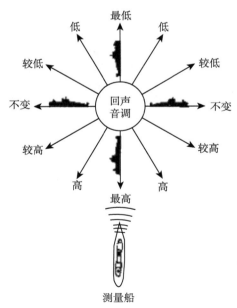

图 1.3.11　目标回波的音调随着航向改变示意图[5]

多普勒效应有利也有弊，实际应用中，由于多普勒效应的存在，必须适当加宽声呐接收机的通频带，否则就不可能把具体多普勒频移的目标回波完整接收下来，但是，接收机通频带太宽，由 1.3.3 节所述会降低接收机信噪比，为了不使接收机通频带太宽，可采取本艇多普勒补偿措施，比如让声呐的发射波频率随着本艇的航速以及相对于目标的航向而改变。

1.3.5　目标强度

目标强度 TS 与水下目标的主动检测、定位和分类紧密相连，并与目标取向和观察方向有关。对于一个复杂目标，比如潜艇，它可作为目标回声结构的表征参数，可用若干方法进行测量和定义。

潜艇的回声是一个有限长的声能脉冲，也叫回声时间历程 (ETH)，若发射脉冲的长度小于潜艇的总长度，则这种回声叫做可分辨脉冲，当脉冲长度小于大多数散射构件之间的距离时，ETH 将出现各个独立的回波，给出回声亮点结构的描述，如图 1.3.12 所示。

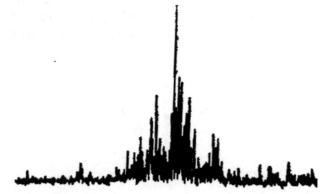

图 1.3.12　潜艇船尾方向上的回声历程记录，指示出亮点结构[16]

采用式 (1.1.10) 声强作为目标强度定义，在处理某些不规则的波形和短暂的瞬态波形时会有些困难，这种情况下，最好的方法是利用声波的能量流密度来进行定义。除了稳态情况下，根据实际应用要求，TS 的定义主要有以下几种[16]。

采用入射声压和反射声压峰值定义：

$$TS(PTS) = 10 \lg \frac{P_{r\,\max}^2}{P_{i\,\max}^2} \qquad (1.3.45)$$

采用入射声压和反射声压波形的时间函数定义。均方根平均

$$TS(RMS) = 10 \lg \frac{\dfrac{1}{t_e} \displaystyle\int_0^{t_e} P_r^2(t)}{\dfrac{1}{\tau} \displaystyle\int_0^{\tau} P_i^2(t)} \tag{1.3.46}$$

积分

$$TS(ITS) = 10 \lg \frac{\displaystyle\int_0^{t_e} P_r^2(t)}{\displaystyle\int_0^{\tau} P_i^2(t)} \tag{1.3.47}$$

式中，$P_r(t)$ 表示反射声压波形时间函数，在距离目标 1m 处测定；$P_i(t)$ 表示目标上的入射声波；τ 为发射脉冲持续时间。

以不同方法定义的目标强度 TS，将会导致数值上的显著差异，在船侧方向，回波成分的数目小，对于长脉冲而言，$TS(PTS)$、$TS(RMS)$ 和 $TS(ITS)$ 差不多近似相等，在其他方位，因长脉冲基本上可完成自身的累积，所以脉冲峰值 $TS(PTS)$ 和 $TS(ITS)$ 将接近；对于短脉冲，船侧方向，脉冲峰值 $TS(PTS)$ 和 $TS(ITS)$ 与长脉冲峰值 $TS(PTS)$ 和 $TS(ITS)$ 也很接近，在其他方位，特别是当存在大量可分离的亮点结构时，$TS(ITS)$ 可超过 $TS(PTS)$ 10dB 以上。

在潜艇目标的回波中包含许多不同回声机制的贡献，主要有：

(1) 由目标外形产生的回声。对于发收合置的声呐，回波的反射面和入射声能方向垂直，所有其他面的反射不能到达接收器。当然，也会存在一些由海底海面反射到达接收器的声能。

(2) 从非耐压壳内部设备来的反射波，在各个频率上，声能可穿过非耐压壳，特别是掠入射的情况，在低频时还会产生符合效应。

(3) 从潜艇来的多个反射回声，产生这类回声的机制是由于艇身上横向、纵向隔板所形成的角反射器，角反射器的反声机理很重要，它不仅能使反射增强，而且有宽的指向性。

(4) 当水中声速小于板中自由弯曲波速时，会由弯曲振动模式或符合效应产生回声。在这种情况下，会存在一临界角，在此角度上，沿板传播的强迫弯曲波的速度与自由弯曲波速度相等，当入射角接近临界角时，可建立这种弯曲振动，由于板受到框架焊缝的限制，阻抗不连续，在这些区域声能又被辐射出去，在此过程中所包含的具有很高声级的后向散射声能，将使非镜像的目标强度有很大的升高。

(5) 高频时，波长很短，衍射效应可以忽略。不规则物体如船体上的突出物，以及角和边的曲率半径小于波长，回声将以散射声能为主。

(6) 在很低的频率上，入射声能有可能激起主耐压壳体或局部壳体板、框架的某阶固有振动，这将可能引起目标强度 TS 的增大或减小。随着频率进一步降低, 在回声中也能有使耐压壳截面产生畸变的 Lobar 振动模式的贡献。当频率低于 50Hz 时, 会出现壳体纵向方式的振动, 在所有这些振动模式中, 最重要的可能是符合振动模式, 其也包含壳体形变平行于主轴的纵向模式, 以及频率更低时出现的抖动。

在目标散射机制的讨论中, 以频域较为适宜, 设壳体周长与波长之比 $K_a = 2\pi a/\lambda$, 对于 $a = 5m$ 的潜艇, $K_a = 1$ 对应的频率接近 50Hz, 对于 $10^2 < K_a < 10^3$ 的量程范围, 覆盖了大多数搜索声呐、主动声呐、浮标和主动寻的武器等所使用的频率范围, 在频域上, 至少可将上述声呐分作两部分, 即低于 10kHz 的低频声呐和频率从 $20\sim50kHz$ 的高频声呐, 这便是美国 MK32 鱼雷所使用的频率范围。当频率小于 50Hz 时, 决定 TS 的主要因素是壳体的瑞利散射和结构共振。当 K_a 处于 $10^2 \sim 10^3$ 范围时, 由 (1)~(3) 各项所涉及的回声机制都起作用, 其作用的重要程度与频率有关, 在高频上, 非耐压壳对法向入射声能的反射系数接近 1, 并且 TS 的特性完全由镜面反射决定。

图 1.3.13 是一典型潜艇截面, 该潜艇可看作由多个单元反射体组成, 每个单元可提供一个镜像回波。在船首 $0° \sim 90°$ 范围内, 船首、尾翼和舵都能作为镜反射体, 两个水平舵只能在沿船首方向的某个极限角度内对回声有贡献, 超过此角度后, 将有一个被船身掩蔽。假定导边约向后倾斜 $20°$ 的情况, 可以预期从导边上额反射只能近似在此角度范围内, 在船尾螺旋桨是不受遮挡的。而在船首, 至少在约 $\pm20°$ 的范围内被完全遮挡, 在上述角度范围之外则部分被尾翼和舵遮挡, 其遮挡程度取决于方位角。根据尾翼和舵的几何形状, 仅在导边的后部 (即尾翼、舵的侧面后部) 表面法向 $15° \sim 20°$ 范围内有强的镜像反射, 在主耐压壳锥形段以后, 即在 $120° \sim 240°$, 除螺旋桨外, 都不存在明显的镜反射现象。若假定尾翼和舵的表面是平面的, 在海平面内将具有很尖锐的方向性, 当工作频率为 50kHz 时, 4.5m 的尾翼包含 150 个波长, 那么后向散射的主波束宽度只有几分之一度。

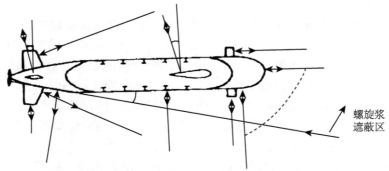

图 1.3.13   法向入射时潜艇上镜像反射的平面图 [16]

在武器的工作频率上，除去角度的重要性之外，另一个重要指标是监测距离，TS 是针对平面波和远场条件定义的，所谓远场是由 L^2/λ 确定，L 是目标的有效长度。对于平行于耐压壳攻击型核 (SSN) 潜艇的典型长度可取 50m，3kHz 时，L^2/λ =5km，在 50kHz 时，L^2/λ =80km。假定耐压壳是直径为 10m 的圆柱壳，远场条件下，整个侧表面的 $TS \approx 45$dB，近场时，TS 与距离有关，当距离为 1km，50kHz 时，正横下的 $TS \leqslant 30$dB。

假定船首的形状为半球形，则整个前部 2π 开角范围内，TS 具有 8dB 的量级，这时船首部的回声主要由水平舵的导边控制，因为其提供的回声可使 TS 超过 20dB。在船尾部螺旋桨的回声是最主要的亮点。

对于新设计的潜艇，可通过结构设计来降低目标强度 TS，例如将平面变为曲面，可消除两平面间入射声能的聚焦现象，另外一方面，弯曲面还有一定散射效果。降低目标强度也可采用声学覆盖层，使用覆盖层应考虑两种情况：一种情况是壳板后面是水，并处于漫反射区，此时，允许部分声能透射；另一种情况是，壳板后面是空气，例如耐压壳体，此时不允许声能反射，即要求入射声能应在覆盖层材料中全部耗散掉。一种理想的声学覆盖层应能在各种不同使用环境 (压力和温度) 下，将不同入射方向、不同频率的声能吸收掉。

研究声学覆盖层的效果，必须结合实际，要考虑覆盖层的重量，它本身具有一定的浮力，另外还要考虑稳定性问题，较重的材料不允许用到壳体上方，厚的覆盖层会限制水平舵的回收和舵面的水动力特性，有些表面如声呐导流罩和螺旋桨是不允许使用声学覆盖层的。

1.3.6 目标识别

水中目标识别可分为敌我目标识别和目标特征识别两类：敌我目标识别的任务是鉴别目标，例如潜艇是敌方的还是我方的；目标特征识别的任务是判别水中目标究竟是什么。为了保证声呐具有足够的探测距离，同时不使声呐基阵过大，一般主动声呐的工作波长相对于目标尺寸来说不可能很短，搜索波束也不可能很窄、很细，因此无法仔细"描绘"目标，在声呐的显示器上，各种舰艇的回波形状都是相似的，例如一条鲸鱼和一艘潜艇的回波形状就很相似。不过，由于识别的目标在材料结构、形状大小和状态等方面存在千差万别，其回波特征也会有所不同，总有端倪可察，有迹可辨，只要认真观察，仔细比较即可。表 1.3.1 中列出了几种声呐目标回波的若干特征。

在识别沉底目标时，还可运用"阴影识别"技术。在探测沉底目标时，海底混响是主要干扰背景，如果距离沉底目标较远，声束掠射角 (即声速与海底之间的夹角) 较小，那么只要声束足够窄，海底混响强度便可能小于沉底目标回波强度，在这种情况下，用幅度或亮度显示的方法还可能发现沉底目标，然而在近距离，换能器俯角较大时，往往连干扰和信号都不能区分，要识别沉底目标就困难了。

表 1.3.1　几种声呐目标回波的若干特征 [5]

目标类型	回声特征	显示回波特征	记录笔迹特征
潜艇、水面舰艇	清脆而带有尾声	清晰，呈直线，跳得干脆	浓重，长短与航向角有关
木船	低沉、粗短，响度较弱	清楚，但跳得不干脆	不浓
水雷、鱼雷	清脆、短促，鱼雷回声响度较水雷强	较细而集中，跳得干脆	短而清楚
暗礁、石质海岸	稍低沉，拖音较长，响度比潜艇弱	有时不很集中，比较紊乱	淡而较长，清楚
鱼群	清楚但低沉不脆	与潜艇相比，显示的直线较粗，而且跳得不干脆	有记录，并能测出距离变化率

所谓阴影识别，就是以海底混响为背景，把声束照射不到的、目标后面的声影区显示出来，从而达到识别沉底目标的目的。例如，在海底有一个球形目标，当用声呐进行识别时，海底回波与球体回波在强度上虽然可能稍有差别，但只凭显示器上目标回波的亮度并不能识别出目标形状，然而，这时候声束照射不到的球体后面会形成三角形的阴影，并且随着距离的逼近，三角形阴影面积将不断缩小，如图 1.3.14 所示，这种阴影便提供了识别目标形状的新信息。利用球体的回波略强于海底混响以及球体后面因声束照射不到而形成阴影这两个条件，就可以在显示器上的混响背景中识别沉雷形状。为了进一步确定目标的几何形状，可以从不同方向上对目标进行探测识别，观察阴影形状的变化，确定目标的大体轮廓，达到识别目的。对于球体目标，在任意方向上对它进行探测时，其阴影都是近似三角形；而对于圆柱体目标，根据探测方向不同，其阴影将呈现变化的三角形或矩形。

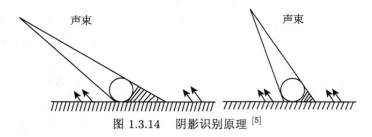

图 1.3.14　阴影识别原理 [5]

要实现对小目标的搜索和识别，声呐必须具有较高的距离分辨力和方位分辨力，即声呐的发射脉冲宽度要足够小 (例如 0.2~1ms)，接收波束要足够窄 (例如 $0.16° \sim 0.5°$)。

除上述视觉识别方法之外，也可通过声呐员听测方法识别目标。一般来说，听测识别的效果比显示和记录识别都好一些。人耳经过训练，能把 1000Hz 与 1003Hz

两种声音区分开来，若要迅速、准确地识别各种目标，做到百听而无一失，必须经过长期训练、潜心琢磨才行。

1.4 影响声呐探测的因素

1.4.1 水声信道起伏的影响

前面讨论的对目标方位、距离、航速、目标强度等进行估计时，都是在一种很理想的模型下进行的，即假设水声信道是一个非时变的单一水声信道，实际上，由于介质分布不均匀会使海洋中任一点的声速是一个时间的随机变量，而且作为水声信道边界的海面也是随机起伏的，海底、海面的散射使得海中任一点接收到的声信号是许多传播途径的叠加，这又称为多途效应，它与声源、目标和海水有关。

水声信道的随机时变、空变特性，会对声呐探测产生重要影响，主要体现在以下几个方面 [13]。

1. 信号畸变

一个短的脉冲在海洋中传播一段距离后，由于多途效应，使得信号在时间上被拉长、变宽。目标在距离上有延伸，散射和反射在某种程度上是沿着整个目标产生的，目标本身也会引起反射波畸变。如图 1.4.1 所示，两个回波时间仅相差 1s，但波形很少有相似之处。信号的畸变使得相关输出的峰值位置相对于真正距离有偏移。

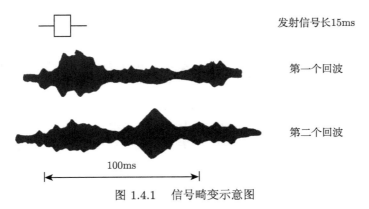

图 1.4.1 信号畸变示意图

2. 起伏

声信号在传播过程中的起伏可分为振幅起伏与相位起伏，这两种起伏的方差都与介质折射率的均方值有关，起伏现象可使远距离目标在信号突起时被探测到，而在信号衰落时会丢失目标，这就使得应用长时间积累来探测信号变得不可行。

3. 去相关

去相关指的是多途效应使分离的水听器所接收到的信号不同,尤其在浅海,直达声和海底、海面反射的多途干涉,使得两个分开的水听器接收到的波形之间存在差异性,从而限制了在检测中利用基阵尺寸来增加信噪比或阵增益。即使各阵元信号在时间上得到精确补偿,它们仍然不是完全相关的,因此测向和测距均存在误差。

4. 频率模糊

由于多途效应,单频信号在反射之后会出现边带,即产生频率模糊。例如,不平整的海面运动将调制接收到的信号谱叠加到载频上去,这样会使多普勒测速产生误差。

1.4.2　背景噪声的影响

从声呐方程中可以看出,任何声呐系统的性能都受背景噪声的限制。不同环境中工作的声呐,其背景噪声场是不同的,基本可分为海洋环境自然噪声场、舰船自噪声场和混响场三大类。海洋环境自然噪声场又可分为深海及浅海自然噪声场;舰船自噪声场与声呐及其自身的热噪声和舰船平台的自噪声等因素有关;混响场是由声源发射声波经海洋中杂乱分布的散射体,以及起伏不平的界面引起的各个方向的散射波构成的,是一种与发射信号本身性质及传播信道性质有关的背景干扰[10]。

1. 自噪声影响

1) 热噪声

声呐接收到的信号中含有其自身的噪声,声呐设计者必须确保此类噪声与海洋噪声相比可忽略。

每一个电阻 R 都是一个热噪声源,被动声呐电路产生的噪声正比于具有响应等效阻抗电路的电阻分量,即使在该电路对应的根本不是一个简单电阻的情况下也如此。水下换能器通过其动态电阻 R_m 与海洋交换能量,产生的噪声电动势(EMF)并非来自电子的热运动,而是来自使水听器表面产生压力波动的海水水分子热运动。

10℃ 时的海洋热噪声可表示为 [17,18]

$$L_T = -15 + 20 \lg f \tag{1.4.1}$$

其中,L_T 为参考 1μ Pa 对应的声强(单位:dB);f 为频率(单位:kHz)。该式在频率大于 30kHz 时适用。

2) 舰船自噪声场

声呐收到的舰艇自噪声与声呐基阵的安装位置、安装方式、形状等关系很大。

舰艇本舰干扰自噪声的主要来源为: 机械噪声、螺旋桨噪声和水动力噪声。每一种噪声源所产生的声和振动通过各种不同传递路径到达声呐水听器阵。一般来说舰艇自噪声的指向性和相关性不是均匀各向同性的, 有时甚至表现出很强烈的点声源特性。图 1.4.2 为舰艇自噪声传播路径示意图, 由图中可以看出, 水面舰艇机械和螺旋桨噪声通过船体路径 A 传到基阵, B 是直接由螺旋桨通过水中途径传到基阵, C 为水中散射体间散射螺旋桨噪声, D 为海底反射路径, 它是浅海航行舰艇自噪声的重要路径。图 1.4.3 为一艘典型水面舰艇自噪声随航速的变化示意图。总之, 舰艇的自噪声干扰场是很复杂的, 不满足均匀各向同性要求。在被动声呐全景显示器上将出现非均匀干扰背景。

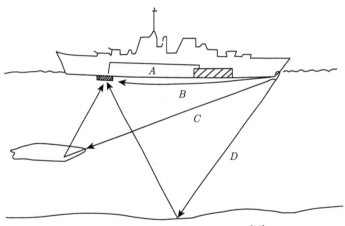

图 1.4.2 舰艇自噪声传播路径 [10]

2. 海洋环境噪声场

海洋自然噪声是指用无指向性水听器在海洋中测量的噪声除去可分辨出声源部分后的剩余部分。声呐至少在高于 30kHz 频率以上的频段工作时, 海洋热噪声才能成为其主要干扰背景。图 1.4.4 给出深海自然噪声声功率谱的普遍性质。在 $10\sim20$Hz 的低频段, 经常观察到 $-10 \sim -8$dB/倍频程的斜率, 一般认为是由大尺度的海洋紊流产生的, 也可能是由远处的风暴或地震产生的。

500Hz~25kHz 频段, 一般斜率是 $-6 \sim -5$dB/倍频程, 噪声源是海面扰动, 同风速、波高完全相关。频段在 $20\sim500$Hz 的海洋环境噪声主要来自于远处航行的船舶。在 500Hz 以上的深海, 自然噪声的谱较稳定, 可根据海况来预测。

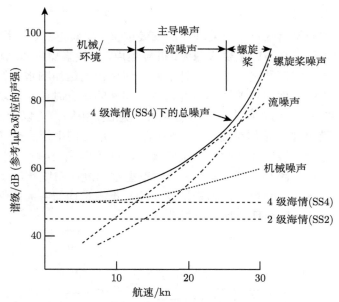

图 1.4.3 典型水面舰艇自噪声随航速的变化 [1]

1 kn=0.514444 m/s

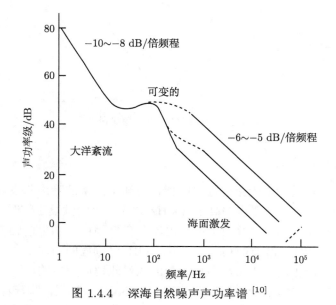

图 1.4.4 深海自然噪声声功率谱 [10]

海况与平均风速有关,其关系如表 1.4.1 所示。

由海面产生的噪声与风速变化相关。图 1.4.5 给出了在大西洋上不同深度

(720m、1980m、4320m、4500m) 测得的自然噪声强度与风速的互相关系数。由图中可看出，在 500Hz 以上深海的自然噪声谱级与风速完全相关，并证实是由风产生的；在 100Hz 左右是由远处船舶航行噪声产生的，与风速完全不相关。

表 1.4.1　海况与平均风速之间的关系 [18]

海况	风速/kn
	< 1
1/2	1~3
1	4~6
2	7~10
3	11~16
4	17~21
5	22~27
6	28~33
7	34~40

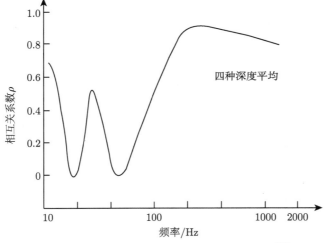

图 1.4.5　自然噪声强度与风速的互相关系数 [10]

　　浅海自然噪声与深海不同，在近海、海湾和港口的自然噪声级变化很大，噪声源在不同地方也不同。图 1.4.6 所示为我国南海冬季深度 400m 处海洋风速对数与噪声谱级相关系数的深度-频率之间的关系，中心频率范围为 10Hz~16kHz。

　　从图 1.4.6 中可以看出，我国冬季南海海域随着风速的增大，在 1~50Hz 与 600Hz 以上相关系数的中高频段出现了明显的升高，其中 1~50Hz 主要受海洋湍流的影响，可知风速通过影响海洋湍流从而使低频的海洋环境噪声升高，而在中间的频段主要受航船噪声的影响，与风速几乎没有相关性，在 600Hz 以上的频段主要为风噪声，覆盖整个水深。

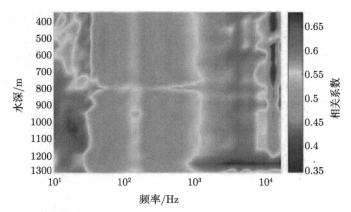

图 1.4.6　风速对数与噪声谱级相关系数的深度-频率变化图 (彩图见封底二维码)[19]

除前述深海中起作用的噪声源外，降雨会显著增加环境噪声。此时噪声谱级随频率变化非常平坦，图 1.4.7 给出了它们的理论值，与实际测量结果相当吻合。表 1.4.2 给出了海情、浪高与风速的关系。

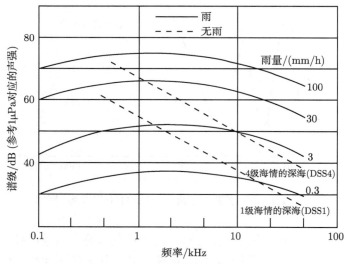

图 1.4.7　雨的噪声图 [1]

表 1.4.2　海情、浪高与风速表 [1]

海情	0	1	2	3	4	5	6
风速/kn	≤ 1	5	13	16	19	22	28
浪高 (从浪尖到浪谷)/m	0	0.05	0.4	0.7	1.3	2	3

　　船舶的航行噪声很重要，特别当频率低于 500Hz 时。在港口或港口附近，主要噪声来自航行的船舶噪声和沿岸的工业活动噪声，尤其是那些小船，其噪声频率延伸至几千赫兹范围。

　　大量的海洋生物产生生物噪声。除了有海洋哺乳动物的特殊声音之外，成群结队的跳虾是显著的噪声源，它们在 500Hz~20kHz 的频段上，形成相当平坦的噪声谱，其值可高达 70dB。

　　图 1.4.8 给出了这些噪声源的谱级 (不包括生物噪声)。在图中可以得到一些广泛的实用性结论：

　　(1) 暴雨引起的噪声级在所有频率上都占主导地位，但在降雨量小于 3mm/h 时谱级不高。

　　(2) 在 500Hz 以上，风浪引起的搅动导致的噪声起主导作用。将实际噪声级和主风速或海情联系起来是很困难的；风速可以测量，但海情往往是根据对浪高的主观判断得出的，而且尽管风速和海情是明显相关的，但它们的最大值或最小值却很少保持一致。

　　(3) 在 1kHz 以上，舰船噪声不是主要的 (辐射噪声本身随频率增加而迅速降低，它也因吸收损耗随距离的增大而减小)。在 1kHz 以下的噪声可能是离散的线谱，但当有许多船舶同时存在时，得到的噪声谱可表现为连续谱。

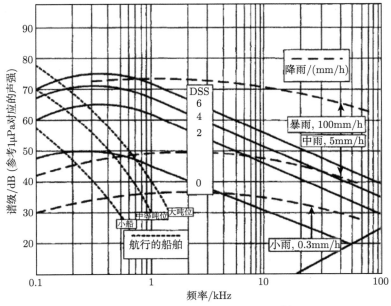

图 1.4.8　海洋环境噪声源的谱级 [1]

1.5 声隐身性能评估

被动声呐通过检测目标辐射噪声来发现目标，并进行测向、测距和识别，研究被动声呐的信号处理首先必须对舰艇目标辐射噪声的特性有透彻的了解。早期被动声呐主要采用宽带能量接收，舰艇辐射噪声的宽带分量有时有明显的振幅调制；随着信号分析和处理技术的发展，具有大型基阵的被动声呐普遍采用线谱检测技术 [20]。

1.5.1 辐射噪声评估模型

舰船水下辐射噪声是宽带噪声和窄带 (离散分量) 噪声的能量和，并且每一个分量对于舰船声隐身性而言，都可能是危险的。评估舰船声隐身性能的首要问题是舰船辐射噪声与海洋环境噪声的比较，通常都是依据目标作战海域的背景噪声来进行制订 [9]，将海洋噪声级作为基准值，规定要求的噪声曲线在其以下或以上一定数量分贝是最基础的方法 [21]。根据海洋环境噪声的频谱特点，同时考虑到声呐系统宽带探测和窄带探测的差异，目前国际上评估舰船声隐身性能主要采用辐射噪声限值线模型，如图 1.5.1 所示，要求在全频段各个频率点的噪声级都控制在限值线以内 [20]。该模型的特点是：低频段直到临界频率 f_0 都是平的，临界频率 f_0 以上以 6dB/倍频程的速率下降，并且低频段 $0\sim f_0$ 的总强度与高频段 $f_0\sim \infty$ 的总强度相等，f_0 通常设定为 200Hz。图中，RN_{SL} 表示 5$\sim$200Hz 内离散谱的最大值或平均值，用来表征噪声的低频线谱特征；$RNL_{1\mathrm{k}}$ 表示 1kHz 处的声压谱源级，用来表征噪声的连续谱特征。RNL_{f_0} 表示临界频率 f_0 处的声压谱源级，可按下式计算。

$$RNL_{f_0} = RNL_{1\mathrm{k}} + 60 - 20\lg f_0 \tag{1.5.1}$$

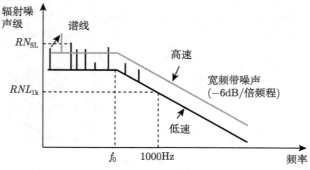

图 1.5.1 辐射噪声限值曲线示意图 [20]

舰船总声源级 L_p 可按下式计算:

$$L_p = RNL_{1k} - 10 \lg f_0 + 63 \quad 或 \quad L_p = RNL_{f_0} + 10 \lg f_0 + 3 \qquad (1.5.2)$$

文献 [20] 给出了俄、美两国潜艇的噪声级估算值, 如表 1.5.1 所示。以美国 SSN-21("海狼" 级)、俄罗斯 971("阿库拉" 级) 核动力攻击型潜艇为例, 1kHz 谱级为 90dB 和 100dB, 粗略推算其总声级约为 130dB 和 140dB, 临界频率 f_0 处的声压谱源级为 104dB 和 114dB, 均小于其 5∼200Hz 频段内最大离散分量 110dB 和 115dB, 由此可见, 要使全频段各个频率点的噪声级都控制在限制曲线以内难度较大。

表 1.5.1　　俄、美两国潜艇的噪声级估算值[20]

国别	船型	工况	噪声级/dB, 参考 1μPa, 1m			
			5∼200Hz 最大离散分量, RN_{SL}	1kHz 谱级, RNL_{1k}	临界频率 f_0 处谱级 RNL_{f_0}	总声级
俄罗斯	941("台风")	水下 4∼8kn	135	105	119	145
	667BDRM ("德尔塔 IV")	水下 4∼8kn	120	100	114	140
	971("阿库拉")	水下 4∼8kn	115	100	114	140
美国	SSBN726("俄亥俄")	水下 4kn	107	87	101	127
	SSN688("洛杉矶")	水下 4kn	125	105	119	145
	SSN21("海狼")	水下 4kn	110	90	104	130

1.5.2　声目标强度评估

舰艇的声目标强度测量是舰艇论证、设计、建造、试验、使用和维修等阶段对其声隐身性能评估的重要项目之一, 是评估其对抗主动声呐的能力指标。舰艇声目标强度表征参数包括正横声目标强度、艏向声目标强度、艉向声目标强度、舷角声目标强度限值线和回声亮点强度。

由于潜艇的几何形状和内部结构不规则, 因此在不同方位上测量其目标强度的结果各不相同, 这是潜艇目标强度值的显著特征。图 1.5.2 为潜艇目标强度随方位变化的典型图例, 由图可以看出:

(1) 在潜艇的正横方向声目标强度最大, 平均在 30dB 左右, 它是由艇壳的镜反射引起的;

(2) 在艇艏和艇艉方向, 目标强度取极小值, 约 10dB 左右, 这是由于艇壳表面不规则, 以及尾流的遮蔽效应引起目标强度的降低。

潜艇目标强度测量频段一般为 500Hz∼10kHz, 20∼40kHz; 水面舰目标强度测量频段一般为 1∼40kHz。测试条件一般为: 试验海区水深不小于 60m, 泥沙底质, 流速小于 1.5kn; 试验海区的大小应能保证艇的安全航行和充足的机动范围,在 2n mile 内无机动船干扰。潜艇声目标强度一般用回声转发器法测量，测量流程框图如图 1.5.3 所示；而水面舰艇声目标强度一般用直接测量法测量，测量流程框图如图 1.5.4 所示。

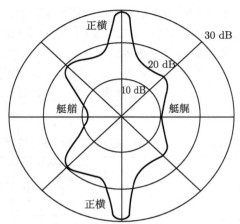

图 1.5.2　潜艇目标强度随方位变化图 [1]

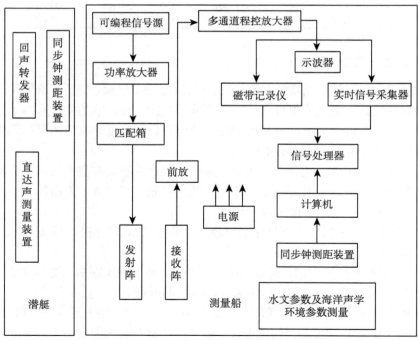

图 1.5.3　回声转发器法测量潜艇声目标强度方框图 [38]

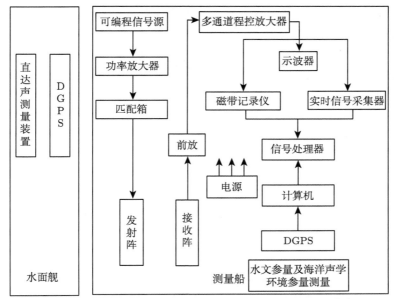

图 1.5.4 直接测量法测量水面舰艇声目标强度方框图[38]

DGPS: 差分全球定位系统 (differential global position system)

其中回声转发器法声目标强度 TS 计算公式为

$$TS = 20 \lg \frac{U_d}{U_a} + K \tag{1.5.3}$$

式中，U_d 为接收水听器 (阵) 接收到目标回波的有效电压，V；U_a 为接收水听器 (阵) 接收到回声转发器发射的声脉冲的有效值电压，V；K 为回声转发器增益，dB。

直接测量法声目标强度 TS 计算公式为

$$
\begin{aligned}
TS &= EL + 2TL - SL \\
&= EL - AL + TL \\
&= (20 \lg U_{e2} - M_{H1} - A_1) - (20 \lg U_s - M_{H2} - A_2) + TL
\end{aligned}
\tag{1.5.4}
$$

其中，EL 为回声级，dB；TL 为传播损失 (用实测值)，dB；SL 为发射声源级，dB；AL 为直达声测量装置测量的信号级，dB；U_{e2} 为水听器 (阵) 采集到目标回波的有效电压 (或包络下的面积)，V；M_{H1} 为以分贝表示的接收水听器 (阵) 的声压灵敏度，dB；A_1 为接收装置的放大量，dB；U_s 为直达声测量装置测量的信号级的有效电压，V；M_{H2} 为直达声测量装置的接收灵敏度，dB；A_2 为直达声测量装置的接收放大量，dB。

如表 1.5.2 所示，为舰艇声目标强度的参考值，其作为水声工程中处理问题时的一般估值，是很有意义的。

表 1.5.2　舰艇声目标强度的参考值 [1]

目标	方位	TS/dB		
		小型艇	大型艇 (有涂层)	大型艇
潜艇	正横	5	10	25
	中间	3	8	15
	艇艏或艇艉	0	5	10
水面舰艇	正横	25		
	偏离正横	15		

1.6　水声反潜探测装备及应用

1.6.1　概述

潜艇若不能保持良好的隐蔽性，将面临致命威胁。早在 1490 年，意大利人达·芬奇就记录了将长管放入水中可以听见很远处船的声音，这是人类利用水声探测的最早记载。第一次世界大战后期，反潜成为主要研究方向之一，并在第二次世界大战中发挥了重要作用。第二次世界大战后，世界各国更加重视反潜作战，大力发展各种反潜探测设备，不断加强反潜体系建设，美国将水声与雷达、原子弹并列为三大发展计划，在冷战期间得到迅猛发展 [22]。如果按作战平台进行分类，水声反潜探测装备主要可分为航空型、水面舰艇型、潜艇型、岸基型。

1.6.2　航空反潜声呐作战应用

反潜机是载有搜索和攻击潜艇设备、武器的军用飞机或其他航空器。反潜机一般具有低空性能好和续航时间长等特点，能在短时间内对宽阔水域进行反潜作战。反潜机可分为岸基反潜机、舰载反潜机、反潜直升机和反潜水上飞机等几种。岸基反潜机以海岸机场作为基地，舰载反潜机通常以航母作为基地，反潜直升机通常载于普通舰船上，反潜水上飞机一般停泊在水面上。1914 年潜艇问世以来，各国相继用飞艇和水上飞机探测潜艇，最开始仅靠目视和望远镜搜索，对潜艇威胁不大。第一次世界大战末期，英国开始用岸基飞机反潜，并开始采用原始的声呐系统。第二次世界大战期间，英、美开始使用声呐浮标，获得较好效果。20 世纪 50 年代以后，英、美开始使用反潜直升机和吊放声呐系统 [23]。

航空反潜声呐主要有声呐浮标和吊放声呐两种，其中，声呐浮标是现代反潜机普遍使用的一种主要反潜器材，由降落伞、浮标水面装置和浮标水下装置三部分组成，具有体积小、机动性好、搜索面积大、效率高、隐蔽性好、不受海区限制等优点。它根据工作机制不同可分为被动式声呐浮标、主动式声呐浮标和锚定声呐浮标，前两种浮标都是短时间工作，工作数小时后即自沉销毁，后一种可工作达数月。一般初始探测时主要使用被动式声呐浮标，进入攻击阶段再使用主动式声呐浮标对目标精确定位[23-27]。

1. 被动式声呐浮标

被动式声呐浮标按照定向方式又可分为非定向浮标和定向浮标两种。

非定向浮标由水听器基阵、放大器、发射机等组成，水听器基阵由若干个无指向性水听器构成一垂直线列阵，在垂直面内有一定指向性，水平面内无指向，只能测定目标有无，不能测其方位，需要同时投掷多个浮标，分布在一定空间位置上，才能确定目标位置；它主要用于对目标辐射噪声作低频分析和记录 (LOFAR)，其主要特点是低频宽带，一般工作在 5~2400Hz；其探测距离可达数十海里；与爆炸声源配合，可进行主动式探测。

定向浮标又称为指向性频谱分析或记录 (DIFAR) 浮标，其基阵具有指向性，工作时基阵不断旋转 360° 扫描，可测出目标方位，使用两枚定向浮标即可测定目标方位距离，其余与非定向浮标相同。这种水听器对低频流噪声十分敏感，通过精心设计浮标悬浮降噪系统，可使浮标自噪声低于环境背景噪声。

2. 主动式声呐浮标

这种浮标上安装有发射换能器，可对目标进行主动式探测，也可分为非定向和定向两种。非定向主动浮标可测定目标距离，但不能测定方位，若多个浮标同时工作，则可测定目标方位，一般都工作在 9~13 kHz 的频带范围。定向主动式浮标，仅用一个即可测定目标方位和距离。新型主动浮标接收多采用定向方式，并尽可能降低工作频率，例如主动浮标 SSQ62E DICASS 和 SSQ963DCAMBS，已将频率下限降到 6 kHz 左右，应用垂直线列阵发射以提高声源级。

3. 锚定声呐浮标

锚定声呐浮标是一种大型声呐浮标，由飞机布放后锚定于海底，基阵深度可由飞机指令控制，是一种主动式浮标，属于战术机动型监视设备。

4. 声呐浮标战术应用

声呐浮标系统的工作原理见图 1.6.1，它由各型声呐浮标 (包括储存架、投放装置)、浮标接收机、浮标定位仪 (或声参系统)、信号处理机、显控处理机等组成。浮标接收机用来接收浮标发射回来的无线电信号，对其解调，产生音频信号送往信号处理机进行处理。现代的接收机都是多通道的，可以同时接收多路信号。声参系统用来测定声呐浮标位置。信号处理机的作用是将浮标发回的声数据进行与浮标类型相应的处理，解算并提取信号的各种特征供声呐员对目标检测和分类，信号处理机还可完成目标位置的解算，形成相应的战术数据，供显控处理机显示。显控处理机是人机交互界面设备。

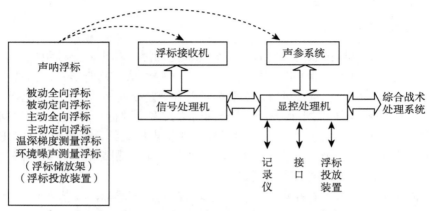

图 1.6.1　声呐浮标系统的工作原理示意图 [26]

现代浮标均具有功能选择方式，以便浮标在投放前可进行射频通信通道、工作寿命、工作深度及工作模式的设置，其射频工作范围为 136～173.5MHz，按 375kHz 带宽分成 99 个工作频道，根据接收声呐浮标的工作频率，无线电接收机的每个接收通道可在这 99 个频道中独立地任选一个频道工作。不同种类浮标其寿命设置也不同，最小的如温深浮标一般只有十几分钟，需要长时间工作的浮标例如被动全向、定向浮标寿命最长可设置到 8～12h。工作深度也有几档可选，从数十米到数百米不等。至于模式选择，则是指多模式浮标，例如 AN/SSQ-955 浮标就可工作于数字或模拟两种模式，投放前需要设定。浮标投放成功后，就可将换能器获取的声信号调制到射频载波上发回，由机上的无线电接收机接收。

航空声呐反潜一般为应召反潜，即反潜机在机场、舰艇或指定空域待命，当获得潜艇的活动情况后，飞往发现潜艇的海区进行搜索和攻击 [23]。一般来说，反潜机可以根据任务要求、搜索区域大小、携带声呐浮标数量的多少，选择不同的阵形和采取不同的搜潜布阵方法。当反潜机到达作战海域时，一般先投放辅助性浮标，例如布设一枚温深浮标和一枚海洋噪声浮标，根据温深浮标和海洋噪声浮标提供的信息或反潜巡逻机反潜人员积累的反潜经验及任务性质，由战术指挥长确定声呐浮标的工作时间、水声换能器深度等；然后根据搜索海区的大小、敌潜艇威胁情况、飞机携带浮标数量等条件，确定使用浮标的数量，投放被动全向声呐浮标，按所执行的任务进行布阵，并在作战海区盘旋，接收和监听由浮标组发射的目标信息，并对接收信号进行低频谱分析，以判断有无目标；一旦发现目标，则补投被动定向声呐浮标或主动浮标对其进行定位并测定其运动要素。在使用被动全向浮标布阵搜潜时，一般至少需要 3 枚浮标同时保持与潜艇接触才能对其精确定位。在接触潜艇的浮标数量不足以定位或定位精度不能满足实施攻击要求时，需要适当补充浮标以提高搜索效果和定位精度。通常保留一定数量的浮标，以便保持浮标阵的完整，用于发现目标后的识别与跟踪。

使用声呐浮标对潜搜索的方法主要有以下几种[23-27]。

1) 线形阵

线形阵是指反潜飞机在目标潜艇可能的航行区域或来袭宽度上，将多枚声呐浮标布设成线状，如图 1.6.2 所示，根据海区条件、目标潜艇活动情况等，其形状可以呈直线阵、折线阵或弧线阵等。线形阵主要用于封锁敌潜艇可能通过的航道，保障海军基地、港口或舰船编队免遭水下敌潜艇攻击，另外，当大概知道目标潜艇的逃离方向时，也可采取线形阵布设声呐浮标。

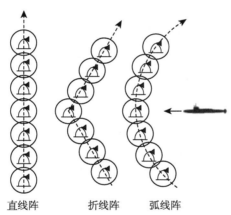

直线阵   折线阵   弧线阵

图 1.6.2 声呐浮标线形阵示意图[23]

2) 圆形阵

在已知潜艇的大概位置，但不知其运动方向的情况下，一般多采用圆形阵布设声呐浮标。圆形阵是将声呐浮标布设成圆形，力图包围潜艇可能存在的海区，并做到包围圈不留空隙，如图 1.6.3 所示，使用浮标的数量主要取决于搜索区的大小。圆形阵的中心一般为目标信号失去接触的位置，半径和所需浮标数量取决于反潜机的综合反应时间和目标潜艇的性能以及战术规避情况。

3) 矩形阵

反潜飞机把多枚声呐浮标布设成矩形，包围目标潜艇可能存在的海区，如图 1.6.4 所示。

圆形阵和矩形阵的中间区域可能成为声呐浮标不能作用到的海区，一般不需要再布设声呐浮标，因为被动声呐浮标只能发现航行的目标潜艇，当目标潜艇从浮标中间海区向外航行时，只要通过浮标阵作用范围，浮标即可发现潜艇。但是，当中间海区比较大且目标潜艇在中间海区的可能性也比较大时，可根据情况在中间海区加布声呐浮标，布设数量主要取决于中间海区大小及目标潜艇在中间海区存在的可能性。

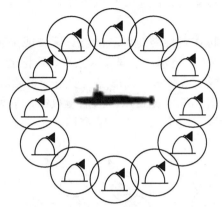

图 1.6.3　声呐浮标圆形阵示意图 [23]

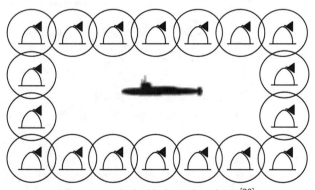

图 1.6.4　声呐浮标矩形阵示意图 [23]

　　上述各种声呐浮标阵中，相邻两浮标的间隔一般取 1.4~1.8 倍的声呐浮标作用距离。特殊情况下，例如当搜索区比较大、飞机所携带的声呐浮标数量较少，难以满足需要时，间隔也可大于 2 倍的声呐浮标作用距离，但此时声呐浮标阵发现潜艇的概率将下降。

　　同时使用多枚被动全向浮标联合确定目标相对位置的方法主要有以下几种 [10,24]。

　　(1) 多普勒最近点定位法 (Doppler-closest point of approach，Doppler-CPA)。

利用目标通过距浮标最近点 (CPA) 前后的 LOFAR 图上多普勒频移变化量可推算目标通过时的最近距离和速度。这种方法的前提是目标做匀速直线运动。此方法的定位精度取决于谱线频率的跟踪测量精度。如果目标在多枚浮标附近通过,则可利用它们的 CPA 分析结果联合对目标定位,从而取得较好的定位效果。

(2) 低频分析和记录定位法 (low frequency analysis and recording fixing, LOFIX)。

这种方法利用多枚浮标接收的目标 LOFAR 图上同一谱线的幅度比例来解算目标的位置。此方法的前提是假定目标辐射噪声是各向同性的,这显然与实际情况有差距。所以其定位误差一般较大,只能作为初始定位参考。

(3) 相关检测测距法 (correlation detction and ranging, CODAR)。

不同于前两种方法只用窄带线谱,此方法是使用宽带信号。通过适当投放的一对被动全向浮标,计算它们的信号相关函数就能确定信号到达它们的延迟时间。从而得出目标可能位置的轨迹曲线。如果再有另一枚与它们不在同一直线上的浮标 (最好在垂直方向上),则可得到另一条轨迹线,根据两者的交点就可能估计目标的位置。

(4) 双曲线定位法 (hyperbolic fixing, HYFIX)。

这是利用 LOFAR 图上观察到的由突发事件引起的多普勒突变来定位的。测出两枚浮标谱图上的突变发生的时间差,就可以两浮标为焦点确定一组双曲线轨迹。如果有另一枚浮标可用,则可像前面的方法那样根据交点确定目标位置。

为了使反潜飞机投布的声呐浮标的位置尽量准确,飞机投放高度不宜过高,一般为 300~500m,投布速度也不宜过大,通常多采用有利巡逻速度。

反潜飞机投布完声呐浮标后,应上升到有利于接收浮标信号的高度,一般为 500~1000m,用巡逻速度飞行,收听所布设浮标发出的信号,其收听时间主要取决于任务要求、搜索区大小、敌潜艇活动情况、反潜飞机续航时间及声呐浮标的工作时间,其最长收听时间应不超过声呐浮标的工作时间。当任务要求比较高、搜索区域比较大、敌潜艇速度比较慢时,收听时间应长一些,反之应短一些。

航空吊放声呐是反潜直升机特有的搜潜装备,具有速度快、机动灵活等特点。在应召反潜中,反潜直升机到达搜索海域后一般按预定搜索航线飞行,直升机使用吊放声呐对潜搜索时一般采取跳跃式逐点搜索方式,如图 1.6.5 所示,即首先飞临某一探测点,在悬停点下降到离海面 25m 左右的高度迎风悬停,然后将声呐基阵吊放入水至最佳深度,以主动或被动方式全向搜索 (一般先被动再主动),如果发现可疑信号就作进一步探测,没有发现目标则将基阵回收到海面以上,爬升到一定高度以巡航速度飞往下一个悬停点再重复上述动作。一般情况下,相邻悬停点之间的距离取 1.25~1.6 倍声呐战术作用距离,以保证最优覆盖面积和最佳发现概率 [28,29]。减少反潜直升机的反应时间和改进搜索方法进而缩短搜索时间是吊放声呐在应召搜潜中的关键。

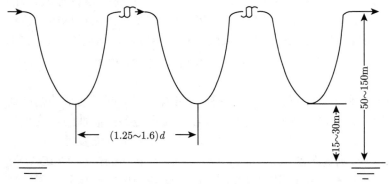

图 1.6.5   吊放声呐搜索飞行剖面图 [29]

吊放声呐基阵用钢缆吊放到水中工作，非常轻便，基阵吊放深度一般为十余米，最深可达上百米，采用适当的隔振降噪措施，可使直升机噪声不影响基阵，基阵干扰基本为海洋噪声。因其干扰较舰壳声呐和拖曳变深度声呐小，不需要很高发射功率即可达到较远的作用距离。

单独使用吊放声呐与声呐浮标都存在不足，例如吊放声呐的使用对时间要求很高，而声呐浮标定位速度慢、经济性差。为提高搜潜效率，可采用吊放声呐与声呐浮标联合搜潜 [29]，利用吊放声呐确定目标大体方位、航向、航速，再通过吊放声呐与声呐浮标组成多基地声呐对目标进行精确定位，可在短时间内与目标接触获取目标信息，为声呐浮标的投放提供更精确的参数并减少声呐浮标的投放数量。

1.6.3   水面舰艇声呐作战应用

水面舰艇声呐装备用于水面舰艇对水下目标进行搜索、识别、跟踪和水声通信，根据基阵安装方式分为舰壳声呐和拖曳声呐两种形式 [30,31]。舰壳声呐的换能器基阵安装在舰艇壳体的不同部位，一般为圆柱形或球形，多为主被动多功能声呐，以主动工作方式为主，兼有被动工作方式，被动工作时使用与主动工作方式相同的换能器基阵，可在 360° 范围内对潜艇进行检测和跟踪，还可以保持对鱼雷的警戒。拖曳阵声呐的换能器基阵拖曳在运载平台后面，通过控制航速和拖缆长度可调节基阵的入水深度，有拖曳体和拖曳线列阵两种基阵形式，有主、被动两种工作方式。被动拖曳线列阵声呐主要用于对潜远距离被动探测、噪声测向、跟踪和识别，对水面舰艇也具有远距离初始探测能力。在舰艇综合反潜作战系统中，被动拖曳线列阵声呐可用于大范围远距离初始探测，引导舰载反潜直升机使用机载探潜设备对潜艇实施准确定位；还可以与舰壳声呐相互配合，用于中、近程对潜探测、跟踪、识别、定位及武器的使用。目前更为先进的拖曳线列阵声呐多为主被动多功能声呐,其探测范围覆盖更广,探测性能更强,而且在拖曳线列阵后端带有可对鱼雷报警的基阵模块。

AN/SQQ-89 是美国 20 世纪 70 年代为水面舰艇研制的集成反潜作战系统 [30],80 年代后期装备美国海军,之后不断改进升级,该系统集单舰反潜、舰-机协同反潜、编队反潜等功能于一身,其 “提康德罗加” 级巡洋舰、“伯克” 级和 “斯普恩斯” 级驱逐舰、“佩里” 级护卫舰均装备了该系统。AN/SQR-19 与 AN/SQS-53 是集成反潜系统 SQQ-89 的一个重要组成部分。

AN/SQR-19 是专为水面舰艇设计的战术型被动拖曳声呐 (TACTAS) 系统 [30],由水下系统和舰载电子设备两大部分组成,其中水下系统声呐阵长 245m,由 8 个甚低频 (小于 1kHz)、4 个低频 (1~5kHz)、2 个中频 (5~15kHz) 和 2 个高频 (大于 15kHz) 声阵段组成,可以有效控制基阵深度,在 4 级海况且高速航行的情况下可全向远程探测、跟踪、识别潜艇和水面舰艇,探测距离最高可达 70n mile;电子设备的主要特点为计算机辅助探测、视频报警、最优搜索显示格式、特殊分类识别显示格式和特殊数据处理技术,例如窄带、宽带和 DEMON 处理模式,搜索 (方位-时间瀑布曲线和一些集成后的线谱数据)、识别 (LOFAR 显示) 和真方位 (基于探测的方位-时间跟踪轨迹) 显示格式;采用模块化设计,能够连续监测自身性能,并能针对失效器件进行重新配置,而不必将系统拆下船;只需 2 名操作手和 1 名监督员;适用于探测深海核潜艇,而对浅海柴电动力潜艇探测效果有限。

AN/SQS-53C 是舰壳主被动声呐系统 [30],功率大,探测距离远,可探测、跟踪和识别水下目标,进行水下通信,对水中兵器进行水中对抗,测量并记录海洋声线图;可跟踪多个目标,直接与数字计算机接口;有三种主动工作模式,即表面信道、海底反射和会聚区。由于采用了噪声抑制技术,该系统可在较高航速条件下有效探测目标,主动和被动方式可同时工作。

除此之外,还有一种可以对水下目标远程警戒的监视拖曳线列阵声呐,该声呐可以作为固定式水声监视系统的补充,其作用距离可远至数百海里。监视拖曳线列阵声呐阵长达数百米,拖曳电缆长 1500 多米,能够根据环境条件选择最佳工作深度。此类拖曳线列阵的拖曳速度较低,需安装在专用的海洋监视船上。水听器接收到的信号首先在拖曳船上进行预处理,然后以低数据率通过卫星数据链传到岸基信息处理中心,然后再由岸基中心处理后传送至海上的作战舰艇。为了弥补此类声呐在探测浅海区安静型潜艇的不足,还可以在系统中加装低频主动发射系统,比如美国 “无暇” 号海洋测量船就加装了 100~1000Hz 的低频发射基阵。

为提高水面舰艇的综合反潜效能,将舰艇和直升机获取的声呐数据与火控系统综合起来，并将人工干预降至最低，水面舰艇综合反潜作战系统应运而生。以美军水面舰艇大量装备的 SQQ-89(V) 综合反潜作战系统为例，该系统一般包括舰壳声呐、拖曳线列阵声呐、舰载声呐浮标信号处理系统、反潜武器作战系统和声呐现场评估系统。舰壳声呐主要以主动方式对水下潜艇进行定位并测定其运动参数；拖曳线列阵声呐用于远距离初始探测，并引导舰载直升机前往目标区域；直升机使用声呐浮标对潜艇进行准确定位，并通过数据链将目标信息传回母舰；最后利用机载或舰载反潜武器对潜实施攻击。

1.6.4　潜艇声呐作战应用

安装在潜艇上的声呐装备称为潜艇声呐装备，用于潜艇对水面舰艇、潜艇和其他水中目标进行搜索、识别、跟踪和水声通信等。潜艇声呐装备种类较多，典型的潜艇声呐系统由警戒声呐、攻击声呐、探雷声呐、通信声呐、识别声呐、被动测距声呐、环境噪声记录分析仪、声速测量仪、声线轨迹仪和有关计算机设备组成。为保持潜艇的隐蔽性，潜艇声呐在大多数情况下以被动方式工作[31]。

宽孔径舷侧阵声呐利用安装在艇体舷侧的大型基阵为潜艇提供远程目标定位，使潜艇具备先敌打击能力。宽孔径舷侧阵声呐在潜艇两舷各有多个大型子阵，每个子阵的尺寸可达 $3m \times 3m$，每个子阵有数百个基元，如此大的孔径可以工作在低频段，并具有良好的水平和垂直指向性，而且可以充分利用海面-海底反射路径和会聚区路径远距离探测目标。宽孔径阵声呐由于具备较大的孔径基阵，可以很好地抑制噪声并能同时跟踪多个目标，因此也被称为快速被动定位声呐。该声呐的方位输出精度很高，即使在本艇不机动的情况下，作战系统也可以在很远的距离进行目标运动分析。图 1.6.6 所示为潜艇大型声呐基阵，舷侧的 6 个子阵即为宽孔径舷侧阵声呐。

图 1.6.6　潜艇大型声呐基阵示意图[31]

艇艏主被动多功能声呐安装于艇艏部耐压壳外，主要采取主动工作方式，只有当艇上噪声测向声呐和被动拖曳线列阵声呐无法工作时才使用被动方式对水下目标进行探测和跟踪。其巨大的球形基阵直径可达 4~5m，采用预成形接收波束，能在 60 个水平方向上形成 600 条波束，每个水平方位上有 10 个垂直角度，而且其波束成形器可以通过时间延迟补偿形成左、右各 24 条波束。该型声呐采用宽带和窄带两种信号处理方法，在宽带或窄带范围内又分成若干个子频带，特别是通过窄带信号处理实现了低频线谱检测，极大地提高了被动探测距离。图 1.6.7 所示为潜艇的艇艏部球阵示意图。

图 1.6.7　潜艇的艇艏部球阵示意图[31]

为了提高作用距离，并能检测数百赫兹以下潜艇噪声的线谱成分，要求基阵很长，可超过舰艇本身长度，长达数百米以上。为此发展了拖曳线列阵声呐，它采用直线基阵，便于采用频域波束成形技术，水听器与电缆做在一起，可缠绕在电缆车上，便于布设和回收，如图 1.6.8 所示。潜艇粗线拖曳基阵阵长较短，主要用于警戒探测，其工作频率较宽，自噪声较小，拖曳速度更快，能够有效提高潜艇在复杂海域环境下的反潜战和避免水下相撞的能力。潜艇细线拖曳基阵阵长可达 800 多米，主要用于潜艇的远程警戒探测，其超长的基阵具有航向、深度和定位系统，可以采用分段被动测距，具有较高的远程探测和定位性能。此外，拖曳线列阵声呐采用很长的长度的优点为：可获取空间增益；远离舰艇，受拖曳舰船噪声的影响很小；拖曳深度可变，便于克服跃变层障碍。

随着潜艇声呐的大量装备，在声呐的设计和使用中发现，潜艇上的各型声呐装备虽然担负的功能和任务不同，但是，它们之间并不是相互独立的，一些声呐之间可能会共用基阵实现不同的功能，其信号采集也多采用集中处理的方式。实际上，若要完成对目标的探测和识别，也必须综合多部声呐的不同信息共同完成。

因此，潜艇上的声呐必须根据潜艇本身的作战使命任务统一设计，以最大限度提高整体性能，这就是潜艇声呐系统。

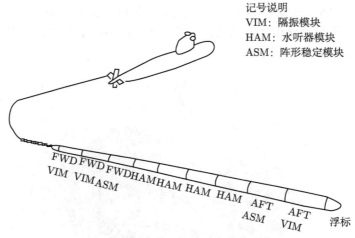

记号说明
VIM：隔振模块
HAM：水听器模块
ASM：阵形稳定模块

图 1.6.8　拖曳式线列阵示意图 [16]

以美国海军 1962 年定型后大规模装备的 BQQ-2 综合声呐系统为例 [31]，该系统由 BQS-6 主被动声呐、BQR-7 被动声呐、BQA-2 通信声呐、BQA-3 声呐计算机指示器、BQQ-3 目标识别声呐、BQG-4 被动测距声呐和 BQH-2 环境噪声记录仪等声呐设备组成。在 BQQ-2 综合声呐系统中，BQR-7 被动声呐主要用于探测和跟踪低航速水中目标，为声呐系统提供早期警戒，当其搜索到目标时，首先利用 BQS-6 主被动声呐对目标发射一个主动信号，以便对目标进行定位，然后在一定的距离上利用 BQQ-3 目标识别声呐通过频谱分析或信号波形、频谱和统计特性分析对目标进行识别，最后由声呐系统计算出对目标进行攻击的各项数据。

目前美国海军的潜艇声呐系统已发展到 BQQ-10 声呐系统 [31]，该系统主要由 BQS-13DNA 艇艏主被动声呐、BQG-5 宽孔径舷侧阵声呐、TB-16 粗线拖曳线列阵、TB-29A/TB-23 细线拖曳线列阵和 BQS-24 导航测冰声呐组成。在 BQQ-10 声呐系统中，BQS-13DNA 艇艏主被动声呐主要以主动方式对水中目标进行定位，将测得的目标距离、方位和深度等信息传送给火控系统，同时还可以被动方式对水中目标进行探测，而且还可以与通信声呐结合完成水下声波通信；BQG-5 宽孔径舷侧阵声呐以被动方式探测目标的方位和距离，并传送给火控系统；TB-16 甚低频粗线拖曳线列阵主要用于潜艇的警戒探测，后续升级版本有 TB-16B\D\F 和 TB-34[32]；TB-29A/TB-23 甚低频细线拖曳线列阵用于潜艇的远程警戒探测，正在研发的 TB-33 型细线拖曳声呐未来将逐步替代 TB-29A[32]；BQS-24 导航测冰声呐在保障潜艇航行安全的同时还具备较好的浅海探测性能，能够降低多途混响，可以很好地满足浅海反潜探测和水雷目标探测，尤其对近距离的锚雷探测性能较高。

1.6.5 岸基声呐作战应用

岸基声呐是以海岸为基地把水下基阵布放在近岸大陆架海底 (浅海)、大陆架边缘海底 (利用深海声道会聚效应) 或敏感水域的固定声呐，基阵信号可以通过海底电缆或光缆传输到岸上，也可以采用无线电传输的方式与岸上处理系统连接，实现近岸水下监视的快速响应，用于海峡、基地、港口、航道和近岸水域对敌潜艇进行远程警戒和监视，引导反潜兵力实施对潜攻击，是反潜预警系统的重要组成部分。固定式声呐有两种：一种基阵为集中型，基阵尺寸可达数十米以上，基元数目数百个以上，可在很低的工作频率 (小于 100Hz) 获得 20dB 以上的空间增益；另一种基阵为分布式，利用多基阵配合来检测目标。

岸基声呐由换能器基阵、海底电缆、岸上电子设备及点源等组成，以被动工作方式为主，有的也设有主动工作方式，可采用与拖曳线列阵相同的信号处理和分析系统，提供实时监视信息 (目标位置、时间、类别、运动等) 构成水面或水下战场态势图，并通过网络提供给相关战术部门。其优点是：可全时连续工作；不用运载工具，体积重量不受运载工具限制，可采用低频、大功率、大孔径基阵；基阵不运动，噪声小。缺点是：基阵庞大，海上施工维修复杂；不能移动使用，使用不灵活；当水文条件变化时，不能调整基阵深度；设置地点受海区水文地理条件限制，而且一旦暴露就易遭受破坏 [31]。近年来，开始出现布放更加灵活的机动式水下警戒系统。

典型的岸基声呐有：

(1) 固定式水声监视系统 (sound surveillance system，SOSUS)。

SOSUS 部署在重要海域，是用于对水下潜艇进行远程预警的岸基警戒声呐系统。该系统包括一系列安装在海底的固定式被动水听器阵，水听器按照一定间隔排列，通过电缆将接收的原始数据传回岸基站进行分析，判明存在潜艇后，再派反潜巡逻机对目标进行定位和跟踪。该系统可以实现在前沿海域对敌潜艇进行监视，能够在敌潜艇进入攻击距离前对其实施阻拦。

(2) 固定分布式系统 (fixed distributed system，FDS)。

FDS 主要用于探测和跟踪水下威胁目标，以及在深海和近岸水域活动的水面目标。相比于 SOSUS，该系统更能应对快速变化的潜艇威胁。FDS 采用了先进的信号和信息处理系统及模块化的分布式结构，具有波束成形能力，既可以独立使用，也可以与 SOSUS 和水面拖曳阵系统联机使用。

(3) 高级可部署系统 (advanced deployable system，ADS)。

ADS 是一种可迅速大面积展开、短期使用的水下监视系统，用来探测、定位在浅水近岸环境中的安静型潜艇。该系统可由部署在各地的水面舰艇或反潜机投放，可在战争冲突发生前期或期间快速部署在预定作战海域，能够提供大面积的水下声学信息。ADS 由传感器分系统、战术接口分系统、分析与报告分系统和安装支援系统组成。传感器分系统包括用直径较小的光缆连接的 4 条水听器阵和压力容器，压力容器内装有电池电源、电子模块和激光器，水听器数据转换为光信号后通过光缆传送至战术接口分系统。战术接口分系统包括一个自供电的浮标，内有处理和压缩传感器分系统传来的数据流的计算机，以及将数据发送至滨海战斗舰的天线和无线电发送装置。安装在滨海战斗舰上的分析与报告分系统将接收数据信息并对其进行分析处理。安装支援系统用于滨海战斗舰快速布放传感器分系统和战术接口分系统。ADS 水下传感器适合各种海区布放，可在地区冲突之前或过程中快速而隐蔽地布放到突发事故海区监视敌方潜艇。ADS 用途广泛，在保护己方港口时，可通过光缆将传感器与岸上信号处理模块连接；在监视敌方海域时，可通过光缆连接至附近水面舰艇或者潜艇，也可以采用无线电方式将信号发送至信号处理模块。

1.6.6　编队协同探潜

海上作战，水面舰艇多以编队或战斗群联合作战，由于编队内水面舰艇舰型不同，传感器不同，武器配置和攻击效果不同，如何才能合理地组织编队内每个平台进行协同作战，充分发挥每个平台的作战效能，以保证每个平台的作战效果。美国海军装备技术发展战略系列报告《2000—2035 美国海军技术》中已明确指出，21 世纪协同作战能力将应用于水下防御 [33]。

随着潜艇性能的不断提高，依靠单一兵力或手段，难以完成探潜反潜作战任务，必须依靠各种反潜力量组成的反潜作战体系。现代军事理论普遍认为，对付现代潜艇最有效的方法是使用固定翼巡逻飞机、舰载反潜直升机、水面舰艇、潜艇，以及卫星、浮空器等多种兵力协同作战，发挥各自特长，互相弥补不足，形成探潜反潜的整体合力 [23]。

(1) 美国：反潜直升机和固定翼巡逻飞机组成的空中反潜平台；各种具备反潜能力的作战舰艇，包括航母、驱逐舰、巡洋舰等；不同级别的攻击型核潜艇；海底的 "反潜链"，主要由海底固定声呐基阵组成。水下战场各种机动和分布布设的固定传感器组成的搜潜网络，采用多基地探测定位和数据融合等先进技术，对水下目标实施精确探测、定位和识别，提供水下通用环境和战术图像，同时各类平台携载的反潜装备通过信息网络构成反潜区域的武器格栅，使各反潜节点之间能共享环境、战术数据，达到统一控制反潜作战的目的。

(2) 俄罗斯：主要依靠海洋监视卫星和海军机动兵力如水面舰艇、潜艇、飞机等，实施大范围反潜观察预警，使用机动反潜平台在重点威胁海区实施搜索，按观察、搜索兵力提供的情报使用诸兵种反潜火力对潜进行合同攻击。

(3) 日本：主要发展空中、水面和水下大中型反潜作战平台，其中空中装备有 P-3C 反潜巡逻机、SH-60"海鹰" 反潜直升机及直升机航母等，不断提高反潜作战快速反潜能力，扩大反潜控制范围。此外，还积极发展海洋监视卫星，提高反潜体系的情报预警能力，同时，与美国海军反潜作战体系紧密配合，实现反潜信息的共享，实施联盟反潜。

1.6.7 立体综合水声探潜

海洋环境很复杂，声场垂直分布的变化，水平分布的影响，海底的起伏等都会影响声呐探测的有效性。单纯依靠固定声呐，监视系统的可靠性不是很高，必须用舰艇、航空等机动反潜探测手段配合构成立体配置的综合反潜探测系统，各种探测手段获得的数据传输至信息中心，应用大型计算机分析判决。也可通过空投长寿命低频主动声源配合声呐浮标、拖曳线列阵、可布设线列阵、水下无人潜航传感器平台构成多基站主动声呐探测系统，监视指定海域 [34-36]。

网络中心反潜战是指用现代化探测、通信和信息处理手段，将太空、空中、水面、水下、岸基等反潜作战单元联为整体，从而形成一体化反潜作战模式。在网络中心反潜战条件下，当潜艇在某位置活动时，若潜艇被飞机、岸基雷达或其他反潜兵力中任一兵力发现，则潜艇的位置、航向、速度深度等要素信息就会被实时地传输给所有反潜作战单位，这样潜艇附近的反潜兵力即使没有发现潜艇，也可以根据潜艇要素信息对潜艇实施攻击 (即超视距攻击)，从而使反潜作战行动就如同计算机网络一样信息共享，相互配合 [37]。

参 考 文 献

[1] Waite A D. Sonar for Practising Engineers[M]. Chichester, England: John Wiley & Sons Ltd, 2002.

[2] Tu J, Inthavong K, Wong K K L. Computational Hemodynamics–Theory, Modelling and Applications[M]. Dordrecht: Springer, 2015.

[3] Urick R J, Pryce A W. A summary of underwater acoustic data. Part I. Introduction[R]. Office of Naval Research Arlington Va, 1954.

[4] 刘伯胜, 雷家煜. 水声学原理 [M]. 2 版. 哈尔滨: 哈尔滨工程大学出版社, 2010.

[5] 陈克棠. 声呐和水下观测 [M]. 上海: 上海科学技术出版社, 1984.

[6] 列·布列霍夫斯基赫, 扬·雷桑诺夫. 海洋声学基础 [M]. 朱柏贤, 金国亮, 译. 北京: 海洋出版社, 1985.

[7] 理查德·P. 霍奇斯. 水声学: 声呐分析, 设计与性能 [M]. 于金花, 等译. 北京: 海洋出版社, 2017.

[8] William J. Hurley. An overview of acoustic detection analysis[C]. The Tripartite Naval Operations Research Symposium, Ottawa, Ontario, on 8 June1982. Professional Paper 372, Center for Naval Analyses, 1983.

[9] 张维, 曹振宇, 尚玲. 舰船辐射噪声模拟与实现方法 [J]. 水雷战与舰船防护, 2017, 25(1): 11-15.

[10] 侯自强. 声呐信号处理——原理与设备 [M]. 北京: 海洋出版社, 1986.

[11] Urick R J. Principles of Underwater Sound[M]. New York: McGraw-Hill Book Company, 1983.

[12] 马小瑜. 声呐阵列信号仿真的信号处理机实时实现 [D]. 南京: 东南大学, 2013.

[13] 李启虎. 声呐信号处理引论 [M]. 北京: 科学出版社, 2012.

[14] Hodges R P. Underwater Acoustics: Analysis, Design and Performance of Sonar [M]. West Sussex: Wiley, 2010.

[15] 田坦. 声呐技术 [M]. 2 版. 哈尔滨: 哈尔滨工程大学出版社, 2009.

[16] 中科院声学所. 拖曳式线列阵声呐研究丛书 [M]. 北京: 中国科学院声学研究所, 1989.

[17] Systems technology Department, General Dynamics Electric Boat Division. A handbook of sound and vibration parameters[R]. Naval Sea Systems Command Under Contract N00024-73-C-2304. ADA071837, 1979.

[18] Urick R J. Ambient Noise in the Sea[M]. Washington: Undersea Warfare Technology Office, Naval Sea Systems Command, Department of the Navy, 1984.

[19] 朱方伟, 郑广赢, 刘福臣. 南海冬季环境噪声谱级特性分析 [J]. 声学与电子工程, 2021, (1): 10-13.

[20] 伏捷. 水下航行器声隐蔽性的表征与技术进展 [J]. 噪声与振动控制, 2007, 27(1): 101-103.

[21] Ohlund G. Design of submarine for stealth and survivability[C]. Hamburg UDT, 1997, 114-118.

[22] 宋兰珠. 西方军事专家分析反潜战与反潜武器 [J]. 现代兵器, 1995, 10: 8-11.

[23] 欧阳绍修. 固定翼反潜巡逻飞机 [M]. 北京: 航空工业出版社, 2014.

[24] 杨兵兵, 鞠建波, 张鑫磊. 反潜巡逻机浮标布阵应召搜潜效能研究 [J]. 系统仿真技术, 2015, 11(3): 202-206.

[25] 杨蕾. 被动型声呐浮标定位技术研究 [D]. 哈尔滨: 哈尔滨工程大学, 2009.

[26] 凌国民, 王泽民. 声呐浮标技术及其发展方向 [J]. 声学与电子工程, 2007, (3): 1-5.

[27] 王祖典. 航空反潜声探设备 [J]. 电光与控制, 2006, 13(3): 1-4.

[28] 金惠明, 李建勋. 反潜直升机吊放声呐搜潜策略分析 [J]. 电光与控制, 2011, 18(8): 26-28, 39.

[29] 张晓利, 陈建勇. 吊放声呐与声呐浮标在应召搜潜中的联合运用 [J]. 海军航空工程学院学报, 2006, 21(6): 669-671.

[30] 钱东, 高军保. 水面舰艇集成反潜作战系统 SQQ-89[J]. 鱼雷技术, 2001, 9(1): 43-46.

[31] 王鲁军, 凌青, 袁延艺. 美国声呐装备及技术 [M]. 北京: 国防工业出版社, 2011.

[32] 董波, 张郑海. 美国潜艇拖曳阵声呐技术特点及发展趋势 [J]. 舰船科学技术, 2016, 38(9): 150-153.

[33] 刘雄, 康凤举. 编队协同反潜概念模型研究 [J]. 系统仿真学报, 2006, 18(2): 31-33, 37.

[34] 陈敬军, 陆佶人. 被动声呐线谱检测技术综述 [J]. 声学技术, 2014, 23(1): 57-60.

[35] 汪德昭, 尚尔昌. 水声学 [M]. 2 版. 北京: 科学出版社, 2013.

[36] 初磊, 肖汉华, 王珊. 舰艇编队的平台中心与网络中心探潜效能比较 [J]. 火力与指挥控制, 2014, 39(5): 83-85.

[37] 叶敬礼, 孙钦富, 李东. 潜艇知识问答 (反潜作战篇)[J]. 当代海军, 2007, (12): 74-75.

[38] 中华人民共和国国家军用标准. 舰艇实艇声目标强度测量方法: GJB 4844- 2003[S]. 北京: 总装备部军标出版发行部, 2003.

第 2 章　舰船水动力噪声及控制

2.1　概　　述

　　水动力噪声问题实际上是研究水流运动产生的声辐射。水流流过物体表面时会产生噪声，这类噪声统称为水动力噪声。水动力噪声主要包括三类：一是水流运动本身产生的噪声，这是一种自由湍流噪声，呈四极子属性，因此其声辐射效率正比于马赫数的 5 次方，在空气动力学中，这类噪声的辐射效率很高，但是对于水下流动，其马赫数一般都很小，自由湍流噪声在声辐射效率方面的影响十分微弱。二是由于边界的存在引发的湍流边界层噪声，当边界本身是刚性时，在刚性边界的反射作用下产生噪声，当边界本身是弹性时，弹性边界的振动也会产生噪声。需要特别说明的是，流噪声是指水下运动物体表面湍流边界层压力变化所引起的噪声，其主要成分是近场脉动压力。当航行体在水面或水下运动时，由于流体的黏性作用，在大气或者水介质的表面将形成边界层。当雷诺数足够高时，边界层的流动处于湍流运动状态。这种不稳定的湍流流动将受边界表面的阻挡，壁面边界附近的动量起伏与界面上的压力起伏相平衡。Skudrzyk 和 Haddle[1-4] 认为流噪声是流体流过物体表面时产生的所有噪声，包括压力起伏、表面粗糙引起的旋涡噪声、压力起伏激励空腔共振以及壁面振动产生的噪声。无论关于流噪声是如何定义的，有一点是始终没变的，即湍流边界层压力起伏是流噪声最主要的成分。三是物体表面运动产生的噪声，例如，螺旋桨的旋转运动引起的噪声，面分布的体积源、力源及应力源等产生的噪声。由于在水下噪声研究的早期螺旋桨的空泡噪声是舰船水下噪声的主要来源，因此传统上也一般将螺旋桨噪声单独列出来。

2.2　水动力学和声学基本方程

　　在流体力学中，根据介质类型的差异可分为空气动力学和水动力学，由于水和其他液体的可压缩性很小，在水动力学中一般不考虑流体的可压缩性。长期的实践检验也证明了水介质的不可压缩性假设对于解决一般的水动力学问题是足够精确的。而另外一方面，流体介质中的声波是由于介质的可压缩性引起的密度变化向外传播引起的，因而声波是可压缩的流体力学现象。在这一点上，水动力学与声学有本质的差异。因此，在研究水动力噪声时，应该考虑流体介质的可压缩性 [5]。

1. 连续性方程

在研究流体宏观运动规律时，一般都是假设流体是由无间隙、连续分布的流体质点所组成的。流体在运动过程中满足质量守恒定律，由质量守恒定律可知，在没有外界质量输入的条件下，控制体中流体质量不会自行产生也不会凭空消失，单位时间内控制体内流体质量的增减等于流入和流出控制体表面的流体质量之和，即可得到积分形式的连续性方程为

$$\int_S \rho v \cdot n \mathrm{d}S = -\frac{\partial}{\partial t} \int_V \rho \mathrm{d}V \tag{2.2.1}$$

利用高斯公式将上式的面积分化为体积分，则有

$$\iiint_V \left(\frac{\partial \rho}{\partial t} + \nabla \cdot (\rho v) \right) \mathrm{d}V = 0 \tag{2.2.2}$$

由于体积 V 具有任意性，因此，要满足上式积分恒为零的充要条件是被积函数等于零，即

$$\frac{\partial \rho}{\partial t} + \nabla \cdot (\rho v) = 0 \tag{2.2.3}$$

这就是微分形式的连续性方程，表示无源 (汇) 流场中空间任意点上速度和密度之间的微分关系，即流体的速度不是任意给定的，而是要满足连续性方程。

2. 运动方程

流体在运动过程中还需满足动量定理，动量定理表示为控制体内流体动量的时间变化率与控制体表面流进或流出动量的净通量矢量和等于控制体内流体上所有作用外力之和。对于忽略黏性的理想流体流动过程，根据动量定理，其积分形式的动量方程为

$$\frac{\partial}{\partial t} \int_V \rho v \mathrm{d}V + \int_S (\rho v \cdot n) v \mathrm{d}S = \int_V \rho f \mathrm{d}V + \int_S p \mathrm{d}S \tag{2.2.4}$$

同理，将上述面积分变换为体积积分，可得

$$\iiint_V \left(\rho \frac{\mathrm{D}v}{\mathrm{D}t} - \rho f + \nabla p \right) \mathrm{d}V = 0 \tag{2.2.5}$$

上式对任意选取的体积 V 都成立，因此，其成立的充要条件为被积函数恒等于零，则有

$$\frac{\mathrm{D}v}{\mathrm{D}t} = f - \frac{\nabla p}{\rho} \tag{2.2.6}$$

其中，$\dfrac{\mathrm{D}}{\mathrm{D}t}$ 为随体导数，也称为拉格朗日导数，表示变量对时间求导时要考虑流体质点本身运动所带来的影响。

3. 能量方程

根据能量守恒定律，控制体内流体总能量的时间变化率等于控制体表面流进或流出流体的能量净通量和控制体内流体上的作用力 (如质量力、表面力) 所做功的功率，以及与外界的传热率之和。控制体内流体的总能量包括分子随机运动产生的内能以及流体的动能。假设单位质量的内能为 e，单位质量的动能为 $\dfrac{v^2}{2}$，控制体与外界的传热率为 $\dot{Q}$，则控制体内部流体总能量为 $\displaystyle\int_V \rho\left(e + \frac{v^2}{2}\right)\mathrm{d}V$，控制体内部流体受到质量力做功的功率为 $\displaystyle\int_V \rho f \cdot v \mathrm{d}V$，作用在控制体内流体表面上的表面力所做功的功率为 $\displaystyle\int_S p \cdot v \mathrm{d}S$，可得到积分形式的能量方程为[8]

$$\frac{\mathrm{D}}{\mathrm{D}t}\int_V \rho\left(e + \frac{v^2}{2}\right)\mathrm{d}V = \int_V \rho f \cdot v \mathrm{d}V + \int_S p \cdot v \mathrm{d}S + \dot{Q} \tag{2.2.7}$$

在考虑黏滞性、热传导和可压缩性，以压力 $p(x,t)$、密度 $\rho(x,t)$、质点运动速度 $U(x,t)$ 和温度 $T_H(x,t)$ 为变量时，流体力学采用张量符号表示的基本方程组为

$$\begin{cases} \text{连续性方程} \quad \dfrac{\partial \rho}{\partial t} + \dfrac{\partial(\rho U_i)}{\partial x_i} = Q(x,t) \\[3mm] \text{运动方程} \quad\quad \dfrac{\partial(\rho U_i)}{\partial t} + \dfrac{\partial(\rho U_i U_j)}{\partial x_j} = -\dfrac{\partial P}{\partial x_i} + \dfrac{\partial \tau_{ij}}{\partial x_j} + F_i(x,t) \\[3mm] \text{能量方程} \quad\quad \rho T_H \dfrac{\partial S}{\partial t} + U_j \dfrac{\partial S}{\partial x_j} = K_H \nabla^2 T_H + E_\mu + H_0(x,t) \\[3mm] \text{状态方程} \quad\quad P = P(\rho, S) \end{cases} \tag{2.2.8}$$

其中，运动方程即为著名的 Navier-Stokes (N-S) 方程，τ_{ij} 表示黏性应力张量，对于 Newton 型黏滞流体有

$$\tau_{ij} = \mu\left(\frac{\partial U_i}{\partial x_j} + \frac{\partial U_j}{\partial x_i} - \frac{2}{3}\frac{\partial U_l}{\partial x_l}\right) + \eta\frac{\partial U_l}{\partial x_l}\delta_{ij} \tag{2.2.9}$$

其中, $i, j = 1, 2, 3$; μ、η 分别为第一和第二黏性系数; δ_{ij} 为克罗内克符号, 当 $i = j$ 时为 1, 其余为 0。$Q(x, t)$、$F_i(x, t)$、$H_0(x, t)$ 分别代表质量、力和热源项, 表示单位时间内注入单位体积流体中的质量、力和热量; K_H 为热传导系数; E_μ 为介质黏性引起的能量损耗系数; $S(x, t)$ 表示单位质量的熵, 它与温度 T_H 相关联 [6]。

　　流体力学方程组既是水动力学也是声学的原始方程组。在水介质的运动过程中温度或熵很少发生明显的变化, 也没有热源的流入, 所以常常可以假设为绝热等熵过程, $S = S_0$。这时能量方程消失, 状态方程取绝热等熵的形式, 方程组简化为 [6]

$$
\begin{cases}
\text{连续性方程} & \dfrac{\partial \rho}{\partial t} + \dfrac{\partial(\rho U_i)}{\partial x_i} = Q(x, t) \\[2mm]
\text{运动方程} & \dfrac{\partial(\rho U_i)}{\partial t} + \dfrac{\partial(\rho U_i U_j)}{\partial x_j} = -\dfrac{\partial P}{\partial x_i} + \dfrac{\partial \tau_{ij}}{\partial x_j} + F_i(x, t) \\[2mm]
\text{状态方程} & P = P(\rho, S_0)
\end{cases} \tag{2.2.10}
$$

在计算水动力学问题时, 假设流体不可压缩, 此时有 $\rho = \rho_0$, 得

$$
\begin{cases}
\text{连续性方程} & \rho_0 \dfrac{\partial U_i}{\partial x_i} = Q(x, t) \\[2mm]
\text{运动方程} & \rho_0 \dfrac{\partial U_i}{\partial t} + \rho_0 \dfrac{\partial U_i U_j}{\partial x_j} = -\dfrac{\partial P}{\partial x_i} + \dfrac{\partial \tau_{ij}}{\partial x_j} + F_i(x, t)
\end{cases} \tag{2.2.11}
$$

　　从方程组 (2.2.11) 出发, 可以讨论类似旋涡、波浪、边界层和湍流等一系列水动力学问题。若进一步假设源 Q 和 F 都为 0, 并利用 $\dfrac{\partial U_i}{\partial x_i} = 0$, 则可得到无源情况的简化形式, 即

$$
\begin{cases}
\text{连续性方程} & \dfrac{\partial U_i}{\partial x_i} = 0 \\[2mm]
\text{运动方程} & \dfrac{\partial U_i}{\partial t} + U_j \dfrac{\partial U_i}{\partial x_j} = -\dfrac{1}{\rho_0} \dfrac{\partial P}{\partial x_i} + \upsilon \dfrac{\partial^2 U_i}{\partial x_j \partial x_j}
\end{cases} \tag{2.2.12}
$$

其中, υ 为动黏性系数。

　　当流体为无旋的势流运动时, 有速度势函数 $\phi(x, t)$, 定义势流速度和压力分别为

$$
U(x, t) = \nabla \phi(x, t), \quad P(x, t) = -\rho_0 \frac{\partial \phi(x, t)}{\partial t} \tag{2.2.13}
$$

由连续性方程推导可得

$$
\nabla^2 \phi(x, t) = 0 \tag{2.2.14}
$$

当流体做湍流运动时，压力 P 与质点速度 U 的平均值之间满足一定的关系。令 $P = \bar{P} + \Delta P$，$U_i = \bar{U}_i + u_i$，其中 $\bar{P}$ 与 $\bar{U}_i$ 分别为压力和时间的平均值。ΔP、u_i 分别为对应物理量的变化量。若假设 $\overline{\Delta P} = 0$，$\bar{u}_i = 0$，即可得到著名的 Reynolds 平均 Navier-Stokes 方程 (RANS 方程)：

$$\frac{\partial \bar{U}_i}{\partial t} + \bar{U}_j \frac{\partial \bar{U}_i}{\partial x_j} = -\frac{1}{\rho_0} \frac{\partial \bar{P}}{\partial x_i} + v \frac{\partial^2 \bar{U}_i}{\partial x_j \partial x_j} + \frac{1}{\rho_0} \frac{\partial}{\partial x_j} (-\rho_0 \bar{u}_i \bar{u}_j) \qquad (2.2.15)$$

与一般形式的 N-S 方程相比，RANS 方程中多了应力项 $-\rho_0 \bar{u}_i \bar{u}_j$。应力项的出现导致了运动方程不封闭。该方程在一开始便利用了水介质的不可压缩条件，因此该方程不包含声波运动。在声波运动时要考虑介质的可压缩性。经典声学主要研究静态流体中的小振幅运动，流体的运动速度 U 中只含有声波振速 u 且为小量。同时密度变化 $\rho' = \rho - \rho_0$ 及声压变化 $p = P - P_0$ 都为小量，在忽略黏性应力的情况下，可得

$$\begin{cases} \dfrac{\partial \rho'}{\partial t} + \rho_0 \dfrac{\partial u_i}{\partial x_i} = Q(x, t) \\ \rho_0 \dfrac{\partial u_i}{\partial t} = -\dfrac{\partial P}{\partial x_i} + F_i(x, t) \end{cases} \qquad (2.2.16)$$

进一步化简整合两个方程可得

$$\frac{\partial^2 p}{\partial x_i \partial x_i} - \frac{\partial^2 \rho'}{\partial t^2} = -\frac{\partial Q(x, t)}{\partial t} + \frac{\partial F_i(x, t)}{\partial x_i} \qquad (2.2.17)$$

由等熵条件下的状态方程保留线性项可得

$$\mathrm{d}P \approx \left(\frac{\partial P}{\partial \rho} \right)_{s_0} \mathrm{d}\rho \qquad (2.2.18)$$

令

$$c^2 = \left(\frac{\partial P}{\partial \rho} \right)_{s_0}, \quad p = c^2 p' \qquad (2.2.19)$$

其中，c 表示小振幅声波运动的声速。将保留线性项后的状态方程代入式 (2.2.17) 可得

$$c^2 \frac{\partial^2 \rho'}{\partial x_i \partial x_i} - \frac{\partial^2 \rho'}{\partial t^2} = -\frac{\partial Q(x, t)}{\partial t} + \frac{\partial F_i(x, t)}{\partial x_i} \qquad (2.2.20)$$

或

$$\frac{\partial^2 p}{\partial x_i \partial x_i} - \frac{1}{c^2} \frac{\partial^2 p}{\partial t^2} = -\frac{\partial Q(x, t)}{\partial t} + \frac{\partial F_i(x, t)}{\partial x_i} \qquad (2.2.21)$$

式 (2.2.20) 与式 (2.2.21) 分别为用密度变化和声压变化表示的静态流体中有源波动方程。无源情况下的齐次波动方程为

$$\nabla^2 p - \frac{1}{c^2}\frac{\partial^2 p}{\partial t^2} = 0 \qquad (2.2.22)$$

波动方程中声压 $p(x,t)$ 和密度变化 $\rho'(x,t)$ 是随空间位置和时间变化的。扰动的传播需要一定的时间,在等熵条件下,满足:

$$c^2 = \left(\frac{\partial P}{\partial \rho}\right)_{S_0} = \left(\frac{\mathrm{d}P}{\rho_0 \mathrm{d}\rho/\rho_0}\right)_{S_0} \approx \frac{1}{\beta_{S_0}\rho_0} \qquad (2.2.23)$$

绝热压缩系数 β_{S_0} 满足下列方程,即

$$\beta_{S_0} = \left(\frac{\mathrm{d}\rho/\rho_0}{\mathrm{d}P}\right)_{S_0} = \left(\frac{\mathrm{d}V/V_0}{\mathrm{d}P}\right)_{S_0} \qquad (2.2.24)$$

对于不可压缩介质,β_{S_0} 趋于 0,c 趋于 ∞,波动方程变为 Laplace 方程 $\nabla^2 p = 0$。

由于静态流体中小振幅的声运动是无旋的,因此声学中也引入声速度势 $\phi(x,t)$,声波的振速及声压可分别定义为

$$u(x,t) = \nabla\phi(x,t)$$
$$p(x,t) = -\rho_0 \frac{\partial\phi(x,t)}{\partial t} \qquad (2.2.25)$$

声势函数满足的方程为

$$\nabla^2\phi(x,t) - \frac{1}{c^2}\frac{\partial^2\phi(x,t)}{\partial t^2} = 0 \qquad (2.2.26)$$

声场中最基本的量为声压 $p(x,t)$,在小振幅的线性声学范畴内,可由声压推导得到其他声学量。声场的另一重要特性是能量及其分布特性。单位体积中声能量称为声能密度 E,其满足以下关系:

$$E = \frac{1}{2}\rho_0 u^2 + \frac{1}{2}\frac{p^2}{\rho_0 c^2} \qquad (2.2.27)$$

单位体积流入或流出的声能量定义为声能流密度,声能流是有方向的,因此声能流密度是一个向量。由式 (2.2.27) 得

$$\frac{\partial E}{\partial t} = \rho_0 u \cdot \frac{\partial u}{\partial t} + \frac{1}{\rho_0 c^2}p\frac{\partial p}{\partial t} = -\nabla \cdot (pu) \qquad (2.2.28)$$

定义声能流密度向量 ω，其满足的关系为 $\omega = pu$。

声波强度是指垂直于来流方向单位面积上通过的声能量的时间平均值，定义为

$$I = \frac{1}{T} \int_0^T pu^* \mathrm{d}t \qquad (2.2.29)$$

其中，u^* 表示速度的共轭；对于有规声场，T 表示声波运动周期，声强度也代表了单位面积上的声功率。对于平面波，满足：

$$I = \frac{\overline{p^2}}{\rho_0 c}, \quad \overline{p^2} = \frac{1}{T} \int_0^T p^2 \mathrm{d}t \qquad (2.2.30)$$

对于任意一个表面上的声功率，满足：

$$P = \int_S I \mathrm{d}S \qquad (2.2.31)$$

经典声学一般都是针对波动方程开展研究，对 $p(x,t)$ 做傅里叶变换，可得

$$\begin{cases} p(x,t) = \displaystyle\int_{-\infty}^{\infty} p(x,\omega) \mathrm{e}^{-\mathrm{i}\omega t} \mathrm{d}\omega \\ p(x,\omega) = \dfrac{1}{2\pi} \displaystyle\int_{-\infty}^{\infty} p(x,t) \mathrm{e}^{\mathrm{i}\omega t} \mathrm{d}t \end{cases} \qquad (2.2.32)$$

其中，$\omega = 2\pi f$ 为角频率。将式 (2.2.32) 代入波动方程可得

$$\nabla^2 p(x,\omega) + k_0^2 p(x,\omega) = 0 \qquad (2.2.33)$$

其中，$p(x,\omega)$ 代表给定频率声压的空间变化部分，k_0 表示声波数。若波动方程是有源的，则源函数作谱分解可得到亥姆霍兹 (Helmholtz) 方程，沿正 r 方向传播的频率 ω 的简谐声波可表示为

$$p(x,\omega) = A(r) \mathrm{e}^{-\mathrm{i}(\omega t - k \cdot r)} \qquad (2.2.34)$$

当声波传播到无限远处时，波动方程的解满足辐射条件，即在远距离处声场应该是向外发散或衰减的波，即

$$\lim_{r \to \infty} p = \lim_{r \to \infty} \int_S \left(p \frac{\partial}{\partial n} \frac{\mathrm{e}^{\mathrm{i}k_0 r}}{r} - \frac{\mathrm{e}^{\mathrm{i}k_0 r}}{r} \frac{\partial p}{\partial n} \right) \mathrm{d}S = 0 \qquad (2.2.35)$$

若将表面取为球面，则有

$$\lim_{r \to \infty} r \left(\mathrm{i}k_0 p - \frac{\partial p}{\partial r} \right) = 0 \qquad (2.2.36)$$

由此可得, 对于有限体积的声源, 其产生的声波在无限远位置是以 $1/r$ 的规律衰减的。

通过比较水动力学方程组和声波波动方程, 两者之间的差异主要体现在以下几个方面[6]:

(1) 流场满足的 N-S 方程是二阶非线性微分方程, 声场满足的 Euler 方程为二阶线性微分方程。湍流运动是流噪声的来源, 其本质上还是非线性运动, 非线性导致流体中存在 Reynolds 应力, 对 N-S 方程的线性化假设导致声波运动是小振幅的线性扰动, 声场是线性场, 这是声场与流场的重要区别。因此, 对流噪声声源区域应采用非线性计算, 而对远离流场的声辐射区域采用线性化运算。

(2) 流体的水动力压力与声场的声压有较大区别。水动力压力满足的方程是 k_0 趋于 0 时的极限, 而在声学中考虑甚低频问题时, 可以忽略波的辐射作用。即对于水动力压力, 其在流场中传递的速度无限大, 压力可以瞬时传递到整个流场; 而声压是以有限速度传递的, 从一点到另一点需要一定的时间。

(3) 声学和水动力控制方程的差异导致两种扰动传播速度和特征尺度的差别。对于旋涡等类似的水动力扰动, 一般是以流动速度传递, 在水中的传递速度相对较小。而对于声波运动的传递以波长 λ 来度量, 所有空间尺度都是用波长来度量的。

2.3 流体运动发声基本规律

2.3.1 Lighthill 方程和声学类比

流体动力噪声的基本方程最先由 Lighthill[7] 推导得到, Lighthill 声学类比理论是将湍流区的声辐射类比于一个静态声介质中分布的等效四极子源, 重点关注湍流区外的声场, 而忽略了湍流区内部的声场和压力场。此时, 试验测量发现了以下几个现象:

(1) 直接位于湍流区内部的压力传感器上接收到的压力起伏变化信号十分强烈, 而当压力传感器脱离湍流区时, 压力变化信号明显减弱, 衰减速率远大于球面衰减率 r^{-1}。

(2) 湍流区内外测量得到的压力信号频谱有所差异。在湍流区内部低频分量占据主要部分, 而高频分量难以准确测出; 在湍流区外部, 低频、高频分量均能测量得到。

(3) 将导流罩加装在位于湍流区内部的传感器上, 能有效减小压力起伏对其造成的影响。

通过以上现象分析可知, 湍流边界层内的压力波动可直接作用到传感器上, 压力波动的幅度较大但频率较低, 但这种压力波动离开湍流区后衰减很快, 基本也不会向外传播。因此，通常把只存在于湍流区中，无法向湍流区外传递的噪声称为伪声。实际上，针对某一流场，只要存在速度变化就会同时伴随压力变化。这是由于速度变化后将导致流体介质的动量发生变化，为了平衡这个动量起伏，流场的局部压力就会相应变化。在不考虑外界作用力的前提下，动量方程为

$$\frac{\partial \rho U_i}{\partial t} + \frac{\partial \rho U_i U_j}{\partial x_j} = -\frac{\partial P}{\partial x_i} + \mu \frac{\partial^2 U_i}{\partial x_i \partial x_j} \tag{2.3.1}$$

由上式可知，速度的变化将使压力 P 发生相应的变化，而在湍流区内部速度的变化量相对密度的变化量大，因此对于湍流边界层内部主要是脉动压力信号。

Lighthill 将运动速度二次项的时间脉动量作为湍流噪声源，进而推导得到流体动力噪声的基本方程。即在无限大、均匀、静态声介质中存在一个有限的湍流运动区 V，而与流动有关的声源都集中在该片区域内，而在区域 V 以外，声波满足齐次波动方程：

$$\nabla^2 p - \frac{1}{c^2}\frac{\partial^2 p}{\partial t^2} = 0 \tag{2.3.2}$$

其中，$p = P - P_0$ 代表声压，P_0 为介质静压力，P 为扰动瞬时压力；c 为静态声速。声压与密度起伏满足：

$$p = c^2(\rho - \rho_0) = c^2 \rho' \tag{2.3.3}$$

其中，$\rho' = \rho - \rho_0$，ρ 与 ρ_0 分别为扰动和未扰动时的密度。在湍流区域内部，介质受到湍流扰动的影响，其运动受质量、动量和能量守恒方程的制约。设压力为 $P(x,t)$、密度为 $\rho(x,t)$、质点运动速度为 $U(x,t)$，则在绝热等熵条件下，流体力学方程组为

$$\begin{cases} \dfrac{\partial \rho}{\partial t} + \dfrac{\partial(\rho U_i)}{\partial x_i} = Q(x,t) \\[2mm] \dfrac{\partial(\rho U_i)}{\partial t} + \dfrac{\partial(\rho U_i U_j)}{\partial x_j} = -\dfrac{\partial P}{\partial x_i} + \dfrac{\partial \tau_{ij}}{\partial x_j} + F_i(x,t) \\[2mm] P = P(\rho, S_0) \end{cases} \tag{2.3.4}$$

化简整理可得

$$\nabla^2 P - \frac{\partial^2 \rho}{\partial t^2} = -\frac{\partial Q}{\partial t} + \nabla \cdot F - \frac{\partial^2}{\partial x_i \partial x_j}(\rho U_i U_j - \tau_{ij}) \tag{2.3.5}$$

在方程两边同时加 $c^2 \nabla^2 \rho$ 项，得到

$$c^2 \nabla^2 \rho - \frac{\partial^2 \rho}{\partial t^2} = -\frac{\partial Q}{\partial t} + \nabla \cdot F - \frac{\partial^2 T'_{ij}}{\partial x_i \partial x_j} \tag{2.3.6}$$

其中，$T'_{ij} = \rho U_i U_j + \delta_{ij}(P - c^2\rho) - \tau_{ij}$。为了进一步对方程作线性化近似，定义声学量：

$$p = P - P_0, \quad \rho' = \rho - \rho_0 \tag{2.3.7}$$

假设 $|U|/c$，p/P_0，ρ'/ρ_0 均为小量，且 P_0、ρ_0，c 都不随时间和空间发生变化，则式 (2.3.5) 变为

$$c^2\nabla^2\rho' - \frac{\partial^2\rho'}{\partial t^2} = -\frac{\partial Q}{\partial t} + \nabla \cdot F - \frac{\partial^2 T'_{ij}}{\partial x_i \partial x_j} \tag{2.3.8}$$

$$T'_{ij} = \rho U_i U_j + \delta_{ij}(P - c^2\rho') - \tau_{ij} \tag{2.3.9}$$

式 (2.3.8) 即为 Lighthill 方程，T'_{ij} 为 Lighthill 应力张量。$\frac{\partial Q}{\partial t}$ 表示流体质量注入的时间变化率，$\nabla \cdot F$ 表示作用体力的空间变化，当流场中存在固体边界时，体力退化为界面上的面力。进一步分析 Lighthill 应力张量，$\rho U_i U_j$ 相当于湍流中的雷诺应力，τ_{ij} 为黏性应力，由于在湍流运动中雷诺数很大，因此 τ_{ij} 一般可以忽略。最后，对主要源项 $\rho U_i U_j$ 作进一步近似，由于 ρ 中包含了声运动引起的起伏量 ρ'，考虑到 $\rho'/\rho_0 \ll 1$，源项 $\rho U_i U_j$ 可忽略与 ρ' 有关的部分。综合以上分析，对于低马赫数的水下噪声问题，Lighthill 应力张量可表示为

$$T'_{ij} \approx \rho_0 U_i U_j \tag{2.3.10}$$

最终得到流体运动发声的基本方程：

$$c^2\nabla^2\rho' - \frac{\partial^2\rho'}{\partial t^2} = -\gamma(x, t) \tag{2.3.11}$$

用声压表示即为

$$c^2 p - \frac{1}{c^2}\frac{\partial^2 p}{\partial t^2} = -\gamma(x, t) \tag{2.3.12}$$

其中，源函数为

$$\gamma(x, t) = \frac{\partial Q}{\partial t} - \nabla \cdot F + \frac{\partial^2(\rho_0 U_i U_j)}{\partial x_i \partial x_j} \tag{2.3.13}$$

由此，便可以将复杂的湍流噪声问题用声学问题来等效，等效声源由流体运动产生。不过这里面存在两种近似：一是忽略了应力张量中的一些小量；二是考虑到声能量只占流动能量的极小部分，从而忽略了流动与声的相互作用 [6]。

2.3.2　各阶声源及其辐射特性

从流动发声的波动方程各源项来看，其实际上是对空间坐标的不同次数求导。单极子源、偶极子源、四极子源分别代表流体中的质量变化、动量变化及动量流动率的变化[8]。

单极子源是将一个点质量源当作一个无穷小半径的均匀脉动球，质量的流进、流出等效于球面的膨胀、收缩。若流体介质中存在一个随时间变化的质量源 $Q(t)$，则在波动方程中会有代表源函数的一项，即 $-\left(\dfrac{\partial Q}{\partial t}\right)\delta(r-r_0)$，$r_0$ 代表源的位置，r 代表接受点位置。偶极子源产生的噪声实际上是动量起伏产生的偶极子型声辐射，当一个随时间变化的力源作用在流体介质中某点时，它等效于一个声偶极子，在脉动力作用下，该点的介质将发生振动，而该振动是介质微团的整体振动，类似于一个摆动球。摆动球对两侧的介质扰动具有相反的相位，因此产生偶极子型声辐射。一对大小相等，相位相反的偶极子将构成四极子源，Lighthill 在研究湍流噪声的时候指出，作用在流体介质中的变化应力所产生的声辐射具有四极子特性。水下流动的马赫数一般都很小，因此，四极子源的辐射效率相比其他噪声源的影响要小很多。

各阶声源的辐射效率是采用球形声源对应阶数的辐射效率来描述的[9]，假设球面振动与方位角 φ 无关，可得到声场是各阶球面波之和：

$$p(r,\theta,\varphi,t)=\sum_{m=0}^{\infty}A_m P_m(\cos\theta)h_m^{(1)}(kr)\mathrm{e}^{-\mathrm{i}\omega t} \tag{2.3.14}$$

其中，$h_m^{(1)}(\cdot)$ 表示第一类球函数，m 为阶次；$P_m(\cos\theta)$ 表示球面波的指向性。声学中定义各阶球面辐射器的单位面积辐射阻抗 $Z_m=R_m+\mathrm{i}X_m$，R_m/X_m 表示辐射效率，即辐射声功率与总机械功率的比值。在 $ka\ll 1$ 的低频辐射条件下，可证明得到

$$\begin{cases} R_m=\rho_0 c\dfrac{(ka)^{2m+2}}{(2m+1)(m+1)^2(1\cdot 3\cdot 5\cdot\cdots\cdot(2m-1))^2} \\[3mm] X_m=\rho_0 c\dfrac{ka}{(2m+1)(m+1)} \end{cases} \tag{2.3.15}$$

$$\frac{R_m}{X_m}=\frac{(ka)^{2m+1}}{(m+1)(1\cdot 3\cdot 5\cdot\cdots\cdot(2m-1))^2} \tag{2.3.16}$$

其中，当 $m=0$ 时，$1\cdot 3\cdot 5\cdot\cdots\cdot(2m-1)$ 取为 1。由此可得到各阶声源的辐射效率，如表 2.3.1 所示，各阶声源的主要特性如表 2.3.2 所示[6]。

表 2.3.1 各阶声源辐射效率

阶次	源特性	辐射效率	
		等效球面源	流动源
0	单极子源	ka	$\sim M$
1	偶极子源	$ka^3/2$	$\sim M^3$
2	四极子源	$ka^5/27$	$\sim M^5$

表 2.3.2 各阶声源的主要特性

基本特性		声源类型		
		单极子源	偶极子源	四极子源
物理意义		质量起伏	动量起伏	动量流动率起伏
源函数		$-\dfrac{\partial Q}{\partial t}$	$\nabla \cdot F$	$\dfrac{\partial^2 T_{ij}}{\partial x_i \partial x_j}$
振动速度				
等效作用力				
声源分布				
球面振型				
指向性	静止源			
	运动源			
因次关系	静止源	$\rho_0 U^3 M$	$\rho_0 U^3 M^3 R_F^2(\theta)$	$\rho_0 U^3 M^5 R_S^2(\theta)$
	运动源	$\rho_0 \dfrac{U^3 M}{(1-M)^2}$	$\rho_0 \dfrac{U^3 M^3}{(1-M)^4} R_F^2(\theta)$	$\rho_0 \dfrac{U^3 M^5}{(1-M)^6} R_S^2(\theta)$
辐射效率		$\sim M$	$\sim M^3$	$\sim M^5$
实际例子		气泡脉动 低速汽笛	螺旋桨旋转声 湍流边界层噪声	喷嘴自由湍流 船舶尾流

对于任意有限尺度声源辐射声场，在近距离位置受源面产生声波的干扰作用，声压幅度将随距离和方位变化。超过一定距离之后，声压幅度按球面扩展规律衰减，即随距离增加以 $1/r$ 规律单调减小。在理想条件下，辐射声功率在传播过程中保持不变，声波可以将能量传递到无穷远位置。按照定义辐射声功率是用远场

中任意一个封闭面 S 来计算的，即辐射声功率为

$$\mathbb{P} = \frac{|A|^2}{2\rho_0 c} \oint_S R^2(\theta, \varphi) \sin\theta \mathrm{d}\theta \mathrm{d}\varphi \tag{2.3.17}$$

面积元中的 r^2 恰好与声压平方的球面衰减量 $1/r^2$ 抵消，此外，指向性因子在距离面上的积分等于某个常数。因此，在传播介质不存在损耗的情况下，辐射声功率与距离无关，声波可以传播到无限远位置，对于辐射声场可用 $1/r$ 衰减规律来判断远场分量的标准[6]。

2.3.3　有固体界面存在时的湍流噪声

在实际物理环境中，一般有固体界面存在，其一方面将改变噪声源特性，即流体将在界面上产生起伏力，形成沿界面分布的力源，由于它具有偶极子型辐射机理，因此将成为更有效的声辐射源。在低马赫数条件下，面分布力源的引入将大幅增强辐射噪声。另一方面，湍流的等效源将在界面上发生反射和散射。对于紧致界面，分布力源具有偶极子型指向性；对于非紧致界面，指向性将偏离偶极子型。当湍流区中存在界面时必然有流动边界层的行程，边界层厚度比特征波长小很多，因而多级子源可作为无限接近边界。图 2.3.1 中展示的是各阶声源在固体边界上反射的情况，假设界面是刚性反射面。

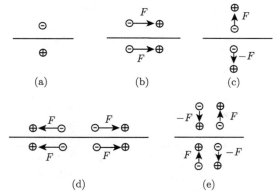

图 2.3.1　固体边界对各阶声源的反射

一个单极子源和它的镜像对远距离接收点而言相当于源强度加倍，见图 2.3.1 (a)。图 2.3.1(b) 中展示的是一个指向平行于界面的偶极子和它的镜像产生的两倍源强度。图 2.3.1(c) 为一个指向垂直于界面的偶极子镜像具有负的源强度，在界面反射作用下，垂直偶极子变为纵向四极子。界面对雷诺应力的作用见图 2.3.1(d) 和 (e)，纵向四极子和它的镜像使源强度加倍。切向四极子的镜像产生负的源，变

成八级子, 辐射效率变低。进一步讨论湍流区中存在界面的一般情况。假定结构表面 S 被平均流速为零的湍流区包围, 此时, 湍流区存在于表面 S 之外, n 为从界面表面指向内部的法线。

假设不存在外质量源和力源, 在湍流区域内部下列方程成立:

$$c^2 \nabla \rho' - \frac{1}{c^2} \frac{\partial^2 \rho'}{\partial t^2} = -\frac{1}{c^2} \frac{\partial^2 T_{ij}}{\partial x_i \partial x_j} \tag{2.3.18}$$

其中, 有

$$T_{ij} = \rho U_i U_j + p_{ij} - c^2 \rho \delta_{ij}, \quad p_{ij} = p \delta_{ij} + \tau_{ij} \tag{2.3.19}$$

利用数学物理方程中的 Kirchhoff 解, 得到有界面存在时的方程解:

$$\rho'(x,t) = \frac{1}{4\pi c^2} \int \left(\frac{\partial^2 T_{ij}}{\partial y_i \partial y_j} \right) \frac{\mathrm{d}y}{r} + \frac{1}{4\pi} \int \left[\rho' \frac{n_i}{r^2} \frac{\partial r}{\partial y_i} + \frac{n_i}{r} \frac{\partial \rho'}{\partial y_i} + \frac{n_i}{cr} \frac{\partial r}{\partial y_i} \left(\frac{\partial \rho'}{\partial t} \right) \right] \mathrm{d}S \tag{2.3.20}$$

当界面 S 不存在时, 上式中的第二项消失, 第一项变为

$$p = c^2 \rho' = \frac{1}{4\pi} \frac{\partial^2}{\partial x_i \partial x_j} \int \frac{T_{ij}(y, t - r/c)}{r} \mathrm{d}y \tag{2.3.21}$$

应用格林定理时保留面积分, 可得

$$\int \frac{1}{r} \left(\frac{\partial^2 T_{ij}}{\partial y_i \partial y_j} \right) \mathrm{d}y = \int \left[\frac{n_i}{r} \left(\frac{\partial T_{ij}}{\partial y_j} \right) \mathrm{d}S \right] + \frac{\partial}{\partial x_i} \int \frac{1}{r} \left(\frac{\partial T_{ij}}{\partial y_j} \right) \mathrm{d}y \tag{2.3.22}$$

$$\int \frac{1}{r} \left(\frac{\partial T_{ij}}{\partial y_j} \right) \mathrm{d}y = \int \left(\frac{n_i}{r} T_{ij} \right) \mathrm{d}S + \frac{\partial}{\partial x_i} \int \frac{1}{r} T_{ij} \mathrm{d}y \tag{2.3.23}$$

将式 (2.3.22) 与式 (2.3.23) 结合在一起, 可得

$$\int \frac{1}{r} \left(\frac{\partial^2 T_{ij}}{\partial y_i \partial y_j} \right) \mathrm{d}y = \frac{\partial^2}{\partial x_i \partial x_j} \int \left(\frac{1}{r} T_{ij} \right) \mathrm{d}y + \frac{\partial}{\partial x_i} \int \frac{n_i}{r} T_{ij} \mathrm{d}S + \int \left(\frac{n_i}{r} \frac{\partial T_{ij}}{\partial y_j} \right) \mathrm{d}S \tag{2.3.24}$$

通过化简可得到

$$4\pi c_0^2 \rho' = \frac{\partial^2}{\partial x_i \partial x_j} \int \frac{T_{ij}}{r} \mathrm{d}y - \int \frac{n_i}{r} \left[\frac{\partial}{\partial t} (\rho U_i) \right] \mathrm{d}S + \frac{\partial}{\partial x_i} \int \frac{n_i}{r} (\rho U_i U_j + p_{ij}) \mathrm{d}S \tag{2.3.25}$$

方程右边是存在固体界面时各种等效声源的贡献, 令:

$$Q = -\rho n_i U_i = -\rho U_n, \quad F_i = -n_j (\rho U_i U_j + p_{ij}) \tag{2.3.26}$$

得到

$$4\pi c_0^2 \rho' = \frac{\partial^2}{\partial x_i \partial x_j} \int \frac{T_{ij}}{r} \mathrm{d}y + \int \frac{1}{r} \frac{\partial Q}{\partial t} \mathrm{d}S - \frac{\partial}{\partial x_i} \int \frac{1}{r} F_i \mathrm{d}S \tag{2.3.27}$$

从这些等效声源来看，存在固体界面时声辐射来自以下三种机理的贡献 [6]：

(1) 分布于湍流区域内的四极子源 $T_{ij} \approx \rho_0 U_i U_j$。

(2) 分布于表面 S 上的单极子源 $Q = -\rho U_n, Q$ 为表面向外的外法向质量速度。这种噪声称为厚度噪声。

(3) 分布于表面 S 上的偶极子源 $F_i = -n_j(\rho U_i U_j + p_{ij})$，由湍流在面上的压力和黏性应力引起，称为负荷噪声。

2.3.4　运动表面声辐射

为了计算流体介质中运动表面的声辐射，Ffowcs-Williams 和 Hawkings 发展了 Lighthill-Curle 理论，推导得到了著名的 FW-H 方程。该方程将声学类比方法运用在流体中包含任意运动表面的情况，得到一个新的波动方程式。该方程源函数中明确包含了运动引起的表面分布单极子源 (厚度噪声)、表面分布偶极子源 (负荷噪声) 和表面外体积分布四极子源。在物体界面运动的过程中，其产生的声场也与界面运动情况密切相关 [6]。

设函数 $G(x)$ 是定义在区间 $[a, b]$ 上的广义函数。它在 $x = x_0$ 点有间断值：

$$\Delta G = G_{|x=x_0^+} - G_{|x=x_0^-} \tag{2.3.28}$$

而在其他部分 $[a, x_0)$, $(x_0, b]$ 上分段连续可导，引入一个新的函数：

$$W(x) = G(x) - \Delta G H(x - x_0) \tag{2.3.29}$$

其中，$H(x)$ 是阶跃函数，即

$$H(x) = \begin{cases} 1, & x \geqslant 0 \\ 0, & x < 0 \end{cases} \tag{2.3.30}$$

因此，$W(x)$ 是 $[a, b]$ 上的普通函数，其导数即为广义函数 $G(x)$ 的导数，只有 $x = x_0$ 点时有例外。用 $\bar{\partial}/\partial x$ 表示广义函数的导数，利用关系式 $\dfrac{\partial H(x)}{\partial x} = \delta(x)$，则有

$$\frac{\partial W}{\partial x} = \frac{\bar{\partial} G}{\partial x} - \Delta G \delta(x - x_0) \tag{2.3.31}$$

即除间断点之外,广义导数与普通导数相同,而在间断点上,广义导数具有 δ 函数的特性。将此应用在有间断面的问题上,设函数 $Q(y)$ 为穿过表面 $f(y) = 0$ 有间断值 ΔQ。为了计算 $\bar{\partial} Q / \partial y_i$,引入新的坐标变量 $\eta = (f, g, h)$ 替换 $y = (y_1, y_2, y_3)$,要求在表面 $f = 0$ 附近 y 与 n 一一对应并可导,于是函数 $Q(\eta)$ 只在 $f = 0$ 具有一维间断性,可得

$$\frac{\bar{\partial} Q}{\partial f} = \frac{\partial Q}{\partial f} + \Delta Q \delta(f), \quad \frac{\bar{\partial} Q}{\partial g} = \frac{\partial Q}{\partial g}, \quad \frac{\bar{\partial} Q}{\partial h} = \frac{\partial Q}{\partial h} \tag{2.3.32}$$

进一步可以得到

$$\frac{\bar{\partial} Q}{\partial y_i} = \frac{\partial Q}{\partial y_i} + \Delta Q \frac{\partial f}{\partial y_i} \delta(f) \tag{2.3.33}$$

$$\frac{\bar{\partial} Q}{\partial t} = \frac{\partial Q}{\partial t} + \Delta Q \frac{\partial f}{\partial t} \delta(f) \tag{2.3.34}$$

利用上述规则对有间断表面的情况重新推导波动方程。

对于连续性方程有

$$\frac{\bar{\partial} \rho'}{\partial t} + \frac{\bar{\partial}}{\partial x_i}(\rho U_i) = \rho' \left(\frac{\partial f}{\partial t} + U_i \frac{\partial f}{\partial y_i} \right) \delta(f) + \rho_0 U_i \frac{\partial f}{\partial x_i} \delta(f) \tag{2.3.35}$$

对于运动表面,由 $f(y_1, y_2, y_3, t) = 0$ 得表面运动速度:

$$\mathbb{U}_i = \frac{\partial y_i}{\partial t} = -\frac{\dfrac{\partial f}{\partial t}}{\dfrac{\partial f}{\partial y_i}} \tag{2.3.36}$$

其中,$\mathbb{U}$ 代表表面运动速度,它与流体速度 U 有所差异,$\mathbb{U}_n = \mathbb{U} \cdot n$,$n$ 为表面的法线向量。若表面的法向速度与流体的法向速度相等,则该表面为不可渗透表面,有

$$\left(\frac{\partial f}{\partial t} + U_i \frac{\partial f}{\partial x_i} \right) \delta(f) = (U_i - \mathbb{U}_i) \frac{\partial f}{\partial x_i} \delta(f) = (U_n - \mathbb{U}_n) |\nabla f| \delta(f) \tag{2.3.37}$$

利用此结果得到存在间断连续表面时的连续性方程:

$$\frac{\bar{\partial} \rho'}{\partial t} + \frac{\bar{\partial}}{\partial x_i}(\rho U_i) = \rho_0 U_i \frac{\partial f}{\partial x_i} \delta(f) = \rho_0 \mathbb{U}_n |\nabla f| \delta(f) \tag{2.3.38}$$

动量方程变为

$$\frac{\bar{\partial}}{\partial t}(\rho U_i) + \frac{\bar{\partial}}{\partial x_j}(P_{ij} + \rho U_i U_j) = (P_{ij} - P_0 \delta_{ij}) \frac{\partial f}{\partial x_j} \delta(f) \tag{2.3.39}$$

令：

$$P'_{ij} = P_{ij} - P_0\delta_{ij} = (P - P_0)\delta_{ij} - \tau_{ij} \tag{2.3.40}$$

应用广义导数运算法则得到波动方程：

$$c^2\bar{\nabla}^2\rho' - \frac{\bar{\partial}^2\rho'}{\partial t^2} = -\frac{\bar{\partial}}{\partial t}(\rho_0\mathbb{U}_n\,|\nabla f|\,\delta(f)) + \frac{\bar{\partial}}{\partial x_i}(L_i\,|\nabla f|\,\delta(f)) - \frac{\bar{\partial}^2 T_{ij}}{\partial x_i x_j} \tag{2.3.41}$$

其中，

$$L_i = P'_{ij}n_j = P'_{ij}\frac{\partial f/\partial x_i}{|\nabla f|} \tag{2.3.42}$$

方程 (2.3.41) 即为 FW-H 方程。进一步将源归结为 $f = 0$ 表面上的间断值，可以去掉广义函数的符号，得到 FW-H 方程的标准形式，即

$$4\pi c_0^2\rho' = \frac{\partial^2}{\partial x_i\partial x_j}\int\frac{T_{ij}}{r}\mathrm{d}y - \int\frac{n_i}{r}\left[\frac{\partial}{\partial t}(\rho U_i)\right]\mathrm{d}S + \frac{\partial}{\partial x_i}\int\frac{n_i}{r}(\rho U_iU_j + p_{ij})\mathrm{d}S \tag{2.3.43}$$

从标准形式的 FW-H 方程可以看出，方程右边的源项包括 [10]：

(1) 分布在表面以外的体积中密度为 T_{ij} 的四极子源；

(2) 分布在表面上密度为 L_i 作用力产生的偶极子源，即负荷噪声；

(3) 分布在表面上密度为 $\rho_0\mathbb{U}_n$ 的单极子源，即厚度噪声。厚度噪声直接由表面运动产生，当表面运动时它将挤压周围介质，类似于一个脉动源，单位面积上的等效质量速度为 $\rho_0\mathbb{U}_n$。

2.4　流体动力噪声的因次分析法与声学相似性原理

相似原理实际上需要解决以下两个核心问题：一是模型与原型相似所要满足的条件；二是如何通过模型试验结果推算得到原型结果，即相似律的问题 [11,12]。对于水面船舶或水下航行体，直接开展力学或者声学试验研究是一个庞大的系统工程，同时，由于流体动力噪声本身也是一个复杂的物理现象，无法建立有效的封闭方程组，只有在极少数理想条件下才能给出准确的数学描述，因此其求解也通常依赖于模型试验。这里将简要介绍声学相似条件，在此基础上，利用因次分析法讨论流体动力噪声的相似律 [6]。

两个系统在声学上相似的条件是：两个相似系统在对应位置对应时间的声学量互成比例，即满足：

$$\begin{cases} p'(r',t') = C_p p''(r'',t'') \\ u'(r',t') = C_u u''(r'',t'') \\ I'(r',t') = C_I I''(r'',t'') \end{cases} \tag{2.4.1}$$

其中，上标 "′" 代表系统 1，上标 "″" 代表系统 2。p、u、I 分别代表声压、质点振动速度、声强度。由于声强度与声压、质点振动速度不独立。按照 $I = pu$ 定义，有

$$C_I = C_p C_u = \frac{C_p C_D}{C_t} \tag{2.4.2}$$

其中，C_D 为尺度相似系数，C_t 为时间相似常数。其余声学量的相似常数均可由此推导得到。

针对不同的声学问题，相似条件也有所差异。

2.4.1 理想流体、静态、小振幅声场相似条件

声波实际上是由流体介质的可压缩运动产生的，反映介质压缩性的特征量是马赫数。两个系统声学相似的前提也是马赫数相等。基于无限介质假设，在两个系统中下列方程分别成立：

$$\begin{cases} \nabla^2 p' - \dfrac{1}{c'^2} \dfrac{\partial^2 p'}{\partial t'^2} = -\gamma'(r', t') \\[3mm] \nabla^2 p'' - \dfrac{1}{c''^2} \dfrac{\partial^2 p''}{\partial t''^2} = -\gamma''(r'', t'') \end{cases} \tag{2.4.3}$$

若两者声学相似，则有

$$x_i' = C_D x_i'', \quad c' = C_c c'', \quad t' = C_t t'', \quad p' = C_p p'', \quad \gamma' = C_\gamma \gamma'' \tag{2.4.4}$$

代入可得

$$\frac{C_p}{C_D^2} \nabla^2 p'' - \frac{C_p}{C_t^2 C_c^2} \frac{1}{c''^2} \frac{\partial^2 p''}{\partial t''^2} = -C_\gamma \gamma'' \tag{2.4.5}$$

为了保证相似要求，有

$$\frac{C_p}{C_D^2} = \frac{C_p}{C_t^2 C_c^2} = C_\gamma \tag{2.4.6}$$

则可得到

$$\frac{C_D^2}{C_t^2 C_c^2} = 1 \tag{2.4.7}$$

$$\frac{C_p}{C_D^2 C_\gamma} = 1 \tag{2.4.8}$$

式 (2.4.7) 即马赫数相等。对于大多数实际情况，两种介质的声速相等，即 $C_c = 1$。进而满足：

$$C_D = C_t \tag{2.4.9}$$

该条件在声学模型试验中经常使用。譬如，在某一水池中模拟海洋环境下开展声辐射缩比模型试验，若不考虑远程传播衰减问题，则可以忽略淡水与海水的差别。若模型是原型几何尺度的 $1/N$，则时间尺度也是原型的 $1/N$，频率相应地就提高到原型的 N 倍。对于单频无源声场，两个系统之间满足 Helmholtz 方程，即

$$\nabla^2 p'(r') + k'^2 p'(r') = 0, \quad k' = \frac{\omega'}{c'} \tag{2.4.10}$$

$$\nabla^2 p''(r'') + k''^2 p''(r'') = 0, \quad k'' = \frac{\omega''}{c''} \tag{2.4.11}$$

再由波数相似系数 $C_k = k'/k''$，声场相似要求 $C_k C_D = 1$，得流体介质中 Helmholtz 数不变的相似准则，即

$$k'D' = k''D'' = 常数 \tag{2.4.12}$$

这就是对应的无因次频率相等。

2.4.2　流体动力噪声源相似条件

根据 Ligthill 声学类比法，流体动力噪声实际上是类比于理想、静态声介质中存在的等效声源。因此，流体动力噪声相似条件包括马赫数相等和等效声源相似条件，而等效声源相似条件与源的流动动力相似直接相关。

保证源相似的必要条件是流体动力相似，从 N-S 方程出发，两个相似流体的运动具有相同的雷诺 (Reynolds) 数、斯坦顿数、欧拉 (Euler) 数、弗劳德 (Froude) 数及马赫 (Mach) 数。其中，雷诺数 (Re) 表示流体惯性力与黏性力的比值，是流体黏性运动的相似准数；斯坦顿数 (St) 表示特征运动速度与流体速度的比值，是流体非定常运动，尤其是周期性运动的相似准数；欧拉数表示特征压力与动压力的比值，是压力变化的相似准数；弗劳德数 (Fr) 表示重力作用下惯性力与重力的比值，是有重力作用或自由液面运动时的相似准数；马赫数表示流体运动速度与声速的比值，反映流体的可压缩性。由此可见，严格的流体力学相似实际上已囊括了所有的声学相似条件[13]。若水动力噪声源满足严格的动力相似条件，则它肯定也满足声学相似。但在实际中很难保证如此多的相似准数完全相等，对于水动力噪声的相似问题，关键是要保证雷诺数与马赫数相似准则。对于特征尺度为 D，特征速度为 U 的物体，在流体介质相同的条件下，满足 $c' = c''$，$\mu' = \mu''$，$\rho' = \rho''$，则根据雷诺数相等条件，有

$$D'U' = D''U'' \ 或 \ C_D = \frac{1}{C_U} \tag{2.4.13}$$

由马赫数相等条件得

$$C_U = 1 \tag{2.4.14}$$

若是满足马赫数相等条件，则 $C_D = 1$，即模型的特征尺度与实尺度相同，这显然违背了模型试验的初衷。因此，对于声学问题的相似，首要保证的是马赫数相等这一条件，而由于雷诺数条件无法满足所带来的影响称为尺度效应。

2.4.3 流体动力噪声的因次分析法

量纲分析法又称为因次分析法，是将原本有量纲的关系式转化为无量纲的关系式，从而确定模型与实尺度之间应该满足的关系，建立从模型到实尺度之间的推算法则。取长度 L、时间 T、质量 M 作为三个基本量纲，表 2.4.1 中给出了常用的力学量和声学量的量纲[6]。

表 2.4.1　常用的力学量与声学量的量纲

物理量	基本关系式	量纲	物理量	基本关系式	量纲
密度	$\rho\,\rho_0$	ML^{-3}	功	$A = Fl$	ML^2T^{-2}
黏滞系数	μ	$KL^{-1}T^{-1}$	频率	$f = 1/t$	T^{-1}
动黏滞系数	$\nu = \mu/\rho$	L^2T^{-1}	声压	$p = F/l^2$	$ML^{-1}T^{-2}$
速度	$U = l/t$	LT^{-1}	声强度	$I = p^2/(\rho_0 c)$	MT^{-3}
加速度	$a = U/t$	LT^{-2}	声功率	$W = IS$	ML^2T^{-3}
力、压力	$F = ma$	MLT^{-2}	声强谱	$I(f) = \Delta I/\Delta f$	MT^{-2}
压强、应力	$p = F/l^2$	$ML^{-1}T^{-2}$	声压谱	$p(f) = \sqrt{I(f)\rho_0 c}$	$ML^{-1}T^{-3/2}$
力矩	$Q = Fl$	ML^2T^{-2}			

量纲理论所遵循的基本原理是 Π 定理：即无因次变量的数目等于因次变量与基本因次数之差。对于任意一个有因次的变量关系式 $f = \phi(x_1, x_2, \cdots, x_n)$ 都可以变换为无因次的关系式 $\Pi = \phi(\Pi_1, \Pi_2, \cdots, \Pi_{n-r})$，$\Pi_1, \Pi_2, \cdots, \Pi_{n-r}$ 都是无因次变量，其中 r 表示基本因次数。对于任意产生噪声的流动具有特征尺度 D、特征速度 U 以及流体的介质参数 ρ_0、c、μ，由量纲理论中的 Π 定理可得[6]

$$\frac{\langle p^2(\boldsymbol{r})\rangle}{(\rho_0 U^2/2)^2} = \phi\left(\left(\frac{D}{r}\right), \frac{\boldsymbol{r}}{r}, \frac{U}{c}, \frac{UD}{v}, \cdots\right) \tag{2.4.15}$$

其中，$p^2(\boldsymbol{r})$ 为矢径为 $\boldsymbol{r}$ 点的均方声压；$\rho_0 U^2/2$ 为动压力，两者的量纲相同，所以等式的左边为无量纲数。等式右侧的 ϕ 函数取决于一系列的相似准数，即如果在模型试验中得到函数 ϕ 的形式，则实尺度的相应结果也能推算得到。在自由空间的远场中声压以 r^{-1} 衰减，因此有

$$\langle p^2(\boldsymbol{r})\rangle = \left(\frac{\rho_0 U^2}{2}\right)^2 \left(\frac{D}{r}\right)^2 \phi\left(\frac{\boldsymbol{r}}{r}, M, Re, \cdots\right) \tag{2.4.16}$$

对于声强度, 满足:

$$I(\boldsymbol{r}) = \frac{\langle p^2(\boldsymbol{r}) \rangle}{\rho_0 c} = \frac{1}{4} \rho_0 \frac{U^4}{c} \left(\frac{D}{r} \right)^2 \phi \left(\frac{\boldsymbol{r}}{r}, M, Re, \cdots \right) \tag{2.4.17}$$

现在函数 ϕ 只依赖于矢径 $\boldsymbol{r}$ 的方位角, 它反映了声场的方向性。

在实际中通常更关心频谱函数, 这时要增加一个基本参数——频率 f。因此, 同时也增加了一个相似准数, 即无因次频率变量 $S_t = fD/U$, 设 $\langle p^2(\boldsymbol{r}, f) \rangle$ 为矢径 $\boldsymbol{r}$ 处的均方声压谱密度, 即中心频率为 f 的单位频带内的均方声压, 则由 Π 定理得到

$$\langle p^2(\boldsymbol{r}, f) \rangle = \left(\frac{1}{2} \rho_0 U^2 \right)^2 \left(\frac{D}{r} \right)^2 \frac{D}{U} \Psi \left(\frac{\boldsymbol{r}}{r}, \frac{fD}{U} M, Re, \cdots \right) \tag{2.4.18}$$

有时直接计算带宽 Δf 内的均方声压, 则得到

$$
\begin{aligned}
\langle p^2(\boldsymbol{r}, f) \rangle \Delta f &= \left(\frac{1}{2} \rho_0 U^2 \right)^2 \left(\frac{D}{r} \right)^2 \frac{D}{U} \Delta f \Psi \left(\frac{\boldsymbol{r}}{r}, \frac{fD}{U} M, Re, \cdots \right) \\
&= \left(\frac{1}{2} \rho_0 U^2 \right)^2 \left(\frac{D}{r} \right)^2 (\Delta S_t) \Psi \left(\frac{\boldsymbol{r}}{r}, S_t, M, Re, \cdots \right)
\end{aligned} \tag{2.4.19}
$$

其中, $\Delta S_t = \Delta f D/U$ 为无因次带宽。函数 $(\Delta S_t) \Psi(S_t \cdots)$ 表示无因次带宽 ΔS_t 内的无因次均方声压。式 (2.4.5)~ 式 (2.4.19) 及其分贝表示式在噪声测量中得到广泛应用。

在运用量纲分析法的过程中, 需注意以下几个问题:

(1) 抓住决定相似关系的主要恒准数, 尽量忽略次要因素;

(2) 无因次函数 ϕ、Ψ 的表达式主要通过试验手段来确定, 也可以根据对声源物理机理的了解进行推理假设;

(3) 往往需要在不同尺度模型下对函数 ϕ、ψ 进行测量, 从而尽可能地减小尺度效应所带来的影响。

2.5   典型水下航行体水动力噪声问题及控制措施

水下航行体在水下航行时, 除了推进器产生的噪声外, 其余与流动噪声相关的主要有以下几类 [14]: 一是流体介质流经艇体表面时, 艇体边界层将从层流状态转换为湍流状态, 流动转戾区中层流与湍流的交互将形成时空随机分布的单极子声源, 从而直接向外辐射噪声; 二是艇体表面湍流边界层中的脉动压力将激励壳体产生水弹性耦合振动及辐射噪声; 三是由于艇体表面存在部分空腔腔口, 该结

构对湍流边界层起到散射作用，使得腔口后缘位置形成低频脉动压力增量，激励艇体结构产生低频辐射噪声，同时，当湍流边界层流经腔口时，在腔口位置也会产生剪切振荡；四是由于艇体上有大量附体，在附体前缘存在逆压梯度，诱导产生"马蹄涡"，马蹄涡对于艇体结构也存在激励作用，从而产生噪声；五是在航行体进行机动过程时，由于来流方向与艇体或突出体之间存在夹角，表面流动将会产生流动分离现象，形成大尺度的涡结构，诱导产生强烈的低频脉动压力。下面就水下航行体几种比较典型的水动力噪声问题进行介绍[15,16]。

2.5.1　孔腔水动力噪声及控制手段

表面开孔对于水下航行体来说是必不可少的结构，例如，潜艇指挥台围壳顶部为桅杆升降所设置的开孔，围壳壁上设置的通气孔，艇体表面设置的流水孔，在水流激励作用下这些开孔及附带的孔腔将产生噪声。剪切层的不稳定性是诱导产生孔腔噪声的根源。

当流体流过某一开孔的平板时，在孔的导边流动脱离壁面时，边界层将过渡为自由剪切层。此时阻力的瞬间消失将导致流线向下滑动并产生加速运动，在运动过程中剪切层将发生波动。当剪切层进一步冲击随边时，下游边的流体介质将被分为两部分，一部分从随边脱离形成脱出旋涡，另外一部分进入板下空腔，在腔体内部形成涡旋。开孔在一定条件下也将产生自持振荡，这是剪切层冲击随边的一种固有特性。一般认为，由随边引起流体动力或声扰动产生的反馈作用是产生振荡的根本原因。剪切层冲击随边会产生流体动力或声压脉冲，它们会向上游方向一直传播到导边附近，通过叠加在原有剪切层中完成又一次的随边冲击[17,18]。当满足一定条件时，这类反馈能够加强某一尺度的扰动并最终产生振荡。反馈的强弱很大程度上取决于随边的形状和结构，譬如，带腔结构的反馈由于更容易产生自持振荡，其反馈也远远大于无空腔结构的孔板。表 2.5.1 中展示的是流体通过空腔时几种不同的自持振荡形式。

由于空腔的存在产生的振荡一般分为腔口剪切层自持振荡、腔口剪切层与空腔声共振振荡、腔口剪切层与空腔壁弹性共振等三类。其中，腔口剪切层自持振荡是一种流体动力振荡，流体在空腔导边位置由于不稳定剪切层的存在将产生涡，剪切层涡到达随边后激发一个声压脉冲回到导边位置，并触发形成新的涡，构成反馈环。腔口剪切层与空腔声共振振荡通常发生在流速较大或者频率较高的情况下，这类反馈的扰动主要是声波。当腔口流体剪切振荡频率接近腔内声模态频率时，将引发耦合共振及声辐射。一方面，腔口剪切层自持振荡的脉动体积速度会激励空腔声模态响应；另一方面，腔内声响应会对腔口产生反馈，进而对剪切层形成扰动。腔口剪切层与空腔壁弹性共振在空气中一般是不存在的，而对于水下空腔，由于多数空腔壁面都可认为是弹性的，因此弹性壁面在剪切层的激励作用下将产生振动，壁面振动模态和腔体声模态将发生相互耦合，并通过腔口进行辐射。与纯粹的流体振荡相比，壁面的弹性振动将产生较强的声辐射，在一定条件下，壁面某阶共振模态在剪切层振荡的强迫激励下会产生"唱音"[14,19,20]。

表 2.5.1   三种不同的自持振荡形式

空腔基本类型	实例		
腔口剪切层自持振荡	轴对称外空腔	带腔多孔板	
腔口剪切层与空腔声共振振荡	浅空腔 / 深空腔	多孔沟槽 / 分支管	Helmholtz共振腔
腔口剪切层与空腔壁弹性共振	有振动单元空腔	振动波纹管	振动襟翼

为了对孔腔水动力噪声问题进行有效的控制，国内外学者也开展了大量研究，对于空腔开口剪切振荡及声辐射控制一般分为主动和被动两种方式，其中，被动控制主要通过在腔口导边布设扰流器或流动扩散器，或是通过在随边布设流动偏转器的方式来实现[14]。Kuo 和 Huang[21] 研究了倾斜的空腔底部对空腔剪切层振荡效应的影响，并利用激光多普勒测速仪对其进行了试验测量，结果表明，在低 Re 条件下，在一定倾斜范围内，倾斜腔底能有效降低空腔内部的振荡幅度，且正梯度板对振荡的抑制作用优于负梯度板，如图 2.5.1 所示。

   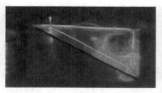   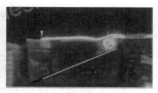

(a) 平板空腔内流动   (b) 负梯度板   (c) 正梯度板

图 2.5.1   空腔倾斜状态对流动的影响

吴亚东等[22] 通过在空腔来流位置安装锯齿形、三角形、矩形和圆柱形四种不同形状的扰流器来抑制空腔流激振动，如图 2.5.2 所示，研究结果表明，在空腔来流前方安装圆柱扰流体的效果最好。

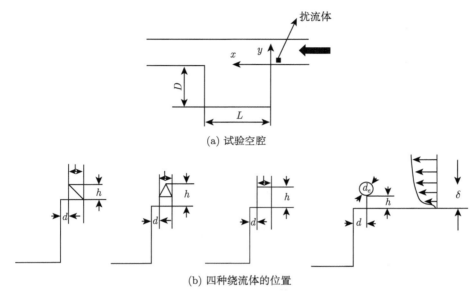

(a) 试验空腔

(b) 四种绕流体的位置

图 2.5.2 四种不同形状的扰流器对空腔流激振动的影响试验

A. J. Saddington 等 [23] 针对在空腔导边加装锯齿形扰流器对声学噪声的抑制效果进行了研究，如图 2.5.3 所示。通过非定常压力测试和粒子图像测速的方法，充分考虑了扰流板高度、空腔长度与边界层厚度之比对空腔噪声的影响，并对各参数条件下的空腔噪声进行了测试。试验结果显示较小齿形的扰流器相比大齿形扰流器的噪声抑制效果更佳。

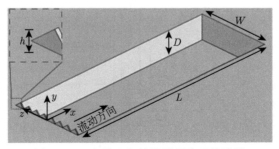

图 2.5.3 空腔几何结构及锯齿形扰流器

在空腔流动激励噪声的主动控制方面，主要有以下几种方式 [14]：一是在空腔导边布置压电单晶或者双晶片作为整流器；二是在导边边界层内放置高频音调发生器；三是通过导边振荡板为空腔加入脉冲流体；四是在导边布设微型流体振荡器；五是采用非稳态泄流激励器。通常来讲，通过主动控制方式能够有效抑制空腔脉动压力 10~20dB。H. Kook 等 [24] 通过在空腔前缘加装铰接的振荡扰流板的方式来抑制空腔噪声，如图 2.5.4 所示，由扬声器通过垂直铝管激励扰流装置，在空腔内部布置传声器提供反馈控制信号，试验结果表明，在较宽速度范围内，这种主动控制装置能降低空腔脉动压力线谱达 20dB。

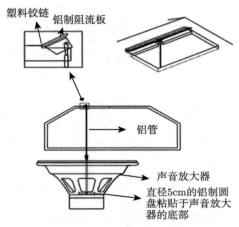

图 2.5.4　主动方式抑制空腔噪声试验装置示意图

Zhang 等 [25] 采用一种嵌入式压电陶瓷执行器来改变空腔中存在的声流共振作用，如图 2.5.5 所示，研究结果表明，在有驱动的情况下，横向振动能有效降低声流共振，谐振腔声压级可降低 8.2dB。

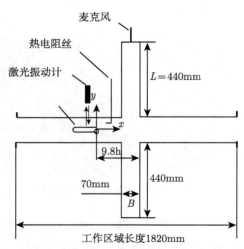

图 2.5.5　改变空腔中声流共振作用抑制空腔噪声试验测试段

Kegerise 等[26,27] 在空腔导边位置齐平布置一双压电晶片悬臂架激振器，该激振器能实现在空腔的一端产生垂直来流方向的运动，由此可引发足够大的流向扰动，如图 2.5.6 所示。通过将光纤传感器埋入空腔前壁，以准确获取激振器顶端位移情况。试验结果表明，在 $0.275\sim0.38Ma$ 范围内，空腔壁面脉动压力降低了 $8\sim10$dB。

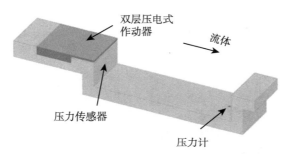

图 2.5.6 双压电晶片悬臂架激振器机构模型示意图

2.5.2 指挥台围壳水动力噪声及控制手段

潜艇围壳又称为潜艇指挥台或指挥塔，是潜艇壳体的上层建筑，其主要作用是容纳潜艇上的各种设备，包括潜望镜、通信天线、通气管设备、声呐阵、舰桥出入舱口、导航设备等。自从 20 世纪 40 年代开始，潜艇围壳形状与尺寸就已基本固定，一直沿用至今，并无根本性改变，其设计思路为：先选择一个低阻力的母型，将所需作战系统全部包围在内，然后不断改型，尽量达到最小体积最小阻力的要求，这种设计约束直接导致翼型围壳的诞生，并首先在美国潜艇上应用，被其他国家沿袭至今。围壳外形与尺寸对潜艇阻力、流场、脉动压力与流激噪声有重要影响。多年来，为了进一步提高潜艇的水动力性能与噪声性能，人们一直致力于改变围壳外形与尺寸，甚至尝试过移除围壳的探索研究。

1. 国外潜艇指挥台围壳类型

美国现役潜艇"洛杉矶"、"俄亥俄"级核潜艇围壳均采用"直壁式"围壳线型，这类围壳的水平剖面几乎不沿高度变化，"弗吉尼亚"、"海狼"级在此基础上加装了围壳填角，分别如图 2.5.7(a)~(d) 所示。

英国"特拉法加"级潜艇围壳采用"直壁型"，后续的"前卫"、"机敏"级潜艇围壳则采用"斜壁式"，即水平剖面线型的弦长和半宽随高度的增加而减小，如图 2.5.8 所示。

俄罗斯现役潜艇围壳类型多样，"台风"级潜艇围壳类似"草帽型"，"北风之神"级潜艇围壳形状则是一种"倒梯形"，"阿库拉"级潜艇围壳形状为座舱型，如图 2.5.9 所示。

(a) "洛杉矶"级潜艇

(b) "俄亥俄"级潜艇

(c) "弗吉尼亚"级潜艇

(d) "海狼"级潜艇

图 2.5.7　美国潜艇围壳 [77]

(a) "特拉法加"级潜艇

(b) "前卫"级潜艇

(c) "机敏"级潜艇

图 2.5.8　英国潜艇围壳 [77]

(a) "台风"级潜艇

(b) "北风之神"级潜艇

(c) "阿库拉"级潜艇

图 2.5.9 俄罗斯潜艇围壳

法国"凯旋"级潜艇围壳采用"直壁型","梭鱼"级潜艇则加装了围壳填角,如图 2.5.10 所示。

(a) "凯旋"级潜艇

(b) "梭鱼"级潜艇

图 2.5.10 法国潜艇围壳 [77]

德国"212A"型潜艇围壳兼具"斜壁式"和"座舱式"特点,如图 2.5.11 所示。日本"苍龙"级潜艇围壳为"斜壁式",如图 2.5.12 所示。

图 2.5.11   德国 "212A" 型潜艇[77]

图 2.5.12   日本 "苍龙" 级潜艇[77]

2. 国外概念潜艇指挥台围壳

2019 年 6 月, 日本潜艇制造商三菱重工发布了代号为 "29SS" 下一代潜艇项目相关情况, 又被称为 "新型 3000 吨级潜艇"。"29SS" 潜艇是锂离子电池板 "苍龙" 级潜艇的升级改进型, 新潜艇的艇艏更加倾斜, 指挥台围壳缩小, 并与艇体融合, 如图 2.5.13 所示。

图 2.5.13   日本 "29SS" 概念潜艇

法国 DCNS 集团 2014 年公布了 SMX 大洋型常规动力攻击型潜艇概念设计，如图 2.5.14 所示，其中 "SMX-24" 围壳侧面呈三角形状，而 "SMX31" 更是直接取消了指挥台围壳。

(a) "SMX-24"潜艇　　　　　(b) "SMX31"潜艇

图 2.5.14　法国 SMX 大洋型常规动力攻击型潜艇

3. 围壳诱导水动力噪声治理的必要性

潜艇指挥台围壳是潜艇主要附体之一，随着潜艇航速提升，围壳等翼型体结构的存在将诱导产生强烈的水动力噪声。对于普通的机-电动力推进的水下航行器而言，机械噪声随航速的缓慢增加或基本保持不变，而水动力噪声强度常常随航速的 5~6 次方增长，在高流速状态下甚至能达到 10 次方左右的增长，因此在高航速状态下，水动力噪声对总噪声级的贡献很大。尚大晶等[28]利用混响箱法测量了水下翼型结构模型的辐射声功率，分析了流噪声特征，结果表明，当流速小于 5m/s 时，辐射声功率随流速的 6 次方增长；当流速大于 5m/s 时，辐射声功率随流速的 10±1 次方规律增长。徐尚仁[29]给出了某常规艇和核潜艇沿艇长方向自噪声分布图，如图 2.5.15 所示，从图中可以看出，指挥台围壳和尾翼部分都

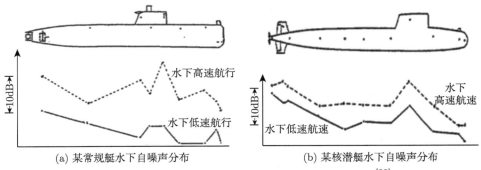

(a) 某常规艇水下自噪声分布　　　　(b) 某核潜艇水下自噪声分布

图 2.5.15　常规艇和核潜艇沿艇长方向自噪声分布图[29]

是潜艇的高噪声部位；研究认为，仅靠降噪无法解决主动声呐探测问题，还须降低潜艇声目标强度 TS 值来实现隐身，而潜艇指挥台围壳对潜艇声目标强度 TS 值的贡献大，因此，针对潜艇围壳进行优化对于提高潜艇隐身性能具有重要作用。

　　4. 围壳诱导水动力噪声机理

　　1) 直接诱导因素与直接辐射噪声

　　潜艇由于围壳的存在，艇体出现形状突变，破坏了主艇体表面原本均匀的流场结构，使得围壳周围成为以湍流脉动、黏性效应和旋涡运动为特征的复杂流场区域，艇体表面湍流在生成和发展过程中受到干扰，会形成以马蹄涡、端面梢涡、尾部脱落涡混杂的复杂涡流，如图 2.5.16 所示，在围壳根部，围壳与主艇体表面构成角区，受逆压梯度的影响该结合部位将产生复杂的三维分离流动，形成从围壳前缘向远场发展的"马蹄涡"；在围壳顶部，受翼型自由端面效应的影响，容易在围壳顶部产生梢涡；在围壳尾部，受翼型表面边界层分离的影响，围壳尾部会产生脱落涡。湍流中流体的速度、压力和温度等物理参数将发生近乎无规则的脉动，这些湍流脉动的不稳定性会引起流体介质的密度起伏，并以声波形式向外辐射，这部分噪声即为围壳表面扰流的直接辐射噪声。其中，由于马蹄涡的结构尺度较大，其诱导产生的流噪声主要分布在低频范围内，是水动力噪声的主要贡献部分；而由边界层分离产生的流动诱导噪声存在于整个频率范围内，具有宽频特征，在尾涡脱落频率处，尾涡的周期激励会产生流激噪声峰值，主要分布在高频范围。

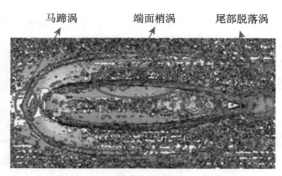

马蹄涡　　　　端面梢涡　　　　尾部脱落涡

图 2.5.16　围壳产生的诱导涡类型

　　Liu 等 [30] 采用大涡模拟 (large eddy simulation，LES) 和波数-频谱方法对围壳产生的流激噪声进行了模拟，仿真结果表明，马蹄涡、边界层分离和尾涡脱落是造成围壳周围流场不稳定的根源。在马蹄涡和边界层分离的共同作用下，流激噪声的频谱出现了几个峰值，随着频率的增加，来自马蹄涡激励的贡献减少，流激噪声的总声压级也因此减少。Juan 等 [31] 采用 PIV (particle image velocimetry)

方式测量了 SUBOFF 模型在不同偏航角状态下围壳叶顶梢涡情况，结果表明围壳叶顶梢涡表现出高度的非定常特性。

2) 间接诱导因素与间接辐射噪声

A. 激励围壳壳体振动产生二次辐射噪声

围壳周围的湍流脉动压力一方面会直接诱导产生声辐射，另一方面还会激励围壳弹性结构振动并产生辐射噪声，即二次辐射噪声。由于指挥台围壳为透水结构，不需要承受静水压力，因而其结构整体刚度通常小于艇体结构刚度，受流体激励而产生的振动响应较大，所以由围壳结构受激振动产生的二次辐射噪声通常是围壳水动力噪声中不可忽视的噪声分量。

围壳表面的湍流脉动压力是一种时空变化的随机激励源，可用频率-波数谱进行描述，这是一种基于统计湍流理论和试验结果的半经验方法[33]。湍流边界层脉动压力激励结构振动产生噪声，是一个流体、结构和声场的相互作用问题，求解该问题的方法为[32]：第一，确定湍流脉动压力的频率-波数谱，作为输入参数；第二，求解结构耦合振动；第三，计算外部区域辐射声场或内部区域自噪声场。

B. 改变螺旋桨桨盘面入流分布产生螺旋桨噪声增量

指挥台围壳尾流、围壳根部的马蹄涡和端部的梢涡等流动都一起进入到主艇体尾流中，使得潜艇尾流形态发生了质的变化，成为一种旋涡运动与黏性效应共同作用的极不均匀流场[34]，如图 2.5.17 所示。影响潜艇桨盘面轴向伴流等值线的因素中与围壳相关的有：指挥台围壳、尾翼等附体的黏性尾流使得桨盘面上附体对应位置处流体速度减小；指挥台围壳、尾翼等附体与主艇体的相互干扰，这种干扰作用表现为桨盘面上附体与主艇体结合部对应位置处的伴流等值线发生弯

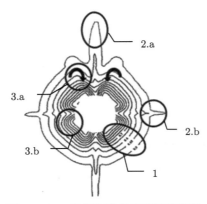

图 2.5.17　螺旋桨桨盘面流场等值线

1. 主艇体边界层的影响；2.a. 指挥台围壳黏性尾流的影响；2.b. 尾翼黏性尾流的影响；3.a. 主艇体与指挥台围壳结合部马蹄涡的影响；3.b. 主艇体与尾翼结合部马蹄涡的影响

曲，旋涡 (纵向涡) 将其影响区域中 (即主艇体与附体根部连接位置在桨盘面的纵向投影处) 外半径速度相对较高的流体带入内半径，同时将内半径速度相对较低的流体带入外半径，使得内半径处流体轴向速度分量增大而外半径处流体轴向速度分量减小，从而引起桨盘面轴向伴流等值线弯曲，这种旋涡强度越大其影响能力就越强。指挥台围壳与主艇体结合部处产生的旋涡最强，对潜艇伴流等值线的影响也最大，造成伴流明显的不均匀，使得该处螺旋桨的桨叶剖面在旋转过程中来流攻角和速率剧烈变化，导致叶剖面上推力也随之发生变化，从而恶化螺旋桨振动和噪声，损害螺旋桨的水动力性能。由此可见，如果采取措施对指挥台围壳与主艇体马蹄涡加以控制，削弱它的强度、减小它对桨盘面伴流的影响，就能提高螺旋桨入流的均匀性，改善螺旋桨的振动噪声和水动力性能。

5. 治理围壳诱导水动力噪声的措施

为了针对围壳诱导产生的噪声进行治理，致力于潜艇水动力、结构与噪声综合研究的美国水面作战中心 Carderock 分部 (NSWCCD) 专门设立了先进围壳研发计划 (Advanced Sail Project)，从流体动力、结构强度、水动力噪声、设计技术、复合材料等全方位对三维围壳进行深入研究 [35-37]。为了加快研究进度并减少设计成本，1997 年美国先进潜艇研发部 (Advanced Submarine R&D Office) 专门成立了计算流体动力学 (computational fluid dynamic，CFD) 计算团队，用数值模拟手段承担三维围壳设计研制中的大量评估问题，支撑项目代号为 NAVSEA (SEA93R)。迄今为止，这支团队发挥了巨大的作用，节省了大量物理模型试验，并给出了可靠的精细流场与流噪声信息。其数值模拟研究的方法为如下。第一步，对 "弗吉尼亚" 级核潜艇模型进行系统的阻力、流场和噪声试验，为验证 CFD 方法提供详细的模型试验数据。在风洞中 (海军水面作战中心 Carderock 分部的亚音速风洞) 开展 1/35 缩尺比试验，在水洞 (美国海军田纳西州孟菲斯的大空化水洞通道 (LCC)) 中开展 1/17 缩尺比试验，获取围壳表面的流动分布、轴向速度和表面压力数据，并与试验结果对比，如图 2.5.18 和图 2.5.19 所示。不断改进计算方法，提高计算精度，直至达到设计要求可接受的计算精度为止。第二步，利用已经验证的 CFD 方法来指导三维围壳设计，并利用 "LSV1" 潜艇模型 (如图 2.5.20 所示) 对设计结果进行验证，NSWCCD 声学研究分部 (Acoustic Research Detachment) 对此模型在本德奥瑞湖无人潜艇水下试验场进行了大量试验，利用雷诺平均 Navier-Stokes (RANS) 方法、大涡模拟方法进行大量计算评估。

与传统围壳相比，"座舱式" 围壳形状 (图 2.5.21) 的体积显著增加，可用于特种作战部队装载、高数据率天线、对抗、沿海作战导弹和其他装置的布置，同时保持所有现有系统和能力，同时该围壳设计不会大幅增加潜艇的阻力或降低螺旋桨桨盘面流场的均匀性。

　　根据美国海军水面作战中心 Carderock 分部对围壳水动力噪声的治理经验，围壳水动力噪声控制主要从三个方面开展：降低流体激励力、降低围壳结构受激振动响应、降低声辐射效率。在降低流体激励力方面，主要是通过优化围壳的水动力外形来降低马蹄涡、梢涡和尾涡等大尺度涡强度，如填角设计、线型优化；在降低围壳结构受激振动响应方面，主要通过优化围壳结构，提高整体或局部结构强度，如加强围壳结构布置和尺寸的优化设计；在降低声辐射效率方面，主要涉及材料的使用，如在围壳表面涂覆柔性阻尼材料、采用复合材料围壳等。

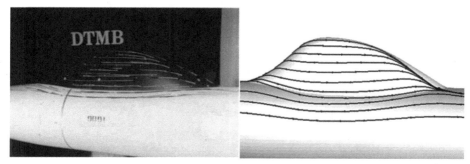

图 2.5.18　风洞油流痕迹和计算得到的围壳表面流线分布

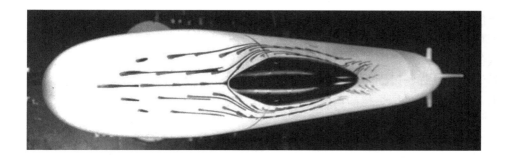

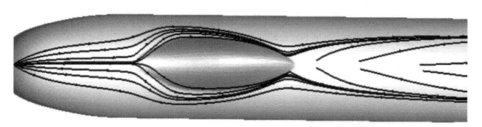

图 2.5.19　风洞油流痕迹和计算得到的围壳周围的流线分布

图 2.5.20　"LSV1" 自主式 1/4 尺度的潜艇模型

图 2.5.21　"座舱式" 围壳潜艇模型

1) 抑制马蹄涡以减小噪声

A. 围壳填角及线型优化

国内外针对围壳马蹄涡的抑制已开展大量研究。Devenport 等 [38] 研究了简单的圆弧过渡对翼型–艇体结合处的紊流边界层流动的影响，如图 2.5.22 所示，翼型尾流风洞测量试验结果表明：① 圆弧过渡不能防止前缘分离，也不能抑制马蹄涡的形成，相反，它将分离流结构从翼面移开，增加了马蹄涡的有效半径；② 圆弧过渡会增加马蹄涡下游流体的压力波动谱级；③ 圆弧增加了马蹄涡沿流段产生的时间平均边界层结构的畸变面积，增加了涡流的大小和强度。

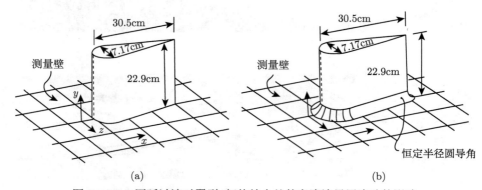

(a)　　　　　　　　　　　　　　　　　　(b)

图 2.5.22　圆弧过渡对翼型–艇体结合处的紊流边界层流动的影响

Devenport 等[39] 进一步改变了翼型–艇体结合部位的过渡形式,研究了前缘 "丘形" 圆角对翼型体与艇体结合部位湍流边界流动的影响,如图 2.5.23 所示,"丘形" 圆角位于翼型体与艇体表面上游之间的角落。研究结果表明:① 在零攻角状态下 "丘状" 圆角能够减小上游流体所经历的逆压梯度大小和程度,缓解前缘流动分离的程度;② "丘状" 圆角结构能够大幅降低围壳后方流体脉动压力波动幅度;③ "丘状" 圆角过渡形式能够减小围壳附近的横流压力梯度,从而减小边界层通过围壳时的倾斜程度,降低马蹄涡腿对尾流的不均匀性的影响。但是在非零度攻角状态下,"丘状" 圆角的存在会导致接近沿圆角压力一侧提前发生边界层分离,这显然是此处局部的逆压力梯度造成的,同时,近壁边界层流体在分离区附近也出现明显的偏离。

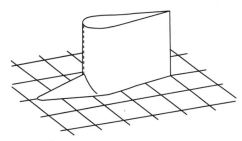

图 2.5.23 翼型–艇体结合部位的过渡形式的进一步改变

Wei 等[40] 发现马蹄涡的特性通常与围壳等翼型体首部的形状、尺寸大小密切相关,翼型体的前缘半径越小、首部线型越尖锐,首部绕流流场中的逆压梯度就越小,产生的马蹄涡尺寸和强度也就越小。Elie 等[41] 研究了壁面曲率的逆压梯度对湍流边界层压力的影响,结果表明逆压梯度越大,湍流边界层产生壁面脉动压力越大,声特性也越明显。Serge 等[42] 研究了不同尺度、不同线性的填角结构对马蹄涡及潜艇其他性能的影响,如图 2.5.24 所示,结果表明,填角结构应根

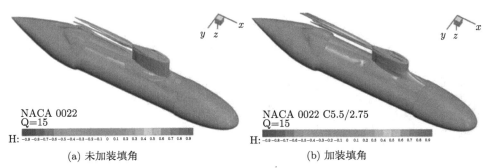

(a) 未加装填角   (b) 加装填角

图 2.5.24 加装填角对潜艇周围涡系的影响 (彩图见封底二维码)

据围壳尺寸进行设计，当填角结构长度接近 50% 的弦长时即可取得最优效果，同时，填角的高度不宜超过 15% 的弦长；填角结构的应用对艇的阻力和操纵性能影响很小；加装填角后的围壳马蹄涡显著减弱。

张楠 [43,44] 针对潜艇围壳进行了前缘加装填角以及三维座舱型围壳的线型优化，对 "直立型" 围壳、带填角围壳与三维座舱围壳的涡旋流场 (马蹄涡) 和声学特征进行了数值计算评估，分析了围壳线型优化对于壁面脉动压力和流激噪声的定量影响与抑制效果，如图 2.5.25 所示，研究结果表明，"直立型" 围壳加装填角或者进行三维流线型优化设计后，可以明显改善围壳区域特别是围壳与艇体交接部的流动品质，使得脉动压力与流激噪声显著下降。一般来说，直立型围壳马蹄涡呈现明显的 "U" 型结构，在向围壳下游发展的过程中涡面保持稳定且耗散较慢，能够维持到围壳尾流之中，马蹄涡的涡腿 "粗壮"，表面脉动压力幅值较大，如图 2.5.26 所示。围壳加装填角之后，填角起到了很好的导流作用，与 "直立型" 相比，马蹄涡明显得到弱化，涡腿比原方案缩减很多，且马蹄涡在向围壳下游发展的过程中涡面耗散较快，如图 2.5.27 所示。三维座舱型围壳对马蹄涡的抑制作用最为明显，与 "直立型" 相比，马蹄涡显著弱化，涡腿比 "直立型" 缩减很多，其马蹄涡的涡腿最为 "纤细"，且马蹄涡在向围壳下游发展的过程中涡面耗散最快，表面上

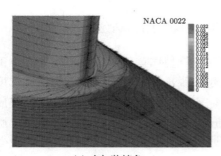

(a) 未加装填角

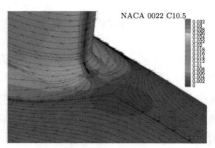

(b) 加装形式1的填角

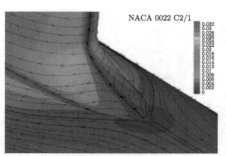

(c) 加装形式2的填角

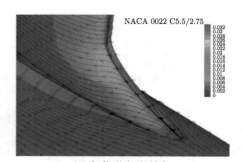

(d) 加装形式3的填角

图 2.5.25　不同形式的填角对前缘流动的影响 (彩图见封底二维码)

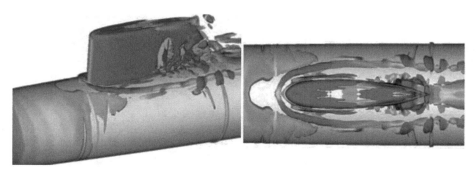

图 2.5.26 "直立型" 围壳附近涡系分布 (彩图见封底二维码)

图 2.5.27 加装填角围壳附近涡系分布 (彩图见封底二维码)

的脉动压力幅值最小, 同时, 三维座舱型围壳也能有效抑制叶顶梢涡的产生, 如图 2.5.28 所示。

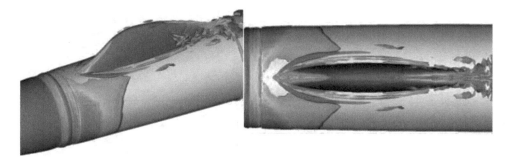

图 2.5.28 三维座舱型围壳附近涡系分布 (彩图见封底二维码)

Huo 和 Fe[45] 采用大涡模拟 (LES) 和边界元法 (boundary element method, BEM) 对 "直立型" 围壳、带圆角导流的围壳和 "流线型" 围壳的涡场及声学特性进行了数值计算, 分析了不同的围壳形式对壁面压力波动和流噪声的影响及抑制作用, 如图 2.5.29 所示。研究结果表明, 垂直带圆角的导流板或流线型导流板均能显著改善流动质量，显著降低流体压力波动和流动噪声，其结果如图 2.5.30 所示，"流线型" 围壳的脉动压力声压级降低了 2~21dB，流噪声的声压级降低了 9dB。

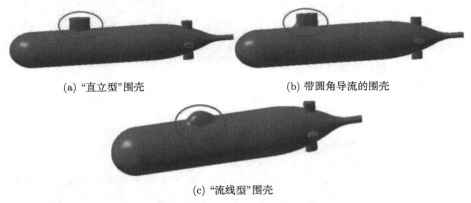

(a) "直立型"围壳   (b) 带圆角导流的围壳

(c) "流线型"围壳

图 2.5.29   三种不同围壳形式

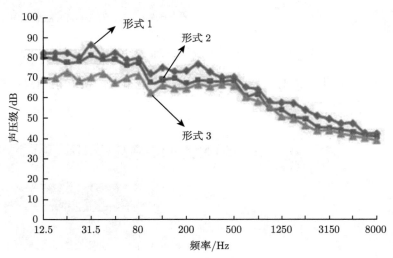

图 2.5.30   三种不同围壳形式的辐射噪声

Goodrich 公司为美国海军 "弗吉尼亚" 级潜艇交付的复合材料围壳填角如图 2.5.31 所示 [46]。该填角为复杂双曲率形状，既可保证流体能光顺地从其表面流过，维持其层流状态，改善潜艇水动力性能，还具备低重量、易于维修等特点。

采用 "薄翼" 型围壳可削弱其表面产生的脉动压力，取得良好的降噪效果。Joubert 在澳大利亚新型潜艇外形设计的建议上指出，更薄的围壳外形有利于围壳的降噪和阻力性能。在工程应用上，美国的"弗吉尼亚"级潜艇的围壳在设计上就体现了薄翼型特点，相比前两型艇，"弗吉尼亚"级潜艇围壳剖面厚度明显减小，如图 2.5.32 所示。

图 2.5.31 "弗吉尼亚"级潜艇围壳

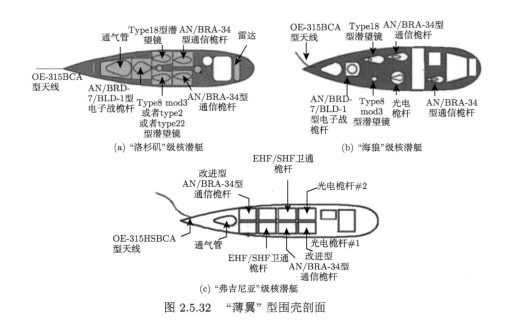

(a) "洛杉矶"级核潜艇

(b) "海狼"级核潜艇

(c) "弗吉尼亚"级核潜艇

图 2.5.32 "薄翼"型围壳剖面

齐翔等[47]针对梯形指挥塔和填角弧形指挥塔，通过求解超越方程组，研究得到指挥塔剖面弦长与半宽都随高度变化时横剖面为翼型的指挥塔数学线型，综合考虑水动力学、噪声和制造工艺等多方面的问题，与 CFD 相结合，对潜艇指挥塔的位置、高度及与艇体连接方式进行了优化。李鑫[48]建立了由几何外形参数化方法、径向基函数 (radial basis function, RBF) 动网格技术、改进粒子群优化算法、气动分析方法、气动噪声预测方法这五大模块构成的优化设计系统，对某一翼型进行了单点多目标优化设计，结果表明，当翼型的弯度较小时，其对应的总声压级最小，总声压级的大小与翼型的逆压梯度密切相关。王开春等研究了围壳形状对潜艇流激噪声的影响[49]，对尺度放大的潜艇标模 SUBOFF 以及三种改进的围壳外形进行了流激噪声比较计算 (如图 2.5.33 所示)，获得了不同围壳外形的声压频谱和总声压特性，以及典型模型的表面脉动压力分布规律，结果表明，把潜艇围壳后缘形状从矩形变为梯形，可控制围壳的尾流摆动，能够有效降低潜艇流噪声，最大的降噪效果可达 5dB 左右。

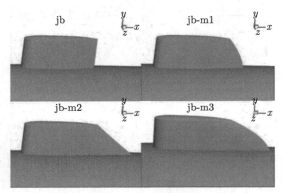

图 2.5.33　四种不同的围壳形状

B. 涡流发生器

借鉴无声飞行能力的鸟类——长耳鸮翅膀飞羽前缘的锯齿前缘结构设计的流动控制装置[50,51]，可有效降低翼型与叶片气动噪声。Liu 等[52,53] 探究了锯齿前缘对于降低水下航行体水动力噪声的作用，如图 2.5.34 所示，结果表明，锯齿前缘

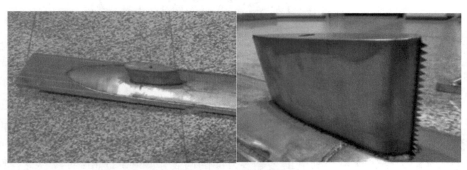

图 2.5.34　锯齿前缘

可降低围壳前缘与艇身结合处逆压梯度，产生与马蹄涡旋向相反的涡结构，从而在马蹄涡源头与运行路径上削弱马蹄涡强度，降低因马蹄涡产生的水动力噪声，研究比照不同参数的锯齿前缘模型，发现振幅为 $0.025c$（c 为围壳弦长），波长为 $0.05h$（h 为围壳高度）的锯齿前缘模型具有最佳的降噪效果，降低水动力噪声的辐射声功率总级达到了 10.19dB。

C. 消涡整流片

Liu 等[54-58] 研究提出应用消涡整流片干扰控制围壳马蹄涡的方法，通过在指挥台围壳两侧马蹄涡生成与发展演化区域设置长方形薄片，以破坏马蹄涡产生条件，抑制马蹄涡发展，减弱马蹄涡强度，如图 2.5.35 所示。研究结果表明，消涡整流片能够有效破坏马蹄涡结构，将主涡系进行分割，随着涡核的破裂，大量的不稳定涡被释放出来，马蹄涡的能量被迅速耗散，如图 2.5.36 所示。

图 2.5.35　围壳消涡整流片

(a) 无消涡片

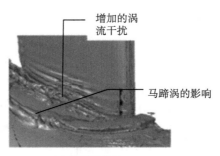

(b) 使用消涡片

图 2.5.36　消涡整流片对马蹄涡的破坏作用

王威[59] 进一步结合数值方法计算了消涡整流片作用下的潜艇模型流场和螺旋桨的旋转噪声，结果表明，消涡整流片可以较好地降低潜艇尾流的周向不均匀性、控制潜艇螺旋桨非定常力的变化幅度，并抑制螺旋桨的旋转噪声，在消涡整流片作用下，螺旋桨对应的 1 阶叶频声源级下降约 4dB。

D. 喷流技术

喷流技术是一种新型主附体流场的主动控制技术,Burstein[60] 最早开展应用喷流技术改善主附体组合体流场形态的试验研究,其在主附体结合部靠近附体导边的位置开有孔穴,于横截面内沿 45° 斜向吹喷气流,以破坏主附体结合部的马蹄涡,降低涡旋速度。Koop[61,62]、Boyd 和 Douglas[63]、Anderson[64] 等分别运用粒子测速技术和 RANS 方法对翼型端部喷流消涡效果开展了试验和数值计算研究,他们对比研究了在翼型端部的吸力面、压力面和侧面进行喷流对梢涡流场带来的影响,结果表明,在吸力面一侧喷流对梢涡有明显抑制作用,而在压力面和侧面进行喷流则有增强梢涡强度的趋势。张楠等 [65] 参照航空航天空气动力学领域对喷流的使用,研究了在潜艇围壳周围使用基于喷流的主动控制手段来改善流场的措施,如图 2.5.37 所示,研究结果表明,在围壳根部靠近导边处 (20% 围壳弦长处) 设喷流孔位置,喷流能够减小主附体结合部旋涡,降低下游涡量,从而有效改善桨盘面的入流品质,不均匀度系数降低可达 10%~60%。

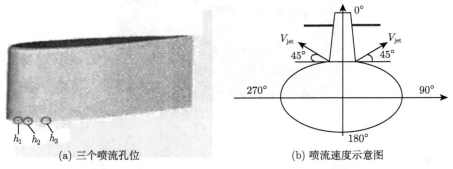

(a) 三个喷流孔位　　　　　　　　(b) 喷流速度示意图

图 2.5.37　基于喷流的主动控制示意图

V_{jet} 为喷流速度

E. 电磁流动控制

电磁流动控制就是利用电磁力控制物体壁面附近边界层的流动情况,以影响整个扰流流场结构,已应用于涡流噪声治理,其原理为 [66]:将电磁激活板包覆于钝体表面,可在钝体表面附近的流体边界层内形成壁面法向呈指数衰减的电磁体积力,如果形成的电磁力方向平行于流体运动方向,可使流体加速,从而抑制边界层分离、消除涡街,达到降噪的目的。张菲等 [67] 针对潜艇在水下航行时,流体黏性的存在导致流动分离、壁面边界层转换等问题,利用电磁力对潜艇扰流流场进行局部扰动来实现优化,结果表明通过适当的电磁力控制围壳边界层的流动能有效抑制不规则涡的产生及脱落,减少流噪声。

2) 围壳结构加强

尚大晶等[28] 研究了结构厚度、增加环肋及敷设黏弹性材料等对水下翼型结构的影响, 分别如图 2.5.38~ 图 2.5.40 所示, 结果表明, 适当加厚水下翼型结构, 在翼型结构的翼展面增加环肋, 在结构表面敷设橡胶阻尼材料, 可有效降低水下翼型结构总体声辐射。

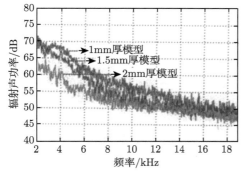

图 2.5.38 不同厚度翼型的辐射声功率

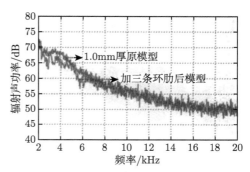

图 2.5.39 模型翼展面加环肋的辐射声功率

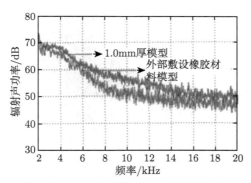

图 2.5.40 模型外部是否敷设橡胶阻尼材料的辐射声功率对比

Yao 等[68] 研究发现, 增加翼型壳体厚度和壳体内部纵梁数量能有效降低壳体产生的噪声, 如表 2.5.2 和表 2.5.3 所示。

表 2.5.2 壳体厚度变化对噪声的影响

壳体厚度/mm	0.5	0.6	0.7	0.8
总声压级/dB	135.67	134.17	124.44	121.50

表 2.5.3 壳体内部纵梁数量变化对噪声的影响

纵梁数量	0	4	8	12
总声压级/dB	135.67	131.75	128.82	128.78

杨智雄等[69]以指挥室围壳中的典型板格为例，建立了不同阻尼层铺设面积与平均振动加速度级、辐射声功率之间的定量关系，可用于高降噪效果的约束阻尼层布设方案的快速设计。

侯本龙等[70]对围壳结构流激振动噪声特性进行研究，发现壳体振动较强位置在围壳侧面，若在围壳的侧面添加适当数量的环肋或对围壳适当加厚，可抑制壳体在某些固有频率下的振动，降低流激围壳的辐射噪声；在壳体转戾区附近加纵肋，可最大程度抑制转戾区湍流脉动压力激励的结构振动，减少声辐射。

郑杨等[71]对加环肋围壳结构声辐射机理进行了系统研究，结果表明，当围壳内部无水时，环肋阻抗作用比较明显，随着肋骨间隔减少即肋的数目增加，辐射声功率不断减小，但当肋骨的密度超过一定范围后，环肋的附加质量作用要超出阻抗作用，相当于围壳结构质量增加，反而会增加结构的辐射效率，导致辐射声功率增加；当围壳内部有水时，由于水的存在，环肋阻抗作用不明显，而环肋附加质量作用明显，这种情况下加环肋会使围壳的辐射声功率增加。

Rais-Rohani 和 Lokits[72,73]等针对一种先进复合材料围壳概念模型 (如图 2.5.41 所示)，提出将连续体结构的配筋布局优化作为非线性约束尺寸优化问题的方法。在一阶方法中，使用标准的数学规划技术，而在零阶方法中，使用统计和数学程序的结合来解决，其中涉及试验的数值设计和响应面技术，分别采用高、低复杂度模型 (HCCM 和 LCCM) 对这种先进的玻璃增强聚合物复合材料夹层潜艇围壳结构进行了加固布局优化。

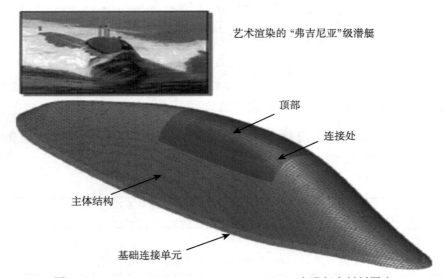

图 2.5.41　CAS (Composite Advanced Sail) 先进复合材料围壳

6. 复合材料的应用

复合材料的应用对于潜艇等水下航行器实现声隐身及提升声探测性能具有重要作用，按照具体要实现的声功能机理，可分为吸收型、去耦型、反声型、隔声型、透声型等[74]。其中，吸收型复合材料通常为橡胶或聚氨酯等高分子材料，用于增加舰艇结构表面吸收的声能量；去耦型复合材料通常为一层或多层柔性黏弹材料，如软橡胶敷设在航行器表面，来隔离水下结构表面振动向流体介质的传递，降低向流体中的辐射噪声，同时在壳体与水之间造成阻抗失配，来降低或阻断舰载设备振动和辐射噪声；反声型复合材料一般用于声呐基阵结构的声障板，其特性阻抗一般远大于海水 (声硬障板) 或远小于海水 (声软障板)，其主要作用是提高障板表面的声聚焦/反射能力，从而提高声呐水听器的灵敏度；隔声型复合材料用于阻断舰艇内部噪声向外传播；透声型复合材料则相反，要求材料有优良的水下透声性能，一般用于声呐罩透声窗。目前复合材料的应用主要面临对低频声波的调控能力差、体积与重量较大以及耐压性能差的问题。

复合材料正逐步在水下航行体水动力噪声控制中得到广泛应用[75,76]。例如，德国新型潜艇指挥台围壳、非耐压壳、舵和稳定翼等均采用复合材料获得了较好的隐身效果，如图 2.5.42 所示。美国"弗吉尼亚"级核潜艇围壳前端填角采用了复合材料，如图 2.5.31 所示。与传统金属材料围壳相比，复合材料围壳具有以下几点优势：① 易成型，适合复杂线型围壳结构的加工，且表面光顺度良好；② 高阻尼，有利于结构振动的衰减；③ 可设计成夹芯结构，中间芯层可采用具有吸声、阻尼、隔声等声学功能的材料，降低围壳声目标强度。

图 2.5.42 复合材料在 214 艇上的应用

　　复合材料由于具有良好的阻尼特性，其固有频率与金属材料的固有频率有明显差别，因此能够对艇体结构振动的传递起到较好的阻断效果。同时，与传统金属材料相比，复合材料具有透波性好、热传导系数低、无磁等固有特性，能够实现在同一艇体部位多种隐身效果集成，对于潜艇雷达波、红外、磁场等非声隐身能力的提高也具有重要意义。

参 考 文 献

[1] Skudrzyk E J, Haddle G P. Noise production in a turbulent boundary layer by smooth and rough surfaces [J]. Acoustical Society of American Journal, 1960, 32(1): 19-34.

[2] Haddle G P, Skudrzyk E J. The physics of flow noise[J]. Acoustical Society of American Journal, 1969, 46(1): 130-157.

[3] Skudrzyk E J, Haddle G P. Flow noise, theory and experiment[C]. Underwater Acoustics: Proceedings of an Institute at the Imperial College of Science and Technology of the University of London, 1963, 1: 255.

[4] Skudrzyk E J, Haddle G P. Flow Noise[M]. New York: Plenum Press, 1963.

[5] 张兆顺, 崔桂香. 流体力学 [M]. 北京：清华大学出版社, 2015.

[6] 汤渭霖, 俞孟萨, 王斌. 水动力噪声理论 [M]. 北京：科学出版社, 2019.

[7] Lighthill M J. On sound generated aerodynamically[J]. Proc. Roy. Soc. London, 1953, 211(1329): 147-182.

[8] 张咏鸥. 水动力噪声原理 [M]. 武汉：武汉理工大学, 2020.

[9] Ross D. Mechanics of underwater noise[J]. The Journal of acoustical Society of America, 1989, 86(4): 1626-1626.

[10] 李松, 李学智, 陈广智, 等. 球体与介质相对运动产生的流噪声仿真研究 [J]. 水动力学研究与进展 (A 辑), 2021, 6(5): 717-727.

[11] 许维德. 流体力学 [M]. 北京：国防工业出版社, 1979.

[12] 基尔皮契夫 M B. 相似理论 [M]. 沈自求, 译. 北京：科学出版社, 1966.

[13] 张亮, 李云波. 流体力学 [M]. 哈尔滨：哈尔滨工程大学出版社, 2006.

[14] 俞孟萨, 张铮铮, 高岩. 开口与空腔流激声共振及声辐射研究综述 [J]. 船舶力学, 2015, 19(11): 1422-1430.

[15] 俞孟萨, 林立. 船舶水下噪声研究三十年的基本进展及若干前沿基础问题 [J]. 船舶力学, 2017, 21(2): 244-248.

[16] 王春旭, 吴崇健, 陈乐佳, 等. 流致噪声机理及预报方法研究综述 [J]. 中国舰船研究, 2016, 11(1): 57-71.

[17] Rockwell D, Naudascher E. Review-self-sustaining oscillations of flow past cavities[J]. Asme Journal of Fluid Engineering, 1978, 100: 152-165.

[18] Rockwell D, Naudascher E. Self-sustaining oscillations of impinging free shear layers[J]. Ann. Rew. Fluid Mechanics, 1979, 11: 67-94.

[19] 何祚镛. 结构振动与声辐射 [M]. 哈尔滨：哈尔滨工程大学出版社, 2001.

[20] 俞孟萨, 刘延利, 廖彬彬. 腔室内部声场与结构振动耦合特性及噪声控制研究综述 [J]. 船舶力学, 2012, 16: 191-200.

[21]   Kuo C H, Huang S H. Influence of flow path modification on oscillation of cavity shear layer[J]. Experiments in Fluids, 2001, 31: 162-178.

[22]   吴亚东, 欧阳华, 黄友. 基于被动控制的空腔脉动压力实验研究 [J]. 工程热物理学报, 2013, 34(9): 1640-1644.

[23]   Saddington A J, Knowles K, Thangamani V. Scale effects on the performance of saw-tooth spoilers in transonic rectangular cavity flow[J]. Experiments in Fluids, 2016, 57(2): 1-12.

[24]   Kook H, Mongeau L, Franchek M A. Active control of pressure fluctuations due to flow over Helmholtz resonators[J]. Journal of Sound and Vibration, 2002, 255(1): 61-76.

[25]   Zhang M M, Cheng L, Zhou Y. Asynchronous control of vortex-induced acoustic cavity resonance using imbedded piezo-electric actuators[J]. Acoustical Society of America, 2009, 126(1): 36-45.

[26]   Kegerise M A, Cabell R H, Cattafesta L N. Real-time feedback control of flow-induced cavity tones. Part 1: fixed-gain control[J]. Journal of Sound and Vibration, 2007, 307(3-5): 906-923.

[27]   Kegerise M A, Cabell R H, Cattafesta L N. Real-time feedback control of flow-induced cavity tones. Part 2: adaptive control[J]. Journal of Sound and Vibration, 2007, 307(3-5): 924-940.

[28]   尚大晶, 李琪, 商德江, 等. 水下翼型结构流噪声实验研究 [J]. 声学学报, 2012, 37(4): 416-423.

[29]   徐尚仁. 潜艇指挥室围壳和尾翼的降噪声隐身 [C]. 第八届全国船舶水下噪声学术讨论会, 温州: 中国造船工程学会, 2001: 155-158.

[30]   Liu Y, Li Y, Shang D. The generation mechanism of the flow-induced noise from a sail hull on the scaled submarine model[J]. Applied Sciences, 2018, 9(1): 106.

[31]   Juan M, Nez J M, Smits A J. Tip and junction vortices generated by the sail of a yawed submarine model at low reynolds numbers[J]. Journal of Graduate Education, 2011, 133(3): 034501.

[32]   俞孟萨, 吴有生, 庞业珍. 国外舰船水动力噪声研究进展概述 [J]. 船舶力学, 2007, 11(1): 152-158.

[33]   吕世金, 俞孟萨, 李东升, 2007. 水下航行体水动力辐射噪声预报方法研究 [J]. 水动力学研究与进展 A 辑, 2007, 22(4): 475-482.

[34]   刘志华, 熊鹰, 王展志, 等. 潜艇新型整流方法的设计与试验研究 [J]. 中国造船, 2010, 51(3): 47-55.

[35]   Dozier D, Stout M, Zoccola M. Advanced sail development wavelengths[Z]. An Employee Digest of Events and Information, Carderock Division, Naval Surface Warfare Center, 2001: 15-17.

[36]   Stout M C, Dozier D F. Advanced Submarine Sail[G]. Carderock Division, NSWC Technical digest, 2011.

[37]   Gorski J J, Coleman R M. Use of RANS calculations in the design of a submarine sail[C]. RTO AVT Symposium. Paris, France: RTO-MP, 2002.

[38] Devenport W J, Agarwal N K, Dewitz M B, et al. Effects of a fillet on the flow past a wing-body junction[J]. AIAA Journal, 2012, 28(12): 2017-2024.

[39] Devenport W J, Simpson R L, Dewitz M B, et al. Effects of a leading-edge fillet on the flow past an appendage-body junction[J]. AIAA Journal, 2015, 30(9): 2177-2183.

[40] Wei Q D, Wang J M, Chen G, et al. Modification of junction flows by altering the section shapes of the cylinders[J]. Journal of Visualization, 2008, 11(2): 115-124.

[41] Elie C, Gloerfelt X. Influence of pressure gradients on wall pressure beneath a turbulent boundary layer[J]. Journal of Fluid Mechanics, 2018, 838: 715-758.

[42] Serge T, Kuin R, Kerkvliet M, et al, 2014. Improvement of resistance and wake field of an underwater vehicle by optimising the fin-body junction flow with CFD[J]. American Society of Mechanical Engineers, 2014: 479-485.

[43] 张楠, 吕世金, 沈泓萃, 等. 潜艇围壳线型优化抑制脉动压力与流激噪声的数值模拟研究[J]. 船舶力学, 2014, (4): 448-458.

[44] Zhang N, Lv S J, Xie H, et al. Numerical simulation of unsteady flow and flow induced sound of airfoil and wing/plate junction by LES and FW-H acoustic analogy[J]. Applied Mechanics and Materials, 2014, 444(1): 479-485.

[45] Huo L, Fe I S M. Design on the fairwater shape and its influence on the radiation noise of submarines[J]. Journal of Vibroengineering, 2016, 18(8): 5378-5389.

[46] None. Goodrich delivers first composite sail cusp for Virginia class submarine[J]. Reinforced Plastics, 2012, 56(4): 7.

[47] 齐翔, 唐晓, 齐欢. 潜艇指挥塔数学线型 [J]. 大连理工大学学报, 2017, 57(3): 266-270.

[48] 李鑫, 屈转利, 李耿, 等. 高效低噪的二维翼型优化设计 [J]. 振动与冲击, 2017, 36(4): 66-72.

[49] 王开春, 马洪林, 赵凡, 等. 围壳形状对潜艇流致噪声的影响计算 [J]. 空气动力学学报, 2018, 36(5): 774-779.

[50] Biedermann T M, Chong T P, Kameier F, et al. Statistical-empirical modeling of airfoil noise subjected to leading-edge serrations[J]. AIAA Journal, 2017, 55(9): 3128-3142.

[51] Lyu B, Azarpeyvand M. On the noise prediction for serrated leading-edges[J]. Journal of Fluid Mechanics, 2017, 826: 205-234.

[52] Liu Y, Li Y, Shang D. The hydrodynamic noise suppression of a scaled submarine model by leading-edge serrations[J]. Journal of Marine Science and Engineering, 2019, 7(3): 68.

[53] Liu Y, Jiang H, Li Y, et al. Suppression of the hydrodynamic noise induced by the horseshoe vortex through mechanical vortex generators[J]. Applied Sciences, 2019, 9(4): 737.

[54] Liu Z H, Xiong Y, Tu C X. Numerical simulation and control of horseshoe vortex around an appendage-body junction[J]. Journal of Fluids & Structures, 2011, 27(1): 23-42.

[55] Liu Z H, Xiong Y, Wang Z Z, et al. Numerical simulation and experimental study of the new method of horseshoe vortex control[J]. Journal of Hydrodynamics, Ser. B, 2010, 22(4): 572-581.

[56] Liu Z H, Xiong Y, Tu C X. The method to control the submarine horseshoe vortex by breaking the vortex core[J]. Journal of Hydrodynamics, Ser. B, 2014, 26(4): 637-645.

[57] Liu Z H, Xiong Y, Wang Z Z, et al. Experimental study on effect of a new vortex control baffler and its influencing factor[J]. China Ocean Engineering, 2011, 25(1): 83-96.

[58] Liu Z H, Xiong Y, Tu C X. Method to control unsteady force of submarine propeller based on the control of horseshoe vortex[J]. Journal of Ship Research, 2012, 56(1): 12-22.

[59] 王威, 刘志华, 张家瑞, 等. 抑制潜艇螺旋桨旋转噪声的消涡整流新方法研究 [J]. 海军工程大学学报, 2016, 28(5): 1-4.

[60] Burstein N M. Boundary layer investigation on a body of revolution with fins[R]. AD, 1965: 623323.

[61] Koop L, Ehrenfried K, Dillmann A. Reduction of flap side-edge noise: passive and active flow control[C]. 10th AIAA/CEAS Aeroacoustics Conference, 2004: 2803

[62] Koop L, Ehrenfried K, Dillmann A, et al. Reduction of flap side edge noise by active flow control[C]. 8th AIAA/CEAS Aeroacoustics Conference and Exhibit, 2002: 2469.

[63] Boyd D D. Navier-Stokes computations of a wing-flap model with blowing normal to the flap surface: NASA/TM-2005-213542[R]. Hampton: NASA Langley Research Center, 2005.

[64] Anderson E, Snyder D, Wright C, et al. Numerical/experimental investigation into multiple vortex structures formed over wings with flat end-caps[C]. 39th Aerospace Sciences Meeting and Exhibit, 2001: 112.

[65] 张楠, 沈泓萃, 姚惠之. 潜艇喷流流场数值模拟研究 [J]. 船舶力学, 2007, 11(1): 10-21.

[66] Zhang H, Fan B C, Chen Z H. Numerical study of the suppression mechanism of vortices-induced vibration by symmetric Lorentz forces[J]. Journal of Fluids and Structures, 2014, 48: 62-80.

[67] 张菲, 刘宗凯, 周本谋, 等. 电磁力对潜艇绕流流场局部扰动优化效果 [J]. 水下无人系统学报, 2019, 27(1): 14-19.

[68] Yao H, Zhang H, Liu H, et al. Numerical study of flow-excited noise of a submarine with full appendages considering fluid structure interaction using the boundary element method[J]. Engineering Analysis with Boundary Elements, 2017, 77: 1-9.

[69] 杨智雄. 夹芯复合材料结构振声特性分析及优化设计 [D]. 武汉：华中科技大学, 2019.

[70] 侯本龙. 围壳结构流激振动噪声特性研究 [D]. 哈尔滨：哈尔滨工程大学, 2011.

[71] 郑杨. 围壳偰构声辐射机理研究 [D]. 哈尔滨：哈尔滨工程大学, 2009.

[72] Rais-Rohani M, Lokits J. Comparison of first- and zeroth-order approaches for reinforcement layout optimization of composite submarine sail structures[C]. AIAA/ ISSMO Multidisciplinary Analysis & Optimization Conference, 2013.

[73] Rais-Rohani M, Lokits J. Reinforcement layout and sizing optimization of composite submarine sail structures[J]. Structural & Multidisciplinary Optimization, 2007, 34(1): 75-90.

[74] 张燕妮, 陈克安, 郝夏影, 等. 水声超材料研究进展 [J]. 科学通报, 2020, 65(15): 1396-1410.

[75]　Li Y Y. Analysis on the development of German Navy submarine[J]. Arms & Technology, 2017, 9: 56–62.

[76]　章文文, 徐荣武. 指挥室围壳水动力噪声及控制技术研究综述 [J]. 中国舰船研究, 2020, 15(6): 72-89.

[77]　https://www.seaforces.org/.[2023-6-12].

第 3 章　舰船推进器噪声及控制

3.1　概　　述

螺旋桨是舰船中高航速航行时的主要噪声源，即使在低航速下，螺旋桨噪声也占舰船总噪声中相当大一部分。螺旋桨噪声是从几赫兹到上百上千赫兹的宽带连续谱，并叠加部分低频特征线谱，其线谱频率为螺旋桨叶频及其各阶倍频，其中，从几十赫兹到数千赫兹的中低频段连续谱噪声主要是涡流噪声，这是由桨叶上作用的水动力随机脉动分量以及桨叶尾流中的不规则涡所激发的，在高至近千赫兹的频率范围内还可能出现幅值突出的窄带噪声，即螺旋桨鸣音；在几千赫兹以上的中高频段，主要是空泡噪声，螺旋桨一旦产生空泡，空泡噪声将成为全艇总噪声的主要成分。螺旋桨噪声一般可分为空泡噪声、无空泡噪声及螺旋桨鸣音等三类。

3.2　螺旋桨空泡噪声

3.2.1　产生机理与分类

19 世纪末，英国建造的第一艘高速船舶下水试航，船员们发现在高速航行状态下船舶航速明显下降，在此过程中，旋转的螺旋桨也会产生明显的振动并诱发强烈的噪声。船舶停航后通过观测发现原本光顺的螺旋桨表面上出现了大片的腐蚀状斑点，后来通过研究发现，导致螺旋桨表面产生腐蚀状斑点的原因是水的空化效应。空化现象本质上是螺旋桨在旋转过程中产生的压力差诱导形成的气泡在水的压力下瞬时发生内爆造成的。而螺旋桨表面空泡的产生和溃灭诱导的压力变化是引发螺旋桨空泡噪声的根本原因，气泡 (空泡) 从产生到消失的过程会使螺旋桨周围的流体发生微振动，由此引发的噪声为螺旋桨空泡噪声 [1]。

螺旋桨在水中旋转时，导边先入水，水流被分割为两部分，分别流经螺旋桨叶切面的上表面 (叶背) 和下表面 (叶面)。考虑到水是不可压缩的流体介质，当来流通过螺旋桨叶切面时，螺旋桨翼型剖面驻点的初始速度相同。在螺旋桨旋转作用下，桨叶切面的叶背位置水流速度增大，而叶面处的水流速度相对较小。由伯努利方程可得，桨叶切面的叶背位置压强相对叶面更小。即桨叶的叶背压力降低形成吸力面，若某处的压力降低至临界值以下，则会导致爆发式的汽化，水汽通过界面进入气核并使之膨胀形成气泡，如图 3.2.1 所示 [2]。

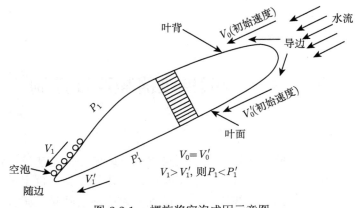

图 3.2.1　螺旋桨空泡成因示意图

从空泡发展的物理过程来看,螺旋桨桨叶上出现的空泡大体分为四种类型:涡空泡、泡状空泡、片状空泡、云雾状空泡。其中, 涡空泡出现在叶梢和毂部,桨叶随边曳出的自由涡片的不稳定性,在其尾端不远处会卷起两股大旋涡,在各叶的叶梢形成梢涡,而根部处的涡汇集一起形成毂涡,如图 3.2.2 所示,这种空泡对螺旋桨的水动力性能没有影响,对材料的剥蚀也没有威胁,但梢涡空泡往往会使螺旋桨的噪声明显增大。泡状空泡又称为球空泡,通常指在叶背上切面最大厚度处产生的空泡, 呈泡沫状, 此时, 叶切面的攻角较小, 导边未出现负压峰, 压力最低处大致在最大厚度附近, 由此所产生的空泡因前后压力变化平缓, 单个空泡的成长清晰可见, 有时可以成长到相当尺度,被水流带向下游时尺寸减小, 并发生溃灭、再生、再溃灭,直至消失,如图 3.2.3 所示,这种空泡对螺旋桨的性能影响不大,但对桨叶材料有剥蚀作用。片状空泡通常在桨叶外半径部分导边附近产生, 呈膜片状, 长度不一, 在大攻角状态下最易产生这类空泡,这是由于在大攻角状态下, 导边附近的负压很高,空泡急剧产生,在导边附近陡然产生空穴,水在其外侧流过, 如图 3.2.4 所示。若空泡覆盖区域从叶切面延伸至随边以外,则称之为超空泡流动,若覆盖区域从叶切面导边至随边之前结束, 则称之为局部空泡。云雾状空泡是由于螺旋桨在不均匀流场中工作时, 桨叶切面的工作状态会发生周期性变化,攻角时大时小的变化使空泡周期性地产生和消失,消失时被水流冲向后方,形成云雾状,如图 3.2.5 所示,这种类型的空泡对螺旋桨材料的剥蚀最为严重[2]。

螺旋桨产生空泡后,空泡将成为螺旋桨最强烈的噪声源,在声学上一般采用单极子来描述,这种单极子声源在低马赫 (Mach) 数条件下是最有效的辐射声源,其声级的增长速率与航速的 7~10 次幂成正比。经试验测量反映,螺旋桨产生空泡后的噪声比其空化之前高出 10~30dB,即使在产生空泡的初始阶段,其高频段的谱级也显著增加。因此，螺旋桨一旦出现空泡现象，对于舰船隐蔽性将带来极大的威胁。

图 3.2.2 涡空泡

图 3.2.3 泡状空泡

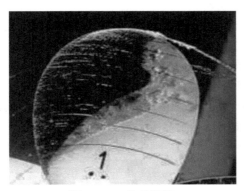

图 3.2.4 片状空泡

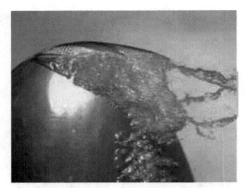

图 3.2.5   云雾状空泡

3.2.2   螺旋桨空泡噪声预报

螺旋桨模型试验是螺旋桨噪声预报的重要方法之一，模型试验中涉及的关键问题是解决螺旋桨噪声试验的相似性声场的敞水修正，以及模型与实桨的噪声换算。螺旋桨噪声问题实际是研究运动流体与声音之间的相互作用和影响，遵循的基本方程即由质量守恒定律推导出的连续方程，以及由动量守恒定律推导出的 Navier-Stocks(N-S) 方程。因此，只要流体运动所有的主要相似准则得以满足，则流体动力噪声现象就是相似的。螺旋桨空泡噪声本质上还是由于空泡的产生及溃灭引起的流体压力脉动产生的。国内近年来在螺旋桨空泡噪声方面做了大量的模型试验研究，对于空泡噪声产生的机理有了较为深刻的认识。但由于观测、计量空泡的难度较大，目前主要还是将模型测试结果通过换算而对实桨的噪声进行预报 [3]。

对于螺旋桨的空泡化研究结果表明，影响空泡的物理量是：水压和临界压力之差 $P_0 - e$；介质 (水) 密度 ρ；空泡及螺旋桨的运动速度及尺度。在研究螺旋桨噪声时，认定影响空泡发声整个过程的物理量是压力 P、空泡运动 (变形、溃灭)、发射声波速度 c_0、空泡尺度 R_0 以及噪声的频率和能量，这是推导相似定律的基本出发点。目前认同的空泡噪声相似定律关系式也是基于以上前提所得到的，工程实践上也确认了它能够有效反映水噪声的基本规律 [4]。

螺旋桨空泡噪声试验，除了必须首先遵守几何相似、空泡相似 (空泡数相等) 等空泡研究一般的相似条件外，由于噪声源来自空泡溃灭的压力场，因此要求压力变化与静压 P_0 成比例，即空泡溃灭压力场相似 [4]：

$$\bar{P} = \frac{P}{P_0} \tag{3.2.1}$$

同时几何相似的实桨-模型的空泡特征尺度 (最大空泡直径 R_0) 成比例，即空泡特性相似：

$$\bar{r} = \frac{r}{R_0} \tag{3.2.2}$$

由于研究的对象是水声，而水的密度变化很小，因此可以不必考虑相似问题。但声发射与密度相关，需计入在内。

在实桨-模型空泡的声发射过程中，反映运动速度相似的无量纲速度，即空泡溃灭速度相似的无量纲系数 $\bar{c}$ 可表示为

$$\bar{c} = c_0 P^x \rho^y R_0^z \tag{3.2.3}$$

基于等号两侧各物理量的量纲系数相同的原则可得

$$\bar{c} = c_0 \sqrt{\frac{\rho}{P_0}} \tag{3.2.4}$$

同理，无量纲频率 $\bar{f}$ 为

$$\bar{f} = f P^{x_0} \rho^{y_0} R_0^{z_0} \tag{3.2.5}$$

进一步可得

$$\bar{f} = f R_0 \sqrt{\frac{\rho}{P_0}} \tag{3.2.6}$$

同时还要求无量纲功率谱 $\bar{G}$ 保持相等，即

$$\bar{G} = \frac{G r^2}{R_0^3 \sqrt{P_0^3 \rho}} \tag{3.2.7}$$

在空泡相似的力学条件保证下，物体几何相似、运行相似，通常以 "idem" 表示比较对象的空泡数相同，为

$$\sigma_T = \frac{P - e}{\frac{\rho}{2} W^2} = \text{idem} \qquad \sigma_n = \frac{P - e}{\frac{\rho}{2} n^2 D^2} = \text{idem} \tag{3.2.8}$$

式中，W 为桨叶梢线速度，$W^2 = U^2 + v_A^2 = (\pi n D)^2 + v_A^2$，$U = \pi n D$ 为桨叶梢周向速度，v_A 为螺旋桨的进速；σ_T 为以 W 计入的空泡数；σ_n 是以 nD 计入的空泡数；D 是螺旋桨直径。

基于对螺旋桨空泡的研究，认为满足式 (3.2.8) 等相似条件下，就能保证能量密度 G 以及声能发射 Gr^2 相似，相应的噪声便可进行实桨-模型的换算。

综上所述，影响空泡噪声发射量的物理量是空泡直径 d、介质密度 ρ 及特征压力 $P_0 = P_s$。在空泡化的实物 (下标 s) 和模型 (下标 m) 之间，要保证噪声

发射相似，就需要满足 $\bar{c}$ 相同。由于 $c_0 \approx$ 恒量，密度 $\rho \approx$ 恒量，因此应要求 $p_0 = p_{0s} = p_{0m}$，即模型试验压力等于实际螺旋桨运行潜深位置的静压力。

在进行螺旋桨低噪声试验时，若潜艇在水下 30m 以 10kn 航速航行，即 $v_A \approx$ 5m/s，对应空泡筒中的试验水速也不太高，筒压为

$$P_0 - e = \frac{\rho}{2}W^2\sigma_T = \frac{\rho}{2}n^2D^2\sigma_n \tag{3.2.9}$$

即要求在进行噪声模拟试验时，须保证模型桨的试验速度和压力均与实桨保持相同。在满足了实桨-模型所处时间和空间相似的条件后，空泡半径与桨直径成比例，即

$$\frac{R_{0s}}{R_{0m}} = \frac{D_s}{D_m} = \Lambda \tag{3.2.10}$$

其中，Λ 为模型的缩尺比，下标 s,m 分别为实桨和模型桨。

此时有

$$\bar{f} = f_m R_{0m}\sqrt{\frac{\rho_m}{P_{0m}}} = f_s R_{0s}\sqrt{\frac{\rho_s}{P_{0s}}} \tag{3.2.11}$$

由 $\rho_m = \rho_s$ 及 $P_{0m} = P_{0s}$ 得

$$f_m = f_s\frac{R_{0s}}{R_{0m}} = f_s\Lambda \tag{3.2.12}$$

同时对于无量纲功率谱密度有

$$\bar{G} = \frac{G_m r_m^2}{R_{0m}^3\sqrt{P_{0m}^3\rho_m}} = \frac{G_s r_s^2}{R_{0s}^3\sqrt{P_{0s}^3\rho_s}} \tag{3.2.13}$$

整理可得

$$G_s = G_m\frac{r_m^2}{r_s^2}\Lambda^3 \tag{3.2.14}$$

由此可得实物噪声谱 SL_s 与模型噪声谱 SL_m 之间的关系，即为

$$SL_s = 10\lg\frac{G_s}{G_0} = 10\lg\frac{G_m}{G_0}\frac{r_m^2}{r_s^2}\Lambda^3 = 10\lg\frac{G_m}{G_0} + 20\lg\frac{r_m}{r_s} + 30\lg\Lambda \tag{3.2.15}$$

式中，r_m、r_s 分别表示测点到模型桨和实桨之间的距离。实船螺旋桨的声源级谱级为

$$SL_s = SL_m + 20\lg\frac{r_m}{r_s} + 30\lg\Lambda \tag{3.2.16}$$

在试验过程中，通常难以保证空泡筒内压力与实际螺旋桨运行所处的压力相等，即空泡试验无法满足 $P_{0m} = P_{0s}$。考虑到实船的空泡数相对较低，为满足空泡力学相似条件，在 $P_{0m} < P_{0s}$ 的条件下进行试验，这相当于放弃了速度与空间、时间的相对位置相似条件。因此推导得

$$f_s = f_m \frac{1}{\Lambda} \sqrt{\frac{P_{0s}}{P_{0m}}} \tag{3.2.17}$$

$$G_s = G_m \frac{r_m^2}{r_s^2} \Lambda^3 \sqrt{\frac{P_{0s}^3}{P_{0m}^3}} \tag{3.2.18}$$

$$SL_s = SL_m + 20\lg \frac{r_m}{r_s} + 30\lg \Lambda + 15\lg \frac{P_{0s}}{P_{0m}} \tag{3.2.19}$$

由此可见，若试验过程中空泡筒内的压力不等于实际螺旋桨运行时所处的压力，则 $P_{0m} = P_{0s}$ 条件不满足，在根据模型桨噪声级推算实桨噪声级时也相应地增加了 $15\lg \frac{P_{0s}}{P_{0m}}$ 的修正项。在研究空泡发声时，推出噪声发射是空泡溃灭产生的压力脉冲而导致的，曾假定液体是不可压缩的，而声的传递又是以水的周期性压缩为条件，故实际上压力对于声级的影响要弱一些，计及压缩后，声功率密度为

$$G_s = G_m \frac{r_m^2}{r_s^2} \Lambda^3 \sqrt{\frac{P_{0s}^2}{P_{0m}^2}} \tag{3.2.20}$$

从而得到

$$SL_s = SL_m + 20\lg \frac{r_m}{r_s} + 30\lg \Lambda + 10\lg \frac{P_{0s}}{P_{0m}} \tag{3.2.21}$$

即由于试验时空泡筒内压力未满足要求，因此测得的模型噪声级相应地只要改变 $10\lg \frac{P_{0s}}{P_{0m}}$。在实际工程应用中，一般推荐用式 (3.2.21) 对模型测试结果进行估算，即

$$SL_s = SL_m + 20\lg \frac{r_m}{r_s} + 30\lg \Lambda + 12.5\lg \frac{P_{0s}}{P_{0m}} \tag{3.2.22}$$

可能的误差为 $\pm 2.5\lg \frac{P_{0s}}{P_{0m}}$，通常情况下，模拟常规条件下航行状态的水面舰船螺旋桨时，空泡筒筒压 P_{0m} 约为 0.3 个大气压，而 P_{0s} 约为 1.5 个大气压，则因无法满足 $P_{0m} = P_{0s}$ 条件所引起的噪声级差为

$$\Delta SL = \pm 2.5\lg \frac{P_{0s}}{P_{0m}} = \pm 1.7 \text{dB} \tag{3.2.23}$$

假如 P_{0s} 与 P_{0m} 相差 100 倍, 即大气压与水下 1000m 位置相比, 噪声级相差也不过 ±5dB。

3.2.3   减小空泡噪声的手段

1. 采用新型桨叶剖面翼型

利用抗空泡叶剖面设计方法, 可以针对不同设计条件, 通过设定的叶剖面表面压力分布, 采用保角变换方法求取螺旋桨桨叶剖面形状, 使桨叶表面的压力分布更加均匀, 避免或者延缓空泡产生的条件, 得到空泡性能良好的桨叶剖面形式 [4,5]。

2. 采用螺旋桨导边充气方式

这是一种气幕屏蔽技术, 通过在螺旋桨导边充气的方式, 在桨叶表面形成一层气幕, 从而使螺旋桨空泡产生的辐射噪声以及周围流场的压力脉动屏蔽在气幕层内, 从而达到抑制空泡噪声的目的 [6]。

3.3   螺旋桨无空泡噪声

3.3.1   产生机理与分类

最初设计的螺旋桨临界航速相对较低, 使其基本的工作环境均处在空泡工况下。螺旋桨设计理念的革新和设计水平的提高大大提升了螺旋桨空泡的临界航速, 螺旋桨的空化性能逐步得到改善, 无空泡工况逐渐趋于常态化 [1]。对于现代潜艇, 螺旋桨的空泡起始临界航速也基本提高到十几节以上。当然, 最理想的状态还是将螺旋桨完全设计成无空泡的螺旋桨。但无空泡螺旋桨与低噪声螺旋桨之间也不能完全画等号, 因为螺旋桨在艇尾做旋转运动时将与流体介质及艇尾发生复杂的水动力、结构振动和声学的相互作用, 这些作用将产生各种噪声。这些噪声一般也称为螺旋桨无空泡噪声, 它们都与作用在桨叶上的脉动力有关, 属于偶极子声源, 是水下仅次于单极子的一种有效辐射声源 [7]。螺旋桨无空泡噪声分为无空泡低频离散谱噪声 (线谱噪声)、无空泡低频连续谱噪声和无空泡高频噪声, 如图 3.3.1 所示 [8]。

图 3.3.1   螺旋桨无空泡噪声分类

这 3 种无空泡噪声的产生机理各不相同。其中，低频离散噪声主要是由于螺旋桨安装在船艇尾部，其尾部实际环境为一个非均匀的流场，当螺旋桨叶片做周期性旋转运动时，每个叶片在非均匀流场中产生非定常脉动力，从而辐射出周期性的低频离散谱噪声 (线谱噪声，如图 3.3.2 所示)，该类噪声与螺旋桨的厚度和负荷有关。螺旋桨的低频连续谱噪声主要是由于螺旋桨工作在船尾的湍流场中，由于湍流和叶片的相互作用产生随机升力脉动，从而辐射出低频连续谱噪声。螺旋桨高频噪声的辐射源是从随边脱离的螺旋桨叶片边界层的湍流旋涡 [8]。螺旋桨低频连续谱噪声与高频噪声合称为宽频噪声，如图 3.3.3 所示，频谱为连续谱。宽频噪声与流体介质的黏性相关，具有随机特性。螺旋桨线谱噪声与宽频噪声占总噪声级的比例随艇体航速的变化而改变。在低航速条件下，螺旋桨周围的紊流强度较弱，桨叶旋转与流体相互作用产生的脉动力诱导的辐射线谱噪声占据主要地位。在高速条件下，螺旋桨位置的流体湍流强度明显增强，宽频噪声占据主要成分。但总体相比，在无空泡状态下，线谱噪声的特征更加明显，与具有相同噪声级的宽频噪声相比，线谱噪声衰减较慢，同时传播距离也较远，因此其辐射效率更高，更容易被声呐系统捕获发现。

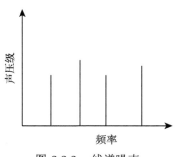

图 3.3.2　线谱噪声

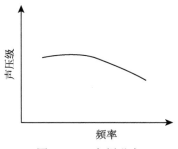

图 3.3.3　宽频噪声

3.3.2 螺旋桨无空泡噪声预报

1952 年英国学者 Lighthill 发表了其著名的 Lighthill 方程以及声比拟理论，这也是气动声学的里程碑[9]。后续 Fowcs Williams 联合 Hawkings 使用广义函数方法推导得到了静止流体介质条件下任意运动物体的控制面所发出的声方程，即 FW-H 方程[10]。目前用于螺旋桨无空泡噪声预报的算法也是基于 FW-H 方程得到的，F. Farassat 通过格林 (Green) 函数积分、转换空间导数和时间倒数得到了螺旋桨噪声的优化解，并进一步推导得到厚度噪声和载荷噪声的时域积分表达式，这就是著名的 Farassat 1A 公式[11]。

FW-H 方程是计算静止流体中任意运动物体控制面的发声方程。对于某一包含物体运动控制面 $f(x_i, t) = 0$，不妨设定 $\nabla f = n_i$，$\dfrac{\partial f}{\partial t} = -v_n$(其中 n_i 表示物体控制面上的单位外法向矢量，$v_n = v_i \cdot n_i$，其中 v_i 表示控制面的运动速度)，相应的 FW-H 方程即表示为[12]

$$
\begin{aligned}
\left(\frac{1}{c^2}\frac{\partial^2}{\partial t^2} - \frac{\partial^2}{\partial x_i^2}\right) p'(x_i, t) &= \frac{\bar{\partial}}{t}\left\{\left[\rho_0 v_n + \rho(u_n - v_n)\right]\delta(f)\right\} \\
&\quad - \frac{\bar{\partial}}{\partial x_i}\left\{\left[-P'_{ij}\cdot n_i + \rho u_i(u_n - v_n)\right]\delta(f)\right\} \\
&\quad + \frac{\bar{\partial}}{\partial x_i x_j}\left[T_{ij}H(f)\right]
\end{aligned} \tag{3.3.1}
$$

该方程中，$\dfrac{1}{c^2}\dfrac{\partial^2}{\partial t^2} - \dfrac{\partial^2}{\partial x_i^2}$ 表示波动算子；$p'(x_i, t)$ 表示 t 时刻在观测点位置的声压强值；ρ 表示密度；u_i 表示速度；P'_{ij} 为应力张量；$T_{ij} = -P'_{ij} + \rho u_i u_j - c^2\rho'\delta_{ij}$ 表示 Lighthill 张量，δ_{ij} 为克罗内克 (Kronecker) 符号；下标 0 与上标撇均代表扰动量；下标 n 表示物面控制面的外法向投影；$H(f)$ 为 Heaviside 函数；$\delta(f)$ 为 Dirac 函数。

假设取螺旋桨桨叶作为物面，则其控制面方程 $f(x_i, t) = 0$，由无穿透条件可得 $u_n = v_n$，推导得到 FW-H 方程的常用形式，即[12]

$$
\left(\frac{1}{c^2}\frac{\partial^2}{\partial t^2} - \frac{\partial^2}{\partial x_i^2}\right) p'(x_i, t) = \frac{\bar{\partial}}{t}\left\{\rho_0 v_n\delta(f)\right\} - \frac{\bar{\partial}}{\partial x_i}\left\{l_i\delta(f)\right\} + \frac{\bar{\partial}}{\partial x_i x_j}\left[T_{ij}H(f)\right]
$$

$$\tag{3.3.2}$$

进一步通过格林方程以及坐标变换得到声压的求解公式，即

$$
4\pi p'(x, t) = \frac{1}{c_0}\frac{\partial}{\partial t}\int_{f=0}\left[\frac{\rho c_0 v_n + l_r}{r(1 - M_r)}\right]_{\text{ret}}\mathrm{d}S + \int_{f=0}\left[\frac{l_r}{r^2(1 - M_r)}\right]_{\text{ret}}\mathrm{d}S \tag{3.3.3}
$$

该式中，ret 表示被积函数在延迟时刻下进行积分，可以采用消除数值微分的方法来提高数值计算的精度及速度。由

$$g = \tau - t + \frac{r}{c_0} \tag{3.3.4}$$

得

$$\left.\frac{\partial}{\partial t}\right|_x = \left(\frac{1}{1-M_r} \cdot \left.\frac{\partial}{\partial \tau}\right|_x\right)_{\text{ret}} \tag{3.3.5}$$

进而可以在被积函数中对时间进行微分，即

$$\frac{\partial \hat{r}_i}{\tau} = \frac{\hat{r}_i v_r - v_i}{r}, \qquad \frac{\partial \hat{M}_i}{\tau} = \frac{\hat{r}_i v_r - v_i}{r} \tag{3.3.6}$$

$$\frac{\partial M_r}{\partial \tau} = \frac{1}{c_0 r}\left(r_i \frac{\partial v_i}{\partial \tau} + v_r^2 - v^2\right) \tag{3.3.7}$$

$$\frac{\partial v_n}{\partial \tau} = \left(\frac{\partial v_i}{\partial \tau}\hat{n}_i + v_i \frac{\partial n_i}{\partial \tau}\right) \tag{3.3.8}$$

推导得到

$$p'(x_i, t) = p'_T(x, t) + p'_L(x, t) \tag{3.3.9}$$

$$
4\pi p'_T(x, t) = \int_{f=0}\left[\frac{\rho \dot{v}_n}{r(1-M_r)}\right]_{\text{ret}} \mathrm{d}S
$$
$$
+ \int_{f=0}\left[\frac{r\dot{M}_i\hat{r} + c_0 M_r - c_0 M^2}{r^2(1-M_r)^3}\right]_{\text{ret}} \mathrm{d}S \, 4\pi p'_T(x, t)
$$
$$
= \int_{f=0}\left[\frac{\rho \dot{v}_n}{r(1-M_r)}\right]_{\text{ret}} \mathrm{d}S + \int_{f=0}\left[\frac{r\dot{M}_i\hat{r} + c_0 M_r - c_0 M^2}{r^2(1-M_r)^3}\right]_{\text{ret}} \mathrm{d}S \tag{3.3.10}
$$

$$
4\pi p'_L(x, t) = \frac{1}{c_0}\int_{f=0}\left[\frac{l_i\hat{r}}{r(1-M_r)}\right]_{\text{ret}} \mathrm{d}S + \int_{f=0}\left[\frac{l_r - l_i M_i}{r^2(1-M_r)^2}\right]_{\text{ret}} \mathrm{d}S
$$
$$
+ \frac{1}{c_0}\int_{f=0}\frac{\rho v_n(r\dot{M}_i\hat{r} + c_0 M_r - c_0 M^2)}{r^2(1-M_r)^3}\mathrm{d}S \tag{3.3.11}
$$

式 (3.3.9)~(3.3.11) 即为 Farassat 推导得到的线性噪声时域积分公式，也称为 Farassat 1A 公式，其中 p'_T、p'_L 分别代表厚度噪声声压与载荷噪声声压，并且分别对应单极子项与偶极子项。$\dot{M}_i$、$\dot{l}_i$、$\dot{v}_n$ 表示各量对延迟时间的变化率。$\frac{1}{r^2}$、$\frac{1}{r}$

分别表示近场项与远场项。通过上式，在物体边界运动和受力已知的条件下，便可以通过对边界表面进行积分得到厚度与载荷的噪声声压。

基于 Farassat 1A 公式，便可得到螺旋桨无空泡噪声的数值计算方法。首先，在螺旋桨表面划分离散面元，基于速度势的面元法可以得到螺旋桨的水动力性能并推导得到桨叶表面的压力及速度分布。利用式 (3.3.9) 和 (3.3.10) 在每个面元中心点计算被积函数。一开始不妨设定各面元上的强度分布是均匀的，在考虑延迟时刻的前提下将各面元产生的噪声进行叠加。即在不同延迟时刻条件下将每个声源面元所产生的噪声叠加从而形成声波。通过以上步骤便能得到噪声声压随时间的变化曲线，进一步通过离散傅里叶变换得到螺旋桨的无空泡噪声频谱。

3.3.3　减小无空泡噪声的手段

1. 采用大侧斜螺旋桨叶形式

从螺旋桨的外形出发，在艇尾这样的非均匀、高湍流度的流场条件下采用大侧斜桨叶形式是降低螺旋桨非空泡噪声的有效措施。对于大侧斜螺旋桨的研究，美国在 20 世纪 70 年代便着手进行设计，经过试验验证得出结论，即大侧斜螺旋桨能够延迟空泡的起始转速，大幅降低桨叶的脉动压力以及减小船尾的振动，并且其推进效率也能满足要求，但此时的大侧斜螺旋桨的规模化应用还受限于当时加工工艺的限制。随着后续螺旋桨设计制造技术的进步，大侧斜螺旋桨被欧美国家广泛应用。俄罗斯克雷洛夫中央科学研究院也曾系统地研究过螺旋桨的叶片数量、侧斜角度以及叶梢卸载等对螺旋桨噪声的影响，得出在无空泡条件下，增加螺旋桨的侧斜角度和桨叶数量能够较大幅度地降低其低频连续谱噪声[13]。目前，美国的"迈阿密"号，法国的"宝石级"、英国的"拥护者级"以及德国的 212 型潜艇均装备了低噪声七叶大侧斜螺旋桨，图 3.3.4 为七叶大侧斜螺旋桨的示意图。

图 3.3.4　七叶大侧斜螺旋桨

2. 螺旋桨位置伴流场优化

艇体尾部流场的非均匀性是导致螺旋桨无空泡噪声的根本诱导因素，潜艇尾流实际上是一片以湍流脉动、黏性效应和旋涡运动为特征的复杂流场区域，桨盘面伴流严重的不均匀性，会造成螺旋桨叶片周向载荷变化的扩大，并产生很大的螺旋桨推力和扭矩脉动，从而增加了螺旋桨的振动与无空泡噪声。因此，可以从艇体尾部线性及艇体尾部操纵面形状优化的角度出发，改变艇尾边界层流动分布，实现对桨盘面位置的精细流场优化，进而降低由于螺旋桨桨盘面伴流场的不均匀性所诱发的无空泡噪声[14]。21 世纪以来，国际上设计建造的主要潜艇基本上都采用了共翼型艉操纵面设计，包括德国的 214 型潜艇、俄罗斯的北德文斯克级潜艇、英国的机敏级潜艇等，如图 3.3.5 所示。尾舵与稳定翼组合成完整的剖面形式，形成一种"共型翼舵"方案，舵轴靠前缘布置。共翼型舵在转舵过程中，舵与稳定翼的线型始终保持连续光顺，能够减少操纵面形成的涡流，从而抑制涡激水动力噪声的产生并削弱涡流对螺旋桨进流的影响，在改善潜艇尾操纵面水动力性能的同时也能有效抑制螺旋桨无空泡噪声的产生[15]。

图 3.3.5 共翼型艉操纵面设计

另外，由于潜艇附体与主艇体结合部位产生的马蹄涡和端部的梢涡等流动最终都会汇集到主艇体尾流中，使得潜艇螺旋桨尾流形态发生了质的变化。这种旋涡运动与黏性效应共同作用的极不均匀流场，将使在艇体尾流区中工作的螺旋桨桨叶在旋转一周的过程中载荷频繁发生改变，从而增加了螺旋桨的振动和无空泡噪声[16-18]。因此，从主附体马蹄涡优化的角度出发实现对螺旋桨盘面流场的优化也是一个重点方向[19]。俄罗斯海军曾经在潜艇上使用过一种特殊的整流装置，该装置长为 2m，高为 0.5m，整个装置为流线型设计，像盖子一样安装在艇体尾部离螺旋桨 20%～30%的艇长处，这种装置所起的作用就类似于一种涡流发生装置，产生的旋涡旋转方向与指挥台围壳处产生的马蹄涡旋转方向刚好相反，从而减弱进入螺旋桨盘面处的马蹄涡强度，实现对潜艇尾流的整流功能。美国宾夕法尼亚大学[20]则是运用喷流技术来改善主附体组合体的流场形态，通过在主附体结合部靠近附体导边的位置开有孔穴，来破坏主附体结合部的马蹄涡，降低涡旋速度，借以控制和改善桨盘面的入流场。

3.4　螺旋桨鸣音

3.4.1　产生机理与分类

螺旋桨工作时，有时会发出一种周期性出现和消失的谐鸣，即螺旋桨鸣音。螺旋桨桨叶形状不规整或随边边缘不光顺会引起卡门涡街，一定时间之后旋涡会分离，产生一个定值频率，当桨叶某些剖面尾缘的旋涡分离频率与桨叶结构响应谱最大幅值的响应频率吻合时，尾缘就可能开始振动，当邻近剖面的尾缘也以接近上述频率分离旋涡时，桨叶随边振动的相关长度便相应增加，导致脉动力和振幅的增大[21]。若上述过程继续扩展，直至螺旋桨叶片大部分都受此影响，那么桨叶片会产生强烈的振动，从而产生"鸣音"。螺旋桨在水中做旋转运动时，在桨叶随边后的尾流中会产生卡门涡街现象。此时，卡门涡频率 f_k 与螺旋桨叶片随边厚度 h 以及流速 v_0 之间的关系为

$$f_k = C\frac{v_0}{h} \tag{3.4.1}$$

式中，C 雷诺数的函数，在螺旋桨运转的雷诺数范围内，$C \approx 0.185$，对应于卡门涡的角频率为

$$\omega_k = 2\pi f_k = 2\pi C\frac{v_0}{h} \tag{3.4.2}$$

当螺旋桨叶片的固有频率和卡门涡的频率相同时，便会产生共振，其激振力表示为

$$F_K = K\sin(\omega_K t + \alpha) \tag{3.4.3}$$

式中，α 为相位角，其大小取决于流动分离点的位置，而由于船艇尾部流场的非均匀性与湍动特性，流动分离点的位置是发生变化的，同时也是不稳定的；K 表示激振力的振幅。

螺旋桨鸣音具备以下几个特征[22]。

(1) 螺旋桨鸣音本身是一种声级相当高的窄带线谱。它与邻近谱级相比一般可高出 15dB 以上。图 3.4.1 所示为螺旋桨在试航中测得的噪声频谱。从图中可见，在频率 1.25~1.6kHz 产生鸣音，其谱级高出邻近谱级 20dB 左右。螺旋桨鸣音一旦发生，鸣音将在相当大的转速范围内持续。

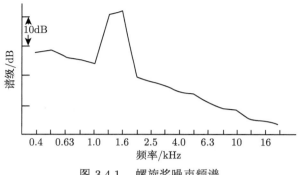

图 3.4.1 螺旋桨噪声频谱

(2) 螺旋桨鸣音与一般线谱不同,其频率基本不随螺旋桨转速而改变,此为鸣音的自锁现象,如图 3.4.2 所示。

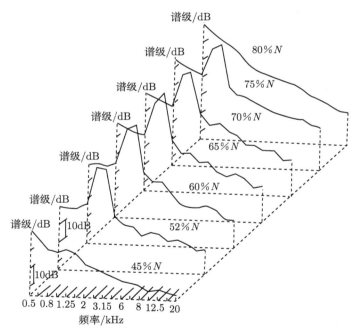

图 3.4.2 某船螺旋桨鸣音产生的转速范围 (其中 N 为桨的额定转速)

(3) 螺旋桨鸣音在频谱上会出现两个或两个以上的窄带强线谱,其声强级基本保持相同。图 3.4.3 中展示的即为通过水桶模型试验测量得到的某螺旋桨缩比模型的频谱,可以发现其鸣音出现在两个频率上,形成双鸣音。

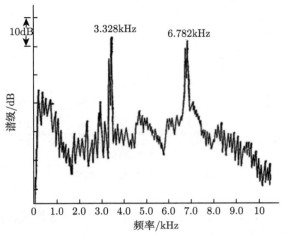

图 3.4.3   模型试验测得的双鸣音

3.4.2   螺旋桨鸣音预报

通过模型试验模拟实桨的鸣音需要满足几个条件：几何相似条件、水动力相似条件、弹性力相似条件。弹性力相似是指模型与实桨的相对弹性变形 $\dfrac{h}{D}$ 也应相等：

$$\left(\frac{h}{D}\right)_m = \left(\frac{h}{D}\right)_s \tag{3.4.4}$$

式中，D 为螺旋桨直径，下标 m 和 s 分别代表模型桨、实尺度桨。由此可得

$$\left(\frac{E}{\rho_w V_P^2}\right)_m = \left(\frac{E}{\rho_w V_P^2}\right)_s \tag{3.4.5}$$

其中，E 表示螺旋桨材料的弹性模数，V_P 表示桨进速，ρ_w 表示水的密度。

即在进行螺旋桨鸣音模拟试验时需保证模型的进速及材料与实尺度桨保持相等。根据水动力相似的要求，模型的转速应取实桨的转速乘以实桨的几何缩尺比，即 $n_m = \lambda n_s$。

考虑到螺旋桨产生鸣音与桨叶本身振动的特征频率有关，将某桨叶的振动简化为当量长度 L、宽度 B、厚度 δ 的平板在水中作单独振动时，其特征频率 f 可用下式表示：

$$f = \frac{a}{L^2}\sqrt{\frac{EI}{\rho_a B\delta + \rho_w \frac{\pi}{4}B^2}} \tag{3.4.6}$$

式中，I 为平板惯性矩，ρ_a 为平板材料的密度，a 为常数。由于实桨和模型所用材料相同，则有 $E_s = E_m, \rho_{as} = \rho_{am}$，即有

$$f_m \approx \beta\lambda f_s \qquad (3.4.7)$$

式中，λ 即为实尺度桨与模型桨的几何缩尺比；β 为常数，一般取 0.7~1.2。

中国船舶科学研究中心曾针对某一产生鸣音的实尺度螺旋桨进行缩比试验，$\lambda = 6.67$。模型螺旋桨鸣音试验在水桶中开展，除满足上述条件外，在试验过程中还需满足模型桨空泡数与实桨运行时的空泡数相等。利用水听器对模型桨上产生的鸣音进行测量。在试验中发现，当模型进速小于 2.5m/s，大于 4m/s 时，不产生鸣音，与实船试验基本保持一致。桨模的最强鸣音出现在进速为 3.24m/s 时，此时鸣音的频率声级达到 131dB，而实尺度桨上的最强鸣音出现在 65% 的额定转速附近，声压级达到 133dB。通过试验测量得到，桨模产生鸣音的频率在 6.3~8kHz，而实尺度桨产生鸣音的频率在 1.25~1.6kHz。即桨模产生鸣音的频率比实尺度桨产生鸣音的频率高 6 倍左右。这与上述桨模鸣音频率的估算公式较为相符。由此可见，只要在满足上述模拟条件的情况下进行模型试验，便能预报实桨是否产生鸣音，产生鸣音的航速范围以及出现鸣音的频率[22]。

3.4.3 减小螺旋桨鸣音的手段

1. 修削桨叶的随边

由尾涡发放频率的估算公式可知，通过改变桨叶尾缘的厚度能够有效改变发放频率。当桨叶尾缘足够薄时，后驻点固定，发放的交替涡几乎就不存在。同时，剖面尾缘的形状对于发放涡的强度和频率也有很大影响，因为它决定了尾缘后形成的涡街横向和纵向间距之比。如果用带有不同锐角楔形尾缘的平板在流场中作观察，可发现越尖锐的楔形尾缘，产生的尾涡越狭窄，涡的发放频率也越高，涡强也越弱[23]。对于螺旋桨桨叶尾缘，考虑到强度要求，不能将尾缘修削得很薄或者十分尖锐[24]。一般采用控制随边的锐度和尾缘的厚度来消除实桨的鸣音，其消削方法如图 3.4.4 所示。修削后的尾缘，其发放频率一定要远离桨叶的鸣音频率，一般应使 0.7 桨叶半径位置的剖面尾涡发放频率为鸣音频率的 2.5 倍以上，才能在整个航速范围内消除鸣音[25]。因此，对实桨桨叶随边的修削范围应该从 0.4~0.95 桨叶半径处剖面的尾缘为止。每个剖面尾缘都修削成楔形，桨叶外半径的楔形角定为 17° (直径小于 2m 的桨) 或 21° (直径大于 2m 的桨) 逐渐过渡到内半径的 24° 或 27°。尾缘的厚度定为 0.7 桨叶半径处剖面弦长的 0.05%(小桨) 至 0.07%(大桨)，其他各剖面尾缘厚度都以此为标准。采用这种方式修削随边，便能有效消除实桨的鸣音。

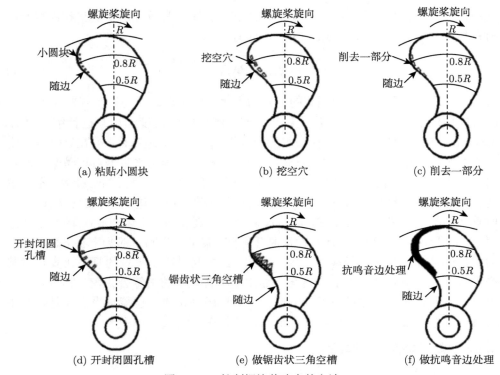

图 3.4.4　抑制螺旋桨鸣音的方法

2. 增加桨叶的阻尼

通过增加桨叶阻尼的方法来改变桨叶的响应频率，从而减小其振动也能有效抑制鸣音的发生。应用高阻尼合金材料制造螺旋桨是消除螺旋桨鸣音的一个有效手段。利用这种材料制造的桨模，在水桶中与铜合金模型相比，高阻尼合金材料桨均不会产生鸣音。在民用船舶上，可采用在桨叶表面涂覆经稀释的高黏度氯丁橡胶的方式来增加桨叶阻尼，抑制振动。单面涂覆厚度约为 0.7 桨叶半径处剖面厚度的 4%～ 6%。图 3.4.5 中展示的是在相同的激振力和激振测点上测得的涂胶前后桨叶结构响应谱。通过对比可得，涂胶后桨叶各响应频率上的幅值有大幅度的降低。这样即使尾涡发放频率与前述某一响应频率耦合，也无足够的能量使桨叶剧烈振动，因此也就不会产生鸣音[26]。

3. 改变随边的局部形状

一种方法是在桨叶叶背随边附近，剖面弦长的 1/15 处，沿径向等间隔地固定一些小的金属凸出体。凸出体一般做成半圆形，直径约为弦长的 4%。或者在桨叶叶背随边附近沿径向挖成 2～ 3 条凹槽，槽宽约为弦长的 3%，槽深约为该位置剖面厚度的 1/4。采用这种方式能够使叶背边界层提前分离，从而破坏尾涡有规律地交替发放，继而消除鸣音。另一种方法是把桨叶随边做成锯齿形，齿形的高度是弦长的 7%，齿形底边等于齿高。这种锯齿相当于一个紊流发生器，使层流边界层在到达随边之前，跳过层流的不稳定区直接变成紊流以降低噪声，并有可能使尾涡对称发放，从而消除鸣音。两种处理方式的效果如图 3.4.6 所示[26]。

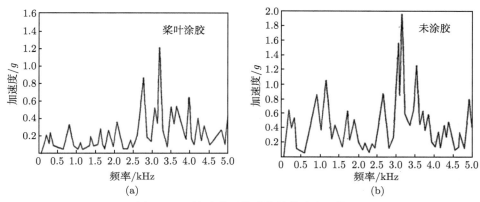

图 3.4.5　涂胶前后桨叶的结构响应比较

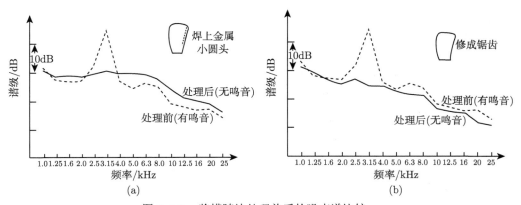

图 3.4.6　桨模随边处理前后的噪声谱比较

3.5　低噪声推进器的开发与应用

3.5.1　复合材料螺旋桨

上述抑制螺旋桨噪声的方法大多是通过优化螺旋桨桨叶几何形状，进而改善桨叶剖面的压力分布，降低空泡起始航速、优化艇体尾流场等设计来抑制噪声的，这种方式的设计空间相对较小。而复合材料螺旋桨设计能够更加充分考虑结构振动特性与流动特性耦合因素，将流固耦合带来的影响也计及在内，对螺旋桨噪声的抑制有更加显著作用，同时在其他性能方面也具备众多优势，具体如下[27]：

(1) 重量轻，有效降低艉轴负载：复合材料螺旋桨的比强度和刚度更大，在保证强度条件满足的基础上，可降低螺旋桨重量，减小艉轴负载，对进一步减小轴承的磨损和振动具有重要意义。

(2) 抗冲击性能好，有效增加螺旋桨全周期寿命：复合材料螺旋桨抗冲击性能较好，能有效抗击表面冲刷以及空泡剥蚀带来的影响，避免桨叶外形偏离设计形状。

(3) 非均质，设计空间充足：复合材料螺旋桨具备非均匀、各向异性等特性，可以利用其独特的弯扭变形有效提升螺旋桨性能。

(4) 易于加工，便于维护：复合材料螺旋桨一般是采用树脂传递模塑 (resin transfer molding, RTM) 技术或模压等工艺方式成型，有利于批量生产，并且其桨叶可设计成拆卸式，便于螺旋桨的维护和更换。

(5) 低磁性，提升推进系统磁隐蔽能力：复合材料螺旋桨一般由纤维和树脂构成，材料的低磁性特点可增强其抵抗电磁扫描探测的能力。

(6) 高阻尼，有效减小流固耦合振动：复合材料螺旋桨的阻尼较大，在共振频率位置能够削弱振动能量，通过对材料刚度、阻尼的合理匹配便能达到减振降噪的目标。

因此，当螺旋桨采用复合材料设计时，其噪声性能的改善具有很大的空间。早在 20 世纪 60 年代苏联渔船就开始使用复合材料螺旋桨，直至 1980 年开始在登陆舰船、扫雷舰艇和鱼雷快艇上开展复合材料螺旋桨试验，在这个阶段，复合材料螺旋桨的形状保持与金属螺旋桨相同。经过后续大量的海试，结果显示两种类型的螺旋桨在航速、燃油消耗、主机工作负荷及工作寿命等方面大致相同，但是采用复合材料螺旋桨的主机和轴系诱导振动相比于原来的金属螺旋桨减少了25%[28]。2004 年英国奎奈蒂克 (QinetiQ) 公司[29] 针对某一直径为 2.9m 的复合材料螺旋桨开展了海上测量试验，该桨参照舰艇标准进行设计，其目的也是为了替换三体舰 "海神号"(RV Tri-ton) 使用的定距螺旋桨。该复合材料螺旋桨由镍铝青铜 (NAB) 毂和 5 个复合材料叶片组成，其质量远小于传统的铜合金螺旋桨。试验过程中通过应变仪来测量作用在螺旋桨叶片上的负载数据，如图 3.5.1 所示。试验结果表明该复合材料螺旋桨的空泡性能好，运行噪声和振动都得到大幅度减小。

德国 AIR 公司采用碳、芳纶、聚乙烯等纤维制造了 Contur 系列复合材料螺旋桨[30]，该类桨直径涵盖 0.5～5m，其质量等同于同尺度 NAB 桨的 1/3，产品已逐步应用于德国各型艇上，例如，206A 型 U19 艇装备的复合材料螺旋桨[31]已使用超过 2 年，航程超过 2 万 n mile，没有出现任何损坏或故障；2005 年，又对 209A 型 U26 艇进行螺旋桨换装，此时使用的是高阻尼凯夫拉合成纤维制造的复合材料螺旋桨 (如图 3.5.2 所示)，测量得到的声学结果也远超预测；后续又在 212A 型潜艇 (如图 3.5.3 所示) 上换装直径接近 4m 的 7 叶大侧斜复合材料螺旋桨，经系列海试声学测试结果表明，该复合材料螺旋桨的声学性能较原金属螺旋桨有很大改进[32]。

图 3.5.1 QinetiQ 桨试验测试装置

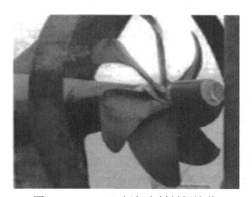

图 3.5.2 209A 艇复合材料螺旋桨

澳大利亚 Mulcahy[33] 在 2011 年推进了有关复合材料螺旋桨自适应技术方面的项目，开展了 4384 螺旋桨在不同纤维铺层条件下水动力性能改善研究，并在 2014 年进一步研究了纤维铺层对复合材料螺旋桨噪声的优化作用。美国海军水面作战中心卡德罗克分部对 AIR 公司生产的大侧斜薄叶复合材料螺旋桨进行了水动力性能和变形特性试验，如图 3.5.4 所示，研究结果表明复合材料螺旋桨在推进效率方面较传统金属桨提高了 5%，在空泡性能方面较传统金属桨改善了 15%~50%[34]。

图 3.5.3　德国 212A 艇复合材料螺旋桨

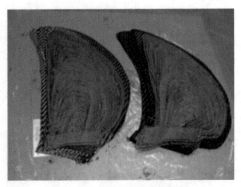

图 3.5.4　碳纤维布铺层

　　韩国的 Paik 等 [35] 采用高速摄像仪和水听器对直径为 0.25m 的碳纤维复合材料螺旋桨 (图 3.5.5) 和 2 种铺层的玻璃纤维螺旋桨水弹性行为及噪声性能进行了模型试验研究，在等进速系数和等推力工况下对比三者的噪声，等进速系数时玻纤桨的一阶叶频声压级和噪声总声级均低于碳纤桨，由此可知，玻纤桨有较好的噪声性能。

　　复合材料螺旋桨对于潜艇减振降噪具有较明显效果，而有效实现降噪基点一般也是落在阻尼材料的选择上，但材料的阻尼往往与其刚度分不开，即材料的刚度越大，其阻尼相对就越小，那么对二者的协调就需要进行机理研究。2010 年，德国潜艇制造商 Howaldtswerke-Deutsche Werft 生产出了一种具备高阻尼黏弹性特性的复合材料螺旋桨 [36]，其阻尼损耗因子达到 4%，并声称将进一步应用在 214 级潜艇。目前，俄罗斯克雷洛夫中央科学研究院正在为其第五代 "哈士奇" 级核潜艇研究一种新型声隐身复合材料，该材料的优势在于损耗因子高，能有效对声信号进行吸收，实现减振降噪，提高隐身性能，同时采用该复合材料制造的螺旋桨能降低整个推进系统的重量，提高结构可靠性。

图 3.5.5 碳纤维螺旋桨模型

3.5.2 特种推进器

1. 仿生推进器

仿生推进器相比于传统螺旋桨具有以下特点[37]：

(1) 仿生推进器采用摆动方式获得推力，其相对来流的速度小于螺旋桨，这样就能有效避免翼面发生空泡现象；

(2) 仿生推进器的尾翼小幅摆动，对于尾流的扰动作用较小，推进噪声明显减小，同时其尾迹面积相对于螺旋桨要小很多，能够有效"掩盖"舰艇航迹；

(3) 仿生推进器的机动性更好，摆动推进的尾鳍能够同时发挥推进装置和操纵装置的作用。这种桨舵合一的方式能够有效提高推进器启动、加速及转向的能力。

因此，仿生推进器所具备的高效推进性能、良好的操纵性能及隐身性能决定了其在水面船舶和水下潜艇的广阔应用前景。2018 年，美国麻省理工学院开发了一种柔性机器鱼，并开展了海试，其良好的隐蔽性和机动性能得到检验，如图 3.5.6 所示。

美国国防部 21 世纪潜艇蓝图中有一项重要内容就是关于仿生推进系统的设计，在水下无人潜航器以及智能鱼雷设计方面，仿生推进的应用是相当诱人的。美国国防高级研究计划局 (DARPA) 在 2019 年发布了 "蝠鲼" 项目[38]，如图 3.5.7 所示，其目的是满足无人潜航器 (UUV) 的大载荷容量以及长巡航要求，受目前螺旋桨驱动的动力及电池容量限制，其推进系统拟采用基于蝠鲼的仿生推进方式，现有的研究表明，蝠鲼状 UUV 通过仿生技术灵巧变形，不仅能够加强 UUV 的承压能力，同时对于其机动性能和静音性能的提升也具有重要意义。

(a)   (b)

图 3.5.6   柔性机器鱼

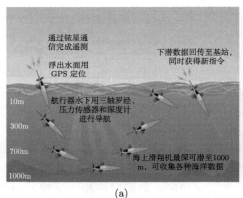 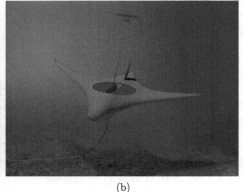

(a)   (b)

图 3.5.7   "蝠鲼"UUV

目前，除美国 DARPA 外，英国海军也于 2017 年推出了蝠鲼状潜艇设计概念，即"鹦鹉螺-100"仿生潜艇，作为仿生无人系统以及武器的搭载平台和指控中心，如图 3.5.8 所示。

2. 泵喷推进器

采用螺旋桨方式推进的潜艇，由于螺旋桨暴露在艇体外，很容易向外辐射噪声。在低航速条件下，螺旋桨的低频线谱噪声的频率低、强度大，辐射区域远；在中、高航速下，宽频噪声显著增强。而一旦螺旋桨的桨叶产生空泡现象，则噪声将大大增强。随着攻击型核潜艇逐渐向高航速、安静型方向发展，新一代核潜艇的水下最高航速超过 30kn，低噪声航速达到 20kn，这就给传统的螺旋桨推进方式带来了巨大挑战。因此，为了给新一代核潜艇配置合适的低噪声推进方式，美、英、法、俄等国家进行了深入的研究和试验。欧美国家采用泵喷推进方式来代替现有的螺旋桨推进方式，在声隐身方面取得了良好的效果。国内外研究结果表明：在低航速状态下，泵喷推进器的低频线谱噪声相比七叶大侧斜螺旋桨降低了 15dB以上，而宽带谱声级总噪声下降了 10dB 以上。在高航速状态下，泵喷推进器的降噪效果更加明显[39]。

(a)   (b)

图 3.5.8   "鹦鹉螺-100" 仿生潜艇

　　潜艇泵喷推进器是由环状导管、定子和转子组成的一体化推进装置。环状导管的剖面形状类似于机翼，主要起到控制泵喷推进器内外流场的目的。一般采用具备吸声和减振特性的材料来制造环状导管，从而屏蔽转子及内流道产生的流动噪声，削弱内部噪声向外流场辐射。在设计上一般也采用能降低转子入流速度的减速型导管，从而延缓转子叶片的空化，避免转子空泡噪声的产生。定子实际上是一组与来流速度方向成一定角度的固定叶片，旨在为转子入流提供预选，同时也能吸收转子尾流的旋转能量。转子为类似螺旋桨叶片的旋转叶轮，在水流进速的条件下产生推力，从而驱动潜艇达到指定的航速。与传统的七叶大侧斜螺旋桨相比，泵喷推进器具有以下特点：

　　(1) 推进效率高：由于泵喷推进器的定子能够减小推进器尾流中的旋转能量损失，因此能够增加有效推进的能量。

　　(2) 向外辐射噪声低：一方面，由于旋转的转子位于导管内部，导管结构本身便能起到屏蔽噪声的作用，并且通过导管的导流作用能使转子的入流流场更加均匀，从而减小转子产生的脉动力，降低推进器的线谱辐射噪声；另一方面，由于泵喷推进器的旋转叶轮直径一般都比七叶大侧斜螺旋桨小，在相同推进效率的前提下，泵喷推进器的旋转噪声更低。

　　在泵喷推进器的实际应用上，早在 20 世纪 80 年代，英国率先在 "特拉法尔加" 级攻击型核潜艇上装备了泵喷推进器，随后又先后列装在 "前卫" 级以及 "机敏" 级核潜艇上 (图 3.5.9)。法国 "凯旋级" 核潜艇 (图 3.5.10)、美国在 "海狼" 级和 "弗吉尼亚" 级核潜艇均采用了泵喷推进方式来取代传统的七叶大侧斜螺旋桨，如图 3.5.11 所示。2019 年日本潜艇制造商三菱重工也披露了日本下一代潜艇项目的相关情况，代号 "29SS"，在推进系统上，"29SS" 将采用泵喷推进器取代传统的螺旋桨，如图 3.5.12 所示，使潜艇能够在更高的速度下安静航行。"29SS" 级

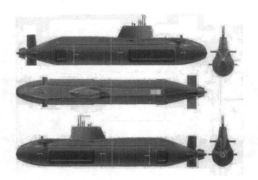

图 3.5.9   英国 "机敏" 级核潜艇

图 3.5.10   法国 "凯旋级" 核潜艇

图 3.5.11   美国 "海狼" 级核潜艇

潜艇采用的泵喷推进器的噪声预计比原"苍龙"级潜艇的七叶大侧斜螺旋桨的噪声低 20dB。

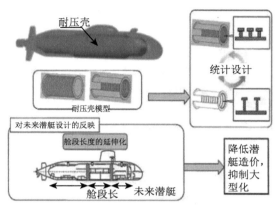

图 3.5.12   日本 "29SS" 级潜艇

　　目前所用的泵喷推进器与传统螺旋桨推进机构类似，采用标准的主机-传动轴-泵叶形式，下一步的发展将是泵喷推进器摒弃驱动轴，动力输出模式从主机-传动轴-泵叶直接简化为电动机-泵叶结构模式，依靠外置的电机带动环体转动，桨叶则直接安装在环体上随之旋转而产生推力，这样就能从源头上解决机-轴-泵的耦合振动问题，目前这一技术的难点在于无轴泵喷的推进效率较低，无法有效承担大型潜艇主推进任务。

参 考 文 献

[1] 朱晶, 高磊, 李普泽. 船用螺旋桨噪声研究进展 [J]. 船舶工程, 2020, 42(7): 1-5, 27.
[2] 盛振邦, 刘应中. 船舶原理 (下册)[M]. 上海: 上海交通大学出版社, 2004.
[3] 魏以迈. 潜艇低噪声推进器技术研究与进展 [C]. 第十届船舶水下噪声学术讨论会论文集, 2005: 12-17.
[4] 钱晓南. 舰船螺旋桨噪声 [M]. 上海: 上海交通大学出版社, 2011.
[5] Eppler R, Shen Y T. Wing sections for hydrofoil-part2: nonsymmetrical profiles[J]. Journal of Ship Research, 1981, 25(3): 191-200.
[6] Zeng Z, Kuiper G. Blade section design of marine propellers with maximum cavitation inception speed[J]. Journal of Hydrodynamics, 2012, 24(1): 65-75.
[7] 熊鹰, 谭廷寿, 钱晓南, 等. 螺旋桨导边充气对其水动力性能和辐射噪声的影响研究 [J]. 武汉交通科技大学学报, 2000, 24(4): 379-383.
[8] 张永坤, 熊鹰, 赵小龙. 螺旋桨无空泡噪声预报 [J]. 噪声与振动控制, 2008, 28 (1): 44-47.
[9] Lighthill M J . On sound generated aerodynamically: I[J]. Proceedings of The Royal Society A: Mathematical Physical and Engineering Sciences, 1952, 211(1107): 564-587.

[10] Farassat F, Succi G P. The prediction of helicopter discrete frequency noise[J]. Vertica, 1983, 7(4): 309-320.

[11] Farassat F, Brown T J. A new capability for predicting helicopter rotor noise prediction[J]. Journal of the American Helicoper Society, 1997, 33(1): 29-36.

[12] 苏玉民, 窦凤祥, 刘业宝, 等. 螺旋桨无空泡噪声的研究 [J]. 武汉理工大学学报 (交通科学与工程版), 2013, 37(5): 895-899.

[13] 徐野, 熊鹰, 黄政. 船舶无空泡螺旋桨诱导噪声研究现状综述 [J]. 武汉理工大学学报 (交通科学与工程版), 2019, 43(5): 860-871.

[14] Molland A F, Turnock S R. Marine Rudders and Control Surfaces[M]. Amsterdam: Elsevier, 2007.

[15] 刘志华, 熊鹰, 叶青. 共翼型舵水动力特性的模型试验与数值模拟 [J]. 哈尔滨工程大学学报, 2018, 39(4): 658-663.

[16] Davoudzadeh F, Taylor L K, Zierke W C, et al. Coupled Navier-Stokes and equations of motion simulation of submarine maneuvers, including crashback[C]. Proceedings of the 1997 ASME Fluids Engineering Division Summer Meeting, 1997.

[17] Crepel J L. The design of submarine external shape orientated for noise reduction[C]. UDT, 1994, 94.

[18] Moore K J, Jones G, Ndefo E. Vortex control in submarine design[C]. Third International Symposium on Naval Submarines, Royal Institute of Naval Architects, London, 1991.

[19] 王威, 刘志华, 张家瑞, 等. 抑制潜艇螺旋桨旋转噪声的消涡整流新方法研究 [J]. 海军工程大学学报, 2016, 28(5): 1-4.

[20] Burstein N M. Boundary-layer investigation on a body of revolution with fins[R]. Pennsylvania State Univ. State College Ordnance Research LAB, 1965.

[21] Larsson L, Visonneau M. Numerical Ship Hydrodynamics[M]. Netherlands: Springer, 2014.

[22] 魏以迈, 郑永敏, 陈韵芬. 船用螺旋桨鸣音的研究 [J]. 中国造船, 1986, (1): 14-22.

[23] 田贤喷. 3800DWT 加油船螺旋桨谐鸣分析及消除方法 [J]. 广东造船, 2015, 34(6): 30-32.

[24] Chekab M A F, Ghadimi P, Djeddi S R, et al. Investigation of different methods of noise reduction for submerged marine propellers and their classification[J]. American Journal of Mechanical Engineering, 2013, 1(2): 34-42.

[25] 蓝志云, 晏凤祥. 17.7 万吨散货船尾部异响分析研究 [J]. 船舶设计通讯, 2015，(1): 66-69.

[26] 魏以迈, 郑永敏, 陈韻芬. 螺旋桨鸣音的模拟研究与实船上消除鸣音的有效方法 [C]. 水下噪声学术论文选集 (1985-2005), 2005: 125-142.

[27] 黄政, 熊鹰, 鲁利. 复合材料螺旋桨流固耦合振动噪声研究综述 [J]. 哈尔滨工程大学学报, 2020, 41(1): 87-94, 124.

[28] 张帅, 朱锡, 孙海涛, 等. 船用复合材料螺旋桨研究进展 [J]. 力学进展, 2012, 42(5): 620-633.

[29] Marsh G. A new start for marine propellers[J]. Reinforced Plastics, 2004, 48(11): 34-37.

[30] Lin C C, Lee Y J, Hung C S. Optimization and experiment of composite marine pro-
     pellers[J]. Composite Structures, 2009, 89(2): 206-215.

[31] Stauble U. Advances in submarine propulsion[R]. Naval Forces, 2007.

[32] 陈广杰. 基于流固耦合的复合材料螺旋桨性能研究 [D]. 哈尔滨: 哈尔滨工程大学, 2013.

[33] Mulcahy N L, et al. Hydro-elastic tailoring of flexible composite propellers[J]. Ships
     and Offshore Structures, 2010, 5(4): 359-370.

[34] Mulcahy N L. Structural design of shape—adaptive composite marine propellers[D].
     News South Wales: University of New South Wales, 2010.

[35] Paik B G, Kim G D, Kim K Y, et al. Investigation on the performance characteristics
     of the flexible propellers[J]. Ocean Engineering, 2013, 73: 139-148.

[36] Paul A, Schmidt A, Wolf A. Acoustically optimized propeller made from composite
     materials[C]. Proceedings of Thyssen Krupp Techforum, 2011: 58-63.

[37] 王超, 郭春雨, 常欣. 特种推进器及附加整流装置 [M]. 黑龙江：哈尔滨工程大学出版社,
     2013.

[38] DARPA Technology Office, 2019. Broad Agency Announcement: Manta Ray[R].
     HR00119S0040.

[39] 王天奎, 唐登海. 泵喷推进器-低噪声的核潜艇推进方式 [J]. 现代军事, 2006, (7): 52-54.

第 4 章　舰船机械噪声及控制

4.1　概　　述

　　舰船机械噪声源自于机器设备整体及其各个部件的弹性振动，这些振动均是机械、气/水力及电磁现象造成的，而这些现象则取决于机器设备的设计和运行性能、建造中的技术误差以及运行条件，所以，机械噪声按产生的机理可分为机械成因、气动成因及电磁成因三大类。若根据频谱特征机械噪声也可分为三类：第一类为与机器速度相关的具有一定频率的噪声，该类噪声一般出现在旋转和往复机械上，噪声中的频率完全与机器的旋转频率或往复频率成比例，等于旋转频率或往复频率的基波分量和很多谐波分量，其频率会随机器速度的增加而增加，例如在齿轮装置和风机中，噪声基频等于旋转频率乘以齿轮齿数或风机叶片数，发动机和发电机振动频率等于旋转频率乘以磁极数。第二类为与机器速度无关且具有一定频率的，该类噪声的频率由机器或其底座的特定结构零件的固有频率来确定，不会随机器的速度变化而改变，例如由阀、凸轮等激励源对振动结构的撞击所造成的噪声，这种噪声一般具有很多自由振动频率，很难彼此分开。第三类为随机噪声，例如船上经常会出现非常频繁而且没有规律的撞击，这虽然可避免振动件在其自由振动频率上出现振动，但会导致出现频率不可辨认的随机噪声，这种噪声有时被称为瞬态噪声。

　　舰船噪声的产生过程为：振动运动的产生、把振动传递到辐射面和声辐射进入介质。因此，其声转换效率可以用这三个过程的转换效率的乘积来表示：

$$\eta_{声} = \eta_{振动} \times \eta_{传递} \times \eta_{辐射} \tag{4.1.1}$$

　　根据式 (4.1.1)，机械噪声的控制可同时采用三种不同的方法：一是通过改变机械系统的设计，减少噪声源功率中转换成振动功率的那一部分，或选用额定机械功率比较低的机器；二是将声源与辐射面隔离，即采用减隔振措施降低振动传递效率；三是采用大量的抗辐射覆盖层，降低辐射面的辐射效率。这三种方法中的第二种，即采用隔振装置把声源与辐射面隔离是控制机械噪声最直接有效的手段。

4.2　隔振技术

4.2.1　隔振装置

　　船用隔振装置就是通过一组隔振器将机械动力设备支撑在船体基座结构上,利用隔振器的弹性、阻尼使传递至基座上的动态激励力小于设备激励力。通过对隔振器材料、结构形式和布置方式等进行合理设计,可获得不同刚度、固有频率和模态特性的隔振装置。隔振装置的设计最重要的一点就是计算其固有频率,计算固有频率之前,必须先了解或确定设备和选用隔振器的特定技术参数,包括设备的尺寸、重量、重心、力矩和惯性积、回转半径、设备主轴和机器速度等数据。

1. 隔振器布置

　　隔振装置的设计尽量采用对称布置,对称面的数量越多,那么固有频率计算就越简单。令机械设备隔振装置的惯性主轴位于直角坐标系坐标轴,隔振装置质心位于坐标轴原点,设 X、Y、Z 分别为单个隔振器连接点相对于坐标轴的坐标,k_X、k_Y、k_Z 分别为沿 X、Y、Z 轴方向的单个隔振器刚度,下面分别对具有不同数量对称面的隔振器布置情况进行分析 [1]。

1) 仅有一个对称面

　　当机械设备高度大于设备底座尺寸,需要采用侧向隔振器与相邻舱壁相连时,可采用图 4.2.1 所示的隔振装置,其仅有 YZ 一个对称面,此类布置多用于电子、电气设备以及某些重型设备的弹性安装。其弹性对称的条件为

$$\sum k_Y X = 0, \quad \sum k_Z X = 0, \quad \sum k_Z XY = 0, \quad \sum k_Y XZ = 0 \qquad (4.2.1)$$

如果每个隔振器在所有方向上刚度 k 均相同,上式可简化为

$$\sum k X = 0, \quad \sum k XY = 0, \quad \sum k XZ = 0 \qquad (4.2.2)$$

如果所有隔振器均具有相同的刚度 k 值,上式可进一步简化为

$$\sum X = 0, \quad \sum XY = 0, \quad \sum XZ = 0 \qquad (4.2.3)$$

　　满足一个对称面的隔振装置,隔振器布置可根据设计需求进行适应性调整,调整方法如下:可在 YZ 平面内任一点增设隔振器,见图 4.2.2。

　　可在 YZ 平面对称位置增设任意数量的隔振器,如图 4.2.3 所示。

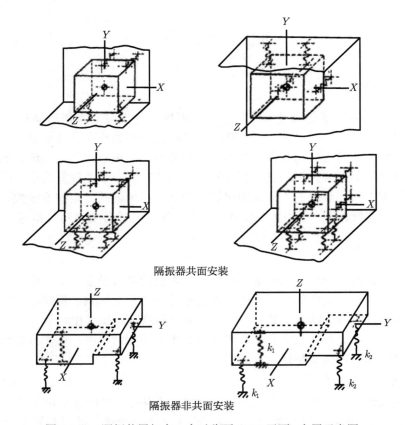

隔振器共面安装

隔振器非共面安装

图 4.2.1   隔振装置仅有一个对称面 (YZ 平面) 布置示意图

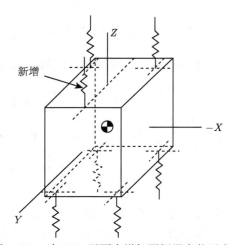

图 4.2.2   在 YZ 平面内增加隔振器安装示意图

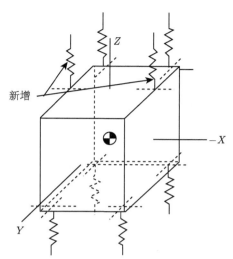

图 4.2.3 YZ 平面对称位置增设任意数量的隔振器安装示意图

对于以 YZ 平面对称布置的隔振器，若 $k_Z X$ 或 $k_Y X$ 值相同，可沿 Y 或 Z 轴进行等距离平移，如图 4.2.4 所示。

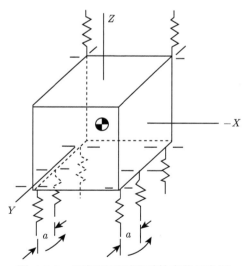

图 4.2.4 隔振器可平移时的安装示意图

如果隔振器安装位置 X 坐标值减至 $1/c$ 倍，而 Y、Z 坐标值以及主轴方向均保持不变，那么隔振器刚度均应增至 c 倍，如图 4.2.5 所示。

任何隔振器均可用两个或者更多总刚度相等且安装位置合适的隔振器来代替，如图 4.2.6 所示。例如，如果用于替代的两隔振器刚度分别为原隔振器的 c

倍和 $1-c$ 倍，那么它们可分别在 X 值相同的 $(Y'，Z')$ 和 $(Y''，Z'')$ 处被替换，其中

$$Y' = aY, \quad Z' = bZ, \quad Y'' = \frac{1-ac}{1-c}Y, \quad Z'' = \frac{1-bc}{1-c}Z \tag{4.2.4}$$

式中，X、Y、Z 为原始位置，a 和 b 为任意数，且 $1 > c > 0$。

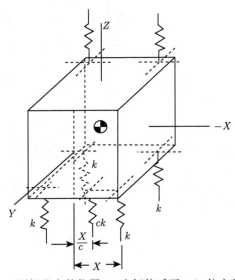

图 4.2.5　隔振器安装位置 X 坐标值减至 $1/c$ 倍安装示意图

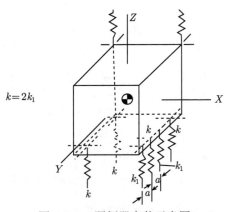

图 4.2.6　隔振器安装示意图

2) 有两个对称面

图 4.2.7 所示的隔振装置中隔振器布置有 XZ、YZ 两个对称面，其弹性对称

的条件为

$$\sum k_Y X = 0, \quad \sum k_Z X = 0, \quad \sum k_X Y = 0, \quad \sum k_Z Y = 0$$

$$\sum k_Z XY = 0, \quad \sum k_Y XZ = 0, \quad \sum k_X YZ = 0 \quad (4.2.5)$$

如果隔振器的 k_X、k_Y、k_Z 具有相同值，上述条件可简化为

$$\sum X = 0, \quad \sum Y = 0, \quad \sum XY = 0, \quad \sum XZ = 0, \quad \sum YZ = 0 \quad (4.2.6)$$

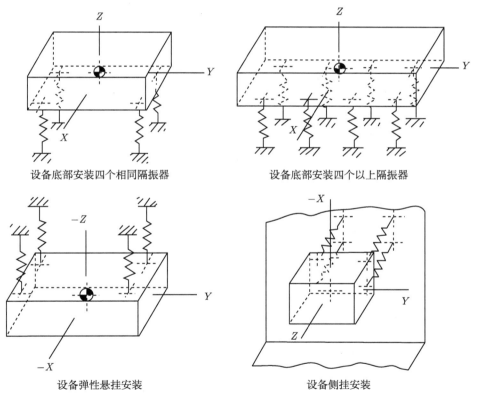

设备底部安装四个相同隔振器　　　　　　设备底部安装四个以上隔振器

设备弹性悬挂安装　　　　　　　　　　设备侧挂安装

图 4.2.7　具有两个对称面的设备隔振装置布置示意图

当隔振器安装位置不共面时，即部分隔振器安装在一个平行于主惯性面的平面 (这里假设为 XY 平面)，此时，隔振装置可能只存在一个对称面。但是，如果隔振器两个安装面之间横距非常小，且满足两个对称平面的条件，可忽略 Z 值的变化，那么隔振装置也可视为两个对称面，如图 4.2.8 所示。

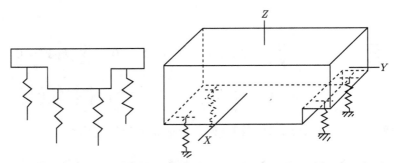

图 4.2.8   隔振器非共面安装可视为具有两个对称面的隔振装置示意图

3) 有三个对称面

图 4.2.9 所示的隔振装置具有 XY、YZ 及 XZ 三个对称平面。如果隔振器 k_X、k_Y 及 k_Z 不相等,那么隔振装置满足三个平面弹性对称的条件为

$$\sum k_Y X = 0, \quad \sum k_X Y = 0, \quad \sum k_X Z = 0$$

$$\sum k_Z X = 0, \quad \sum k_Z Y = 0, \quad \sum k_Y Z = 0$$

$$\sum k_Z XY = 0, \quad \sum k_Y XZ = 0, \quad \sum k_X YZ = 0 \qquad (4.2.7)$$

如果所有隔振器 k_X、k_Y 和 k_Z 均相同,那么三个平面弹性对称的条件可简化为

$$\sum X = 0, \quad \sum Y = 0, \quad \sum Z = 0$$

$$\sum XY = 0, \quad \sum XZ = 0, \quad \sum YZ = 0 \qquad (4.2.8)$$

满足三个对称面条件的隔振装置,隔振器布置可根据需要进行适应调整,通过调节每个隔振器刚度和布置位置以满足设计要求。假设四个隔振器轴向刚度和径向刚度不等,即 $k_a \neq k_r$,分别安装于设备四个角上,距离 X、Y 轴分别为 D_Y 和 D_X,调整方法如下。

可在原隔振器安装面 $\pm a D_X$,$\pm b D_Y$ 位置增加布置四个相同隔振器,如图 4.2.10 所示。

可在原隔振器安装面 X 轴或 Y 轴 $X = \pm a D_X$ 或 $Y = \pm b D_Y$ 对称位置增加布置任意数量的相同隔振器,如图 4.2.11 所示。

与 X 轴平行、沿 Y 轴对称安装或与 Y 轴平行、沿 X 轴对称安装的两个隔振器,在保持 D_Y 或 D_X 不变的情况下,均可沿 X 或 Y 轴反向平移等距离 a,如图 4.2.12 所示。

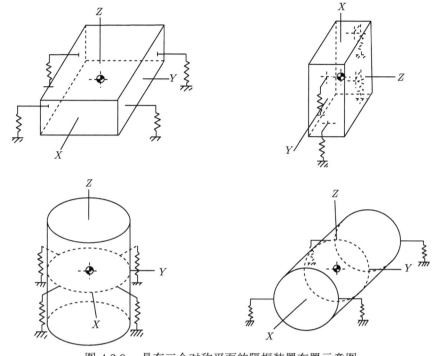

图 4.2.9 具有三个对称平面的隔振装置布置示意图

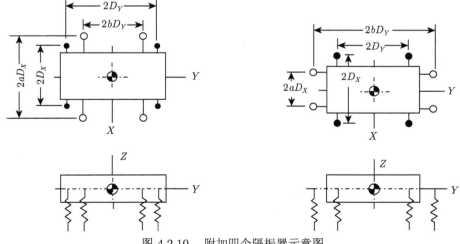

图 4.2.10 附加四个隔振器示意图

任何两个 X 值相同、Y 值大小相等方向相反的隔振器, 沿 Y 轴移动, X 值变为 $(1/c)\,X$, 则隔振器刚度应调整为 c 倍; 或者两个 Y 值相同、X 值大小相等方向相反的隔振器，沿 X 轴移动，Y 值变为 $(1/c)Y$，则隔振器刚度便调整为 c 倍。例如，图 4.2.13 所示的两个隔振器位置分别为 $X = A$，$Y = B$ 和 $X = -A$，$Y = B$，且刚度为 k，当它们移动到 $X = A$，$Y = B/c$ 和 $X = -A$，$Y = B/c$ 时，其刚度应调整为 ck。

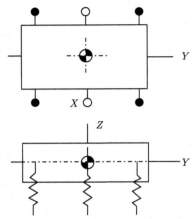

图 4.2.11   主 X 轴上附加隔振器对

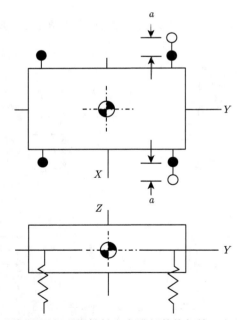

图 4.2.12   隔振器平行于惯性轴方向进行数值相等、方向相反的移动

任何隔振器均可用总刚度相等、合理对称布置的两个隔振器代替。例如，若

拟代替的两个隔振器刚度为原隔振器的 c 倍和 $1-c$ 倍，那么前一个隔振器的横坐标为 X'，后一个隔振器的横坐标为 X''，如图 4.2.14 所示。

$$X' = bX, \quad X'' = \frac{1-bc}{1-c}X \tag{4.2.9}$$

式中，X 为原隔振器安装位置横坐标；b、c 为任意常数，其中 $1 > c > 0$。

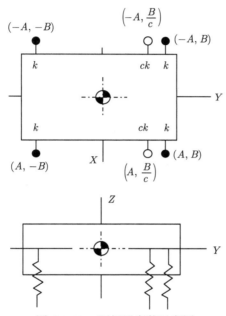

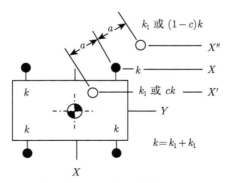

图 4.2.13　隔振器安装示意图

图 4.2.14　隔振器安装示意图

2. 固有频率计算

1) 解析法

A. 单层隔振装置固有频率计算

单层隔振装置如图 4.2.15 所示。以机械设备重心为坐标原点，建立如图所示的空间固定总体坐标系 $OXYZ$，与设备固连且在静止状态下和总体坐标系重合的坐标系 $oxyz$，以及与隔振器弹性主轴对应的隔振器局部坐标轴 pqr 设备视为刚体，在小位移和小角度转动条件下，设备绕各坐标轴的转动是可交换的，即转动的先后次序对刚体最终姿态几乎没影响，系统的运动方程可表达为 [2]

$$M\ddot{x} + Kx = F + \sum_{i=1}^{n} K_i^g x_i^0 \tag{4.2.10}$$

式中，M 为设备质量矩阵；$x = [x_c,\ y_c,\ z_c,\ \alpha_c,\ \beta_c,\ \gamma_c]^{\mathrm{T}}$ 为设备重心在 xyz 坐标轴方向的位移和绕各坐标轴的转动角度；K 为隔振装置的总体刚度矩阵，由隔振器和其他弹性元件的刚度经坐标转换后集合而成，有阻尼 C 情况下为复刚度矩阵；F 为作用于设备重心处的外力；x_i^0 为隔振器与基础连接点处的位移向量，其通过刚度矩阵 K_i^g 转化为基础对设备的作用力。

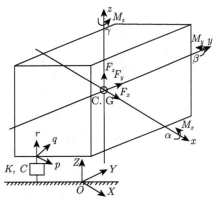

图 4.2.15　单层隔振装置示意图

C 为阻尼；C.G 为重心

式 (4.2.10) 中各矩阵的表达式如下

$$M = \begin{bmatrix} m & & & & & \\ & m & & & & \\ & & m & & & \\ & & & I_{xx} & -I_{xy} & -I_{xz} \\ & & & -I_{yx} & I_{yy} & -I_{yz} \\ & & & -I_{zx} & -I_{zy} & I_{zz} \end{bmatrix} \tag{4.2.11}$$

其中, m 为设备质量, $I_{ij}(i, j = x, y, z)$ 为设备的质量惯性矩 $(i = j)$ 和惯性积 $(i \neq j)$。

$$K = \sum_{i=1}^{n} G_i^{\mathrm{T}} K_i G_i \qquad (4.2.12)$$

其中, G_i 为隔振器的位置变换矩阵, 即将隔振器在安装位置的刚度矩阵变换为在重心处的刚度矩阵; K_i 为隔振器在总体坐标方向上的刚度矩阵。

G_i 的表达式为

$$G_i = \begin{bmatrix} & 0 & a_z^i & a_y^i \\ E_{3\times3} & -a_z^i & 0 & a_x^i \\ & a_y^i & -a_x^i & 0 \end{bmatrix} \qquad (4.2.13)$$

其中, $a_i(i = 1, 2, \cdots; j = x, y, z)$ 为隔振器安装位置与各坐标轴之间的距离, $E_{3\times3}$ 为单位矩阵。在 $oxyz$ 坐标中, 刚体上与隔振器上端相连点的位移和设备重心位移的关系为

$$x_i = G_i x \qquad (4.2.14)$$

K_i 的表达式为

$$K_i = T_i^{\mathrm{T}} K_{li} T_i \qquad (4.2.15)$$

其中, K_{li} 为隔振器局部坐标下的刚度矩阵; T_i 为隔振器刚度矩阵由隔振器局部坐标变换到总体坐标的方向变换矩阵。

K_{li} 的表达式为

$$K_{li} = \mathrm{diag}\,(K_p, K_q, K_r) \qquad (4.2.16)$$

式中各元素分别对应隔振器在局部坐标系中各方向的刚度。

T_i 的表达式为

$$T_i = \begin{bmatrix} \lambda_{px}^i & \lambda_{py}^i & \lambda_{pz}^i \\ \lambda_{qx}^i & \lambda_{qy}^i & \lambda_{qz}^i \\ \lambda_{rx}^i & \lambda_{ry}^i & \lambda_{rz}^i \end{bmatrix} \qquad (4.2.17)$$

式中元素表示隔振器局部坐标轴与总体坐标轴夹角的余弦值。

等式 (4.2.10) 右边第二项中

$$K_i^g = G_i^{\mathrm{T}} K_i \qquad (4.2.18)$$

该项又可表达为

$$\sum_{i=1}^{n} K_i^g x_i^0 = [K_1^g, K_2^g, \cdots, K_n^g] \left[x_1^0, x_2^0, \cdots, x_n^0\right]^{\mathrm{T}} = K^g x^0 \qquad (4.2.19)$$

因此式 (4.2.10) 又可表达为

$$M\ddot{x} + Kx = F + K^g x^0 \tag{4.2.20}$$

不考虑外力和基础运动的影响，对式 (4.2.20) 求特征值即可获得单层隔振装置的六阶刚体模态频率和模态向量。假定第 i 阶模态设备作简谐自由振动的位移为 $x_i = X_{i0}\mathrm{e}^{\mathrm{i}\omega t}$，将其代入系统自由振动方程即可得

$$-\omega^2 M X_0 \mathrm{e}^{\mathrm{j}\omega t} + K X_0 \mathrm{e}^{\mathrm{j}\omega t} = 0 \tag{4.2.21}$$

简化得到系统特征方程为

$$\left| K - \omega^2 M \right| = 0 \tag{4.2.22}$$

通过式 (4.2.22) 可求得系统的六阶固有频率 $f_i = \omega_i/(2\pi)$，再将 ω_i 代入式 (4.2.21) 可求得各阶固有频率对应的模态向量为

$$X_{i0} = (K - \omega_i^2 M)^{-1} \tag{4.2.23}$$

一般情况下，单层隔振装置的六阶模态振型分别代表了设备的垂向、低阶横摇、高阶横摇、低阶纵摇、高阶纵摇和平摇运动，各自由度之间存在不同程度的耦合。当耦合较强时，隔振装置受一个方向的激励力会引起其他方向的运动。减小耦合通常有利于隔振，这可以通过使隔振装置力学特性关于总体坐标系平面对称来实现。

B. 双层隔振装置固有频率计算

双层隔振装置如图 4.2.16 所示。设备和中间质量分别用两个具有平动和转动自由度的刚体表示，隔振器具有三向刚度，因此系统具有十二阶刚体模态。一般情况下可采用两个局部坐标系分别描述设备和中间质量的运动，并通过变换矩阵将局部坐标系中位移转换到总体坐标系中。为简化分析可令中间质量局部坐标系为总体坐标系，同时假设设备局部坐标系与总体坐标系平行，这样可使两坐标系的位移变换矩阵变为单位矩阵，即两坐标系中的位移相等。这种假设也符合大多数船舶设备的实际情况，因为设备一般是沿船中线平行布置的。

设备坐标系 $O_1 X_1 Y_1 Z_1$ 原点位于设备重心，总体坐标系 $OXYZ$ 原点位于中间质量的重心，设备的运动方程为

$$M_1 \ddot{x}_1 = F_1 + \sum_{j=1}^{n_1} R_{1j} \tag{4.2.24}$$

式中，M_1，x_1，F_1 分别为设备质量矩阵、重心位移向量和外力，其含义与式 (4.2.10) 相同；n_1 为上层隔振器数量；R_{1j} 为上层第 j 个隔振器对设备的作用力，其表达式为

$$R_{1j} = -G_{1j}^{\mathrm{T}} K_{1j} (x_j^t - x_j^b) \tag{4.2.25}$$

其中，G_{1j} 为隔振器在其设备局部坐标系中的位置变换矩阵；K_{1j} 为隔振器的刚度矩阵；x_j^t，x_j^b 分别为隔振器上、下两端的位移，其中 x_j^t 的表达式为

$$x_j^t = G_{1j} x_1 \tag{4.2.26}$$

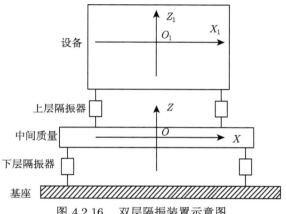

图 4.2.16 双层隔振装置示意图

将式 (4.2.25) 和式 (4.2.26) 代入式 (4.2.24) 可得

$$M_1 \ddot{x}_1 + \sum_{j=1}^{n_1} G_{1j}^{\mathrm{T}} K_{1j} G_{1j} x_1 = F_1 + \sum_{j=1}^{n_1} G_{1j}^{\mathrm{T}} K_{1j} x_j^b \tag{4.2.27}$$

在 $OXYZ$ 坐标系中，中间质量的运动方程为

$$M \ddot{x} = F + \sum_{k=1}^{n} R_k + \sum_{j=1}^{n_1} R'_{1j} \tag{4.2.28}$$

其中，M，x，F 分别为中间质量的质量矩阵、重心位移向量和外力；n 为下层隔振器数量；R_k，R'_{1j} 分别为下层第 k 个隔振器和上层第 j 个隔振器对中间质量的作用力，其表达式分别为

$$R_k = -G_k^{\mathrm{T}} K_k \left(x_k^t - x_k^b \right) \tag{4.2.29}$$

$$R'_{1j} = G_{1j}'^{\mathrm{T}} (x_j^t - x_j^b) \tag{4.2.30}$$

其中，G_k^{T} 为总体坐标系中下层隔振器的位置变换矩阵；K_k 为下层隔振器刚度矩阵；$G_{1j}'^{\mathrm{T}}$ 为总体坐标系中上层隔振器的位置变换矩阵；x_k^t，x_k^b 分别为下层隔振器

的上、下两端的位移，x_j^b 为上层隔振器的下端位移，其表达式分别为

$$x_j^b = G'_{1j} x \tag{4.2.31}$$

$$x_k^t = G_k x \tag{4.2.32}$$

将式 (4.2.29)~(4.2.32) 代入式 (4.2.28) 可得

$$M\ddot{x} + \left(\sum_{k=1}^{n} G_k^{\mathrm{T}} K_k G_k + \sum_{j=1}^{n} G_{1j}^{\prime \mathrm{T}} K_{1j} G'_{1j} \right) x = F + \sum_{k=1}^{n} G_k^t K_k x_k^b + \sum_{j=1}^{n_1} G_{1j}^{\prime \mathrm{T}} K_{1j} x_j^t \tag{4.2.33}$$

综合式 (4.2.27) 和 (4.2.33) 可得双层隔振装置的系统运动方程为

$$\begin{bmatrix} M_1 & \\ & M \end{bmatrix} \begin{bmatrix} \ddot{x}_1 \\ \ddot{x} \end{bmatrix} + \begin{bmatrix} \displaystyle\sum_{j=1}^{n} G_{1j}^{\mathrm{T}} K_{1j} G_{1j} & -\displaystyle\sum_{j=1}^{n_1} G_{1j}^{\mathrm{T}} K_{1j} G'_{1j} \\ -\displaystyle\sum_{j=1}^{n_1} G_{1j}^{\prime \mathrm{T}} K_{1j} G_{1j} & \displaystyle\sum_{k=1}^{n} G_k^{\mathrm{T}} K_k G_k + \displaystyle\sum_{j=1}^{n_1} G_{1j}^{\prime \mathrm{T}} K_{1j} G'_{1j} \end{bmatrix}$$

$$\begin{bmatrix} x_1 \\ x \end{bmatrix} = \begin{bmatrix} F_1 \\ F + \displaystyle\sum_{k=1}^{n} G_k^t K_k x_k^b \end{bmatrix} \tag{4.2.34}$$

对式 (4.2.34) 求解特征值即可获得双层隔振装置的十二阶刚体模态频率和模态向量。

2) 有限元法

解析模型对整体隔振系统进行了抽象与简化，通过建立系统的动力学方程得到参数间的关系，但是解析模型过于简化，忽略了系统细节，且只能得到部分参数变量间的关系，计算较为复杂。利用有限元方法可方便对结构复杂的隔振装置进行模态分析，进而得到隔振装置固有频率。该方法的计算精度取决于有限元建模的精度，建立准确全面的有限元模型以反映整体隔振系统的实际结构是设备数值仿真计算结果准确可信的基础。但是按实际结构进行建模比较困难，且时间成本消耗过大因而导致计算无法实现，且不现实不经济，通常情况下需对真实模型做适当简化。

A. 几何模型简化

几何模型简化主要包括两种方法：一是舰船设备由三维软件建模后导入有限元软件划分网格并计算，但是经常出现模型缺陷等问题；二是简化设备本身的局部特征，如曲面、小孔等，否则将导致求解时间过长。因此，舰船大型复杂设备有限元建模涉及的几何清理问题会对模型的建立造成影响，必须给予充分的重视。

模型简化需要遵守以下准则：

(1) 模型基本特征保持不变；

(2) 模型网格质量简化后改善明显。

根据以上几何清理简化原则对整体隔振系统实体模型进行等效，如图 4.2.17 所示，为某型隔振系统筏架清理简化实例，简化后即可进行网格划分。

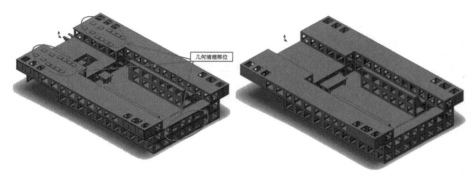

(a) 简化前   (b) 简化后

图 4.2.17　隔振系统筏架清理简化实例

B. 有限元网格划分

依据系统设计图，在保证隔振系统质量、转动惯量等惯性参数等效的情况下对其进行有限元建模。另外整体隔振系统各部件间存在大量的接触形式，准确合理地对其进行数值模拟才能保证仿真结果更加接近实际工况。

图 4.2.18 为某整体隔振装置的有限元模型，共包含 86295 个单元、90312 个节点，其中 X 方向为纵向 (艏部)，Y 方向为横向 (左舷)，Z 方向为垂向。

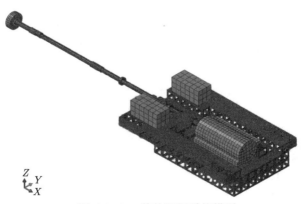

图 4.2.18　整体隔振系统模型

C. 模态分析

选择有限元中合适的算法, 对筏架、隔振系统整体模型进行模态分析, 如图 4.2.19 所示, 进而可得到其固有频率, 表 4.2.1 列出了有限元法计算的筏架和整体隔振系统的前六阶固有频率。

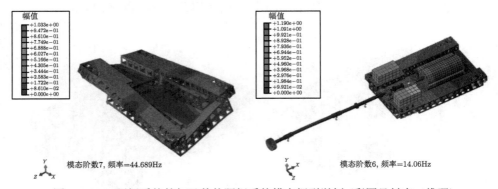

模态阶数7, 频率=44.689Hz　　　　　　　　　模态阶数6, 频率=14.06Hz

图 4.2.19　隔振系统筏架及整体隔振系统模态振型举例 (彩图见封底二维码)

表 4.2.1　模型固有频率

项目	模态/Hz					
	一阶	二阶	三阶	四阶	五阶	六阶
筏架	6.92	7.04	7.67	8.48	10.30	10.87
整体隔振系统	4.22	8.73	12.50	12.73	13.67	14.06

3. 隔振装置设计及注意事项

舰船隔振装置设计过程一般如下 [2,3]:

(1) 明确机械设备特性、隔振指标需求和舰船总体约束条件。机械设备特性主要包括设备类型 (主机或辅机)、外形尺寸、重量、激励频率特性、振动加速度量级等, 知道设备轮廓和尺寸, 可以确定隔振装置设计所需空间和间隙; 隔振指标一般为特定频段内隔振装置上、下加速度振级落差或基座的加速度振级; 舰船总体约束条件包括隔振装置允许的尺寸、重量、结构形式等。

(2) 提出隔振装置初步方案。确定选用单层或双层隔振装置及其隔振器类型、数量和布置方式、隔振装置固有频率大致范围等。如果设备采用公共底座安装, 还需根据其长、宽来确定隔振器可能存在的几种安装方式, 后续可根据固有频率的优化结果适当调整底座尺寸和安装方式。

(3) 确定每台机器和设备的重量和重心, 以确定惯性矩和隔振器安装位置。这里要注意的是: 设备在机脚上的重量分布并非始终相等, 如果设备安装于公共底座上, 那么还须将底座重量加在设备重量中; 另外还要估测与设备相连但外部未受支撑的管道和电缆的重量；对于泵类设备，流体的正常重量也要包括进来；如果存在部分装载的容器和空间，那么还须针对自由液面效应做出修正，如果自由液面面积、液体的体积和重量相对于机器重量而言都很小，那么就可忽略自由液面效应；对于浮筏隔振装置，可单独获得每台设备的重心，如果设备在公共底座上的位置是已知的，那么隔振装置的重心可被计算出来；在设计阶段，使用公共底座可将设备以重心高于底座中心的方式装配，或者以一定的对称角度布置，这样可简化隔振器的选择和安装定位的问题。

(4) 当设备的重量和重心位置确定后，就可通过试验或计算求出惯性矩和惯性积。对于密度均匀的对称结构，一般可通过工程手册中的公式计算出来；对于形状不规则的结构，可将整个结构分成若干较小尺寸的长方体，将每个长方体都看作是密度均匀结构，然后再利用工程手册中的公式进行求解；对于大型浮筏隔振装置，其惯性矩无法通过试验轻易求取，那么可先通过试验求取单台设备的惯性矩，再来确定整个装置的惯性矩。

(5) 一旦确定了已知轴上的惯性矩，则沿这些轴的回转半径即可计算得到

$$r = \sqrt{\frac{I}{m}} \tag{4.2.35}$$

式中，I 是质量惯性矩，$\mathrm{kg \cdot m^2}$；m 是设备质量，kg；r 是回转半径，m。

(6) 在实际应用中，一般选择平行于设备的侧面并穿过重心的轴为主轴，这有助于降低成本和减小隔振器安装难度。对于电机等旋转类设备，主轴非常接近平行于和等于转子的中心线，其他两个正交轴的惯性矩接近相等。

(7) 隔振装置模态特性计算和隔振效果预估。建立隔振装置动力学模型，确定机械设备几何和惯性参数、隔振器刚度和位置参数、中间质量等主要设计参数，计算隔振装置的模态频率和振型，并对隔振效果进行预估，要求隔振装置能有效隔离机械设备主要振动并避开共振频率。

(8) 隔振装置稳定性校核。根据舰船航行时可能产生的摇摆、倾斜角度，计算隔振装置的变形量，以及与动力机械相连的挠性连接件，如挠性接管、弹性联轴器等处的位移量。要求在舰船各种倾斜、摇摆工况下机械设备和挠性连接件能安全运行，并根据计算结果选择与隔振装置性能相匹配的挠性连接件。

(9) 对隔振装置方案进行优化，满足隔振效果指标、运行安全性和舰船总体约束条件。

(10) 隔振装置配机试验及性能评估。如有条件可在隔振装置实船安装前，先在陆地上与机械设备进行配机试验，测量隔振效果和机械设备振动烈度。达到技术指标要求后，再进行实船安装和性能测试、评估。

隔振装置设计的注意事项：

(1) 隔振装置可以降低设备传递至舰船结构中的振动，其固有频率越低，则噪声衰减的幅度就越大，但固有频率的降低将导致设备稳定性、安全性问题，特别是在横摇和纵摇等运动情况下。

(2) 隔振装置实际受到的负荷并不一定完全是设计负荷。从降低噪声传递率而言，隔振装置设计可适当超负载，但超负载不要过大。研究表明，在受到冲击激励条件下，10%左右的超负载不会对隔振装置的强度产生实质性影响。

(3) 隔振器由于存在驻波或内共振现象，当激励频率与驻波共振频率重合时，会导致该频率下的噪声传递率升高，隔振装置设计选用隔振器时，要考虑上述现象，降低隔振器固有频率并非一定能保证噪声传递率得到降低。

(4) 隔振装置设计应避免共振，其设计频率应避开激励频率。例如，若水面船螺旋桨叶频率为 20Hz，那么隔振装置固有频率至少应为 25Hz，最好在 28Hz，很多船上无线电或雷达设备弹性安装均采用固有频率为 25Hz 的隔振器；若潜艇螺旋桨叶频率为 31Hz，为尽可能降低机械噪声，一般采用固有频率为 3~15Hz 的隔振器。

(5) 船上设备的位置对其必须经受的冲击运动具有相当大的影响。对于直接安装于船体结构上的设备，当受到水下爆炸冲击时，爆炸压力波将直接冲击在船壳板上，对设备冲击响应最严重。一般设备离船体越远，冲击强度就越小。炸弹空中爆炸也可能对甲板、上层建筑的侧板、指挥仪等裸露结构产生冲击激励，因此所有类似设备尽量不与直接暴露结构的内侧相连接，以免遭受这种强冲击。

(6) 冲击试验和"撞击"试验表明船体、侧板、甲板等结构的振动会在很多固有频率下同时受到激励。在大量试验中，水面舰艇的主要振动 (具有最大振幅的振动分量) 均介于 35~100Hz，很多在 50Hz 左右；对于潜艇而言，主要频率更高，主要在 100~400Hz 范围内。这些都是结构响应的频率，如果设备被安装在此处，那么这些频率将是支架连接点处冲击运动的主要频率。

(7) 在选择隔振元件和准备装配设备的过程中，应尽可能采取措施，避免出现声短路。例如，若有轴系，应采用挠性联轴节；若连接有管道系统，应采用挠性接管和弹性吊架；若有刚性电缆连接，应采用柔性接头等。

(8) 对有对中要求的设备进行隔振设计时，需要对弹性安装设备进行精确的对中校准。如图 4.2.20 所示，一台弹性安装设备需要与另外一台已安装好的设备耦合，可先将该台设备顶起，进行刚性对中，如图 4.2.20(a) 所示，测量 A、B 及 C 处尺寸；然后将设备置于隔振器之上，如果选用的是橡胶隔振器，还须考虑蠕变效应，隔振器安装完成后至少搁置 24h，并监测 a、b 及 c 处的高度，见图 4.2.20(b)；再通过安装垫片的调节以实现弹性安装设备的精确对中，见图 4.2.20(c)。

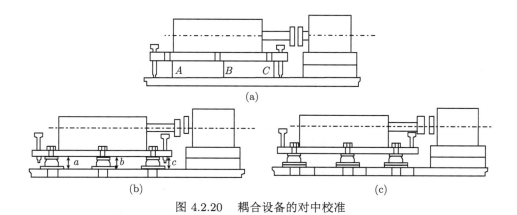

图 4.2.20　耦合设备的对中校准

4.2.2　挠性接管

　　船舶管路系统在实现流体介质传输、流体动力和流体信息传输功能的同时,总会伴随产生振动和噪声,它们会沿着流体和管路传播,并通过通海口或安装基座结构向外辐射,直接降低舰船的隐蔽性。在船舶管路系统中插入挠性接管,可同时实现隔振、缓冲和降噪作用[4]。欧美等西方发达国家在挠性接管结构设计、材料选用、试验方法,以及安装运输、工程应用等方面已有相对成熟的标准体系[5-14]。国内从 20 世纪五六十年代开始研仿苏联产品,开发出 PXG 型等橡胶接管,具有一定的位移补偿能力,但减振效果不佳[15]。20 世纪 90 年代,国内研制出 KST型等球形橡胶接管,位移补偿及减振性能明显提升,但由于管体采用的是非平衡式结构,且工作压力受限,无法用于较高压力需求的管路系统。2000 年以来,国内先后成功研制了 JYXR(P)、JYXR(L)、JYXR(H)、JYXR(DH) 等系列舰用平衡式挠性接管[14-20],如表 4.2.2 所示,为舰船管路系统减振抗冲设计提供了重要支撑。

　　挠性接管一般安装于泵等设备的进出口,用于隔离沿管路传递的振动,表 4.2.3给出了不同振动控制要求的挠性接管安装方式[21]。一般平行于泵的轴线安装挠性接管减振效果较好,并可较好补偿横向变形;不推荐垂直于泵的轴线安装挠性接管,除非采用具有三向减振抗冲能力的挠性接管或者轴向振动通过挠性接管已得到很好的隔离。

　　挠性接管安装使用时,软管的末端不应承受巨大的弯曲负载,应避免发生扭转变形,同时在安装时应当注意冲击载荷对弯曲位置的影响,避免发生破坏或漏水的现象。表 4.2.4 列出了一些常用的挠性接管安装示意图。表 4.2.5 列出了非平衡式挠性接管安装示意图。

表 4.2.2   国内挠性接管类型及主要性能

名称	示意图	主要性能
JYXR 型挠性接管		JYXR 挠性接管适用于各类具有减振及位移补偿要求的管路系统，具有良好的抗拔脱及防泄漏性能
JYXR(P) 型挠性接管		JYXR(P) 型挠性接管是一种自平衡管路挠性连接件，具有平衡性好、位移补偿能力强和减振性能良好等优点
JYXR(L) 型挠性接管		JYXR(L) 型肘形管通过扣压成型，可在三个自由度方向上实现大位移补偿，有效提高冲击作用下系统可靠性，并具有可改变振动方向的特点
JYXR(SL) 型挠性接管		JYXR(SL) 型肘形管采用三法兰一体化式接头，具有 JYXR(L) 型肘形管的高性能特点，而安装尺寸在原有基础上大大减小，实现了小尺寸空间内的大位移补偿及优良减振性能
JYXR(H) 型挠性接管		JYXR(H) 型挠性接管是一种自平衡弧形挠性接管，相较 JYXR(P) 挠性接管位移补偿能力更优，刚度降低 30%～60%
JYXR(DH) 型挠性接管		JYXR(DH) 型挠性接管是一种自平衡双弧形挠性接管，相较 JYXR(H) 挠性接管刚度降低 50% 以上
JYXR(PBH2) 型挠性接管		JYXR(PBH2) 型挠性接管是 JYXR(DH) 型挠性接管的改进设计，工作压力更高，低频隔振效果更优

表 4.2.3 挠性接管常用的安装方式

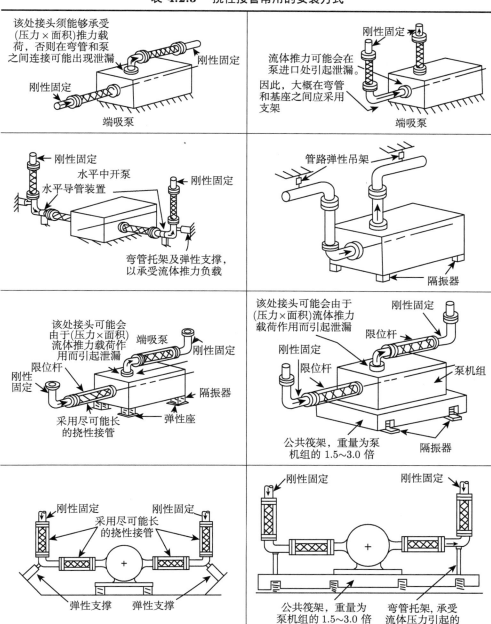

表 4.2.4　挠性接管安装示意图 [14,22]

正确安装	错误安装
 挠性接管通径必须与连接管路通径一致	 挠性接管通径必须与连接管路通径不一致
 连接法兰端面如有焊缝， 必须加工平整	 连接法兰端面焊缝未加工平整

表 4.2.5   非平衡式挠性接管安装示意图

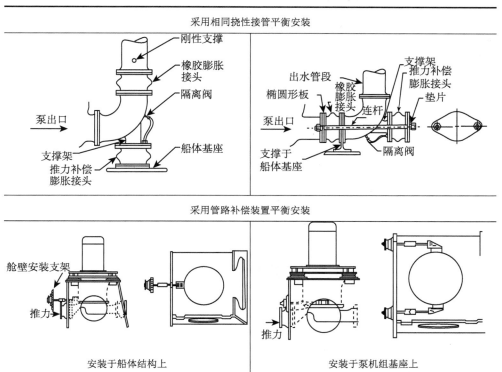

4.2.3 弹性支吊架

管路弹性支吊架主要用于支撑和固定管路，限制管道的位移和变形，承受从管道传来的内压力、外载荷及温度变形产生的弹性力，同时还起到吸收振动、降低噪声、隔离冲击的作用，因此，其设计应综合考虑承受管路载荷、约束管系变形和控制管路振动冲击传递等三方面内容。选择支吊架的类型需要考虑管道的形状、与舱壁的距离、连接设备的安装方式以及管路的冲击隔离需求，此外还需要熟悉各类支吊架的结构和抗冲击特性。支吊架的布置也必须经过必要的设计计算来确定其位置、大小和间距，由于各支吊架特性和承载情况不同，间距确定也需区别对待，具体可参照相关文献和行业标准[23,24]。研究表明，管路弹性支吊架使用得当可使沿管路传递的结构噪声衰减达 15dB 以上[22,25]。

按功能作用，支吊架可分为三大类：承重支吊架、限制型支吊架和减振支吊架，其中减振支吊架有弹簧及油压两种类型。按使用范围又可分为轻型、普通型和特种型支吊架。根据抗冲击特性支吊架可分为：刚性支吊架、普通弹性支吊架、恒力弹性支吊架、直线导向支吊架、油阻尼弹簧支吊架和三向抗冲击支吊架，如

表 4.2.6 所示 [26−31]。

表 4.2.6　典型管路支吊架及其应用

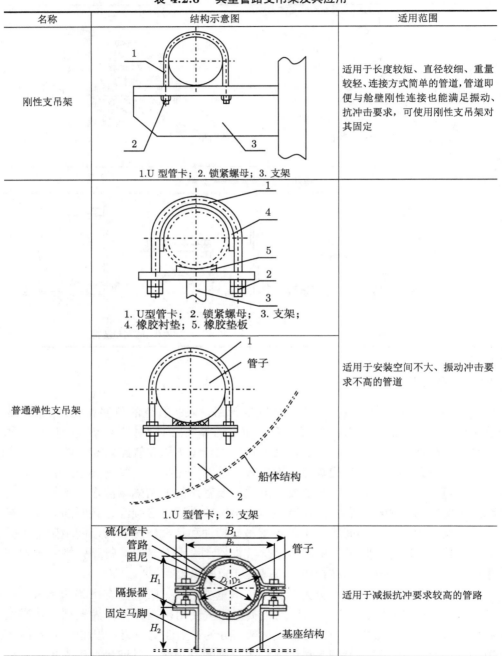

名称	结构示意图	适用范围
刚性支吊架	1.U 型管卡；2. 锁紧螺母；3. 支架	适用于长度较短、直径较细、重量较轻、连接方式简单的管道,管道即便与舱壁刚性连接也能满足振动、抗冲击要求，可使用刚性支吊架对其固定
普通弹性支吊架	1.U 型管卡；2. 锁紧螺母；3. 支架；4. 橡胶衬垫；5. 橡胶垫板	适用于安装空间不大、振动冲击要求不高的管道
	1.U 型管卡；2. 支架	
		适用于减振抗冲要求较高的管路

续表

名称	结构示意图	适用范围
普通弹性支吊架	顶部螺栓　硫化夹环　管子　阻尼垫　夹板　隔振器　船体结构　底部螺栓　隔振器支架 弹性衬垫　法兰　管路　盖板　紧固螺钉　刚性舱壁	适用于减振抗冲要求较高的管路
	1 4 2 3 4 5 4 6 7 8 1. 吊杆；2. 定位螺栓；3. 荷重板；4. 壳体；5. 弹簧；6. 螺母；7. 花篮螺母；8. 管道	能够产生较大的缓冲位移，但占用较大的垂向空间
	12 11　10　9　8　7　6　13　5　4　3　2　1 1. 管卡；2. 下拉杆；3. 下回转架；4. 下拉板；5. 中间拉板；6. 上拉板；7. 上回转架；8. 上拉杆；9. 壳体；10. 弹簧；11. 压板；12. 拉杆；13. 位移指示销	适合在垂直方向空间较小的条件下使用

名称	结构示意图	适用范围
恒力弹性支吊架	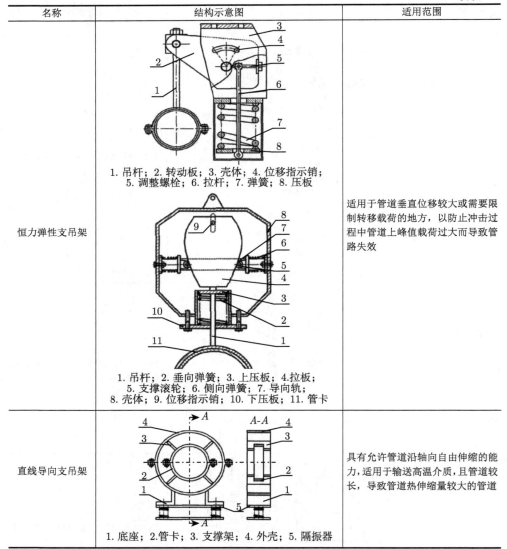 1. 吊杆；2. 转动板；3. 壳体；4. 位移指示销； 5. 调整螺栓；6. 拉杆；7. 弹簧；8. 压板 1. 吊杆；2. 垂向弹簧；3. 上压板；4. 拉板； 5. 支撑滚轮；6. 侧向弹簧；7. 导向轨； 8. 壳体；9. 位移指示销；10. 下压板；11. 管卡	适用于管道垂直位移较大或需要限制转移载荷的地方，以防止冲击过程中管道上峰值载荷过大而导致管路失效
直线导向支吊架	1. 底座；2. 管卡；3. 支撑架；4. 外壳；5. 隔振器	具有允许管道沿轴向自由伸缩的能力，适用于输送高温介质，且管道较长，导致管道热伸缩量较大的管道

续表

名称	结构示意图	适用范围
油阻尼弹簧支吊架	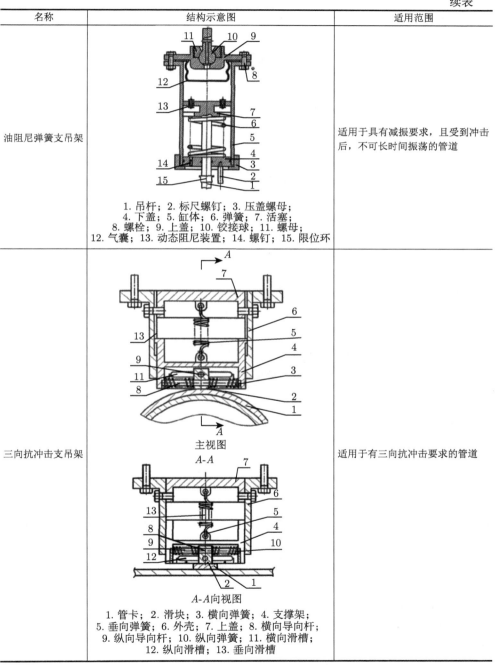1. 吊杆；2. 标尺螺钉；3. 压盖螺母； 4. 下盖；5. 缸体；6. 弹簧；7. 活塞； 8. 螺栓；9. 上盖；10. 铰接球；11. 螺母； 12. 气囊；13. 动态阻尼装置；14. 螺钉；15. 限位环	适用于具有减振要求，且受到冲击后，不可长时间振荡的管道
三向抗冲击支吊架	主视图 A-A向视图 1. 管卡；2. 滑块；3. 横向弹簧；4. 支撑架； 5. 垂向弹簧；6. 外壳；7. 上盖；8. 横向导向杆； 9. 纵向导向杆；10. 纵向弹簧；11. 横向滑槽； 12. 纵向滑槽；13. 垂向滑槽	适用于有三向抗冲击要求的管道

名称	结构示意图	适用范围
组合支吊架	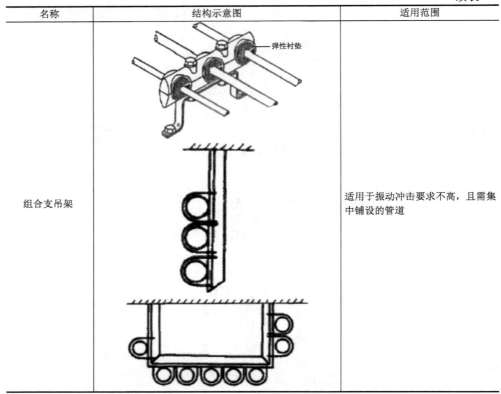	适用于振动冲击要求不高，且需集中铺设的管道

管路支吊架选用时的注意事项：

(1) 管道支吊架间距确定。管道支吊架设置应满足管道最大允许跨度要求，可防止管路振动和保证管路的强度，并应避免由于温度的变化或船体变形所产生的负荷作用到相连的设备上，水平管道支吊架最大间距应按强度条件及刚度条件计算决定，取其较小值。强度条件是控制管道自重弯曲应力不应该超过设计温度下材料许用应力的一半。刚度条件是限制管道自重产生的弯曲挠度。对有设备振动、压力脉动的管道，要按所要求的管道固有频率来决定支架间距，避免管道产生共振。通过支架的合理布置和增加支架，可提高管道一阶固有频率，但会对管道的热位移产生约束，可能使管道应力增加，其强度相应降低。对于机舱间和在航行中容易出现振动的部位，支架间距应适当缩小。

(2) 管道支吊架位置确定。当有集中载荷时，支吊架应在靠近集中载荷的地方设置，以减少偏心载荷和弯曲应力；在敏感设备附近应设置支吊架，以防止设备接口承受过大的管道载荷，支吊架宜靠近设备管口设置；强烈振动的管道，应单独设置支架且要落地生根，以避免振动传递；支架应尽量设置在船体纵梁、船壳骨架或其他船体构件上，严禁将支架直接装焊在船体外板上，机舱内应尽量利用格栅撑脚和辅基座来安装支架；弯管两端直管段和与软管连接的硬管端应设置支架；抽吸管与垂直而下的输入管转角部位应设置固定支架；支管的支架尽可能设置在主管的附近，且应选择在不影响主管伸缩的地方；基于维修方便，管道支吊架应设在不妨碍管道与设备的连接和检修的部位；管道的柔性过大时，应添加支吊架以避免应力过大或管子晃动和振幅过大。

(3) 管道支吊架材料选用应符合工作环境要求。如果材料选错可能导致管道支吊架部件在特定工作条件下机械性能不足，与管道组件接触的支吊架材料应按管道的设计温度选用，直接与管道焊接的支吊架部件材料应与管道组成件材料具有相容性。例如，在有色金属管、油舱中的管子与支架之间应添加青铅衬垫，蒸汽排气管与支架之间应加石棉垫，不锈钢管道与支架之间应垫衬不含氯离子的塑料或橡胶垫片。

(4) 两个固定支架之间必须有一个满足管路伸缩的膨胀节或补偿器；弹性支吊架的膨胀量需通过计算选择合理的大小；对蒸、排气管和加热管等伸缩量较大的管系，在其伸缩段不应设置刚性支架；管路使用膨胀接头时，管子和吊架之间应有合适的弹性衬垫，使管子在吊架内能自由伸缩。

(5) 管道的长期振动会引起管道和支架材料的疲劳损伤，积累到一定程度会形成裂纹。特别是在焊缝等性能较差并承受较高应力的部位，管道振动会缩短其使用寿命。当支吊架弹簧出现松弛时，将会使管道的固有频率下降，易引发共振。

4.2.4 弹性联轴器

当弹性安装机械设备的输出轴必须与刚度较大轴承支承的轴连接时，这两者之间必须采用弹性联轴器进行挠性连接，用于传递扭矩，调整传动装置轴系扭转振动特性，补偿因振动、冲击引起的主、从动轴的中心位移、缓冲和吸振，从而起到保护主、从动机和整个传动装置运行可靠性以及减振降噪的目的[32-35]。结构原理如图 4.2.21 所示。

评价弹性联轴器的特性参数主要有重量尺寸、许用转速、额定转矩、最大转矩、许用变动转矩、动态扭转刚度和阻尼系数、许用轴向位移、许用径向位移、许用角向位移、减振效果等[33-35]。弹性联轴器的选型计算包括负载计算、位移计算和扭振分析计算等，试验主要有静态扭转试验、动态特性试验、降噪试验、径向和轴向位移试验及径向和轴向刚度试验[34,35]。这里值得注意的是：弹性联轴器的许用位移量是指在满足安装对中要求的条件下允许运行过程所产生的联轴器两端轴线位移量，所以只有安装对中符合要求，才能保证弹性联轴器的位移补偿能力和疲劳寿命。

船用弹性联轴器主要有：卷簧弹性联轴器，簧片式弹性联轴器，XL 型橡胶金属环联轴器，EZ、LB 型高弹性联轴器，LS、RATO 型高弹性联轴器、气动双锥体高弹性摩擦离合器等，具体见表 4.2.7。

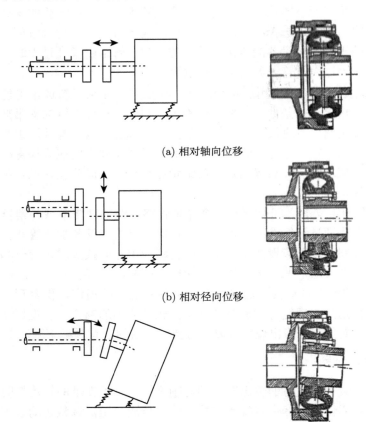

(a) 相对轴向位移

(b) 相对径向位移

(c) 相对角位移

图 4.2.21   弹性安装设备与刚性安装轴挠性连接示意图 [22]

表 4.2.7   船用弹性联轴器结构形式及特点 [32−40]

名称	结构原理	工作特点
卷簧弹性联轴器		具有一定的阻尼特性，但重量尺寸大，补偿能力小，要求滑油冷却，造价偏高

续表

名称	结构原理	工作特点
簧片式弹性联轴器（盖斯林格联轴器）	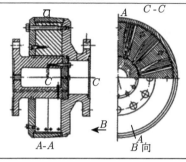	阻尼性能好、扭转弹性优良，但安装复杂、使用要求高（如需滑油冷却）、补偿位移能力较小、转动惯量大、造价高、维修性差，可用于主机和减速齿轮箱间或发电机与柴油机之间的连接
XL 型橡胶金属环联轴器	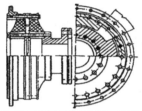	弹性大，有一定的阻尼特性，承载能力强。但重量大，转动惯量大，对主、从动机的附加影响大，耐油耐温性差，容易老化，可靠性差
EZ 型高弹性联轴器	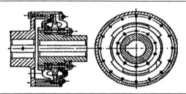	强度高，传递载荷能力大，补偿能力大，阻尼特性较好，但制造工艺复杂，耐油耐温性差，容易老化，可靠性差，工作寿命短
LS、RATO 型高弹性联轴器		补偿能力较大，组合性强，可调节刚度和阻尼，承载能力强，弹性大，有一定阻尼，维修性好，但仍然受到橡胶的制约，耐油耐温性差，容易老化，另外造价较高，可在船舶柴-燃并车及双层隔振动力装置中应用
气动双锥体高弹性摩擦离合器	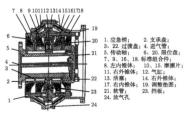	具有摩擦离合和弹性传扭双重功能，结构紧凑、轴向尺寸小、安装方便、工作可靠、便于遥控和自动控制；扭转弹性高而刚度小，有较强的阻尼、减振和缓冲作用，可减缓轴系零件在转矩变化时的冲击，离合器自润滑，可减轻磨损，允许两轴有较大的轴向和角度方向的相对位移，可用于船舶柴油机轴系传动、双机并车动力传动及船泵机传动中

气动双锥体高弹性摩擦离合器零件编号：
1. 应急帽　　2. 支承盘　　3、22. 过渡盘　　4. 进气管　　5. 传动轴　　6、20. 限位盘　　7、9、16、18. 标准组合件　　10、15. 摩擦片　　11. 外锥体　　12. 气缸　　14. 右外锥体　　17. 右内锥体　　19. 调整垫圈　　21. 软管　　23. 挡板　　24. 放气孔

　　如果只使用一个弹性联轴器，那么它必须能承受输出轴在航行过程中以及设备启动、停车时所产生的抖动，而两个弹性联轴器串联安装就不存在这样的限制。如果两个弹性联轴器串联安装，那么可得到一种万向联轴节，如图 4.2.22 所示，

它适用于很高的功率输出，转速可高达 6000r/min。

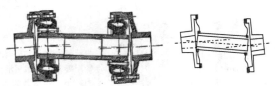

图 4.2.22　两个弹性联轴器串联安装及变形补偿示意图[22]

4.2.5　弹性穿舱件

弹性穿舱件是舰船中焊接在舱壁上用于连接两侧舱室管路的附件，用于隔离沿管路传递的结构振动，同时还要保持管路系统和舱壁的密封性、舱壁开孔之后的强度和管路的维修性，对于高温高压管路穿舱还要考虑热变形安全性以及热老化寿命等因素，其结构原理如表 4.2.8 所示。

表 4.2.8　弹性船舱结构原理及特点[40−52]

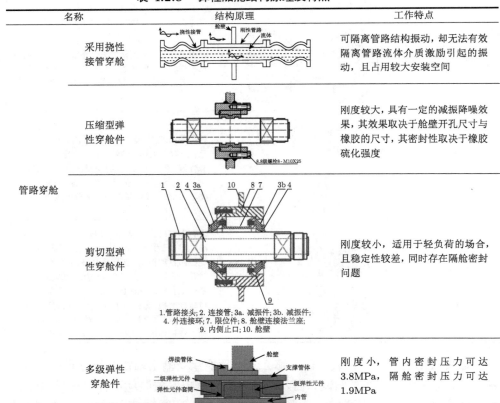

名称		结构原理	工作特点
管路穿舱	采用挠性接管穿舱		可隔离管路结构振动，却无法有效隔离管路流体介质激励引起的振动，且占用较大安装空间
	压缩型弹性穿舱件		刚度较大，具有一定的减振降噪效果，其效果取决于舱壁开孔尺寸与橡胶的尺寸，其密封性取决于橡胶硫化强度
	剪切型弹性穿舱件	1.管路接头; 2. 连接管; 3a. 减振件; 3b. 减振件; 4. 外连接环; 7. 限位件; 8. 舱壁连接法兰座; 9. 内侧止口; 10. 舱壁	刚度较小，适用于轻负荷的场合，且稳定性较差，同时存在隔舱密封问题
	多级弹性穿舱件		刚度小，管内密封压力可达 3.8MPa，隔舱密封压力可达 1.9MPa

续表

名称		结构原理	工作特点
管路穿舱	多管弹性穿舱件	 1. 小通径管; 2. 内管; 3. 限位压盘; 4. 内六角螺钉; 5. 套管; 6. 弹性体; 7. 焊缝; 8. 焊接坐板; 9. 舱壁; 10. 密封垫片; 11. 内管限位环	用于小通径管路穿舱集中隔振,同时能满足舱壁的强度、密封性和可靠性要求
	气囊式弹性穿舱件	 2. 外部安装卡环; 3. 中间柔性空气腔; 4. 内部安装卡环; 5. 船舶系统管段; 6. 内部锁紧卡环	刚度低,减振效果好,结构紧凑,安装拆卸方便,但隔舱密封强度较低
	高温管路用弹性穿舱件	 1. 焊接法兰; 2. 内管; 3. 金属波纹管 4. 焊接环; 5. 螺纹法兰	既能满足高温高压管路的隔振要求,又能满足舱壁的强度、密封性、可靠性等要求
	冷却水套式高温高压弹性穿舱件		同时具有降温和减振效果

4.3 管路消声器技术及应用

4.3.1 空气消声器

空气消声器是允许气流通过,并阻止或减弱声波传播的装置,是降低空气动力性噪声的主要技术措施。目前,消声器在军船、民船上应用较为普遍,主要用于船用风机进出口、柴油机排气管口以及舱室通风换气的地方。

常见空气消声器基本类型和各自性能特点如表 4.3.1 所示 [54,55]。

表 4.3.1　常见空气消声器基本类型和各自性能特点

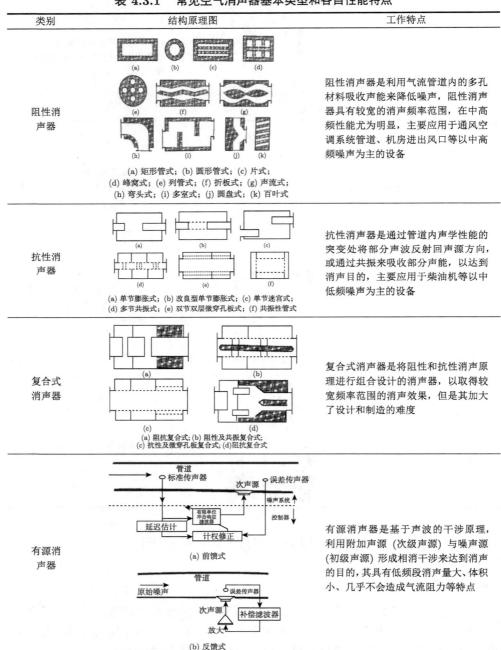

类别	结构原理图	工作特点
阻性消声器	(a) 矩形管式；(b) 圆形管式；(c) 片式；(d) 蜂窝式；(e) 列管式；(f) 折板式；(g) 声流式；(h) 弯头式；(i) 多室式；(j) 圆盘式；(k) 百叶式	阻性消声器是利用气流管道内的多孔材料吸收声能来降低噪声，阻性消声器具有较宽的消声频率范围，在中高频性能尤为明显，主要应用于通风空调系统管道、机房进出风口等以中高频噪声为主的设备
抗性消声器	(a) 单节膨胀式；(b) 改良型单节膨胀式；(c) 单节迷宫式；(d) 多节共振式；(e) 双节双层微穿孔板式；(f) 共振性管式	抗性消声器是通过管道内声学性能的突变处将部分声波反射回声源方向，或通过共振来吸收部分声能，以达到消声目的，主要应用于柴油机等以中低频噪声为主的设备
复合式消声器	(a) 阻抗复合式；(b) 阻性及共振复合式；(c) 抗性及微穿孔板复合式；(d) 阻抗复合式	复合式消声器是将阻性和抗性消声原理进行组合设计的消声器，以取得较宽频率范围的消声效果，但是其加大了设计和制造的难度
有源消声器	(a) 前馈式；(b) 反馈式	有源消声器是基于声波的干涉原理，利用附加声源（次级声源）与噪声源（初级声源）形成相消干涉来达到消声的目的，其具有低频段消声量大、体积小、几乎不会造成气流阻力等特点

1. 消声器的性能评价

消声器的评价包括声学性能、空气动力性能和气流再生噪声特性等三个主要指标，同时也需注意适用范围、造价、构造及尺寸等要求 [55]。

1) 声学性能评价

A. 传声损失 D

传声损失也称为透射损失，是消声器进口端的入射声能 W_1 和消声器出口的透射声能 W_2 之比对数的 10 倍。通常所称的消声量均指传声损失。如图 4.3.1 所示，为消声量的定义关系图。

$$D = 10 \lg \frac{W_1}{W_2} \tag{4.3.1}$$

消声量 D 反映了消声器本身所具有的声学特性，而与声源特性及末端特性无关。

图 4.3.1　消声量的定义关系

B. 插入损失 L_{IL}

插入损失是消声器安装前后，消声器末端指定位置 (包括管道内和管口外) 测得的平均声压级的差值。如图 4.3.2 所示，为插入损失测量示意图。

$$L_{\text{IL}} = L_1 - L_2 \tag{4.3.2}$$

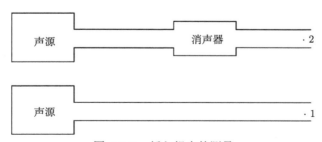

图 4.3.2　插入损失的测量

传声损失反映的是消声器自身的声学特性，不受测量环境的影响；插入损失会受到测量环境包括测点距离、方向及管口反射等因素的影响。由于插入损失测量方便，因此在工程上普遍被采用。

2) 空气动力性能评价

消声器的空气动力性能反映了其对气流阻力的大小。例如，柴油机若装上空气动力性能不好的消声器，将影响其功率和油耗。因此，空气动力性能也是评价消声器性能好坏的一项重要指标。消声器空气动力性能通常用压力损失或阻力系数来表示，它反映了气流通过消声器时，在其出口端的流体静压比进口端降低的数值。显然消声器的压力损失与消声器的结构型式、气流速度有关。

消声器的阻力系数 ξ 是指通过消声器前后的压力损失与气流动压的比值：

$$\xi = \frac{\Delta P}{P_v} \tag{4.3.3}$$

式中，$P_v = \rho v^2/(2g)$，为动压值，Pa；v 为介质流速，m/s；ρ 为介质密度，kg/m^3；g 为重力加速度，m/s^2；ΔP 为压力损失值，Pa。

3) 再生噪声特性评价

消声器气流再生噪声是指气流以一定速度通过消声器时，包括气流在消声器内产生湍流噪声 (中高频为主) 以及气流激发消声器部件振动产生的噪声 (中低频为主)，主要取决于消声器的结构型式和气流速度。消声器结构越复杂，气流流向改变越多，消声器内壁面粗糙度越大，则气流噪声越大。气流再生噪声经验公式为

$$L_W = a + 60 \lg v + 10 \lg S \tag{4.3.4}$$

式中，L_W 为消声器气流再生噪声的声功率级，dB；a 与消声器结构型式有关；v 为消声器平均气流速度，m/s；S 为消声器气流通道面积，m^2。

2. 消声器性能估算

现将最常用的阻性消声器、抗性消声器和微穿孔板消声器的性能估算方法介绍如下 [22,54,55]。

1) 阻性消声器

阻性消声器是利用敷设在消声管道内的吸声材料吸收声能，以减小出口处的辐射声能。这种消声器在一定条件下的消声量可按下式计算：

$$D = 1.05 G L \alpha^{1.4}/S \quad \text{(dB)} \tag{4.3.5}$$

式中，G 为消声器截面内气流通道的周长，m；L 为消声器长度，m；S 为气流通道的截面积，m^2；α 为无规入射时吸声材料的吸声系数。

式 (4.3.5) 称为赛宾公式，它是在下列条件下得出的：

(1) 消声器的长度至少应为其最小横向尺寸的 2 倍；

(2) 气流速度应小于 20m/s；

(3) 频率高于一定值时，管道中的声波呈束状传播，很少与吸声材料表面接触，于是消声性能显著下降，该频率称为上限截止频率 $f_{上}$。

$$f_{上} = \frac{1.85c}{b} \tag{4.3.6}$$

图 4.3.3 所示为在一个截面积为 33cm×33cm 且衬有矿棉的消声器上获得的测量结果。图中显示了频率 f 与每米上的衰减效果 (dB) 之间的关系。由式 (4.3.5) 可知，$f_{上} \approx 2000\text{Hz}$，衰减为最大值。对于更低以及更高的频率 f 值，衰减效果均会下降。

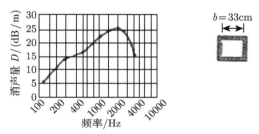

图 4.3.3　方截面吸收型消声器的测量结果[22]

为扩大赛宾公式的适用范围，当条件不满足上述要求时，可按下列修正公式计算：

(1) 气流速度大于 20m/s

$$D = 1.05\,(1 + M)^{-2}\,GL\alpha^{1.4}/S \quad \text{(dB)} \tag{4.3.7}$$

式中，M 为马赫数，$M = v/c$ (v 为气流速度)。

当气流速度与声速同方向时，M 为正值，反之为负值。

(2) 在上限截止频率以上

$$D = \frac{3 - n}{3}D\,(f_{上}) \quad \text{(dB)} \tag{4.3.8}$$

式中，n 为高于上限频率的倍频程带宽数，$D(f_{上})$ 为上限截止频率处的消声量。

上式说明，每高于截止频率一个倍频程 (oct)，消声量将比截止频率处的消声量降低 1/3。

一般认为，当气流通道直径小于 300mm 时，可采用单通道直管式结构，而当通道直径大于 500mm 时，应采用多通道结构。为了减小由于多通道带来的阻力损失，各通道的面积应等于原管管截面的 1.5~2 倍。

2) 抗性消声器

抗性消声器主要利用通道中声抗的突变反射部分声能，从而起到消声的作用。抗性消声器可分为膨胀式、共振式两种类型

A. 膨胀式消声器

膨胀式消声器的基本结构如图 4.3.4 所示，它由入口、膨胀室 (空腔) 和出口组成。膨胀式消声器的消声量可表示为

$$D = 10 \lg \left(1 + \left(m - \frac{1}{m} \right)^2 \sin^2 kL/4 \right) \quad \text{(dB)} \tag{4.3.9}$$

其中，m 为膨胀比 ($m = S_2/S_1$，S_2 为膨胀室的横截面积，S_1 为气流通道的横截面积)；L 为膨胀室长度 (m)。

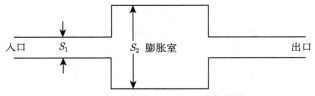

图 4.3.4　膨胀式消声器基本结构

由式 (4.3.9) 可以看出，消声量随膨胀比的增大而增大。图 4.3.5 给出了消声量 D 随膨胀比 m 变化的关系。

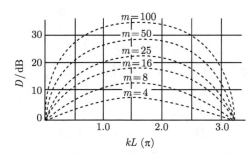

图 4.3.5　消声量 D 随膨胀比 m 变化的关系

为了取得较明显的消声效果，m 应大于 5，这时的最大消声量可近似由下式计算：

$$D = 20 \lg m - 6 \tag{4.3.10}$$

由式 (4.3.9) 还能看出，消声器的长度 L 决定着其频率特性，当

$$k \cdot L = (2n+1)\,\pi/2 \quad (n = 0, 1, 2, \cdots) \tag{4.3.11}$$

时消声器有最大的消声量，即最大消声频率与消声器长度 L 有如下关系

$$f_{\max} = (2n+1)\,c/(4L) \quad \text{(Hz)} \tag{4.3.12}$$

L 增加，最大消声频率向低频移动，反之向高频移动。相邻最大消声频率之间的间隔为

$$\Delta f_{\max} = c/(2L) \tag{4.3.13}$$

当 $k \cdot L = n\pi$ 时，消声量为零，相应的声波全都通过消声器。对应的通过频率为

$$f_{\min} = nc/(2L) \quad \text{(Hz)} \tag{4.3.14}$$

消声器的频率特性呈周期性变化，其"频率周期"与消声器长度的关系为

$$\Delta f = c/(2L) \tag{4.3.15}$$

图 4.3.6 为膨胀式消声器的理论频率特性曲线。

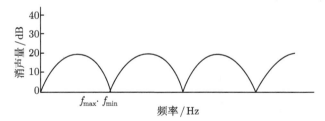

图 4.3.6 膨胀式消声器的理论频率特性曲线

以上公式均是在一维平面声波的条件下得出的。高频情况下，这一条件将不成立。理论分析的结果表明，膨胀式消声器存在着上限失效频率 $f_{\text{上}}$ (截止频率) 和下限消声频率 $f_{\text{下}}$，可分别计算为

$$f_{\text{上}} = 1.22c/\overline{A} \quad \text{(Hz)} \tag{4.3.16}$$

$$f_{\text{下}} = c\sqrt{2S_1/VL}/(2\pi) \quad \text{(Hz)} \tag{4.3.17}$$

式中，$\overline{A}$ 为膨胀室的当量直径，V 为膨胀室的体积 (m^3)，S_1 为细管道的截面积 (m^2)。

B. 共振式消声器

共振式消声器是根据 "Helmholtz 共振腔" 原理设计的一种消声器, 其基本结构图如图 4.3.7 所示。该消声器的消声量可近似由下式估算:

$$D = 10\lg\left(1 + \left(\frac{\sqrt{GV_0}/(2S)}{f/f_r - f_r/f}\right)^2\right) \tag{4.3.18}$$

式中, V_0 为共振腔容积; S 为管道截面积; f_r 为共振腔的共振频率, $f_r = c\sqrt{S_0/(lV_0)}/(2\pi)$, S_0 为小孔截面积; G 为小孔的传导率, $G = S_0/l$; l 为小孔孔径的有效长度。

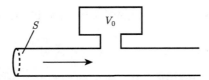

图 4.3.7　共振式消声器基本结构

由式 (4.3.18) 可以看出, 共振式消声器有很强的频率针对性, 当声波频率与共振腔频率一致时, 消声量最大, 而当偏离共振频率时, 消声量将迅速下降, 如图 4.3.8 所示。这种消声器适合用来消减某些频率处的峰值噪声。

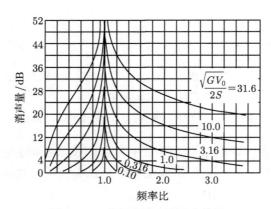

图 4.3.8　共振式消声器消声特性

式 (4.3.18) 只用来计算单个频率上的消声量, 但实际上, 一般噪声都是宽带的, 所以往往需要求出某个频带内的消声量。工程上常使用倍频程 (oct) 与三分之一倍频程 (1/3oct)。对于这两个频带宽度下的共振消声器的消声量可用下式计算:

$$1oct \quad D = 10\lg\left(1 + 2K^2\right) \quad (dB) \tag{4.3.19}$$

$$1/3\text{oct} \quad D = 10\lg\left(1 + \left(\frac{\sqrt{GV_0}/(2S)}{f/f_r - f_r/f}\right)^2\right) \quad (\text{dB}) \tag{4.3.20}$$

$$K = \sqrt{GV_0}/(2S)$$

共振消声器也存在上限失效频率, 其值也可用式 (4.3.16) 计算。

在工程上单独使用共振式消声器的情况较少。这种消声器常与其他类型的消声器组合使用, 以消除某些较强的噪声成分。

实际应用中常把阻性消声器和抗性消声器组合起来, 构成所谓复合式消声器。这种消声器综合了阻、抗两类消声器的特点, 因此具有宽频带、高效能的消声效果。

3) 微穿孔板消声器

微穿孔板消声器是利用微穿孔板吸声结构制成的消声器, 它由孔径 ≤1mm 的微穿孔板和背后的空腔构成。通过选择微穿孔板上不同穿孔率与板后不同腔深, 能够在较宽的频率范围内获得良好的消声效果。图 4.3.9 为几种微穿孔板消声器的示意图。

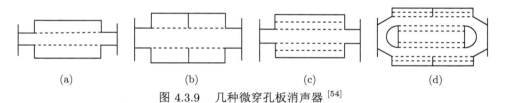

(a)　　　　　　(b)　　　　　　(c)　　　　　　(d)

图 4.3.9　几种微穿孔板消声器[54]

(a) 单层; (b) 单层狭矩形; (c) 双层矩形; (d) 双层环式

消声量可近似按下式计算。

单层结构:

$$D = \sqrt{R_s/B}\,\frac{lr}{R_s\,(r^2 + x^2) - x/k} \quad (\text{dB}) \tag{4.3.21}$$

双层结构:

$$D = \sqrt{R_s/B_1 + R_s/B_2}\,\frac{lr}{R_s\,(r^2 + x^2) - x/k} \quad (\text{dB}) \tag{4.3.22}$$

式中, R_s 为通道半径, l 为穿孔板管段长度, B 为穿孔率, r 为穿孔板壁面的相对声阻, x 为穿孔板壁面的相对声抗。

微穿孔板消声器受气流速度的影响要比同效果的阻性消声器小得多。表 4.3.2 给出了不同气流速度下相同截面的微穿孔板消声器与玻璃棉阻性消声器的消声量比较, 由表可见, 在不同气流的速度下, 微穿孔板消声器的消声量优于玻璃棉阻性消声器的消声量。

表 4.3.2　不同气流速度下两种消声器的消声量比较 (63~4000Hz)

流速/(m/s)	消声器	
	微穿孔板消声器/dB	玻璃棉阻性式消声器/dB
10~20	20~30	20~30
60	10~20	0~10
80~90	5~10	−7~6
100	4~10	−9~2
120	0~7	−9~1

3. 消声器适用范围

在选用消声器前，应对各类消声器的性能有充分的了解和比较，在船舶噪声控制中选用最适合的消声器。消声器的选用可从以下 4 个方面进行考虑。

1) 明确噪声源特性

在具体选用消声器之前，必须首先调查清楚噪声源的类型，是机械噪声、电磁噪声，还是空气动力噪声。消声器只适合于降低空气动力性噪声，对其他噪声源不适用。空气动力性设备，按其压力可分为低压、中压和高压；按其流速不同，可分为低速、中速和高速；按其输送气体性质不同，可分为空气、蒸汽和废气等。应按不同性质、不同类型的噪声源，有针对性地选用不同类型的消声器。噪声源的声级高低及频谱特性各不相同，消声器的消声性能也各不相同，在选用消声器前应对噪声进行测量和分析。一般测量 A 声级、C 声级、倍频程或 1/3 倍频程的频谱特性。根据噪声源的频谱特性和消声器的消声特性，使两者相对应，噪声源的峰值频率应与消声器最理想的、消声量最高的频段相对应。

2) 确定噪声控制指标

在具体选用消声器时，应按不同对象、不同环境的标准要求，将噪声源的噪声控制到允许范围之内，所以要先明确执行何种标准以及具体指标是多少。

3) 计算消声量

按噪声源测量结果和噪声允许标准或指标的要求来计算消声器的消声量。消声器的消声量要适中，过高和过低都不恰当，在计算时需考虑本底噪声 (或背景噪声) 的影响以及自然衰减量的影响。

4) 选型与配型

正确选型是保证获得良好消声器的消声效果的关键，既要保证设计要求的消声量，又能满足风量、流速、压力损失等性能要求。例如，风机类噪声，一般可选用阻性或阻抗复合型消声器；空压机、柴油机等，可选用抗性或以抗性为主的阻抗复合型消声器；对于风量特别大、流速高或气流通道面积很大的噪声源，例如高速风洞，可设置消声房或以特制消声元件组成的大型消声器。

4.3.2 海水消声器

　　管路系统，尤其是通海管路系统，机械振动不仅沿着管壁结构经支吊架传递至船体结构，还会沿着管内的水介质经通海口直接向舷外辐射噪声。近年来，随着挠性接管、管路弹性支吊架的应用，通过管内水介质传递通道引起的声辐射已经成为通海管路噪声控制的重点。水泵是通海系统管内流噪声的主要来源，由于水泵产生的流噪声能量主要集中在泵轴频、叶频及其谐频所处的中、低频段，采用声学性能优良、稳定可靠的通海管路低频消声技术是控制舰船海水管路系统流噪声的主要方法。海水消声器从本质上讲就是采用空气消声器的原理，针对水管路系统工作媒质的物理特性而设计的消声装置。所有形式、类型的气体消声器均可用于液体管路，只是由于介质状态不同，涉及的消声频段不同而有所差异。阻性消声器由于结构相对复杂、压力损失大、寿命短，所以在液体管路系统中较少使用；而结构简单、压力损失小、寿命长的抗性水声消声器则得到广泛的应用[56-58,61-68]。海水管路消声技术大致分为主动消声 (active noise control，ANC) 和被动消声 (passive noise control，PNC) 两类[59,60,69-72]，其中，被动消声又可分为阻式 (能量耗散型)、抗式 (声波反射型) 和复合式。表 4.3.3 列出了常见的水消声器基本类型和性能。

表 4.3.3　常见水消声器基本类型和性能

名称		结构原理图	工作特点
被动消声	扩张式消声器	扩张腔	利用管内流体介质在截面突变处的阻抗失配，产生声波反射作用而消声。用于管路低频消声，但存在通过频带，其消声效果与扩张比呈正相关。有较大的压力损失，还会产生额外的再生流噪声
	带有内插管的多腔体扩张式消声器		增加内插管结构，可消除扩张式消声器通过频带
抗式	穿孔管扩张式消声器	穿孔管	增加穿孔管结构，可改善扩张式消声器的流动特性
	Helmholtz 消声器	共振腔	频率选择性强，消声带宽较窄，偏离共振频率后消声效果迅速下降

续表

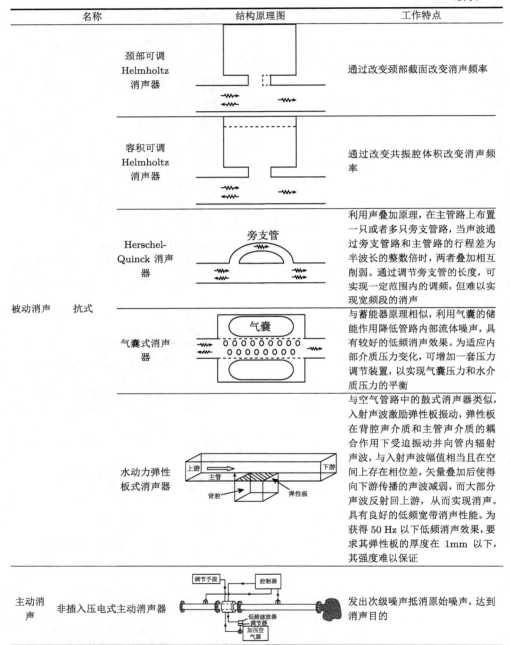

名称		结构原理图	工作特点
被动消声	抗式	颈部可调 Helmholtz 消声器	通过改变颈部截面改变消声频率
		容积可调 Helmholtz 消声器	通过改变共振腔体积改变消声频率
		Herschel-Quinck 消声器　旁支管	利用声叠加原理,在主管路上布置一只或者多只旁支管路,当声波通过旁支管路和主管路的行程差为半波长的整数倍时,两者叠加相互削弱。通过调节旁支管的长度,可实现一定范围内的调频,但难以实现宽频段的消声
		气囊式消声器　气囊	与蓄能器原理相似,利用气囊的储能作用降低管路内部流体噪声,具有较好的低频消声效果。为适应内部介质压力变化,可增加一套压力调节装置,以实现气囊压力和水介质压力的平衡
		水动力弹性板式消声器　上游 下游 主管 背腔 弹性板	与空气管路中的鼓式消声器类似,入射声波激励弹性板振动,弹性板在背腔声介质和主管声介质的耦合作用下受迫振动并向管内辐射声波,与入射声波幅值相当且在空间上存在相位差,矢量叠加后使得向下游传播的声波减弱,而大部分声波反射回上游,从而实现消声。具有良好的低频宽带消声性能。为获得 50 Hz 以下低频消声效果,要求其弹性板的厚度在 1mm 以下,其强度难以保证
主动消声	非插入压电式主动消声器　调节手段 控制器 低频滤波器 调节器 加压空气源		发出次级噪声抵消原始噪声,达到消声目的

4.4　阻尼技术及应用

4.4.1　阻尼作用机理

阻尼是指损耗振动能量的能力，也就是将机械振动及声能量转变成热能或其他可以损耗的能量，增加系统的阻尼，可抑制共振频率下的振动峰值，从而起到减振降噪的目的。由图 4.4.1 可知，结构加入阻尼后，力传递的峰值明显降低，并趋于平稳，可避免材料因结构性疲劳而破坏。

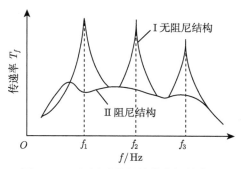

图 4.4.1　阻尼对降低结构共振的作用

4.4.2　阻尼损耗因子

衡量材料内阻尼的指标通常用损耗因子 η，它定义为单位弧度相位变化的时间内，内损耗的能量 E_{ls} 与系统的最大弹性势能之比，或者在一个周期 (2π) 内，薄板平均损耗的能量 $E_{ls}/(2\pi)$ 与总的振动能量 E_h（相当于系统最大弹性势能）之比。它表征了板结构共振时，单位时间振动能量转变成热能的大小。阻尼损耗因子 η 越大，其阻尼特性越好。损耗因子 η 可表达为[54]

$$\eta = \frac{E_{ls}}{2\pi E_h} \tag{4.4.1}$$

式中，E_{ls} 为每个振动周期内损耗的能量，$E_{ls} = \pi R_m \omega Y_0^2$，$R_m$ 为阻尼系数，ω 为扰动力角频率，Y_0 为振幅；E_h 为系统总的振动能量，$E_h = \dfrac{K Y_0^2}{2}$，K 为刚度系数。

4.4.3　阻尼材料

各种材料的阻尼损耗因子相差极为悬殊，表 4.4.1 列出主要材料的阻尼损耗因子 η 值。由表 4.4.1 可以看出高分子聚合物，也称高分子黏弹性材料，其阻尼损耗因子比一般金属材料高的多，可作为阻尼材料使用 (参考文献为陈小剑，舰船噪声控制技术)。

1. 黏弹性阻尼材料

黏弹性阻尼材料是一种兼有黏性流体特性又具有弹性固体特性的高分子聚合物材料，是目前在船上应用最为广泛的阻尼材料，其材料的成分与结构，满足特定温度及频率的要求，并有足够的阻尼损耗因子。黏弹性阻尼材料有橡胶类、沥青类和塑料类，一般为片状形式，使用时可用专用的黏结剂将它贴在需要减振的结构上。施工时要涂刷得薄而均匀，厚度在 0.05~0.1mm 为佳 [54]。

2. 阻尼涂料

阻尼涂料由高分子树脂加入适量的填料以及辅助材料配置而成，是一种可涂敷在各种金属板状结构表面上，具有减振、绝热和一定密封性能的特种涂料，可以广泛应用于船舶及各种机械的结构减振。

3. 阻尼合金

阻尼合金具有良好的减振性能，既是结构材料又有高阻尼性能，可克服黏弹性阻尼材料本身刚性小和不耐高温的缺点。例如，双晶型 Mn-Cu 系列合金，具有振动衰减特性好、机械强度高、耐腐蚀、耐高温、导热性能好等优点，被用于舰艇、鱼雷等水下构件。这种材料的缺点是机械性能有所下降，而且价格昂贵。

4. 复合型阻尼金属板材

在两块钢板或铝板之间夹有一层非常薄的高分子黏弹性材料，就构成复合阻尼金属板材，也称夹心钢板或夹心铝板，金属板弯曲振动时，通过高分子黏弹性材料的剪切变形，发挥其阻尼作用。它不仅阻尼损耗因子大，而且在常温或较高的温度下均能保持良好的减振性能。

表 4.4.1　各种常用材料的损耗因子值

材料	损耗因子	材料	损耗因子
钢、铁	0.0001~0.0006	木纤维板	0.01~0.03
铝	0.0001	层夹板	0.01~0.013
镁	0.0001	软木塞	0.13~0.17
锌	0.0003	砖	0.01~0.02
铅	0.0005~0.002	混凝土	0.015~0.05
铜	0.002	干砂	0.12~0.6
锡	0.002	复合材料	0.2
玻璃	0.0006~0.002	阻尼合金	0.05~0.2
塑料	0.005	阻尼橡胶	0.1~5
有机玻璃	0.02~0.04	高分子聚合物	0.1~10

4.4.4 阻尼在船舶减振领域的应用

阻尼材料在船舶上的应用过程中须注意以下几点。

1. 阻尼材料的选择

阻尼材料要选损耗因子 η 大的材料, 黏结性好, 不易破裂、脱落和剥落; 适合使用的环境条件, 如防燃、防腐、防海水、隔热、耐温等。

2. 阻尼结构应用

一般来说, 自由阻尼层结构多适用于拉压变形耗能结构处, 约束阻尼层结构多适用于剪切变形耗能结构处。

3. 阻尼部位的选择

利用累计实验法, 即多次在不同振动位置试涂, 找出振动面的低频共振区域和振动波腹、波节处, 在这些振动大的部位作重点涂敷, 而不必大面积粘贴或涂刷阻尼材料。

在船上, 对振动较大的区域或噪声控制要求高的舱壁或甲板, 如气垫船空气螺旋桨的基座、导管螺旋桨的导管壳体、升力风扇的壳体、机舱的舱壁等, 都应作阻尼处理。对于一般排水量船, 机舱内应作阻尼处理, 例如对主机基座、机舱内集控室的舱壁板、天花板、地板、风机的壳体均应作相应阻尼处理, 如有必要, 还可采用隔振设计, 如采用浮动地板等。对于航空母舰, 由于飞机的起升和降落对甲板以上的环境造成较大的噪声污染, 因此在飞行甲板的背面作阻尼处理是必要的, 可作自由阻尼层处理, 也可作约束阻尼层处理。对于潜艇的机舱舱壁和居住舱舱壁也可作阻尼处理, 特别要对螺旋桨附近的船壳板内侧作阻尼处理, 会减少螺旋桨附近船壳板的振动, 从而降低噪声的辐射。

图 4.4.2 为一种船用浮筑地板结构示意图, 这种结构在底面采用沥青、乳胶水泥等阻尼大的材料起隔振作用, 采用玻璃纤维作吸声材料, 并用钢丝网加固; 侧面采用大阻尼的闭孔橡胶[73]。

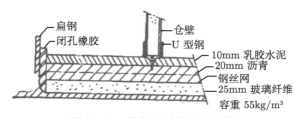

图 4.4.2　某船用浮筑地板结构

图 4.4.3 为浮筑地板的降噪效果。图中纵坐标采用 $L_p - L_v$, 它是舱内声压级 $L_p(\text{dB})$ 与甲板的振动速度级 $L_v(\text{dB})$ 的差值。应用这一指标来评价船舱安装隔声装

置的隔声效果，测量较为方便。由结果可知，在 250Hz 倍频程以上，隔声效果可达 20dB 以上，而舷窗对隔离高频噪声效果不佳，隔声效果减少了 5dB 左右。

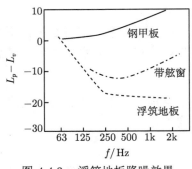

图 4.4.3　浮筑地板降噪效果

4.5　船用设备噪声及控制

船用设备主要为旋转或往复型机械，旋转机械主要有：电机、泵、风机、汽轮机、齿轮箱、发电机等；往复机械主要有：柴油机、空压机、舱底泵等。这些噪声源位于船舶的不同位置，且由于它们各自的特性不同，因此对船舶噪声性能的影响也不同。

4.5.1　旋转机械

1. 汽轮机

船用汽轮机可以分为主汽轮机和辅汽轮机两种，前者用来驱动螺旋桨，后者用来驱动各种辅机。汽轮机噪声主要由流经阀门和管道的蒸汽以及转子与泵壳之间的相互作用产生，另外由高压高温蒸汽通过各种调节阀时产生泄漏所引起。在汽轮机进气流程中，需要安置各种用途的调节阀，一方面由于调节阀的加工、安装质量问题，另一方面由于调节阀长期受到严重的侵蚀，致使阀球的气密性受到破坏，一部分高温高压蒸汽泄漏，会产生强烈的噪声，泄漏蒸汽噪声的强度和频率与泄漏状态及尺寸大小等有关 [22,74~75]。

汽轮机噪声的治理应根据各种声源的特征，综合考虑经济性、安全性、可行性、环保性、实用性等因素，有针对性地对各种声源及各类噪声做相应的综合治理，才能达到整体降噪效果。

(1) 采用稳定性良好的可倾瓦轴承或采用电磁轴承支撑，使转子更加稳定以降低振动噪声。

(2) 采用全周进气技术，避免部分进气产生的转子振动，可有效降低振动噪声。

(3) 增大转子与泵壳之间的间隙会减小噪声，但会降低效率，可采用防气流激振的气封结构和精确的径向间隙测控手段，有效减少气隙激振的影响，以降低振动噪声和气隙噪声。

(4) 采用气动性能和密封性能良好的低噪声阀门，避免产生涡流并有效降低阀门泄漏，进而有效控制噪声产生。

(5) 合理设计蒸汽管道，减小弯管布置，避免流道突变，并采用弹性支吊架。

(6) 当对噪声源采取措施后，噪声还未达到允许标准时，通过吸声、消声、隔声、隔振的办法，针对传播途径采取降噪措施来控制噪声。

2. 燃气轮机

Harper[76] 对丹麦皇家护卫舰 "Peter Skram" 号燃气轮机和柴油机动力系统空气噪声声压级进行了测量，结果表明，同样运行在 2400hp (马力，1hp = 745.700W)，燃机室的声压级为 100dB，而柴油机室的声压级达到了 115dB，在 22000hp 下运行的燃气轮机，燃机的声压级也才达到 111dB，依旧低于柴油机声压级。与柴油机、蒸气轮机相比，燃气轮机具有功率密度高、循环效率和可靠性高、重量轻、结构紧凑、系统简单、机动性好、易于检修、运行成本低、噪声低等优点，已广泛用于各类水面舰艇及民用船舶。目前，全世界舰船采用燃气轮机作为动力的比例逐年增加，从 20 世纪 70 年代的不足 5%增长到 80 年代的 90%以上。

要控制燃气轮机的噪声，首先需了解噪声源的噪声谱，然后再采取针对性的有效措施。燃气轮机工作时产生的噪声由气动噪声和机械结构噪声两大类组成。结构噪声的来源有：轴承和齿轮振动、气流激振力引起的转子和定子的振动、转子不对中引起的振动、燃烧室燃烧不稳定引起的振动以及进排气管道的振动。更细致的划分，船用燃气轮机噪声主要由压气机噪声、燃烧室噪声、透平噪声和进排气噪声组成。

(1) 压气机噪声。压气机在运行过程中，由于动叶与静叶之间产生相互干涉，引起局部压力变化，产生了非定常的气动力，从而导致噪声产生。压气机产生的气动噪声分为宽频和离散线谱两种形式，宽频噪声主要是由沿叶片表面发展的湍流边界层、物体表面旋涡脱落与来流湍流干涉等随机特性的叶片脉动力所引起，而叶轮机的离散线谱噪声则主要是由动叶与静叶之间相互干涉在叶片上产生了周期性变化的非定常气动力引起。

(2) 燃烧室噪声。燃烧室噪声并不是单纯的燃烧噪声，它是由压气机产生的噪声、燃烧室燃烧产生的噪声及涡轮产生的噪声混合而成。燃烧室主要产生宽带低频噪声，取决于紊流燃烧和燃烧室中的共鸣现象，以及燃烧室出口气流与涡轮叶片的相互作用。燃烧室噪声的强弱取决于燃烧状态，当燃烧室中的火焰保持稳定的层流时，噪声很低，不稳定的湍流焰则产生强噪声。燃烧室的进出口参数、燃烧室的类型、发动机的工作状态等对燃烧室噪声的影响很大，例如，空气流量、余气系数、油气比、进口气流压力和温度、进口湍流强度、跨越燃烧室的温升、燃烧室几何参数，等等。燃烧室的类型不同，产生的噪声也不同，分管燃烧室内平均气流速度大，燃烧时不稳定，总压损失较大，所以产生的噪声也较大；环管燃烧室是由数个火焰筒围成一圈所组成，在火焰筒与火焰筒之间由传焰管相连以保证各火焰筒的出口燃气压力大致相等，虽然环管比分管性能好，但随着一些参数的提高，噪声也会比分管的大；环形燃烧室的形状就像是一个同心圆，压缩空气与燃油在圆环中燃烧，环形燃烧室的出口燃烧状态要比环管燃烧室好，总压损失小，燃烧室出口流场及温度场分布均匀，环形燃烧室的低频噪声较环管燃烧室小。如图 4.5.1 所示，为环管和环形燃烧室对噪声的影响图。

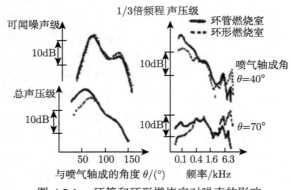

图 4.5.1　环管和环形燃烧室对噪声的影响

(3) 透平噪声。与压气机噪声相似，透平噪声由线谱和宽带噪声组成。流过透平叶片的随机非定常流或湍流，产生涡轮宽带噪声，而涡轮叶片上周期性的开力扰动则产生涡轮离散线谱。由于涡轮叶片排之间的间距比风扇叶片排间距小得多，因此由涡轮转子与静子之间位流场干涉产生的线谱在涡轮噪声中占支配地位[77]。

(4) 进排气噪声。燃气轮机进排气噪声是指进排气系统所有部件辐射的噪声，包括进排气系统的管道和消声器外壳机械振动辐射的噪声，以及进排气口所辐射的噪声。燃气轮机正常运行时，进气管道内高速流动的空气在不同结构的接口和管道之间转折处产生气流的分离和旋涡，从而产生压力波动，以及运行时通过进气系统向外辐射的噪声成为进气系统的主要噪声源，进气系统的噪声源根据产生机理的不同主要包括周期性的压力脉动噪声、管道气柱共振噪声、高速气流涡流噪声以及进气管道的 Helmholtz 共振噪声等。排气噪声主要有两种：一是燃烧室中燃烧压力波动将以声波形式沿排气系统向外传播，这部分噪声基本上与气流流动无关；二是气缸内具有高于气道压力的气缸压力，推动排气流在排气管道中流动，产生因气体流动面引起的空气动力性噪声，同时排气流在排气口附近的紊流扩散产生空气动力噪声。

(5) 其他噪声。燃气轮机运行过程中还会产生因机械振动、齿轮传动、其他辅机等所引起的噪声，以及压气机喘振引起的噪声。压气机喘振是指气流沿压气机轴线方向发生的低频率、高振幅的气流振荡现象，从而产生低频噪声。齿轮和轴承故障也会产生具有一定特征频率的噪声。

虽然燃气轮机噪声级低于柴油机，但燃气轮机依然是船舶重要的噪声源之一，为了降低其对辐射噪声的贡献以及提高机舱舒适性，一般采用箱装体 + 隔振装置组合结构进行整机振动与辐射噪声控制，图 4.5.2 为美国 LM2500 燃气轮机箱装体 + 隔振装置整体结构示意图。美国通用电气公司对 LM2500 箱装体隔声性能的要求是其能量辐射衰减率等于或大于图 4.5.3 中的值。

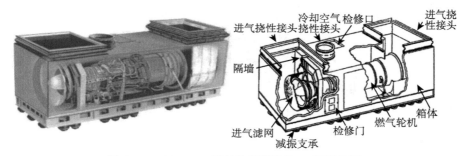

图 4.5.2　LM2500 燃气轮机箱装体 + 隔振装置

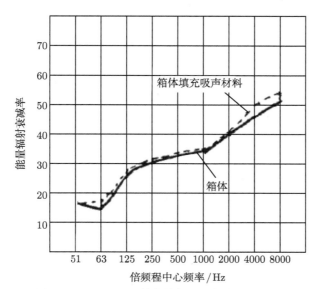

图 4.5.3　LM2500 箱装体能量辐射衰减率要求

燃气轮机作为舰船动力装置，采用减振支承可解决隔振抗冲问题，却使燃气轮机在运行时相对于船体产生运动，导致燃气轮机与齿轮箱输入轴之间的传动中心产生相对运动，这在舰艇倾斜摇晃和发生水中爆炸时将十分明显。目前，国内外在燃气轮机与齿轮箱输入轴之间普遍采用挠性联轴器来进行补偿，现广泛应用的是膜片式和膜盘式联轴器，它们都能在上述恶劣条件下安全可靠地工作。若把燃气轮机与齿轮箱或发电机组安装于一公共中间筏架上，则可降低挠性联轴器位移补偿能力的需求，如图 4.5.4 所示。

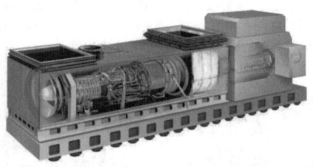

图 4.5.4　LM2500 燃气轮机与发电机组安装于一公共中间筏架的结构示意图

为确保箱装体能提供所需的辐射能量衰减率，最好先用试验板进行声学试验，以确定吸声系数和按倍频程计算的传声损失，然后再在样机上进行全尺寸的声学试验。箱装体声学设计应当从以下几个方面考虑。

(1) 箱壁结构应使声音传递损失最大，这是一个主要的考虑因素。由于声音传递损失与箱壁的质量成正比，因此在结构重量允许的情况下，增加壁重有利于隔音。采用双层壁相比单层壁有助于提高隔声量，并且采用双层、不等厚结构，双层壁的隔声频率特性曲线上就不再出现吻合谷。GE 公司已研制出碳纤维复合材料，将其作为燃气轮机箱装体，与钢制箱体相比减重达 50%。

(2) 箱壁内表面的吸声系数要尽可能大，吸声单位 S_a 越大，则实际吸声量也就越大。由于声源被罩在罩壳内部，声波在罩内来回多次反射，增加了混响声。如果罩壳内壁未进行很好的消声处理，则反射波的声能很大，会导致声场内声压级的大幅度提高，这对隔声降噪不利。为了提高吸声效果，内壁面可用微孔板，在双层壁之间填充吸声材料。当穿孔率 $P > 0.2$ 时，内壁对吸声材料的吸声性能影响小，趋于稳定。填充的吸声材料必须用一种能承受箱体内部一定温度的薄膜包覆，如聚酰氢胺薄膜。这样可使吸声材料不受发动机运行环境中的油、气的渗透，并使整个箱体内部能用低压淡水冲洗。王旭等[78] 对 S1A-02 燃气轮机箱装体隔声结构进行了设计，重点对 1~8kHz 范围内的噪声进行控制，其隔声构件是由箱装体内侧的多孔吸音板、吸声材料、阻尼层和隔声外板组成，吸声材料大都选用对高频吸声效果较好的超细玻璃棉、防水玻璃棉等，测试结果表明，加箱装体后 S1A-02 燃气轮机的噪声有明显低，低频噪声也得到一定控制，但燃气轮机噪声总级要低于 LM2500 和 FT8，500Hz 以下低频隔声效果与 LM2500、FT8 相比差距较大，详见表 4.5.1。

表 4.5.1　S1A-02 箱装体与国外几台典型的箱装体消声性能比较 (单位：dB (A))

机型			SIA-02		LM2500		FT8	
燃气轮机噪声 (裸机)			121		134		131	
燃气轮机噪声 (箱体)			87.1		95		94	
箱装体的隔声量			34		39		37	
倍频程中心频率/Hz	63	125	250	500	1×10^3	2×10^3	4×10^3	8×10^3
LM 2500	25	33	31	33	34	36	37	46
FT8	25	33	31	33	34	36	36	46
卡拉汉号	20	23	30	40	45		45	40
DDH-280	7	20	23	29	30		31	30
DD963 主推进	17	30	31	34	42		56	56
DD963 辅助动力	2	8	15	19	28		28	27
S1A-02	7	20	18	20	33	35	42	47

(3) 薄板型的箱体结构很容易因激振而形成再生声源，因此可在箱体外壁的内表面涂减振消声阻尼材料，阻尼涂料的涂层须达一定厚度才能更好地发挥作用。

(4) 为达到箱体实际隔声量要求，作为其构件的板壁隔声量应高于箱体。

(5) 要从声学角度对板壁的刚度加以考虑。壁的刚度与板材厚度、加强筋的型式及其间距等有关，也与对 31.5Hz 和 63Hz 倍频程的严格要求有关。例如，在 LM2500 箱体设计时，要求总结构或主板中的顶板、侧板的自然频率都不得低于 80Hz。

除考虑板壁声学特性外，还需兼顾的其他问题有：

(1) 箱体也是一个隔热件。它把燃气轮机大量的辐射热封闭在里面，因此对当量导热率有一定的要求。在考虑板壁结构和选择吸声材料、包覆时应予以注意。LM2500 箱体设计要求在 200°F (93.3°C) 非构架区具有小于或等于 $0.47W/m^2$ 的当量导热率。

(2) 箱体要承受规定的压差 (包括内部负压和正压)，满足规定的抗冲击性能，其结构组件的最大工作应力不超过材料的屈服应力。箱体所需承受的环境条件还包括从 $-40\sim+50°C$ 的进气温度，可能高达 200°C 的涡轮热辐射以及船舶在海上航行中甲板下机械受到的含盐温湿空气，其材料还须经受燃油侵蚀，能允许在内部用低压淡水冲洗。这些均须在声学设计时统一考虑。

3. 电机

电机噪声主要包括空气噪声、电磁噪声和结构噪声，其中电磁噪声是电机结构系统在受到特定频率的电磁激振力后，各构件产生振动响应并将振动传递给电机外壳而辐射出的噪声，电磁噪声与电源电压的稳定性有关。此外，转子在定子内有偏心，也会引起气隙偏心，对电磁噪声产生影响。具体如下 [79]：

(1) 轴承本身精度不够而产生的轴承噪声。

(2) 径向交变电磁力激发的电磁噪声。

(3) 换向器整流子碳刷摩擦导电环而产生的摩擦噪声。

(4) 整流子的打击噪声。

(5) 某些部件由于振动使自己的固有频率与激励频率产生共振，形成很强的窄带噪声。

(6) 转子不平衡或电磁力轴向分量产生的轴向传动声。

(7) 电机冷却风扇产生的空气动力噪声。

降低电机噪声的措施有 [80]：

(1) 合理选择风扇形状、材质和叶片数。风扇的涡流噪声与风扇形状有关，一般单向后倾机翼型风扇噪声较小，盆式次之，其后是大刀式，在设计阶段就应考虑其选型。风扇材质可采用塑料风扇或内阻尼大的合金制造的风扇。通风噪声的声压主要取决于风扇的圆周速度，若使用温度允许，将风扇设计成良好的形状，减小风扇直径，在相同的工作环境下，若把风扇外径减小 10%，使叶片外缘与通风室内表面之间的径向间隙不小于叶片外径 15%，可降低噪声 2~5dB。

(2) 通风系统优化设计。校正或调整叶片不平衡或叶片与导风圈的间隙，防止间隙太小。在通风系统中，特别是进出风口处，在结构设计时应使气流通道顺畅，尽量做到无凸起物，也就是在风道断面不应有突变或凸台，使空气阻力增加，其目的是减小笛声。对于叶片与风道沟、孔数的共振所产生的笛声，一般用改变叶片数的方法来解决。

(3) 减小电磁噪声必须稳定电源电压和提高电机的制造、装配精度，以及平衡转子和防松动的紧固件，如风罩螺钉松动易使风罩产生共振，只要保证螺钉不松动就能消除噪声。

(4) 电磁噪声在低频段与电机刚度有关，高频段与槽配合有关。若出现电网频率的低频电磁声，说明电机定子有偏心、气隙不均匀，应返修改进；若负载出现两倍滑差频率的噪声，说明转子有缺陷，应更新或返修。对于由电机转子不平衡引起的低频噪声、轴承自身缺陷和装配不当引起的高频噪声以及电机支架与电机共振产生的机械噪声等，可采取的措施主要有：装配上应特别注意轴承及润滑油的清洁，不得将杂物和细小的铁屑等物在装配中混入轴承，因为这些杂物将引起轴承噪声；电机两端盖上的孔应保证同心，装配后两轴承的轴向距离应在设计时考虑，精度低的同心度和过小的轴距都会引起噪声；装配轴承时，不允许敲打或冷压，这样易损坏轴承，这样组装后的电机在运转时噪声会增加很多，应采用热套工艺；适当提高轴承配合面的加工精度和装配精度，这样能保证批量生产时电机噪声数值的稳定。

(5) 在电机本身采取降噪措施后，仍不能达到要求时，可根据电机的不同特性，采取一定的减振、消声或隔声措施。采用消、隔声措施时，要注意电机的散热和消、隔声罩的减隔振。

4. 齿轮装置

减速齿轮可在很宽的频率范围产生辐射噪声，其空气噪声要比燃气轮机进排气噪声小，结构噪声是主要噪声源，船用齿轮装置机脚加速度级可高达 125～130dB，已成为船舶动力传动装置振动控制的瓶颈。齿轮装置噪声主要由齿轮啮合、滚动轴承、齿轮箱箱体振动等引起，其中齿轮啮合噪声是由一系列以齿轮啮合频率和回转频率为基波的谐波所组成，是齿轮噪声的重要频率成分。齿轮装置噪声特性与齿轮的齿数、转速、功率、加工精度和安装使用时的变形量等有关，主要表现如下 [81]：

(1) 转速：转速加倍，齿轮噪声通常要增加 6dB。

(2) 载荷：对于低速齿轮 (500～3000r/min)，比载荷加倍，声压级增加 3dB 左右；对于高速齿轮 (大于 4000r/min)，声压级增加 6dB 左右。

(3) 齿轮重合系数：增加齿轮重合系数可降低噪声，齿轮重合系数从 1.19 增加至 2.07，转速为 1000r/min 的齿轮可降低噪声 4dB，2000r/min 时可降低噪声 6dB。

(4) 齿轮制造误差：轮齿表面粗糙度不同可使齿轮噪声有 6dB 变化。根据辐射噪声级别，减速齿轮可划分为 A～E 五种加工精度等级，如图 4.5.5 所示。通过提高齿轮加工精度、弹性安装、加装隔声罩等方式实现齿轮降噪。

控制齿轮装置噪声的方法主要有 [82,83]：

(1) 齿顶修缘及齿形修整。由于制造过程中的误差，经常出现齿根过渡曲线磨不到位的情况，导致齿轮在啮合过程中产生齿顶干涉。将齿顶削低一些可以解决干涉问题，但齿轮传动时不一定能平滑过渡。齿顶修缘不仅可以解决干涉问题，而且还可使齿轮均匀而平滑地传动。采用鼓形齿面磨削的方法把齿轮周边磨掉一些，使齿厚沿齿向连续变化，形成鼓形，即中间高，两端低，这样在啮合时，轮齿在齿面中部接触避免或减少了由于齿形误差、齿向误差等产生的接触精度不好的现象，以降低噪声。

(2) 改变轮齿类型。不同类型的齿轮啮合过程不同，所产生的噪声也不一样。

直齿轮在接触瞬间是整个齿宽的线接触，传动时产生的啮合冲击较大，而斜齿轮接触时由齿面上的一点开始，渐渐向下延伸通过齿面，因此冲击较小，所以斜齿轮的传动平稳性和承载能力都优于直齿轮，产生的噪声也比直齿轮小。如果采用人字型齿轮，既继承了斜齿轮的优点，又克服了斜齿轮容易产生轴向窜动的缺点。因此，人字型齿轮是降噪的最佳选择。

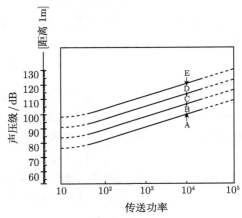

图 4.5.5　不同加工精度等级齿轮的辐射噪声 [22]

(3) 合理选择轴承。选择刚性好、抗振性高的轴承，提高轴承的几何精度，是控制轴承噪声的有效途径。一般选用滑动轴承，产生的噪声较小；若选用滚动轴承，则滚针轴承刚性最好，双列短滚子轴承次之，而球轴承刚性最差；另外，轴承的内径越大产生的噪声也越大，应选择内径小的轴承。

(4) 轴承内孔与轴径合理配合。轴承内孔与轴径应为过盈配合，轴承座孔径与轴承外环应为间隙配合；充分考虑轴的加工精度；当轴承外环轴向振动的固有频率与轴承座轴向弯曲振动固有频率接近时，轴承与轴承座产生共振，轴承端盖处会发出异常噪声；可通过增加预紧力减小轴承径向间隙，增加接触刚度；或者改变轴承座的壁厚及形状提高轴承座的刚度来减小噪声。

(5) 确保良好的装配质量和润滑状态。应对轴承彻底清洗并加润滑油，保证对中良好，绝不允许猛烈敲击，以免产生刮伤、毛刺而使轴承产生周期性的振动和噪声；应始终使轴承保持良好的润滑状态，良好的润滑可避免干摩擦，且有一定的阻尼作用，对降低轴承噪声，延长使用寿命非常有利。

(6) 齿轮箱体密封。对齿轮箱进行严密的密封对降低噪声最有效，不但可以避免齿轮噪声通过空气传播出来，而且，严密密封的箱体自身也较稳定，振动较小，这是一种费用最低却效果显著的降噪措施；齿轮箱盖可用铅和玻璃纤维制成消声盖以降低噪声辐射。

(7) 优化齿轮箱体的几何参数。通过修改齿轮箱的几何参数来改变结构的模态，进而改变箱体的响应幅值或避开振源的激励频率，避免共振，达到减少箱体振动、降低噪声的目的。设计箱体时，在不影响齿轮安装、使用及维修的前提下，应尽可能采用大圆角，不仅减小了箱体的体积和重量，而且减少了模态频率出现的次数。另外，在箱体振动强烈的部位采用合适的加强筋结构，可以提高箱体的模态频率、减少共振峰次数，从而降低发生共振的可能性。

(8) 合理分布齿轮箱体质量。在相同质量和体积的情况下，质量的分布对齿轮箱的模态频率有较明显的影响，质量分布紧凑，齿轮的基频频率就高，所以应尽量使齿轮箱各部件紧凑，这样可以提高齿轮箱的共振频率，避免发生共振，达到降噪目的。

(9) 增加齿轮箱的刚度。对齿轮箱结构中刚度薄弱部位，进行刚度的合理布置与平衡，提高齿轮箱的总体刚度，可以提高齿轮箱的共振频率，降低振动响应。

(10) 阻尼降噪。齿轮啮合时产生的冲击会造成轮体振动，在轮体上加阻尼材料是齿轮降噪的有效途径，例如在大齿轮轮辐上加阻尼环，阻尼环由阻尼合金、铸铁、钢制成，也可在轮体中灌注阻尼材料，或者在轮体表面贴一层阻尼材料，然后再覆盖一层金属片，能有效抑制共振振幅，减小齿轮噪声。在齿轮箱结构合理位置敷设阻尼材料可起到有效的减振降噪作用，例如在声学贡献量较大的区域上敷设阻尼材料，或在结构模态应变能较大的区域上敷设阻尼材料。齿轮箱表面常用的阻尼材料敷设方式包括自由阻尼和约束阻尼。另外，阻尼材料的敷设厚度也是影响减振效果的一个重要因素，阻尼材料太薄则减振效果不明显，太厚则会造成材料的浪费以及重量的明显增加。

5. 回转泵

船用回转泵包括螺杆泵、齿轮泵和叶片泵。速度与压力的快速变化及气泡的破裂是泵噪声的主要来源，交替变化的内部负载会使泵壳产生变形和振动，并传递至邻近结构。如果泵设计、加工、安装和使用不合理，均会因机械和流体动力学因素而产生较强振动噪声。例如，泵内部结构设计不合理，使得内部流场分布不均，局部区域存在压力脉动；泵体或基础板刚度设计不好，泵临界转速计算存在误差；回转部件加工时同轴度很差、泵叶轮质量分布不均、叶片厚度不均、叶轮前后盖板有局部区域厚度分布不一致、叶轮各叶片的空间形状不一致；泵安装时底座基准面未找平找正、泵轴和电机轴未达到同轴度要求，管道配置不合理、管道产生应力变形，泵体受拉或受压的外力过大产生变形；泵使用时偏离设计工况太大，会产生较大的径向力，使泵转子受力偏移，一般偏离设计工况 60%~70% 的小流量运行时，有可能产生"喘振"[84]。图 4.5.6 为船用常用离心泵结构示意图。

对于一定转速 n 的离心泵，设备机脚上的加速度振级可表示为[85]

$$L_q(f_k) = 20\lg\left(\frac{t_u R_{\max}}{m_W QH}\right) + 4 + R\left(t_u, f_0, f_{ik}\right) \tag{4.5.1}$$

式中，Q 和 H 分别为对应转速 n 时的流量和扬程，t_u 为泵内流体通过叶轮的时间，$R_{\max}$ 为泵体内脉冲力函数的幅值；m_W 为泵的比质量，f_0 为设备机脚减振器的固有振动频率，f_{ik} 为振动幅值脉冲函数中心频率 f_k 对应的第 i 个计算点。

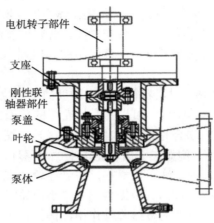

电机转子部件

支座

刚性联
轴器部件

泵盖

叶轮

泵体

图 4.5.6　离心泵结构示意图 [84]

对于出口管道内径为 D 的泵，离心泵管内声压 $L_p(f_k)$ 的估算公式可表示为

$$L_p(f_k) = 20\lg\left(\frac{t_u R_{\max}}{D^2}\right) + 63 + G\left(t_u, f_{ik}\right) \tag{4.5.2}$$

由式 (4.5.1)、(4.5.2) 可知，当满足系统功能约束的泵确定后，Q、H 和 n 三个参数直接决定了泵在对应运行工况下的声学性能。

回转泵噪声的控制措施主要有 [84,85]：

(1) 定子曲线优化。定子曲线应具有良好的力学特性和无激振效应，同时应使输出流量脉动小，能够满足这些要求的只有高次曲线和变形曲线。高次曲线一般分为对称型和非对称型两种，是具有良好综合力学性能的定子曲线，它不仅能使速度和加速度满足要求，而且还能控制跃动值的突变，消除激振源，从而达到低噪声化要求。叶片泵采用高次定子曲线后，比采用等加速-等减速定子曲线的泵降低噪声约 3dB。

(2) 消声槽降噪。为避免压力冲击、消除困油噪声，可在叶片泵配油盘吸、排油腔边缘的封油区部分开设三角形节流槽，使相邻叶片间的工作空间当从密封区转入排出区时，能逐渐与排出口相沟通，避免压力骤然增加，造成液压冲击和噪声，并产生瞬时流量脉动。设双向三角槽的目的是避免在工作腔完成吸油时，过流面积突然关闭而发生气蚀, 并产生噪声, 因此也把这种三角槽称为消声槽或卸荷槽。

6. 空调风机

空调风机噪声主要源于[86]:

(1) 叶轮磨损不均匀或因风压导致零件的变形, 使整个转子不平衡而产生的噪声。

(2) 轴承在运行后由于磨损与轴相互作用产生的噪声。

(3) 由于安装不良或各零件连接松动而产生的噪声。

(4) 叶轮高速旋转产生振动, 导致机体某一部分共振而产生的噪声。

(5) 对于多叶片风机, 叶轮绕轴旋转时, 旋转的叶片对气流不断施加作用力, 作用力的平均部分对应于维持气流运动的推力, 而其交变部分则对应于产生气流噪声, 包括旋转噪声 (叶片噪声) 和涡旋噪声 (涡流噪声), 其中旋转噪声是由于旋转的叶片周期性地打击空气质点引起空气脉动所产生的。风机声功率级可由风机的比声功率级、风量和风压进行估算:

$$L_W = L_{WC} + 10\lg(QH^2) - 20 \tag{4.5.3}$$

式中, L_{WC} 为风机的比声功率级 (dB), 即为风机在单位风量、单位风压下所产生的声功率级, 同一系列风机的比声功率级是相同的, 因此比声功率级可作为评估噪声的标准; Q 为风机的风量 (m^3/h); H 为风机的全压 (Pa)。从上式可以看出, 风机的风量、风压越大, 风机的噪声也越高。

风机噪声的控制措施主要有[87]:

(1) 机壳噪声控制。在风机机壳内侧固定一层穿孔板, 其穿孔率约为 20%, 内衬一种超细玻璃棉, 作为吸声材料, 其密度为 15~20kg/m^3, 整个衬垫厚度为 50~100mm, 可以有效减小音调强度和随机噪声。如果空间足够, 也可以将衬垫贴附在整个机壳的外侧, 其降噪的效果也较为明显。

(2) 进、出风口处的噪声控制。空调风机进风口、出风口噪声最大, 可利用声的阻抗失配原理, 在进风口前和出风口后安装吸声式消声装置来降低风机噪声。叶轮中叶片出风口的尺寸大于进风口位于前盘处的尺寸, 气流在风室中流动时, 在进风口圆弧段会形成许多小股团的涡旋, 与机壳、进风口发生多次冲击而最后脱离, 因连续多次的冲击而向周围辐射噪声。在进风口位于机壳内部的外围, 增设整流圈和挡板等防涡旋的整流结构, 能有效防止气流在进风口旁形成涡旋, 卡门涡、二次流产生的噪声可明显降低。

(3) 改进蜗舌结构。蜗舌尖端半径的大小及蜗舌与叶轮外径的间距大小对出风口处的噪声影响较大。一种方法是在风舌的内侧固定一层穿孔板, 内衬一种超细玻璃棉作为吸声材料，其结构与前面的机壳衬层相似。另一种方法是改变蜗舌的边缘，采用倾斜蜗舌板，如图 4.5.7 所示，蜗舌边缘线与主轴倾斜，根据其倾斜的程度以及叶片的气动模型可以计算出叶片出风口处风速的切线方向，让从两个叶片出来的气流同时作用在蜗舌上。例如，蜗舌边缘与主轴的倾斜角为 18°，使作用在蜗舌上的脉冲气流相互错开，减少蜗舌上的脉冲力，可有效降低风机的旋转噪声。

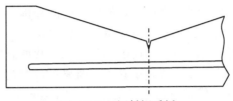

图 4.5.7　倾斜蜗舌板

(4) 改进叶轮气体流道。降低叶轮中的进口速度和增大叶轮中的减速程度，可使叶轮中的流速减小，减少流动损失，提高叶轮的流动效率，还可以有效地降低噪声。例如，将叶片设计为后掠式扭曲叶片，叶片在出风口处适度前倾，在进风部位后掠，可以避免流道的急剧扩张，防止气流严重分离，让叶片背面产生的紊流附面层和分界层所形成的涡旋胚以最快速度解体，从而提高了气流在叶道中的流动效率，减少涡旋所产生的噪声。

4.5.2　往复机械

1. 柴油机

柴油机是大部分船舶的推进主机和发电机原动机，是船舶的心脏，也是船舶最大的噪声源之一。柴油机噪声主要包括空气噪声、燃烧噪声和机械噪声[88-90]。

空气噪声主要包括进气噪声、排气噪声 (主要)、涡轮增压器气流噪声。排气噪声往往是最强烈的噪声源，主要影响船舶上层建筑，由间歇性的排气产生的噪声、排气管内的共鸣声、高速气流带来的噪声组成。排气口处流速变化越小声压越小，有废气涡轮的增压柴油机可减小排气噪声，在同样功率条件下，多缸机比单缸机排气噪声要小。进气噪声比排气噪声小，主要在机舱中传播，影响机舱内的安静性。对于增压柴油机，进气噪声主要是鼓风机产生的噪声，对于非增压柴油机，主要由进气管中间歇性气流脉动引起管内气柱振动产生的噪声。对进、排气噪声的控制：一方面，从分析噪声机理入手，如使进、排气通道避免急剧转弯，内壁应光滑通畅；另一方面，可加装无源消声器或有源消声器。

燃烧噪声主要是燃料燃烧时缸内压力急剧变化产生的动载荷和冲击波引起的强烈振动，经气缸盖、气缸套、活塞、连杆、曲轴主轴承传播出来形成的噪声，其特性可以用气缸压力的频谱曲线表示，最高压力决定气缸压力谱的低频成分，最高压力升高率决定气缸压力谱的中高频成分。降低燃烧噪声的关键是控制最高压力升高率，也就是力求选择柔和的燃烧过程。而压力升高率的大小取决于着火延迟期内形成的可燃混合气数量，因此燃烧系统的设计对降低燃烧噪声相当关键，例如，合理组织供油，减小喷油提前角，缩短预燃期或在预燃期内减少喷油量，缩短着火延迟期和减少滞燃期内形成的可燃混合气数量。

机械噪声来自于柴油机零部件之间机械撞击所产生的振动激发的噪声，其主要成分是活塞敲击噪声和曲柄连杆机构等运动机件撞击缸套、轴承及缸体等产生的噪声，其中，活塞敲击气缸壁产生的噪声是最主要的机械噪声源，主要由燃烧过程引起，发生在上、下止点附近，以压缩上止点附近最为严重，而敲击强度与气缸内最高燃烧压力和活塞与气缸间隙有关，频率主要在 500~2000Hz 范围内。

船用柴油机一般可采用箱装体 + 隔振装置组合结构进行整机振动与辐射噪声控制。

2. 空压机

空压机噪声主要来自：进气噪声，驱动电机和机体辐射噪声，排气、管道和贮气罐噪声，排气放空和阀门噪声。对于固定式空压机，进气噪声是主要噪声源，一般比机体辐射噪声、电机噪声、管道和贮气罐噪声高 10~15dB，中小型空压机进气噪声多在 85~100dB(A)，大型空压机进气噪声可达 100~120dB(A)，空压机的转速一般在 400~800r/min，实测峰值一般在 125Hz 左右，空压机进气噪声具有低频突出的特点。排气噪声的大小与压缩气体的流量、压力、空压机的转速有关，流量越大，压力越高，转速越高，噪声越大。贮气罐噪声的大小与贮气罐的支撑结构、材质、排气管连接位置和管内的压力脉动产生的激振力有关，贮气罐噪声通常在 80~90dB(A)。阀门噪声的大小与阀门的形状、尺寸及压缩空气压力和流量有关。机体辐射噪声来自于运动零部件摩擦撞击产生的噪声，例如，曲轴与连杆、连轴节等部位的打击声及供油泵发出的噪声。往复运动的活塞与气缸壁摩擦引起气缸壁以本身固有频率强烈振动，产生较高的噪声，这些机体噪声随空压机转速的大小、冲击的速度、轴承间隙的大小、机体与基础的连接状况变化而变化，空压机机体噪声一般在 80~95dB(A)，大多数在 90dB(A) 左右[91]。

空压机噪声的控制方法主要有[92]：

(1) 控制空压机的进、排气噪声，可采用消声器降噪。进气消声器应采用无纤维、无泡沫塑料等疏松材料的抗性消声器和抗性微穿孔板复合消声器或微穿孔板消声器等，不宜采用纤维或泡沫塑料等疏松材料作吸声材料的阻性消声器；排气消声器要求消声器具有减压扩容作用，减小排气放空的压力落差，降低排气放空噪声，对于流量小于 20m³/min 的空压机的排气放空消声器，可设计成阻性管式消声器。

(2) 控制空压机的机体噪声、电机噪声，可采用隔声室或消声隔声罩的方法。

(3) 降低排气管道、贮气罐噪声，可采用包扎阻尼的办法，减少噪声传播。在贮气罐外包覆膨胀珍珠岩或刷阻尼浆，安装超细玻璃面和金属薄板，也可在罐内设置吸声体，打破罐内驻波，降低贮气罐噪声。

(4) 控制空压机机体的振动，可采用单层、双层或浮筏隔振。对于小型空压机，可采用单层隔振；对于大中型空压机，可采用双层或浮筏隔振。

3. 往复泵

往复泵噪声主要源于机械本身运动、流体脉动、管路系统共振及管内流噪声，其中机械运动产生的噪声主要有吸排水阀工作时的撞击、减速机构和传动机构运动、往复运动的活塞惯性力和曲轴转矩的不平衡等产生的振动和噪声。往复泵噪声与其工作状态有关，噪声随着转速、压力、功率的增加而提高，相比之下，转速比压力的影响要大。

往复泵低噪声设计可采取的措施主要有 [93,94]：

(1) 总体结构设计上，采用脉动率小的泵，其结构振动也会相应减小，脉动率随着缸数增加而变小。通常多缸泵的流量脉动率较小，且偶数缸泵脉动率比奇数缸泵要大。因此，在条件允许的情况下，往复泵可选用 3 缸泵。

(2) 阀组材料选用。现用往复泵吸排水阀的阀片和阀座的材料多为钢制，相互撞击时产生的噪声较大，若选用特种多孔吸声材料，或采用带有有机夹层的特种吸声钢材，或采用具有相当强度的非金属材料等，均可达到降噪的目的。

(3) 提高整体加工、安装精度。一是提高整体零部件加工精度，使零部件之间的配合更加紧密；二是提高装配精度，如电机轴与泵轴的同轴度、泵轴及曲轴与相应轴承的同轴度、曲轴轴颈与连杆轴瓦配合间隙的合理选择、曲轴平衡摆铁的平衡性能等都要有更高的精度要求，并且装配完成后，要对运动部件进行平衡试验。

(4) 对齿轮或蜗轮传动的往复泵，应使齿轮或蜗轮啮合噪声小，可采用轮齿修形法将齿顶尖棱按曲线方程 (抛物线) 修成弧形；也可采用弹性辐板齿轮 (蜗轮)，使接触冲击噪声变小。

(5) 增加阻尼。例如，可使用高黏度润滑油，在噪声源部位涂覆阻尼材料等措施。

(6) 整体减振安装，可有效衰减机械振动传递。

(7) 增加气室，吸收脉动。在泵的进出口管路上装设气室，其作用和工作原理类似于液压系统的蓄能器，可有效吸收系统产生的脉动。选用气室时，要对泵及缓冲系统进行动态匹配，以便得到最好的减振降噪效果，但该方法会使系统结构更加复杂。

(8) 增加管路消声器。在泵的出口管路上安装消声器，可有效降低噪声通过液体向外传播的强度，其衰减总体上可达 14~20dB。

(9) 采用挠性接管。在泵的进出口与吸排管连接处安装挠性接管，在一定程度上可有效降低系统管路的振动传递。

(10) 改变管路系统的固有频率，使管道的固有频率远离激振力主频率，降低机械共振 (谐振) 的可能性。

4.5.3 液压阀

带有节流或限压作用的阀门，是液体传输管道中影响最大的噪声源，从结构上分为滑阀、锥阀、球阀等，而噪声较大的是溢流阀、节流阀等压降较大的阀类。液压阀噪声主要包括[95-97]：

(1) 流体噪声。当油液通过阀内节流口时，流速急剧上升，使得该处油液压力骤然下降，当低于大气压时，溶解于油液中的气体被分离出来，出现气穴，气穴在高压区溃灭，产生气蚀，并诱发流噪声。此外，阀口的高速喷流和旋涡分离引起的流体耦合振动也是阀内噪声的主要诱发因素。

(2) 自激振动噪声。压力阀、单向阀的阀芯都支持在弹簧上，在油液压力作用下构成一个封闭的质量-弹簧振动系统，由于阀体、阀座加工精度问题，封闭的质量-弹簧振动系统与管路、阻尼系统等负载相匹配的有关参数超过临界值时，阀芯就会因压力脉动或其他振动而产生持续的自激振动和异常噪声，这些噪声多为高频噪声，呈现 "嗡嗡" 叫声。压力、温度越高这种自激振动噪声就越容易发生，此噪声在先导式溢流阀上最易发生。

(3) 液压冲击噪声。当液压阀打开或关闭时，使压力差很大的两个油路接通或截止，造成局部的压力突然升高，便形成液压冲击而引起振动和噪声。例如，电磁换向阀快速切换时，油路突然关闭或油液突然换向，以及溢流阀突然打开使液压泵卸载时，都会产生一定的液压冲击。同时，液压冲击波传到液压泵、液压缸时又产生冲击振动和噪声。

(4) 振动高频噪声。液压阀的阀芯或阀体的工作部位存在某些制造缺陷 (如圆度、圆跳动度超差) 或磨损明显，在工作时阀芯会发生径向或轴向振动，使阀处于不稳定的高频振动状态而发生一种 "哨鸣" 的颤振声，频率为 2000~4000Hz。

控制液压阀噪声的方法主要有[96,97]：

(1) 提高节流口下游背压，使该压力高于空气分离压的临界值，以防止气体的析出，避免气穴现象的发生。例如，采取多级节流形式，将流量阀节流分成几段，同时节流，提高背压；改变阀体内回油腔结构形状，避免节流后产生涡流，将阀体的回油腔做成狭窄的长锥面缝隙，减小液流的突然收缩和突然扩散，消除涡流；

增大阀芯半锥角，并保持阀芯半锥角与阀座半锥角的差值在 3° 之内，使油液经环形阀口喷向中心，油液相互冲撞失去部分动能，降低流速噪声；对于滑阀，锐边阀口 (或凸台) 尽量取小值，圆弧阀口 (或凸台) 取大值，降低油液的不稳定性。

(2) 合理设计阀结构参数。例如，对于先导型溢流阀，可减少导阀座的小孔直径 d_1 和锥角 2ϕ，如图 4.5.8 所示，提高油液压力的稳定性，不至于在导阀前腔内形成气穴现象，但为防止堵塞，阀座的小孔孔径不宜过小，锥角的大小影响调定压力；将阀液控口的螺堵改为可调节消声螺钉，减小前腔容积；在主阀的上腔加防振环，利用它的惯性和阻尼作用来增大主阀黏性阻尼系数；若导阀因弹簧疲劳变形造成其调压功能不稳定，使得压力波动大而引发噪声，此时应更换弹簧。

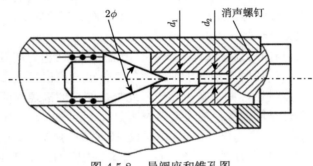

图 4.5.8　导阀座和锥孔图

(3) 提高制造精度。例如，液压阀阀座孔的圆度误差应不大于 0.008mm，当圆度误差达到 0.0025mm 时，几乎可以消除高频噪声；选择表面硬度高的材料，防止高速油液冲击而产生表面剥落现象造成形状变化。

(4) 合理使用液压阀。例如，利用换向阀的中位机能，当阀芯处于中位时，液压缸两腔互通，并通油箱，可减小换向阀换向时的压力冲击；利用节流阀的阻尼功能，在溢流阀和电磁阀之间装设节流阀，节流阀的阻尼作用可增加卸荷时间，减小管路中油液压力波动，进而减小或消除溢流阀可能产生的冲击噪声；合理安装溢流阀。

4.5.4　轴承

1. 滚动轴承

滚动轴承是机械设备上常用基础件，虽然轴承本身的噪声辐射一般不至于影响设备噪声级，但工作时轴承的小幅振动，会使相邻零件引起共振，从而产生较大的噪声。对于精密设备来说，如果轴承本身制造不良或有缺陷，则轴承噪声也可能成为主要噪声源之一，所以轴承噪声也是不可忽视的。

　　滚动轴承发出噪声的主要原因是滚动轴承转动时，在负载作用下，滚动轴承产生变形而引起振动发出噪声，主要包括轴承环噪声、保持器噪声、滚动体下落噪声、摩擦噪声。另外，当滚动轴承滚道表面或滚动体上出现毛刺伤痕、锈斑等缺陷时，轴承在运转过程中将产生应力变化，引起高频振动。滚动轴承中如落入杂质和颗粒状灰尘，也可能使其发出不稳定的噪声[98]。

　　滚动轴承噪声控制方法主要有：

　　(1) 合理选择轴承。滚针轴承径向刚度最高，滚珠轴承最低，但滚针轴承与滚珠轴承对零件的几何精度及装配质量反应敏感，而向心球轴承则相反，其刚度差，对装配质量反应不敏感，所以从降低噪声来看，此类轴承较理想。但对刚度要求较高的支承还应考虑采用圆锥滚子轴承。另外，对于同一类型的支承，轴承内径越大，引起的振动和噪声也越大，同时轴承的响度级将随着滚珠直径的增大而增大。

　　(2) 提高轴承精度。提高轴承的滚动体、内环、外环的精度可降低轴承的噪声。轴承各零件对轴承的振动影响大致是：滚动体、内外环及保持架约为 $4:3:1$ 的关系，所以要降低轴承振动和噪声，首先要提高滚动体的精度。例如，滚动体精度由 II 级提高到 I 级，轴承在主轴 1250r/min 时，其噪声可降低约 10dB(A)。

　　(3) 优化装配工艺。外环在支承孔中的配合将直接影响结构声传播，配合过紧不但提高了传声性，而且会使滚道变形，影响其形状误差，使径向间隙减小，噪声增大。因而外环与支承孔的配合宜松些，同时合适的配合能使轴承与支承孔接触处的油膜对外圈振动产生阻尼。与轴承内环相配合的轴颈的表面粗糙度和公差，应符合所用轴承精度等级要求，如不符合要求的轴颈上安装了过紧的滚动轴承，即使轴承零件制造精良，但轴颈的误差不可避免会传递给内环滚道，在运转过程中也会产生振动发出颤振声。因此，消除这类噪声除了控制轴承本身的制造质量外，还应考虑轴颈的加工和装配时过盈量的控制。

　　(4) 轴承座刚度及预紧力优化设计。轴承座的刚度对轴承噪声影响较大，轴承工作时发出的声音随其壁厚的增加而减弱，所以增强轴承座的刚度、改变轴向壁厚能达到降低轴承噪声的目的。另一方面，对装配后的轴承预加一定量的载荷，可改变轴承中的径向间隙，增加接触刚性，改善振动声学特性。此外，良好的轴承润滑对降低噪声具有一定的作用，它能改善滚动体与滚道、滚动体与保持架的摩擦性能，减少轴承温升，但要控制油量，油量过多，轴承在高速运转时会出现油的搅动，产生噪声。

2. 水润滑轴承

　　水润滑轴承通常以普通海水作为润滑介质，多用于舰船推进系统中的艉轴支撑，使其能平稳运转。水润滑轴承多以橡胶等高分子材料为基体材料，铜合金等金属材料为外衬，结构如图 4.5.9 所示，在推进轴系中承载艉轴和螺旋桨，以减小轴系振动向艇体的传递，降低轴系对中的要求。水润滑轴承在使用过程中，与推进轴系相互作用，易产生异常摩擦噪声，这严重影响舰船声隐身性能。

图 4.5.9　水润滑橡胶轴承的结构图

早在第二次世界大战期间，美国海军就发现其潜艇艉部均会不同程度出现异常噪声问题，使潜艇噪声级增大十几分贝，严重恶化潜艇声隐身性能，威胁潜艇生存[99]。如图 4.5.10 所示，水润滑轴承材料摩擦产生啸叫比没有啸叫时的噪声级提高 14.6dB。

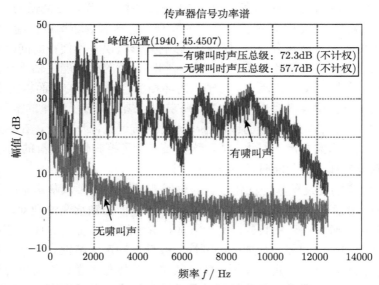

图 4.5.10　现用水润滑轴承材料摩擦试验有、无啸叫时的噪声测试结果

第二次世界大战结束后，美国海军对德国潜艇艉部轴承设计相关技术进行搜集整理[100]，并委托麻省理工对这一问题的产生机理进行了研究，发现这种噪声主要是推进轴系艉轴与水润滑橡胶轴承之间接触摩擦系数变化造成的[101]。在某些特殊工况条件，如低速工况、启动停车阶段，轴承将不能形成完全水润滑，摩擦

形式此时主要为干摩擦，或者边界润滑摩擦，轴颈与轴承橡胶直接发生接触，导致摩擦系数急剧升高，由于过度的摩擦生热，导致材料产生烧焦现象。除此之外，橡胶材料的弹性模量较低，承压能力差，轴承为了承载潜艇艉轴和螺旋桨的重量，只有将轴承长度加大，以减小单位面积承载比压，轴承长度的增加不仅大大加大了轴承制造技术难度和安装精度，而且轴承长度增加，还会造成轴承受载不均匀，靠近螺旋桨的地方，局部压力会远大于设计的轴承比压，从而导致振动加剧和啸叫现象。而且在潜艇螺旋桨自重的作用下，艉轴发生挠曲，在艉轴与艉轴承两中心线间明显出现倾角，使得艉轴承压力分布不均匀，对艉轴承造成很大的边缘载荷，导致轴承出现损坏。美国海军对水润滑轴承振动噪声的研究结果表明，水润滑橡胶轴承摩擦产生的噪声分为两类：一类是长而尖的叫声 (squealing)；一类是颤振 (chattering)。其中，尖叫声一般出现在高频，颤振出现在低频，主要由摩擦激励轴承部件振动引起的 [101−108]。

图 4.5.11~ 图 4.5.14 为美国海军对水润滑橡胶轴承尖叫声测试结果，其中噪声谱峰值基本在 3.9kHz、7.8kHz、11.72kHz，振动加速度谱峰值为 3.6kHz、7.2kHz、10.7kHz，随着载荷的增加，基频降低。

(a) 初始磨合期橡胶轴承摩擦尖叫噪声信号　　　(b) 稳态时橡胶轴承摩擦尖叫噪声信号

图 4.5.11　水润滑橡胶轴承摩擦尖叫声信号

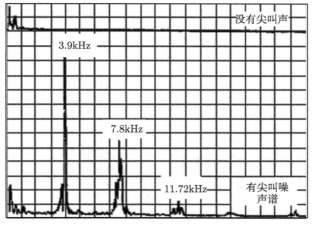

图 4.5.12　水润滑轴承摩擦尖叫噪声谱

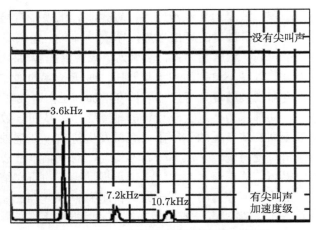

图 4.5.13　水润滑轴承摩擦振动加速度谱

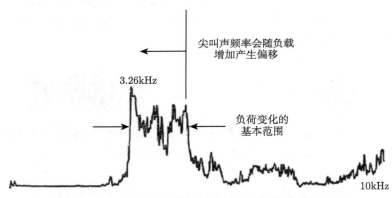

图 4.5.14　水润滑轴承变载荷工况下摩擦振动加速度谱

图 4.5.15～图 4.5.17 为水润滑橡胶轴承颤振测试结果，从图中可以看出，颤振主要出现在低频，转速降低、突然增加载荷均会出现颤振。

图 4.5.15　尖叫声向颤振过渡的信号

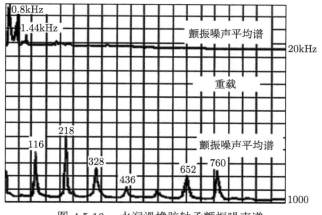

图 4.5.16 水润滑橡胶轴承颤振噪声谱

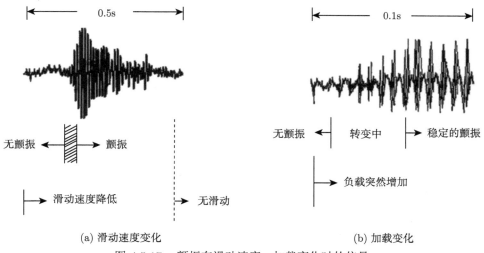

(a) 滑动速度变化   (b) 加载变化

图 4.5.17 颤振在滑动速度、加载变化时的信号

1) 噪声产生机理

水润滑轴承摩擦噪声可认为是黏滑运动引起的,可简化如图 4.5.18 所示,传送带缓慢运行,质量随传送带运动,弹簧伸长,直至弹簧力超过质量与传送带间的静摩擦力,质量将迅速返回,直至被弹簧和传送带上的动摩擦止动为止。质量会再次随传送带移动,直至弹簧把它拉回。如果传送带运动很快,可发现,存在一个速度,超出这个速度,质量不再振荡,而只是滑动。在这两种情况之间还存在一个较大的传送带速度范围,在该范围内,质量按固有频率 $f = \dfrac{1}{2\pi}\sqrt{\dfrac{K}{m}}$ 振动。图 4.5.19 为质量随传送带速度从慢到快稳定提高的振动谱与时间曲线图。

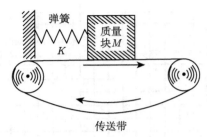

图 4.5.18　黏滑运动简化模型

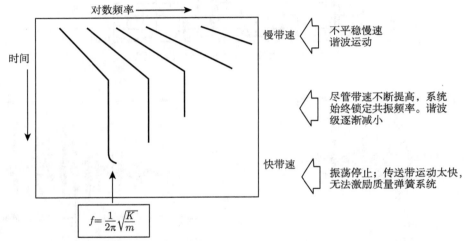

图 4.5.19　质量随传送带速度从慢到快稳定提高的振动谱与时间曲线图

　　舰船螺旋桨水润滑轴承产生黏滑运动的模型如图 4.5.20 所示。在低转速时，水润滑轴承会出现抖动现象。随着轴转速加快，出现由船体柔性 (图中显示的两个弹簧) 和橡胶板条支撑结构的转动惯量决定的共振频率，该共振频率会随着轴转速的加快稳定存在，直至轴转速过快而无法激励振动为止。与前述质量-弹簧-传送带系统不同，这种黏滑运动的动态特性受橡胶板条弹性的影响。

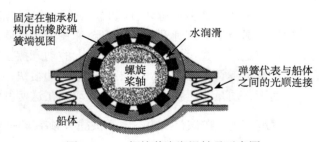

图 4.5.20　螺旋桨水润滑轴承示意图

2) 影响水润滑轴承摩擦的因素

A. 基体材料特性影响

水润滑轴承材料的摩擦磨损特性与材料的表面化学性质有关，不同的材料表面对水具有不同的湿润性，而湿润性取决于材料本身亲水性还是憎水性。橡胶材料如果是亲水性较强的材料，将有利于水膜的形成，具有较好的水润滑特性。但是对于水润滑轴承而言，轴承在水中抗浸润膨胀能力也会影响到系统的工作性能，比如，轴承在水中浸润膨胀，轴承和转轴的空隙减小，甚至两者发生挤压从而增大轴承的额外载荷，导致摩擦增大，噪声频域增大。另外轴承在不同的水体润滑下，其清洁能力如何，或者说，在轴承和转轴的接触表面洁净度不高时，也会影响其摩擦系数的变化。研究结果表明，轴承自身材料、形状，尺寸等可以很大程度上调节噪声频率、承受载荷的能力和转轴的运行速度。同时，轴承材料的选取直接影响到系统的工作寿命，比如抗腐蚀能力、形变恢复能力、轴承和转轴的重合程度以及受力分布情况等。由于轴承和转轴相对运动产生摩擦，必然生热，因此轴承的抗高温老化能力也直接影响到系统的工作性能。橡胶轴承的弹性模量很低，在承受载荷时，产生的变形较大，当载荷大到一定程度时，便有可能在变形区内造成润滑膜的局部破坏，从而降低了流体动力润滑过程中所产生的润滑膜压力。美国海军安纳波利斯实验室对天然橡胶轴承和丁腈橡胶轴承进行的对比试验结果表明，天然橡胶水润滑轴承在各种工况下均会不同程度地出现摩擦尖叫声，磨损相当严重，而丁腈橡胶水润滑轴承在各种工况下基本未出现尖叫噪声，磨损相对较小[109]。

B. 轴承结构与摩擦关系

美国海军对不同结构水润滑橡胶轴承的摩擦特性试验结果表明，橡胶辐条的结构对轴承的摩擦特性影响很大，通过优化设计橡胶辐条的结构，可大大改善水润滑橡胶轴承的润滑，降低轴承噪声[110]。

C. 滑动速度与摩擦的关系

动摩擦系数与速度的关系如图 4.5.21 所示，从图中可以看出动摩擦系数起初随着速度的增大迅速增大，达到峰值后，改变上升趋势，开始缓慢下降，最后这种下滑趋势越来越小，趋于一稳定常数[111,112]。

在水润滑状态下，动摩擦系数先随转动速度的增大而降低，然后又随转动速度的增大而增大，或是达到稳定值。这是因为：速度较低时，轴承界面上的润滑水膜不完整，系统处于边界润滑状态，因而摩擦系数较高；随着速度的增大，轴承界面上逐渐形成了均匀的润滑水膜，当速度达到一定值时，水膜完全生成，系统处于水膜动压润滑状态，摩擦系数为最小值；随着速度的进一步增大由于剪切力的作用，轴承界面上的润滑水膜被破坏，水膜动压润滑随之消失，摩擦系数增大。载荷较大时，由于载荷对复合橡胶的弹性变形作用，水膜动压润滑消失之后，弹性变形引起的弹流润滑作用占了主导地位，因而摩擦系数达到稳定值[112]。

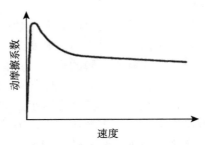

图 4.5.21　动摩擦系数与速度的关系

D. 设计比压与摩擦的关系

摩擦系数随载荷的增大而减小，最后趋于稳定值，这是因为载荷较低时，轴承承受的压力较小，复合橡胶的弹性变形基本不起作用，处于边界润滑状态，因而摩擦系数较大，随着载荷的增大，复合橡胶轴承产生弹性变形，载荷越大，产生的弹性变形也越大，结果使得轴承界面上的实际接触面积增大，导致单位面积上承受的压力反而减小，因而降低了摩擦系数。当载荷增大到一定量后，弹性变形达到最大，这时实际接触面积接近表观接触面积。达到此种饱和程度时，当外载荷再增大时，摩擦力也不再增加，因而摩擦系数呈现稳定值[111]。

湿润滑条件下，水润滑橡胶轴承主要表现为磨粒磨损特征 (微切削)，在摩擦磨损过程中，由于水的边界润滑作用，最大摩擦力小于干摩擦条件下的摩擦力，因此，湿润滑条件下橡胶的黏着磨损明显减轻，而磨削使橡胶滑块表面产生犁削作用，从而出现切削坑和犁痕。但有时轴承会出现特殊的情况，使它处在干摩擦条件下；或者水量不充分，可能使轴承处于边界润滑状态；即使在充足水源的情况下，轴承在刚起动、停止或超负载运行时，由于得不到充足流体膜润滑所需的水量，使轴承处于贫水状态，也会处于边界润滑状态。干摩擦条件下橡胶磨损表面，试件靠近边缘，有明显犁沟，沿滑动垂直方向存在宽裂缝；其磨损表面烧焦，组织受到损伤破坏，并且表面条纹被裂缝破坏呈不连续状；还有严重的塑性变形和剥落迹象，表现为黏着磨损和磨粒磨损特征。

E. 温度与摩擦的关系

对不同橡胶做成的艉管轴承及其支撑试件进行试验发现，环境温度是产生噪声的重要原因，在温度上升到一定程度时，工作轴承会发生尖叫，当温度降低时尖叫停止。尤其在轴承非连续工作时，这种噪声会明显增强。温度的升降取决于轴承所受的载荷大小、轴的相对旋转速度、旋转周期、轴的粗糙程度等因素[108]。

F. 接触时间与摩擦的关系

当构件相互摩擦时，机构的摩擦系数包括静摩擦系数和动摩擦系数，并且它们是变化的，其中动摩擦系数随着滑动速度的增大而降低，静摩擦系数在一定程度上依赖于两接触面及其接触时间，究其原因是任何固体在受压时总有一定的弹性位移和变形，当长时间受载挤压时，接触面会变硬，这样随着接触时间的增长，静摩擦系数也增大[113]。

3) 低噪声水润滑轴承材料选型要求

低噪声水润滑轴承材料必须具有以下性能：

(1) 材料本身必须能够解决由于各种正常或非正常工况时产生的各级应力释放问题，避免应力集中带来的破坏，保证艉部轴系的绝对安全。

(2) 在正常工况下，对于所要求线速度条件下的摩擦系数要尽可能地小，也就是要求保证转子和轴承之间形成连续的润滑水膜，通过材料表面结构和形态设计确保轴承的摩擦行为尽可能处于完全水润滑状态。

(3) 在低转速运行工况下，出现干摩擦或边界水润滑摩擦时，材料本身必须具有自润滑功能，从而避免因摩擦系数的急剧上升引起的材料烧焦现象，材料的这种自润滑特性必须具备表里同质同性的要求，满足长期工作需要。

(4) 在静态下艉轴承将受到艉轴及螺旋桨的重力作用，材料将经受较大的静压力，因此材料必须具有抗压恢复性，没有明显的蠕变行为，以保证其尺寸稳定性。

4.6 船舶海水管路系统噪声及控制

通过总体设计，可基本确定船舶总体结构、附体结构及推进器等，而由这些因素引起的船舶声学设计量也基本固化。要进一步控制船舶振动噪声，有必要开展船舶系统声学优化设计，即从船舶众多功能设计参数中提取出制约系统声学性能的运行参数，建立这些参数与系统声学性能的量化关系，通过系统工况调节、构造型式、整体布置，以及系统噪声传递通道的量化平衡等措施，实现其声学性能最优化，达到控制系统运行噪声的目的。

船舶系统声学优化设计主要包括两个方面：在系统噪声源方面，主要是控制系统中噪声源和系统介质在管路中运行时产生的二次噪声，对于总功率需求一定的船舶系统，为了有效控制噪声源对系统声学性能的影响，可根据船舶运行状态对系统运行状态进行调节；在传递路径方面，主要是控制介质向船体的振动传递或介质直接向海水中的声传递，依赖于系统自身的结构形式、整体布置以及对系统各噪声传递路径的声学平衡等技术措施。

在船舶海水管路系统中，其辐射噪声大致可分为机械振动引起的辐射噪声和流噪声引起的辐射噪声，其中流噪声主要是由离心泵 (包括其驱动系统)、阀门及管路系统中流动激声引起的。在海水管路系统中泵和阀门产生的流噪声在管内以流速脉动和压力脉动的形式传播，即一部分流动能量转化为声能；这种不定常流动的产生，可能是物体或其他界面的不定常运动造成的。即使是定常运动，很多情况下，也会造成不定常的流动，如湍流、流动分离、流动失稳等。在海水管路系统的流动发声主要是由柯氏加速度造成的声场 (涡激声) 和流体动能 "分布不均匀" 造成的声场所激发的流噪声。

4.6.1　主要噪声源设备的优化配置

舰船噪声较高的一个重要原因在于船舶系统主要噪声源设备配置不合理，出现 "大马拉小车" 的问题。

对于确定的船舶各功能系统，其工作时引起的辐射噪声 P_W 由系统的总功率和总体布置型式确定，可表示为 [114]

$$P_W = A + \mu \lg(P) \tag{4.6.1}$$

式中，μ 为常数系数，A 为与系统布置型式有关的常数，P 为船舶系统运行时的总功率。

从式 (4.6.1) 可以看出，根据舰船航速，在满足功能要求的前提下，采用不同功率设备分级使用的方法，可显著降低系统辐射噪声。例如，某船用海水泵设计流量为 100t，但低航速工况时流量需求不足 25t，通过采用分级使用的技术后，经实测，该海水泵辐射噪声降低约 15dB 以上。

4.6.2　系统工况优化调节

管路系统是船舶最重要的功能系统之一，它不仅提供满足一定功能要求的介质，还提供满足系统运行要求的流量 Q 和扬程 H (或称压力)，前者由系统中的各个功能性附件来实现，而后者则由泵和管路来实现。根据船舶管路系统的运行特点，运行工况的调节方法可以概括为改变装置和泵的特性曲线两类。改变装置特性曲线通过调节系统参数来实现系统运行状态的改变，技术措施包括改变系统中管路和附件的流阻特性，改变管路的布置型式等；改变泵的特性曲线通过改变泵的运行状态和泵自身的设计参数来实现，技术措施包括调节泵的转速，改变泵的叶型角等 [115]。

对离心泵而言，由式 (4.6.2) 可知，在不同的转速 n_1 和 n_0 下，其转速比为 $k = n_1/n_0$，泵机脚振级的变化量 ΔL_p 可以表示为 [85]

$$\Delta L_p = 10 \lg \frac{Q_0 H_0}{QH} + 70 \lg \frac{n_0}{n} - 10 \lg \left(\frac{n}{n_0} \right)^{\gamma} = -10 \left(10 + \gamma \right) \lg k \tag{4.6.2}$$

式中，γ 为通过泵转速调节泵流量时的振级变化因子。

船舶管路系统对应的流量-声学性能曲线、流量-效率曲线和流量-声学性能曲线如图 4.6.1 所示，图中离心泵的运行工况点是流量-扬程特性曲线和装置特性曲线的交点。为了使得泵在系统规定工况下具有较好的声学性能，应该使流量、扬程参数与系统在对应工况下的相应参数相适应。若系统的装置曲线能够使泵的工作点在点 A 处，则泵的效率位于高点 D，声学性能曲线对应最优点 C。当转速变化时，图中的系统工作点从 A 点转移至 A_2 点，由于系统的 H、Q 均减小，机械设备自身的噪声量级降低，同时，系统管路中由于流量、压力等参数也相应下降，使得管路中的噪声量级也相应下降。另外，从相同 Q_1 点对应的节流曲线和变速曲线也能看出，改变泵转速能够有效提高系统的声学性能。

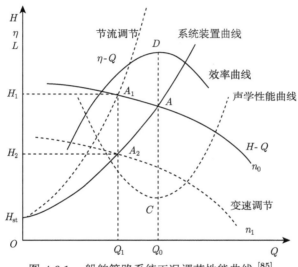

图 4.6.1　船舶管路系统工况调节性能曲线[85]

4.6.3　优化系统的构造型式

系统构造型式指的是为实现系统功能，基于系统声学目标而开展的系统中多台设备、多用户总体分布形式的规划。船舶系统按照功能的实现情况，其构造型式大体可以分为总管式、总管-支管式以及分区布置等 3 类。图 4.6.2 试验系统拟对 2 台冷凝器提供满足一定要求的冷却水，通过关闭不同阀门实现不同构架型式，具体见表 4.6.1。

图 4.6.3 为 3 种构造型式分别运行时，由试验台架测试得到的管路振动数据，从图中可以看出，系统采用不同的构架方案时各点的振动特性存在较大差异，型式 2 是最优的声学设计方案。

由此可见，在系统总体方案基本确定的前提下，系统构造型式对系统的声学性能起决定性的作用，它直接影响着系统的运行方式和调节方法。依据设备和系统附件声学状态的影响因素，系统构造型式带来的声学性能可以从系统构造型式对系统中主要设备低噪声运行工况点的贴合程度、系统工况调节对系统介质运行状态及二次噪声的影响、系统参数调节的难易程度以及系统运行牵连管路、附件的规模 4 个方面进行优化选择。

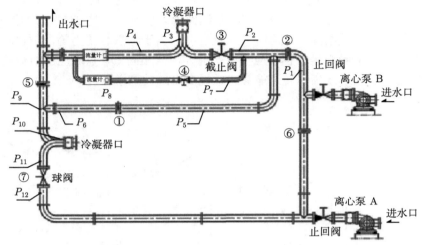

图 4.6.2   实现不同构造型式试验管路系统 [85]

①~⑦为阀门

表 4.6.1   不同构架型式试验系统说明

编号	关闭阀门	开启阀门	构架型式
型式 1	②④⑤	①③⑥⑦	总管构架
型式 2	①④⑥	②③⑤⑦	分区构架
型式 3	②⑤	①③④⑥⑦	总管-支管构架

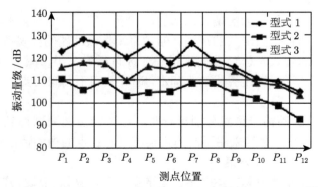

图 4.6.3   系统 3 种不同构造型式管路振动测试结果对比 [85]

4.6.4 优化系统的总体布置

船舶管路系统低噪声设计不仅要解决系统自身噪声源的问题、系统内噪声源的匹配问题，同时，还要根据总体需求，为系统中设备、管路及附件的布置进行优化设计，以期达到最佳的系统声学控制效果，其设计原则如下 [85,116]：

(1) 噪声源独立原则。应尽量使系统中的噪声源 (包括工作时产生噪声的系统附件) 之间相互 "独立"，减少与其相关联的管路和设备，这有利于噪声源减隔振、内部流场优化等，同时可避免二次噪声源产生。若系统噪声源特性已明确，还可根据噪声源之间声波干涉理论，合理设置噪声源间的距离，实现噪声解耦，相互抑制。

(2) 整体集中或分区集中原则。应尽可能使系统设备、附件以及主要管路的布置位置相对集中。当总体某些功能或布置需求需要将系统分割布置在几个不同区域时，每个区域应按 "整体集中原则" 和 "噪声源独立原则" 进行布置，在各个分区之间，应尽可能减少管路间以及管路与船体或舱壁的直接连接。

(3) 设备就近布置原则。系统噪声源设备布置时应尽可能与总体主要功能单元模块靠近，可减少系统噪声的传递路径，同时也有利于整体集中减隔振。

(4) 传递通道量化平衡原则。就是使系统在噪声传递的通道上，达到综合平衡。系统噪声通过设备机脚、管路支撑、管内介质以及系统空气 4 个途径向外传递，各传递通道的声学量值应尽量控制在 6dB 以内。

4.6.5 管路系统的减振消声

管路系统振动噪声的传播途径有以下几方面：一是通过连接机械设备管路的管壁结构传播；二是通过管路工作介质向进、出口传播；三是通过管路支承和吊架 (马脚) 传递到舰体或所接触的舱壁；四是管路机械和管路外壳辐射空气噪声。这几条途径通常不是单独作用而是相互影响。图 4.6.4 为管路系统振动功率流的传播途径试验结果，图中表明沿管壁、管内工作介质和管路支撑传播的功率流是管路系统振动噪声的主要成分。

对于沿管壁传递的结构噪声，采取两类措施：一是采用挠性接管，主要有金属波纹管、袖套式橡胶挠性接管、平衡式橡胶挠性接管、球形橡胶挠性接管、肘形橡胶挠性接管等；二是采用柔性穿舱措施，对于沿管路支撑传播的结构噪声，主要采用弹性支承措施。由典型管段的振动计算可知，弹性支承 (弹性吊架) 对管段的振动特性影响最大，因而选用合理的弹性元件及合理的布置方式是优化管路系统振动特性的最主要手段之一。

对管路流体噪声的控制：第一是管路系统的优化设计；第二是采用各类脉动衰减器、消声器衰减管路流体脉动。

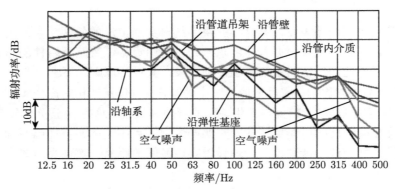

图 4.6.4　管路系统振动功率流的传播途径

4.7　船舶液压系统噪声及控制

船舶液压系统是由电机、液压泵、阀、管路和负载等组成的循环回路。速度与压力的快速变化及气泡的破裂是液压噪声的主要来源，所有容积式液压动力单元，包括柱塞式、齿轮式、螺杆式和叶片式液压泵和马达均以类似的方式产生噪声。液压噪声主要包括 [22,53,95,114,116,117]：

(1) 机械振动产生的结构噪声。主要由回转体运动不平衡、机械安装不到位、机械撞击和摩擦等引起。

(2) 空穴噪声。液压系统中约有 5% 的空气溶解在液体中，当液体局部压力低于液体介质的饱和蒸汽压时，溶解于液体中的气体会迅速分离出来，形成气泡产生空穴现象。气泡随液体经管路进入高压区，由于高压作用，气泡会被挤压破裂，体积迅速缩小，在系统局部范围内产生幅值很大的高频冲击，使管路产生剧烈振动，激发出 200Hz 以上的高频噪声。液压系统产生空穴现象的主要原因是吸油管接头或泵轴密封不严、吸油管弯曲部位凹凸不平等造成空气混入液压系统。

(3) 液压冲击噪声。液压系统由于不同工况的需要，由一个稳定状态过渡到另一个新的稳定状态，在这个过渡过程中，管路内部将产生液压冲击，液压冲击不仅会引起振动和噪声，而且压力峰值过大还会损坏液压系统。液压系统中阀件的开启或关闭是诱发液压冲击的根源，根据液压冲击的程度可分为直接液压冲击和间接液压冲击，取决于阀件的关闭时间与管长的关系，液压冲击往往发生在液压阀关闭的瞬间，而且与阀门关闭速度快慢有关，阀门关闭速度越快，冲击噪声越大。对于变量叶片泵，径向力不平衡或困油现象造成的冲击负载，会使转子和轴承运转不良，造成振动和噪声。

(4) 脉动噪声。液压系统工作时，流体的流量和压力随时间变化，当变化急剧时就会产生紊流和涡流，在流体中产生周期性的压力波。紊流和涡流会显著加大液体与泵体或管壁的相互作用，导致液压泵、系统附件和管路作周期性的振动产生噪声。脉动噪声产生的根源是负载和液压泵流量的周期性变化及油路设计不当等。例如，对于叶片泵，旋转的叶片与定子将吸入的液体分隔成一个个小液流团，依次将其吸入后提高其压力，这些小液流团在泵的出口端汇集在一起，形成泵的排出液流，这一过程引起了吸入腔和排出腔容积流量的压力脉动，压力脉动进而激发产生噪声。另外，泵内的压缩过程将引起泵壳材料的微变形，或泵壳和底座的振动，从而又产生了空气噪声和结构噪声。

(5) 困油噪声。对于叶片泵，当两叶片之间的工作腔由吸、排油腔之间的封油区进入排油或吸油腔时，由于两者压力不等，就会发生从排油腔到工作腔，或从工作腔到吸油腔的回冲 (逆流)，回冲流量取决于工作腔初始容积和排油或吸油的压力，如果排油腔压力较大，会对叶片等部件产生较大的冲击作用，从而激发噪声。

船舶液压系统噪声是一个复杂的问题，与液压机械振动的性质、振幅，以及管长、管径、支撑形式和位置、连接附件的性能等因素有关 [22,53,95,114,116,117]。对已建成的液压系统采取降噪措施是比较困难的，因此在系统设计、机械选择和安装时就要对噪声进行分析和控制。

4.7.1　系统优化设计

根据液压系统的噪声要求，对系统各部分噪声进行合理分配，选用低噪声液压机械、优化管路布置，并针对性地采取减振降噪措施 [22,53,95,114,116,117]，如图 4.7.1 所示。

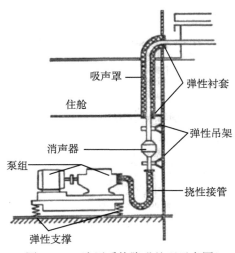

图 4.7.1　液压系统降噪处理示意图

(1) 选用低噪声液压机械，降低液压机械的噪声水平对控制液压系统的噪声十分重要。首先，选用满足工作要求的低噪声电机、泵和阀等液压机械，其中泵噪声随着转速 (r/min)、输出功率以及输出压力的增加而增强 (见图 4.7.2)，因此尽可能选用低转速泵；同时注意液压机械与整个系统的匹配，例如，泵设备与管道尺寸的匹配不当也会产生噪声，一般，出油管流速应不大于 4.5m/s，进油管流速不大于 1.5m/s；其次，电机和泵应尽量设计成耦合件，采用弹性联轴器，避免两轴不同心产生振动和噪声；最后，合理设计有关阀件，对阀的启闭过程进行优化，延长关闭时间，降低冲击噪声。

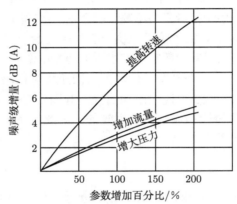

图 4.7.2   运行参数对液压泵噪声级的影响 [22]

(2) 优化管路空间布置，采用三维设计，进行液压系统的动态性能仿真和噪声预测，优化管路空间布置。首先，选择合适的管路长度，避免管路的固有频率接近系统中的压力脉动频率而产生共振。管路布置应尽量减少弯折，如必须采用弯管，其曲率半径应为管路直径的 5 倍以上，避免管路内紊流和旋流的产生。在允许的情况下，尽量用液压集成阀块代替管路，适当加大管路直径，以减慢液体在管路中的流动速度，降低液压冲击。其次，管路的支撑应尽量布置在坚固可靠的基座上，管路和阀体与船体结构采取弹性支撑或吊装，与液压机械连接处采用软管，减少振动的传递。最后，油箱容积应足够大，具有足够的空间距离，把排回油箱中的液体中的气体分离出来，并设置排气装置，避免空穴现象发生。

(3) 采用减振降噪措施。首先，对液压系统主要振源 (电机、泵) 的安装机座加装隔振装置等，使之与底板 (或油箱) 隔离，也可将振源装在浮筏上与整个系统隔离，减少振动的传递；如果对液压系统降噪提出特别严格的要求，也可将其弹性安装于隔声罩中。其次，在管路中设置隔振元件，如弹性接头、挠性接管、蓄能器和消声器等，利用挠性软管和蓄能器减缓管路内液体的压力脉动，消除振动和噪声, 其中蓄能器应布置在离噪声源尽可能近的地方, 而在压力侧, 则应接近阀门。最后, 也可采用主动减振降噪措施, 主动减振降噪可以根据振源的振动状态, 自动改变参数或吸振器的振动状态, 实现宽频吸振和降噪。

4.7.2　低噪声安装

液压机械和管路的安装工艺对液压噪声有重大影响, 应严格按技术要求施工[53,95,114,116,117]。首先, 电机和泵的机座要调整水平, 减小回转体不平衡, 紧固螺钉必须有防松结构; 其次, 管路中所有接头和阀件内孔的直径尽量做到尺寸相等或基本相符, 减少弯头, 防止流通截面的突变, 减少液体的流动阻力; 另外, 管路应按规定间距进行调整, 管与管不得相碰, 并用坚固、能吸振的支撑和马脚加以固定, 管路表面粘贴或涂上阻尼材料, 抑制系统高频噪声; 最后, 系统管路、机械和附件安装完成后, 应用与系统工作介质性质相近 (或相同) 的清洗液及专门的液压泵对管路进行清洗。

4.7.3　低噪声使用与维护

严格按规程进行使用和维护, 可以减缓液压系统噪声的发生[53,95,114−117]。首先, 应注意液压阀的操作方法, 尽量延长关闭时间, 降低液压冲击峰值。其次, 对液压系统进行定期检查, 检查的内容包括: 马脚和基座固定螺栓是否松动、隔振装置是否失效、吸油管接头和泵传动轴密封是否可靠、滤油器是否堵塞及油箱中的液面是否高于泵的吸油口, 预防系统噪声的发生。最后, 对油箱中的液体进行定期观察, 如发现液体变为黄色, 说明油液中混入微小气泡, 此时应尽快排除混入液体的空气, 如发现油液黏度过高则需更换液压油。

参 考 文 献

[1] Francis F V. A guide for selection and application of resilient mountings to shipboard equipment[R]. David Taylor Model Basin, Report: AD224812. 1958.

[2] 何琳, 帅长庚. 振动理论与工程应用 [M]. 北京: 科学出版社, 2015.

[3] 刘学斌, 徐伟, 何江洋. 舰船弹性支撑推力轴承抗冲击特性研究 [J]. 船舶工程, 2016, 38(11): 58-61.

[4] 王光, 涂耿伟. 我国船舶管路系统挠性连接技术研究发展 [J]. 噪声与振动控制, 1997, (2): 10-12, 7.

[5] European Sealing Association. Expansion Joints-Engineering Guide [M]. Morzine: European Sealing Association, 2009.

[6] Fluid Sealing Association. Expansion Joints-Piping [M]. Wayne: Fluid Sealing Association, 2016.

[7] Fluid Sealing Assciation. Standard specification for non-metallic expansion joints: F1123-87(2019)[S]. ASTM, 2019.

[8]   Fluid Sealing Assciation. Non-metallic expansion joint hydrotesting and vacuum testing: PSJ-701-19[S]. Fluid Sealing Association, 2019.

[9]   FSA. Non-Metallic Piping Expansion Joint Installation Procedures[M]. Wayne: Fluid Sealing Association, 2015.

[10] Fluid Sealing Assciation. Rubber flanged non-metallic expansion joint installation, maintenance, and storage[S]. Wayne, Fluid Sealing Association, 2019.

[11] Defence Standard 02-345(NES345). Requirements for flexible rubber pipe assemblies and bellows for use in systems from vacuum to 10 bar[S]. Ministry of Defence, U. K. 2000.

[12] Defence Standard 02-374(NES374). Rubber flexible pipes and bellows for use in submarines[S]. Ministry of Defence, U. K. 2000.

[13] Defence Standard 02-345(NES345). Requirements for flexible rubber pipe assemblies and bellows for use in systems from vacuum to 10 bar[S]. Ministry of Defence, U.K. 2000.

[14] 何琳, 帅长庚, 周炜. JYXR 系列舰用挠性接管研究 [J]. 舰船科学技术, 2006, 28(SP2): 121-124.

[15] 邓亮, 周炜, 何琳. P 型挠性接管减振性能试验研究 [J]. 航海工程, 2002(4): 9-10, 11.

[16] 何琳, 周炜, 吕志强, 等. 三法兰结构自平衡式挠性接管: ZL200410012687.7[P]. 中华人民共和国知识产权局, 2004.

[17] Shuai C G, He L, Lv Z Q. The Development of studying flexible pipe bend reinforced by kevlar fibers[J]. Journal of Marine Science and Application, 2003, 2(2): 61-66.

[18] 何琳, 帅长庚, 汪玉, 等. 平衡式肘形橡胶软管: ZL200410012782.7[P]. 中华人民共和国知识产权局, 2004.

[19] 何琳, 周炜, 曾翊, 等. 有大位移补偿能力的平衡式弧形管接头: ZL200810196817.5[P]. 中华人民共和国知识产权局, 2008.

[20] 帅长庚, 徐国敏, 高华, 等. 平衡式多锥弧形低刚度减振接管: ZL202010909162.2[P]. 中华人民共和国知识产权局, 2020.

[21] Mitchell L D. Isolation of piping from pump vibrations[R]. Virginia Polytechnic Institute, NTIS report: AD 757431, 1972.

[22] Pettersen J W E, Strom F J. Noise Control in Ships[M]. Oslo/Trondheim: Royal Norwegian Council for Scientific & Indus Res, 1975.

[23] 中华人民共和国船舶行业标准. 管子吊架: CB/T3780-2016[S]. 北京: 工业与信息化部, 2017.

[24] MSS SP-58-2009. Pipe hangers and supports-materials, design, manufacture, selection, application, and installation[S]. The Manufacturers Standardization Society of the Valve and Fittings Industry, Inc. 127 Park Street, NE Vienna, Virginia, U.S.A, 2009.

[25] 蔡标华, 俞健, 白亚鹤. 舰船系统管路弹性减振设计与试验 [J]. 舰船科学技术, 2011, 33(11): 61-64.

[26] 王永胜. 管路支吊架及其在舰船中应用综述 [J]. 船舶, 2009, 20(4): 25-29.

[27] 闫明, 朱相军, 冯麟涵, 等. 舰艇管道支吊架结构及特性综述 [J]. 机械设计与制造, 2015, (2): 261-264.

[28] 孙凌寒, 段勇, 尹志勇, 2013. 船舶管路系统振动噪声控制标准研究 [C]. 第十四届船舶水下噪声学术讨论会论文集, 2013: 387-394.

[29] 戴青山, 朱石坚, 张振海. 管路系统低噪声弹性支撑安装研究 [J]. 舰船科学技术, 2017, 39(10): 92-96.

[30] 王永胜. 管路支架的动力学研究 [D]. 北京: 中国舰船研究院, 2012.

[31] 蔡标华, 郑海斌. 海水系统噪声分析及其减振降噪措施综述 [J]. 舰船科学技术, 2009, 31(12): 114-117.

[32] Rothfuss N B. Design and application of flexible diaphragm coupling for industrial-marine gas turbines[C]. ASME 1973 International Gas Turbine Conference and Products Show, 1973.

[33] 林瑞霖, 黄次浩. 舰船高弹性联轴器的应用及发展趋势分析 [J]. 海军工程大学学报, 2001, 13(2): 49-53.

[34] 高顶云, 谢华银, 史以捷, 等. 高弹性联轴器及其在船舶动力装置中的应用 [J]. 航海科技动态, 1996, (7): 22-28, 19.

[35] 姜小荧, 周文建, 沈建平. 高弹性联轴器振动特性试验方法研究 [J]. 柴油机, 2012, 34(5): 39-41, 53.

[36] 高晓敏, 王晓明. 现代船用离合器技术的发展. 机械技术史 (2)[C]. 第二届中日机械技术史国际学术会议论文集, 2000.

[37] 施高义, 唐金松, 喻怀正, 等. 联轴器 [M]. 北京: 机械工业出版社, 1988.

[38] 花家寿. 新型联轴器与离合器 [M]. 上海: 上海科学出版社, 1989.

[39] 高顶云, 王晓明, 景国辉. 高弹性联轴器及其在舰船和陆用动力装置中的应用 [J]. 船舶工程, 1998(1): 34-37.

[40] 熊纪宇. 弹性穿舱隔振装置设计与试验研究 [D]. 武汉: 华中科技大学, 2019.

[41] 胡德芳, 金翔, 刘土光, 等. 弹性通舱管件设计研究 [J]. 中国造船, 2011, 52(2): 146-153.

[42] 王建华, 王志诒. 一种穿舱管路结构: ZL201721264282.1[P]. 中华人民共和国国家知识产权局, 2018.

[43] 何海洋, 彭云飞, 吴书有, 等. 一种管路多通道弹性穿舱件: ZL201410346142.3[P]. 中华人民共和国国家知识产权局, 2014.

[44] 程用超, 邓海华, 陈剑, 等. 一种柔性船用穿舱件: ZL201821269190.7[P]. 中华人民共和国国家知识产权局, 2019.

[45] 何海洋, 彭云飞, 曹为午, 等. 一种高温管路用弹性穿舱件: ZL201420401499.2[P]. 中华人民共和国国家知识产权局, 2014.

[46] 李光磊. 高温高压通舱管件的降温与减振设计 [D]. 哈尔滨: 哈尔滨工程大学, 2012.

[47] 彭云飞, 何海洋, 黎申, 等. 管路弹性穿舱件减振机理研究及仿真分析 [J]. 舰船科学技术, 2011, 33(8): 119-122.

[48] 尹喜庆, 金翔, 刘土光, 等. 弹性通舱管件的工艺性能分析 [J]. 船舶工程, 2010, 32(S2): 112-116.

[49] 潘国雄, 靖红顺, 刘土光. 安装偏差对弹性通舱管件隔振性能的影响试验 [J]. 舰船科学技术, 2011, 33(4): 48-54.

[50] 靖红顺, 胡毅, 刘土光. 具有安装偏差的弹性通舱管件隔振性能仿真分析 [J]. 船海工程, 2011, 40(3): 24-25, 29.

[51] 徐娇. 通舱管件冷却水套热固耦合分析 [D]. 哈尔滨: 哈尔滨工程大学, 2013.

[52] 卜锋斌, 杨辉, 陈波. 新型隔舱密封装置的研制 [J]. 船舶工程, 2017, 39(8): 52-54.

[53] Staff of the Fluid Power Research Center. Hydraulic system noise study[R]. Fluid Power Research Center, Oklahoma State University. Annual Report FPRC-4M2, U. S. Army Mobility Equipment Research and Development Center Contract No. DAAK02-72-C-0172, 1974.

[54] 陈小剑. 舰船噪声控制技术 [M]. 上海: 上海交通大学出版社, 2013.

[55] 施引, 朱石坚, 何琳. 船舶动力机械噪声及其控制 [M]. 北京: 国防工业出版社, 1990.

[56] 高林. 多线谱可调频水消声器仿真设计研究 [D]. 哈尔滨: 哈尔滨工程大学, 2011.

[57] 李英. 大口径水消声器的设计与实验研究 [D]. 哈尔滨: 哈尔滨工程大学, 2005.

[58] 何涛, 李东升, 孙玉东, 等. 低频宽带板式水动力噪声消声器理论 [J]. 船舶力学, 2014, 18(1-2): 191-200.

[59] Lisa L Y L. Active control of pipe-borne pump noise[D]. Massachusetts: Department of Mechanical Engineering, Massachusetts Institute of Technology, 1991.

[60] Lisa L Y L, David J F. Circumferential actuator for piping system: 5526690[P]. United States Patent, 1996.

[61] 马文彬. 水管路系统可调频消声器研究 [D]. 哈尔滨: 哈尔滨工程大学, 2005.

[62] 黄信男. 气囊式水消声器性能仿真与实验研究 [D]. 哈尔滨: 哈尔滨工程大学, 2008.

[63] 柳贡民, 程广福, 孙惠娟, 等. 水管路系统压力脉动抑制装置的计算研究 [J]. 哈尔滨工程大学学报, 2002, 23(4): 94-97.

[64] 李赫. 可变频充液管道消声器设计与实验研究 [D]. 哈尔滨: 哈尔滨工程大学, 2009.

[65] Gorin S V, Kuklin M V. Reducing low-frequency vibration in hydraulic systems by means of Helmholtz resonators[J]. Russian Engineering Research, 2010, 30(5): 493-495.

[66] 李东升, 薛晖, 高岩. 慢波速旁路管水动力噪声消声器降噪特性研究 [J]. 中国造船, 2010, 51(4): 92-99.

[67] 王强. 广谱式水消声器研究 [D]. 哈尔滨: 哈尔滨工程大学, 2011.

[68] 戴俊, 苏胜利. 舰船通海管路低频消声技术的研究进展 [J]. 舰船科学技术, 2016, 38(5): 7-11.

[69] Brevart B J. Active control of coupled wave propagation in fluid-filled elastic cylindrical shells[D]. Virginia: Virginia Polytechnic Institute and State University, 1994.

[70] Kartha S C. Active, passive and active/passive control techniques for reduction of vibrational power flow in fluid filled pipes[D]. Virginia: Virginia Polytechnic Institute and State University, 2000.

[71] Kiyar M B. Active/passive control of fluid-borne and structure-borne disturbances in fluid-filled piping systems[D]. Virginia: Virginia Polytechnic Institute and State University, 2003.

[72] Maillard J. Active control of pressure pulsations in piping systems[R]. Research Report 17/98, Department of Applied Signal Processing, University of Karlskrona/Ronneby, S-372 25 Ronneby, Sweden. 1998.

[73] 戴德沛. 阻尼技术的工程应用 [M]. 北京: 清华大学出版社, 1991.

[74] 王萍辉, 周庆华, 王一朴. 火电厂汽轮发电机组噪声与控制 [J]. 长沙电力学院学报 (自然科学版), 2000, 15(3): 55-58.

[75] 刘欢, 王健, 李金凤, 等. 汽轮机组噪声特性分析与控制 [J]. 工业安全与环保, 2014, 40(2): 3-5.

[76] Harper R E. Vibration and noise characteristics of an aircraft type gas turbine used in a marine propulsion system[J]. Naval Engineers Journal, 2010, 81(6): 103-110.

[77] Lewy S, Canardcaruana S, Julliard J. Experimental study of noise generation and propagation in a turbofan model[J]. Journal of Aircraft, 2015, 29(5): 892-898.

[78] 王旭, 田雨春, 刘建成. S1A-02 燃气轮机箱装体隔声设计与试验研究 [J]. 热能动力工程, 1997, 12(6): 429-433.

[79] 张荣婷, 胡余生. 电机噪声机理及控制技术概述 [J]. 日用电器, 2016, (3): 39-41, 45.

[80] 刘书峰. 基于电机噪声的控制方法及措施 [J]. 机械管理开发, 2010, 25(2): 122, 124.

[81] 王晋鹏, 常山, 刘更, 等. 船舶齿轮传动装置箱体振动噪声分析与控制研究进展 [J]. 船舶力学, 2019, 23(8): 1007-1019.

[82] 刘小琴. 齿轮传动噪声的控制措施研究 [J]. 山西师范大学学报：自然科学版, 2010, 24(2): 59-61.

[83] 何韫如, 宋福堂. 齿轮与齿轮箱振动噪声机理分析及控制 [J]. 振动、测试与诊断, 1998, 18(3): 67-72, 78.

[84] 高新民, 陈冰, 吕敬高, 等. 船用离心泵减振降噪分析 [J]. 流体机械, 2011, 39(9): 50-53.

[85] 谢小华, 廖庆斌. 船舶系统声学性能影响因素分析 [J]. 舰船科学技术, 2018, 40(10): 51-55.

[86] 刘桥梁, 冯成戈, 王晓东, 等. 空调风机噪声的产生机理及控制途径 [J]. 风机技术, 2004(4): 56-59, 52.

[87] 杨树柏, 陈康民, 殷忠民, 等. 空调风机性能测试室噪声控制 [J]. 风机技术, 2000, (6): 11-14.

[88] 曹贻鹏. 船舶柴油发电机组隔振与隔声设计 [D]. 哈尔滨: 哈尔滨工程大学, 2005.

[89] 郭骅, 姜哲. 内燃机排气噪声的分析研究 [J]. 江苏大学学报 (自然科学版), 1988, 9(1): 12-22.

[90] 谢建平, 马文彬. 船用高速大功率柴油发电机组箱装体研制 [J]. 噪声与振动控制, 2007, (5): 119-124.

[91] 任希文. 空气压缩机的噪声控制 [J]. 科技资讯, 2010, (33): 37.

[92] 向冬枝, 吴伟志. 空压机噪声分析与治理 [J]. 通用机械, 2008, 6(9): 58-62.

[93] 王艳华, 孙团, 赵冬冬. 往复泵噪声和振动产生机理分析及降噪对策 [J]. 价值工程, 2012, 31(24): 27-28.

[94] 袁东红, 华锁宝, 顾则红, 等. 往复泵振动和噪声机理分析及减振降噪措施 [J]. 中国舰船研究, 2009, 4(5): 75-80.

[95] Skaistis S. Noise Control of Hydraulic Machinery[M]. NewYork: Marcel Dekker Inc., 1988.

[96] 马宪亭. 液压阀的噪声控制探讨 [J]. 液压气动与密封, 2011, (5): 1-3.

[97] 王庆丰. 液压控制元件流体噪声控制的研究进展 [J]. 流体传动与控制, 2003, (1): 25-28.

[98] 谭拥军. 滚动轴承噪声及其控制 [J]. 机械管理开发, 2010, 25(3): 14-15.

[99] Rabinowioz E, Rightmire B G. Low-speed sliding[R]. Lubrication Laboratory, Department of Mechanical Engineering, Massachusetts Institute of Technology, Technical Report, 1956.

[100] Hoppenrath R. Main propulsion shafting and bearings of german naval vessels[R]. U. S. Naval Technical Mission in Europe, Technical Report, 1945.

[101] Smith R L. Laboratory examination of vibration induced by friction of water-lubricated compliant-layer bearings[R]. Shaker Research Corporation Report 76-T12-18, N00014-74-C-O278, 1976.

[102] Krauter A I. Squeal of water-lubricated elastomeric bearings — an exploratory laboratory examination[R]. Shaker Research Corporation Report 77-TR-25, NOOO14-74-C-O278, 1977.

[103] Krauter A I, Brower D C. Squeal of water-lubricated elastomeric bearings — a quantitative laboratory investigation[R]. Shaker Research Corporation Report 78-TR-26, N00014-74-C-0278, 1978.

[104] Daugherty T L, Sides N T. Friction characteristics of water lubricated stave bearings[R]. David W. Taylor Naval Ship Research and Development Center, Report No. DTNSRDC-80/023, 1980.

[105] Bhushan B. Development of low-friction elastomers for stern-tube bearings[R]. Mechanical technology Incorporated, Report No. MTI 80-TR-44, NAVSEA Contract No. N00014-79-C-0041, 1980.

[106] Bhushan B. Stick-slip induced noise generation in water-lubricated compliant rubber bearings[J]. ASME Journal of Lubrication Technology, 1980, 102: 201-212.

[107] Smith R L, Krauter A I, Pan C H T. Laboratory investigation of water-lubricated elastomeric Bearings[R]. Shaker Research Corporation Report 80-TR-64, ONR Contract No. N00014-74-G-0278, 1981.

[108] Daugherty T L, Sides N T. Frictional characteristics of water-lubricated compliant surface stave bearing[J]. ASLE Transactions, 1981, 24: 293-301.

[109] Patton S U. Noise and wear characteristics of water lubricated bearings and material for strut and stern tube service[R]. U.S. Naval Engineering Experiment Stations, Annapolis, Maryland, E.E.S Report, 1951.

[110] Smith R L, Pan C H T. An Exploratory laboratory simulation of stick-slip induced vibration of water lubricated compliant layer bearings[R]. Shaker Research Corporation Report 75-TR-ll, ONR Contract No. N00014-74-C-0278, 1975.

[111] 吕仁国, 李同生. 载荷对丁腈橡胶摩擦学特性的影响 [J]. 润滑与密封, 2001, (6): 29-30.

[112] 吕仁国, 李同生, 黄新武. 不同速度下丁腈橡胶摩擦特性 [J]. 合成橡胶工业, 2002, 25(2):

101-103.

[113] Smith W V, Schneider L G. Lubrication in a sea-water environment[J]. Naval Engineers Journal, 1963, 75: 841-854.

[114] 彼得森, 斯托姆. 船舶噪声控制 [M]. 北京: 国防工业出版社, 1983.

[115] 柳贡民, 罗文, 赵晓臣. 船舶管路系统振动噪声研究的理论与实践 [C]. 第二十七届全国振动与噪声应用学术会议论文集, 2016, 47-57.

[116] 李伟刚, 王春健, 李兵尚. 潜艇液压系统管路振动与噪声的分析控制 [J]. 机床与液压, 2011, 39(14): 70-71, 105.

[117] 李忠杰. 船舶液压系统噪声的分析与控制 [J]. 机床与液压, 2011, 39(16): 104-106.

第 5 章　舱室空气噪声控制

5.1　概　　述

　　过高的舱室空气噪声会直接影响舱室环境，降低舱室工作和生活的环境舒适性。长期暴露在舱室空气噪声中，不但会影响到人们的工作注意力、语言交流、睡眠及休息，还可能对人的听力造成无法恢复的永久性损伤，因此新一代的船舶设计不仅对船舶的高速性和安全性有较高要求，同时也将舒适性纳入重点考虑范围。船舶人员所处舱室的工作环境很大程度上决定了船舶的舒适性，对于长时间在海上作业的人员，工作环境主要取决于噪声的控制，防止船员长时间暴露于有害噪声中是现代船舶设计的重要研究方向。国际海事组织 (International Maritime Organization, IMO) 于 2014 年 7 月 1 日发布了最新的更为严格的舱室噪声标准规范，随着这一规范的发布，越来越多的设计单位和设计人员开始意识到舱室噪声问题的严重性。

　　对于军用舰船来讲，舰船舱室空气噪声会带来很大危害。首先，这种噪声能够被人的耳朵接收到，长期生活在噪声环境中则会损坏人的听力，使得人心烦意乱、注意力下降，进而影响舰员操作装备；而且空气噪声若是太大则会干扰舰员间的语言交流，影响到作战命令的传达；再者，空气噪声也会透过舰船外壳向水中辐射，从而使得水噪声有所增大，不但干扰了自己声呐的探测，也由于辐射噪声的增大使得自身更容易被敌方声呐探测到，因此舱室空气噪声有时也会危及舰船的作战安全。舱室空气噪声治理的目的是为船员提供更加优良的工作、生活环境，同时减小舱室空气噪声还可提高舰艇的隐身性能 [1]。

　　相比较于陆上建筑物而言，船舶舱室的空间狭小，并且由于结构形式的原因，船舶结构噪声衰减更慢，因此船舶舱室噪声控制更加困难。舱室空气噪声在总体设计时进行顶层考虑是最有效的措施，可以从根源上减少舱室的空气噪声，例如，在总体设计时考虑舱室的优化布置；设计合理的线型减少振动；对高噪声机械设备进行集中优化布置，使其远离噪声敏感程度高的舱室；从设备源头做起，对空调风机、高噪声电子机柜设备以及机械设备本身进行低噪声改进，降低设备的噪声水平；严格控制隔舱壁结构上的开孔、留洞和穿管数量等。以上方法不需要耗费太多的总体资源，同时经济性较好。但是任何一种技术都无法完全消除舱室的空气噪声，总体顶层设计也是如此，在顶层设计无法解决的情况下，还需结合一些常规的技术措施,如隔振、阻尼、消声等技术手段。对于船舶舱室空气噪声的控制一般也是从声源、传播途径和接受者这三个环节入手,其中最有效的办法是从声源上去考虑,在设计阶段,将噪声源合适地置于希望保持安静的区域中,就可以发挥很大的降噪作用。针对噪声源的控制主要从减少设备激振力的幅值入手,降低系统各部件对激振力的响应,改变工作环境等方法降低声源的噪声。对于传播途径的噪声控制,主要通过吸声、隔声、敷设阻尼等方式来降低声源传递的空气噪声。

5.2 舱室空气噪声源及传播路径

5.2.1 舱室空气噪声源

船舶舱室空气噪声主要噪声源包括如下。

1. 主辅机机电设备 [2]

舰船舱室具有机械设备多,设备开启工况复杂等特点,其一方面是潜艇主辅机舱室主要的空气噪声来源,另一方面也是舰船水下辐射噪声的主要来源。机械设备运转时,部件间的摩擦力、撞击力或非平衡力,使机械部件和壳体产生振动而辐射噪声。机械噪声的特性 (如声级大小、频率特性和时间特性等) 与激励特性、物体表面振动的速度、边界条件及其固有的振动模式等有关。推进主机组、柴油发电机组等设备产生的振动、空气噪声都很显著,对生活舱室和工作舱室影响重大,是主要振动噪声源,例如,实船上柴油机辐射的空气噪声最高可达到 115dB(A) 左右。另外一些设备包括空压机、冷水机组、风机、各类泵组、液压舵机等,分布在船上各个部位,对舱室振动、空气噪声也有重要影响。此外,机电设备相关的电子机柜广泛安装在声呐室、控制室等部位,也是舱室空气噪声的主要来源之一。单台电子机柜工作产生的空气噪声约在 60dB(A),其能量主要集中在中低频,部分电子机柜产生的空气噪声中含有明显的线谱噪声成分。尤其在电子设备众多的声呐室,电子机柜噪声的贡献与空调通风系统噪声贡献相当,甚至更高,是噪声治理过程中不可忽视的成分。

2. 空调通风系统

通风系统为全船生活和工作舱室提供必要的居住环境,所以各个生活和工作舱室中都有空调通风系统布置。空调通风系统由空调机组、通风管道、出风口和风阀等相关附件组成,是住室舱室空气噪声的主要来源,也是主辅机舱室及艉舱重要的空气噪声来源,其产生的空气噪声以及管壁的振动直接辐射到舱室中。空调通风系统噪声可细分为空气动力性噪声、机械噪声和电磁噪声。空调机组的空气动力性噪声包括风机噪声和压缩空气气流脉动噪声,其中风机噪声是旋转噪声和涡流噪声共同作用的结果；空调机组的机械噪声主要是风机叶片、电机振动噪声和谐振噪声，并通过设备机壳向周围辐射；机组电机的电磁噪声与空气动力性噪声及机械噪声相比较低。总体而言，空调系统空气动力性噪声 (风机噪声) 在辐射噪声中占据主要地位，其次是机械噪声，再次是电机的电磁噪声，一般风机噪声较空调设备机械噪声大 10dB 以上。风机噪声的大小和特性因风机的形式、型号及规格的不同而不同。从构造上风机可分为离心风机和轴流风机两种类型。离心风机噪声以低频为主，随着频率的提高，噪声逐渐下降；轴流风机以中频噪声为主。在工程上，往往不是以风机的声学性能作为选择风机的首要标准，而是根据所需要的风量与风压来确定风机的型号、大小和转速。

在系泊阶段对某船舱住室空调风机的辐射噪声以及通风口噪声进行测试，所得结果如图 5.2.1 所示，可以发现空调风机产生的辐射噪声总声级可达到 73.6dB。

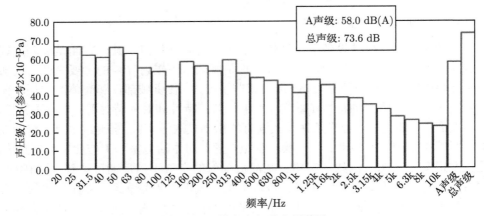

图 5.2.1　舱室空气噪声频谱图

由于空调系统中大量使用通风管路，管道噪声也是一个重要噪声源，它通过空调末端传递或者直接辐射传递，主要包括管内气流湍流噪声以及由于气流引起的管路振动噪声、阀门节流噪声等。其中，气流湍流噪声是一种在管道内由高速气流湍流脉动引起的噪声，以中高频为主，噪声强度大致与气流速度的 6 次方正相关。气流经直管段引起的气流噪声声功率级可用式 (5.2.1) 估算 [3]：

$$L_W = L_{WC} + 50 \lg v + 10 \lg s \qquad (5.2.1)$$

式中，L_{WC} 为管道的比声功率级 (dB)，即为在单位风量、单位风压下所产生的声功率级，一般可取 10dB；v 为管道内气流速度 (m/s)；s 为管道的断面积 (m^2)。

空调系统送风量一定时，通过减小风道断面尺寸可节省空间要求和经济成本，但将导致气流速度增加，由此提高管路的压力损失和气流噪声，影响消声器的实际消声效果。表 5.2.1 为室内噪声标准对空调系统气流速度的控制要求。

表 5.2.1　室内噪声标准对空调系统气流速度控制值 [3]

室内噪声标准		风管内气流速度控制值/(m/s)	
噪声评价曲线	A 声级/dB	主风管	支风管
15	20	4.0	2.5
20	25	4.5	3.5
25	30	5.0	4.5
30	35	6.5	5.5
35	40	7.5	6.0
40	45	9.0	7.0

末端风口噪声主要是由气流湍流产生的，以高频噪声为主。由于末端风口噪声直接向舱室内辐射，因此在舱室内通过敷设吸声材料可降低反射声，但对直达声无效，导致降噪效果有限。控制末端噪声最有效的方法是噪声源控制，同时控制气流速度，设计适当的风口气流流速、风口数量及布置位置，选取可调节低噪声风口型式。表 5.2.2 为室内噪声标准对风口气流速度的控制要求。

表 5.2.2　室内噪声标准对风口气流速度控制值 [3]

室内噪声标准		流速/(m/s)
噪声评价曲线	A 声级/dB	送回风口
15	20	1.5
20	25	2.0
25	30	2.5
30	35	3.3
35	40	4.0
40	45	5.0

3. 主机和辅机的进排气管路、进排气围阱和其他管路

主、辅机进排气管路以及围阱也是舱室的主要噪声源，例如，某型船柴油发电机组进气围阱噪声达到了 98 dB (A)，致使管路附近的相关舱室和上层建筑舱室噪声恶化。另外其他管路如液压管路、消防管路、冷却管路等，振动噪声同样会通过管路、流体以及支撑等直接或间接对舱室空气噪声造成影响。

4. 船体结构

结构振动主要来自船体振动、局部结构振动等，排除船体本身设计原因，船体振动主要表现为，在高航速下随着航速增高流体激励以及设备激励显著增大，导

致全船舱室振动强烈而辐射噪声增加。局部结构振动主要来自艏部、艉部以及部分结构比较薄弱的位置，导致局部振动增大而辐射噪声增加。

5. 人员活动噪声

这类噪声主要由人员工作、交流等活动引起，属于非稳态噪声。在人员活动密集区域，这类噪声强度较高，对舱室环境影响较大。

5.2.2　传播路径

舱室空气噪声的主要噪声源及一般噪声源主要分布在机舱、设备舱、轴系经过的舱室、艉舱，以及全船的空调、通风系统的风机，这些振动声源主要通过以下两种途径传播到居住和工作舱室中 [4]。

1. 空气声路径

当空气声在自由场中传播时，它会随着传播距离逐渐衰减。当它遇到障碍物时，如钢板，衰减显著增加。根据质量定律，空气声衰减量与障碍物的表面质量有着密切关系，当障碍物表面质量每增加一倍时，空气声传递损失就增加 6dB，有数据表明，一块典型的钢板可以使空气声衰减 40dB。船舶结构的甲板和舱壁能够十分有效地限制空气声的传递，因此一般在源舱室和接受室相邻的情况下，空气声路径是考虑的重点。当空气声从源舱室传到与其相邻接受室时，接受室声压级可按式 (5.2.2) 计算：

$$L_{p,R} = L_{p,S} - TL + 10\lg\left(\frac{S}{A_E}\right) \tag{5.2.2}$$

式中，$L_{p,R}$ 为接受室声压级，$L_{p,S}$ 为声源室声压级，TL 为传递损失，单位均为 dB；S 为声源室与接受室之间的隔板面积，A_E 为接受室的吸收面积，单位均为 m^2。

2. 结构声路径

螺旋桨、波浪冲击在水中产生的振动和机舱内、设备舱内、艉舱内以及空调通风系统振动噪声源运行引起的振动通过其基座、连接管路等途径直接传播到船体结构上，由船体结构再传播到舱室的舱壁、底板和顶板上，向舱室内辐射振动和噪声。激励源的振动能量从基座处传递到接受舱室所经历的传递路径包含三种结构 [5]：第一种为基座周围的受迫振动区域，一般称为有效源面积区；第二种为受迫振动区域之外的船体结构；第三种为船体结构的转角以及支柱处。

1) 有效源面积区

有效源面积区是通过将设备基座与船体结构之间接合处的轮廓，在各个方向上向外扩展 1m 来确定的，如图 5.2.2 所示。

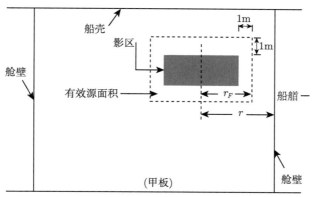

图 5.2.2 有效源面积示意图 [4]

2) 受迫振动区域之外的船体结构

在受迫振动区域之外，结构噪声传递损失计算方法如下：

$$TL = 10\lg\left(\frac{r}{r_F}\right) + \beta\left(r - r_F\right) \tag{5.2.3}$$

式中，r 为机械基座"影区"至舱室边界距离，r_F 为机械基座"影区"中心至有效源面积边界的距离，单位均为 m；β 为每米耗散损失系数，单位为 dB/m。

3) 转角

转角形式一般有直角型、十字型或 T 字型。图 5.2.3 中所示转角为十字型和 T 字型。

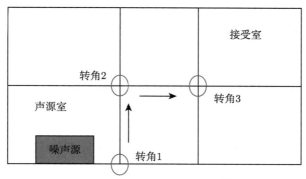

图 5.2.3 结构声传递路径 [4]

对于不同形式的转角结构，其传递损失可分别按式 (5.2.4)、(5.2.5) 和 (5.2.6) 计算。

直角型转角：

$$TL = 20 \lg \left(\frac{\sigma^{-\frac{S}{4}} + \sigma^{\frac{S}{4}}}{\sqrt{2}} \right) \tag{5.2.4}$$

T 字型转角：

$$TL = 10 \lg \left(2 + 2\sigma^{\frac{5}{2}} + \frac{\sigma^5}{2} \right) \tag{5.2.5}$$

十字型转角：

$$TL = 20 \lg \left(1 + \frac{\sigma^{\frac{5}{2}}}{2} \right) + 3 \tag{5.2.6}$$

其中，σ 为结构的辐射比。

5.3　舱室空气噪声控制技术

5.3.1　设备优化布置

根据以往船舶声学设计的流程，大多数是在船舶图纸初步确定之后开始进行舱室噪声预报，一旦在设计阶段发现可能超标的舱室，则在建造阶段开始采取相应的减振降噪措施，这种操作模式在一定程度上增加了成本，并且为后续的噪声问题埋下了隐患。如果从设计阶段的舱室分配问题入手，通过将噪声源合适地置于希望保持安静的区域中，就可以发挥很大的降噪作用，其首要原则是噪声源与住舱之间的距离应越大越好 [6]。

当船舶中主要动力设备位置确定之后，如何进行舱室分配就显得十分重要，由于 IMO 标准中不同舱室对应的限定值不同，因此可以通过巧妙地安排各个舱室在某层甲板的位置，实现所有舱室声压级均达标的目的。舱室声学布局优化设计一般以声学指标作为约束条件，将船上不同功能的舱室合理分配到已有的结构空间中。一般情况下，当船舶主机及动力设备等主要振动激励源的布局确定之后，对于确定的船舶结构而言，从激励源到各个舱室的振动噪声能量传递路径也就基本确定了，船舶局部结构的变化不会导致能量传递路径产生大的变化。根据这个原则，可以先将船舶各个舱室的声压大小和分布情况确定，然后再按照 IMO 标准中各类舱室的声压限制值，将舱室的声学布局问题转化为两组数值的匹配问题。

为使舱室噪声实现最小的设计，可将噪声区 (如发动机和柴油发电机舱室及其舱口盖、靠近螺旋桨的舱室等) 和起居舱室、控制室隔离开，把非居住区 (如储藏室、空隔舱、浴室和洗衣房、走廊等) 设为缓冲区 (如图 5.3.1 所示)，缓冲区附近安排一些声学适居性要求稍低的舱室 (厨房、服务和公用舱室)。风机、空调以及其他噪声源设备不应安装在起居舱室的围板 (舱壁) 上；通向发动机和柴油发电机舱室的门不应位于靠起居舱室入口非常近的地方，除非有隔声闸室。如果将上层结构置于船尾，而不采取非常降噪措施，几乎不能降低从机器和螺旋桨传递至船体的结构噪声，该布置很可能意味着不能达到规定的噪声标准。很多情况下，可通过将储藏室、洗刷室等置于船体下面作为缓冲区域，并将所有船舱置于上层结构中来避免。

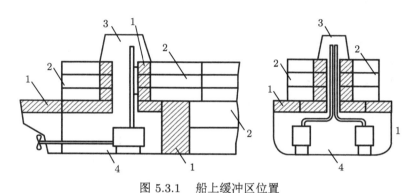

图 5.3.1　船上缓冲区位置
1. 缓冲区；2. 起居室；3. 发动机舱风道；4. 发动机舱

5.3.2　系统优化设计

1. 船型及结构设计

在船型设计中，应考虑采用船舶在航行中流体激励船体结构产生振动较小的线型设计方案，例如，采用全折角线型，前倾首、方尾、单层连续甲板，首部具有反向龙骨设计坡度，使水下流场均匀，水下振动影响较小。在结构设计中，使船体总振动固有频率 (主要为一、二阶频率) 与干扰力频率 (螺旋桨产生的一阶和叶频激振力) 错开，以避免引起共振。在螺旋桨作用区进行合理的结构设计，对该区域的板、板格和板架的尺寸进行优化，以减小尾部振动，从而降低总振动响应，并保证其具有足够的频率储备 [2]。

2. 空调风机结构形式设计

由于舱室空间有限，如果间接式空调机组的回风箱设计得过短、出风箱设计得过矮，会造成很大局部阻力，从而导致风机风压被迫加大，电动机功率和噪声随之增加；又由于回风箱、出风箱局部阻力增加，气流产生更大的涡流和紊流造成系统内空气动力噪声的增加，并通过空调风管向舱室扩散。因此，应优化间接式空调机组的结构形式，避免采用局部阻力过大的回风箱和出风箱。

在理论上，通风机的空气动力噪声大小与其转速、叶轮直径大小、外壳的结构形式、叶片倾角、叶片数和通风机工作状态有关；而产品的加工、安装精度是一台通风机机械噪声大小的最主要决定因素。所以，在空调通风系统中，若采用离心式通风机，应尽可能选用低转速、后弯叶片形式；若采用轴流式或混流式通风机应尽可能选用低转速、小直径形式。另外，结构合理性、装配精密性、良好的动静平衡性都是选择通风机时应充分关注的要素。

在设计划分空调区域时，应与其他相关专业协调，合理布置舱室及确定空调风管走向和尺寸，使各舱室的布置及组合既满足其他专业的需要，又有利于空调系统的设置，应尽量控制每台间接式空调机组的空调负荷和风量，避免选择过大风量和功率的空调通风机，以达到控制噪声源强度的目的；应避免采用过长、阻力过大的送风管、回风管和新风管，以降低空调通风机的风压，降低风机电动机的功率，达到控制噪声源强度的目的。

对于舱容较小、舱室功能和数量多且杂的船舶，通常舱室划分不能完全符合空调设计要求，往往既增加了间接式空调机组的功率和噪声，又因过多过长的风管设置而额外占用了船上宝贵的空间，所以合理布置舱室及合理确定空调风管走向和尺寸，是一项需要各专业共同协调完成的工作。为有效控制空调系统的噪声，空调系统形式尽量采用间接式空调系统，这样就能将冷水机组和水泵布置得远离生活与工作舱室，使来自这两大噪声源的噪声在传播过程中大幅衰减，最终留在生活和工作舱室区域的噪声源只有间接式空调机组和风机。

5.3.3　隔声技术

隔声是指将噪声传播途径隔开，使噪声与要求安静的舱室隔绝。隔声结构，一般为单层结构或由单层构件组成的双层结构以及轻质复合结构等[7]。舰船上隔声结构的应用比较普遍，例如，某些船将离心通风机放在消声风机箱内，风管则与风机箱相连，以避免通风机噪声的传播；在某些场合，可根据需要为制冷压缩机、水泵、风机等噪声源设置隔声罩。风机箱、隔声罩的优点是体积小、效果比较明显，但通常还要考虑通风散热、装拆检修、操作运行、仪表监视等方面的设计。船上典型的隔声结构还有机舱集控室，它将机舱内噪声隔离，使集控室内的操作人员可以在较安静环境中工作；各种管路的包覆，除了能降低振动沿管路的传递外，还能有效降低管内噪声的透射和管壁振动的辐射，其隔声作用也非常明显；除此之外，潜艇外壳上敷设的消声瓦也有隔声作用，它可有效隔离艇体辐射的噪声和舱室噪声向水中的透射[8]。

隔声结构的隔声能力一般用隔声量来衡量，它是入射到隔声结构与透射过隔声结构的声功率差，其主要取决于结构、尺寸和形式，以及材料的属性。图 5.3.2 显示了两相邻舱室间空气声的传递过程，隔板的隔声量 TL 可以用式 (5.3.1) 表

示 [9]：

$$TL = 10 \lg \frac{W_i}{W_t} = 10 \lg \frac{1}{\tau} \tag{5.3.1}$$

式中，W_i 为声源室入射声功率，W_t 为透射声功率，τ 为透射系数。

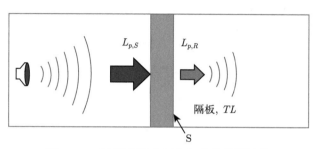

图 5.3.2 两相邻舱室间空气声的传递过程

1. 隔声舱壁 (主舱壁、壁面、舱门隔声)

采用声阻抗较高的材料制作的隔声板才能实现空气噪声的有效隔离，这种材料包括金属、木材和复合材料等 [10]。

声音沿法向入射到两种不同声阻抗介质或结构间边界时，设两种介质的声阻抗分别为 z_1 和 z_2，则传递系数为

$$\alpha = 1 - \left| \frac{z_1 - z_2}{z_1 + z_2} \right|^2 \tag{5.3.2}$$

设空气的密度为 ρ，声速为 c，当隔声舱壁位于空气中时，空气的声阻抗 $z_1 = \rho c$，阻抗 z_2 包括单位面积舱壁的阻抗和空气的声阻抗，即

$$z_2 = \mathrm{j}\omega m + \rho c \tag{5.3.3}$$

其中，m 是每平方米舱壁的质量 (kg)。

因此，

$$\alpha = 1 - \left| \frac{-\mathrm{j}\omega m}{2\rho c + \mathrm{j}\omega m} \right|^2 \tag{5.3.4}$$

进而可得

$$\alpha = \frac{1}{1 + \left(\frac{\omega m}{2\rho c} \right)^2} \tag{5.3.5}$$

舱壁隔声量 (分贝) 的值是 α 的倒数:

$$I_n = 10\lg\frac{1}{\alpha} = 10\lg\left[1 + \left(\frac{\pi f m}{\rho c}\right)^2\right] \tag{5.3.6}$$

声波与舱壁构成斜入射角时, 舱壁的隔声量为

$$I_\theta = 10\lg\left[1 + \left(\frac{\pi f m\cos\theta}{\rho c}\right)^2\right] \tag{5.3.7}$$

其中, θ 为法线与 (声波作用在舱壁上的) 斜入射角之间的夹角。

显然, 隔声板在斜入射角上的隔声量比法线上的隔声量要低。实际条件下, 作用于隔声板的声场是扩散声场, 即所有入射角都具有相等概率。因此, 实际隔声量要比法线入射角上的隔声量低 ΔdB:

$$I = 10\lg\left[1 + \left(\frac{\pi f m}{\rho c}\right)^2\right] - \Delta\text{dB} \tag{5.3.8}$$

在较高频率条件下可取 $\Delta = 5$dB, 忽略对数项中的 1, 上式简化可得

$$I = 20\lg(fm) - 46\text{dB} \tag{5.3.9}$$

如果舱壁四周边缘固定, 则舱壁可避免像活塞一样运动, 即有效质量变小, 定义为 $m' = \chi m\ (\chi < 1)$。对于边缘固定的板而言, 若取 $\chi = 0.2$, 考虑到 $20\lg\left(\dfrac{1}{0.2}\right) = 14(\text{dB})$, 式 (5.3.9) 可变为

$$I = 20\lg(fm) - 60\text{dB} \tag{5.3.10}$$

任何普通隔声板的隔声量都与其质量的对数成正比, 上述关系被称为 "质量定律"。

隔声量也随频率而增加。根据式 (5.3.9) 和 (5.3.10), 频率每增加一倍, 隔声量都将随之增加 6dB。实际上, 隔声量的增加要略小一些, 受实际舱壁尺寸限制, 在高频条件下, 质量定律会由于频率重合共振的发生而失效, 当舱壁中弯曲波的长度与空气声的波长相等时就会出现这种共振。在重合共振相应的频率条件下, 以及在邻近频率条件下, 隔声板开始非常强烈地传递声音, 即隔声板的隔声量开始下降。图 5.3.3 展示了层压塑料舱壁隔声量–频率曲线, 从图中可以看出, 在重合共振频率时 (这个频率被称为临界频率 f_{cr}), 隔声量曲线出现急剧下降, 隔声板阻

尼越小，这个下降的幅度就越大。在较低频率时也观察到了因舱壁共振所导致违反质量定律的隔声量下降现象。

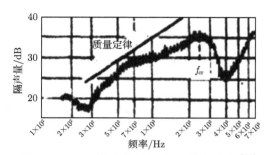

图 5.3.3　层压塑料舱壁隔声量-频率曲线 [10]

图 5.3.4 给出了钢质、松木质和山毛榉木质舱壁的临界频率随壁厚变化的曲线，从图中可以看出，对于 3~6mm 厚的钢质壁面和 2~5cm 厚的木质 (松木) 壁面而言，其临界频率在 5000~2000Hz 范围内变化，处于最大听觉灵敏度范围。壁面越薄，f_{cr} 的值越大。

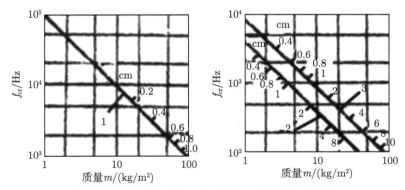

图 5.3.4　各种材料制成的普通隔声板的临界频率

1. 钢质隔声板；2. 松木板质隔声板；3. 山毛榉木板质隔声板。隔声板每平方米的重量在横坐标上表示；隔声板的厚度表示在直线上

平均隔声量可采用半经验公式来确定：

$$I_{\mathrm{av}} = 13.5 \lg (m) + 13\mathrm{dB} \tag{5.3.11}$$

对于均匀隔声板的隔声设计，除了考虑隔声板的重量外，还须考虑隔声板边缘固定所使用的槽、肋条以及隔声板材料阻尼大小。表 5.3.1 列出了某型船上的

门、舷窗和舱口盖的隔声量，从表中可发现，由薄钢制造的非防水性门隔声量较低，约为 25dB；防水门和船上各种透光结构的隔声量均超过 30dB。

表 5.3.1　某型船的各种门、舷窗和舱口盖的隔声量 [10]

名称	简述	平均隔声量/dB
非防水门	尺寸为 890mm×1700mm，由 1.5mm 厚的钢板构成，带有两个压缩的矩形凹陷以增加结构强度。该门内侧通过 5mm 的胶合板进行保护。钢板和胶合板之间有一层 50mm 的铝箔以进行隔声。门闩和把手上未安装隔声板	25
防水门	尺寸为 680mm×1600mm，由 3mm 厚的钢板组成，带有加强肋和 5mm 的隔声棉毡。该门内侧通过 5mm 的胶合板条进行保护。门上有 5 个滑动门闩和一个橡胶垫	32
开放式舷窗	尺寸为 450mm×650mm。5mm 厚的双层玻璃板，带有 20mm 的空隙。固定玻璃的框架四周带有加强肋和橡胶垫	37
固定式舷窗	尺寸为 200mm，该舷窗带有 5mm 厚的单层玻璃板。并且带有加强肋和橡胶垫	34
机舱透光舱口的盖子	由 3mm 厚的钢板构成，上面覆盖有一层 5mm 厚的碎棉毡。6 个直径为 200mm 的玻璃窗被安装在钢板中的框架中，玻璃厚度为 5mm。舱口四周带有加强肋和橡胶垫	31

图 5.3.5 给出了坚硬的 15mm 厚的均匀胶合板和相同厚度带槽板的隔声曲线。在板上加槽，以降低板的弹性，增加其临界频率，可增强隔声效果。隔声板的特性近似符合质量定律。

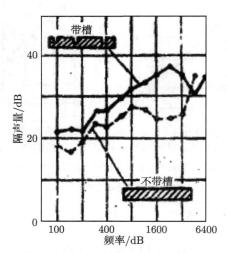

图 5.3.5　带槽与不带槽的胶合板的隔声量

将轻质加强肋焊接在钢质隔声板上，可使隔声板频率 1000Hz 以上的隔声量降低 3～5dB，在同一隔声板上焊接较重的加强肋可使频率 200Hz 以上的隔声量降低 9dB，如图 5.3.6 所示。隔声量下降的原因主要是隔声板的临界频率降低了。因此，将加强肋焊接到钢质隔声板上看似是一个非常有利于改善隔声板隔声量的措施，但在实际情况中不推荐使用该方法。

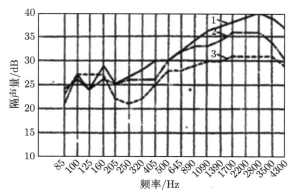

图 5.3.6　加强肋对钢质舱壁隔声量的影响

1. 3mm 厚的钢质舱壁，无加强肋；2. 无加强肋的 3mm 厚的钢质舱壁，带有 7 个焊接的由 6 号球扁钢构成的加强肋；3. 无加强肋的 3mm 厚的钢质舱壁，带有 7 个焊接的由 12 号球扁钢构成的加强肋

　　双层舱壁可通过表面摩擦衰减挠曲振动，如图 5.3.7(a) 所示，舱壁板之间通过焊点连在一起，焊点焊接在孔中，或者其中一块板的槽缝中。注意不能使用过多焊点，以免造成舱壁板在挠曲振动中一起运动。在双层板之间注入阻尼材料 (如红铅、沥青等) 来增加舱壁阻尼作用，当阻尼材料占据隔声板面积的 1/3 时，舱壁就可发挥其有效的减振作用。在两层钢板之间夹有塑料复合材料的"三明治"结构可作为舱壁隔声板，如图 5.3.7(b) 所示，这种结构的静态刚度较高，例如，两块

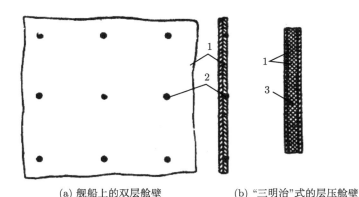

(a) 舰船上的双层舱壁　　　　　(b) "三明治"式的层压舱壁

图 5.3.7　双层舱壁结构示意图

1. 钢板；2. 焊点；3. 塑料复合层

1mm 的钢板与 4mm 厚的多层塑料复合材料组成的 "三明治" 结构, 与 5mm 厚的钢质板静态刚度相当。只要 "三明治" 层中复合材料的阻尼大, 那么这种层压隔声板就能够经受高频条件下的剪切振动 (但不能经受挠曲振动), 这样可使隔声板在重合共振频率条件下隔声量不降低, 接近质量定律, 这种层压隔声板可用于隔声效果要求高的隔声结构设计中。

　　2. 双隔声板

　　对于具有中等气隙的双隔声板, 在重量不改变的情况下, 气隙可提高平均声频和高声频条件下的隔声量, 如图 5.3.8 所示, 这是声在双隔声板间多重反射和空隙中伴随的吸声所导致的。在低频时, 双隔声板的隔声量一般要比单隔声板稍低 [10]。

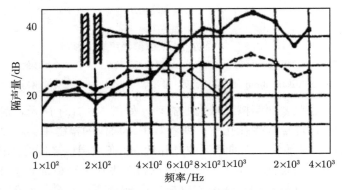

图 5.3.8　单层隔声板和双层隔声板的隔声量

　　双隔声板可简化为图 5.3.9 所示双质量弹簧系统, 其固有频率 f 与隔声板间的空气体积模量 C、单位面积板的质量 m_1 和 m_2 有关, 可表示为

$$f = \frac{1}{2\pi}\sqrt{\frac{C\,(m_1 + m_2)}{m_1 m_2}} \qquad (5.3.12)$$

隔声板间空气被压缩时的弹力 F 为

$$F = \rho c^2 \frac{s^2}{V}\varsigma \qquad (5.3.13)$$

其中, ρ 为空气密度, c 为声速, s 为隔声板间空气层面积, ς 为变形。

　　当 $s = 1\text{m}^2$ 时, 体积模量 C 为

$$C = \frac{F}{\varsigma} = \frac{\rho c^2}{h} \qquad (5.3.14)$$

式中，h 为隔声板间空气层厚度。

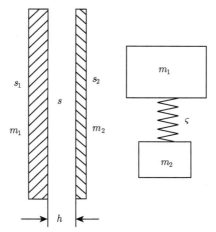

图 5.3.9　确定双层隔声板的基础共振频率

将式 (5.3.14) 代入式 (5.3.12)，可得

$$f = 600\sqrt{\frac{m_1 + m_2}{m_1 m_2 h}} \qquad (5.3.15)$$

如果隔声板壁面重量相等，则上式可简化为

$$f = \frac{850}{\sqrt{mh}} \qquad (5.3.16)$$

式中，m 的单位为 $\mathrm{kg/m^2}$，h 的单位为 cm。

式 (5.3.15) 和 (5.3.16) 是假设壁面按活塞式运动推导得到的，当壁面产生挠曲振动时，其隔声板壁面有效质量会更小。

双隔声板除了会产生上述基础共振之外，还可能会出现板间空气层的共振，其一阶共振频率 f_{ifr} 等于：

$$f_{\mathrm{ifr}} = \frac{c}{2h} \qquad (5.3.17)$$

空气层厚度 h 越大，其共振频率就越低，如图 5.3.10 所示，在双隔声板的实际尺寸限制范围内，某个频段内的隔声量 Δ_{fr} 会随隔声板之间空气层厚度的增加而增加。

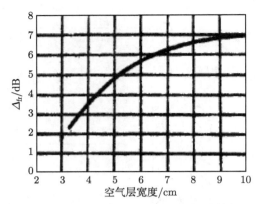

图 5.3.10　双隔声板的空气层的隔声性能

带有空气层的双隔声板在 100~3000Hz 频率范围内的平均隔声量可通过以下表达式精确计算出来：

$$I_{av} = 13.5 \lg (m_1 + m_2) + 13\text{dB} + \Delta_{fr} \tag{5.3.18}$$

式中，$m_1 + m_2$ 是双隔声板单位面积重量，Δ_{fr} 为根据图 5.3.10 确定的隔声板间空隙的隔声量。比较式 (5.3.11) 和式 (5.3.18) 可发现，双隔声板隔声量要比相同质量单层隔声板隔声量大 Δ_{fr}。单层隔声板可隔离空气噪声，同时它也是一个噪声辐射源，如图 5.3.11(a) 所示。双层隔声板既可隔离辐射到其上的空气噪声，也可隔离因第一块隔声板振动所辐射的声音，因此，在结构振动非常强烈的地方，例如，紧邻机舱的舱隔壁最好采用双层隔声板结构，另外，还可将附加质量连接在第二块隔声板舱壁上以增加其隔声量，如图 5.3.11(b) 所示。

　　例 5.3.1　在规划船用隔声舱壁时，已经给出了要隔离噪声的最强分量位于 125~150Hz 的频率范围内。

　　(1) 请确定以下两种双层舱壁哪一种更佳：两块 3mm 厚钢板并带有 5cm 厚空气层的双层舱壁；3mm 厚钢板与 6.4mm 厚的胶合薄板一起构成的复合双层舱壁。

　　(2) 确定被选定舱壁的平均隔声量。其中，3mm 厚钢板的每平方米质量为 $m_1 = 23.6\text{kg}$，6.4mm 厚胶合板的每平方米质量为 $m_2 = 5\text{kg}$。

　　解　(1) 第一种带空气层双层钢板舱壁的基础频率为

$$f_1 = \frac{850}{\sqrt{mh}} = \frac{850}{\sqrt{23.6 \times 5}} \approx 78(\text{Hz})$$

第二种由钢板和胶合板构成的复合舱壁的基础频率为

$$f_2 = 600\sqrt{\frac{23.6 + 5}{23.6 \times 5 \times 5}} \approx 132(\text{Hz})$$

复合舱壁的基础共振频率位于要被隔离噪声最强分量的频率范围内,因此,推荐选用带空气层双层钢板舱壁结构。

(2) 带空气层双层钢板舱壁的平均隔声量可表示为

$$I_{av} = 13.5\lg(2 \times 23.6) + 13 + 5 \approx 40.6 \text{ (dB)}$$

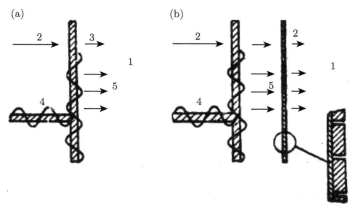

图 5.3.11 单层隔声板 (a) 及双层隔声板 (b) 在空气噪声和声振动同时影响下的隔声效果
1. 进行隔声的船舱;2. 撞击在隔声结构上的空传声;3. 穿透进隔声房间的声音;4. 声振动;5. 声振动产生的空气噪声

3. 典型隔声舱壁结构

图 5.3.12 给出了六组常用的隔声结构,其中图 5.3.12(a1) 和 (a2) 为普通的单层钢板隔声结构,可用于船舱壁、甲板、顶板和隔板,其隔声量由单位面积重量确定,图 5.3.12(a2) 结构焊接有加强肋,以增加强度,但不会增加这种舱壁的隔声量,反而会减小其隔声效果。在舱壁上粘贴隔热材料,由于隔热材料的阻尼作用以及舱壁粘贴这种材料后质量略有增加的缘故,可增加其隔声量,但效果有限,在中等频率条件下,隔声量可增加 2~3dB,高频条件下可增加 4~5dB。图 5.3.12(a) 结构可能会因为舱壁的共振而产生隔声效果下降的现象[10]。

图 5.3.12(b) 结构受隔离层附加质量和气隙隔声效应的影响,其隔声量要优于第一组结构,其第二层隔离层由木材、塑料、硬铝等无孔隙材料制成,通过木梁、螺栓或弹性元件与主舱壁连接。在两隔离层之间使用隔声垫,相当于一个由气隙弹性连接的两个质量构成的系统,可降低气隙共振,也可略微降低整个舱壁的低频共振,如图 5.3.12(b) 所示。图 5.3.12(c) 结构也具有较好的隔声性能,在这种结构中,在两

隔离层之间封入隔热材料或层压板，如石棉-蛭石、胶合板等，可在一定程度上增加隔声效果。表 5.3.2 给出了图 5.3.12(b) 和 (c) 结构增加胶合板或隔热材料后增加的隔声量，在频率高于 1000Hz 时，隔声量可增加 9~10dB 或更高。因此，对于小型船舶或发动机室邻近区域等结构噪声较高的情况，建议采用双层隔声结构，在双层隔声结构间最好采用螺旋弹簧等实现弹性连接，如果隔离层间气隙较宽，可能会导致低频时出现波共振，为此可在两隔离层间增加一层吸声材料。

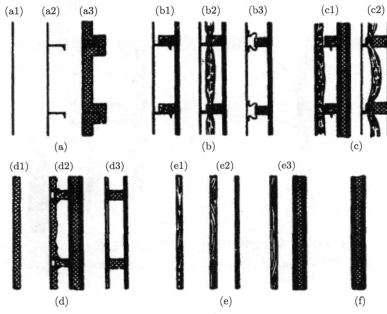

图 5.3.12　显示结构细节的隔声舱壁

表 **5.3.2**　带有不同隔声垫的双层舱壁与单层舱壁隔声量比较 [10]

结构组	气隙/mm	隔声垫材料和结构	不同频率下增加的隔声量/dB					
			70Hz	140Hz	280Hz	560Hz	1120Hz	2440Hz
2	30	胶合板，4mm	0	0	0	0	1	3
	60	胶合板，4mm	0	0	0	3	4	6
	90	胶合板，4mm	0	1	4	7	9	11
	90	胶合板，15mm	0	3	5	8	10	12
3	90	胶合板，4mm 隔热材料，20~30mm 胶合板，4mm	2	4	6	8	10	12

图 5.3.12(d) 结构与上述几种明显不同，其结构中引入了抑制主金属舱壁振动的材料，这种材料可以是减振涂层或者是固定在主舱壁上的第二层金属板，这

种涂层或金属板能产生较高的表面摩擦。如果阻尼涂层比较薄，可置于金属舱壁的任意一侧，如图 5.3.12(d2) 所示；如果阻尼涂层很厚，建议置于双壁结构金属壁的外侧，这样就不会减小气隙的有效宽度。隔声结构中金属舱壁上应尽可能考虑应用隔热材料。对于结构振动较剧烈的情况，建议使用图 5.3.12(d) 的结构。图 5.3.12(e) 隔声结构为单壁木制舱壁或双壁木制舱壁。图 5.3.12(f) 隔声结构为"三明治"型阻尼分层舱壁。

　　船用隔声结构，一方面要隔声，另一方面还必须具有水密性，在舱壁固定点上应填充弹性填料，如图 5.3.13 所示，其在提供密封性的同时，可避免声音和振动的传递。

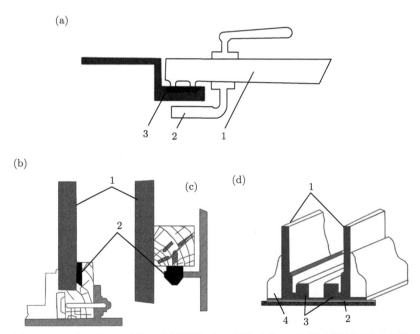

图 5.3.13 门和舱口隔声水密性设计以及单舱壁和双舱壁隔声结构固定方法

(a) 1. 门或舱口盖；2. 楔形槽；3. 橡胶密封条。(b)、(c) 和 (d)：1. 舱壁；2. 软木或橡胶薄垫；3. 固定夹；4. 裙边

　　图 5.3.14 列出了船上隔声设计过程中的典型错误示例，在图 5.3.14(a) 左图中，隔声结构中吸声材料外面覆盖一层致密装饰板，这样会将吸声材料吸声效果降至零，正确的方法是，在吸声材料上覆盖多孔板或金属筛，如图 5.3.14(a) 右图所示，实际设计时可将多孔板与吸声材料表面相隔一定间隙，使多孔板上漆时吸声材料不会黏在油漆上。图 5.3.14(b) 所示结构中，吸声材料与舱壁分离，在这种情况下，吸声材料背衬不要进行钣金加固，因为这样会消除气隙的吸声效果，并

增加有效吸声的起始频率。图 5.3.14(c) 左图展示了隔声结构安装过程中沿结构边沿留有一条缝隙，虽然缝隙中填充了吸声材料，但不可避免会有隔声损失，因此，应通过焊接或者填充稠密树脂来消除这条缝隙。图 5.3.14(d) 给出了双层隔声结构设计中的一个典型错误案例，其问题在于将一稠密吸声结构贴敷在其中一舱壁壁面上，而且两壁面间刚性固定，正确的方法是采用的吸声材料应是松散多孔的材料，并尽可能将吸声材料置于两舱壁气隙的中间位置，此时，空气粒子的振动速度以及吸声量是最大的，此外，两舱壁间采用橡胶、软塑料螺栓或者弹性支架进行连接，如果使用了木制螺栓，那么应在其下面放置一层吸声材料。单块板的连接问题也会出现在甲板和地板的设计中。如果地板不具有特殊的吸声性质，且是简单的双层地板，如图 5.3.14(e) 所示，那么连接件就不应以制造地板主层的材料制造，以确保材料阻抗的不一致性，并因此降低声传递。尽管起初看来似乎有点奇怪，但在双层木地板中，钢槽材上的声传递小于木制螺栓的声传递，如图 5.3.14(e) 右侧图所示。

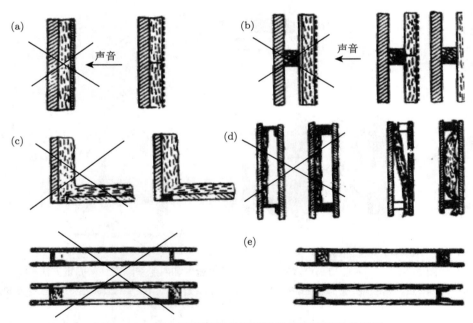

图 5.3.14　吸、隔声装置的错误设计和正确设计的示例

　　图 5.3.15 给出了结构布置中几种典型错误，其错误的主要原因在于没有考虑声振动传递的隔离，例如，机舱内声源不仅可通过设备基座传递振动，而且也可通过管路和螺旋桨轴系传递振动，如图 5.3.15(a) 所示，在噪声源设备与隔声舱壁间的管路加装挠性接管或弹性穿舱件、轴系加装弹性联轴器，可有效隔离噪声

源设备振动向邻近舱室传递，确保隔声舱壁的有效隔声，如图 5.3.15(a) 右图所示。有些设备若需安装在双层隔声舱壁结构上，采用穿过双层舱壁的金属板或金属结构平台方式进行安装，这种结构会大大降低舱壁的隔声效果，因为机舱噪声会通过穿舱安装板的弯曲振动传递进邻近舱室，正确的方法是安装板或平台不采用穿舱设计，设备通过隔振元件弹性安装于各层舱壁上，通过双层隔声隔开，如图 5.3.15(b) 所示。如果设备安装基座刚性固定在双层吸隔声地板上，如图 5.3.15(c) 左图所示，这种结构方式也会降低其隔声效果，正确的方法应采用弹性连接。

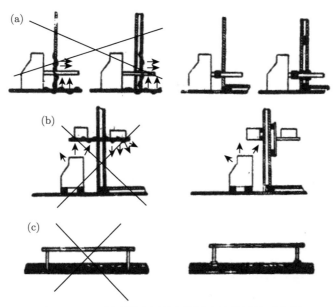

图 5.3.15　受周围振声影响的隔声结构设计示意图

4. 隔声罩

噪声强的机器设备上面应覆盖隔声罩。通过隔声罩，不仅可降低邻近船舱的噪声，而且可降低噪声源所在船舱的噪声。隔声罩壁面直接靠近噪声源，其重量应小于隔声舱壁的重量。

某风机用隔声罩如图 5.3.16 所示，分别采用模拟声源和设备实际运行两种方式开展了有、无隔声罩时隔声插入损失测试。如图 5.3.17 所示，为风机隔声罩插入损失模拟声源测试示意图。隔声量结果见表 5.3.3，从表中可以看出，风机隔声罩模拟声源状态测试的隔声插入损失为 19~25dB(A)，实际运行状态下隔声插入损失只有 5.5~9.7dB(A)。

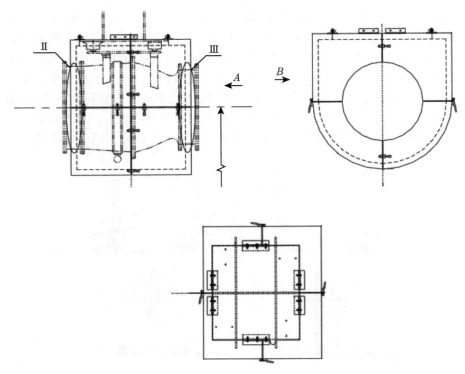

图 5.3.16   空调风机隔声罩示意图

图 5.3.17   风机隔声罩插入损失测试示意图

某水泵安装有隔声罩，如图 5.3.18 所示。

表 5.3.3   某风机不同测试方法隔声罩隔声量测试结果

测试方式		测点	隔声量/dB(A)	
模拟声源法		1	23.5	
		2	25.8	
		3	19.5	
设备实际运行法	50%工况	1	8.9	
		2	11.6	平均 9.7
		3	10.7	
		4	7.7	
	80%工况	1	6.2	
		2	7.1	平均 6.3
		3	7.7	
		4	4.3	
	100%工况	1	5.5	
		2	6.4	平均 5.5
		3	6.8	
		4	3.3	

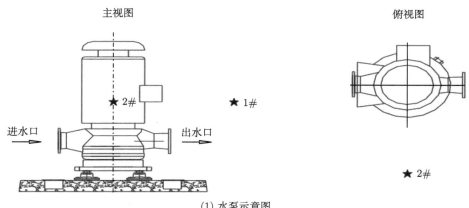

(1) 水泵示意图

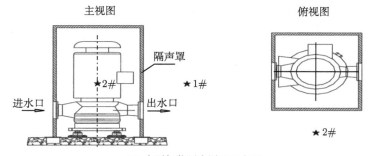

(2) 水泵加装隔声罩后示意图

图 5.3.18   安装隔声罩前后水泵噪声测点示意图

　　分别采用模拟声源和设备实际运行两种方式开展有、无隔声罩时隔声插入损失测试。20Hz~20kHz 范围内的隔声插入损失如图 5.3.19 所示，总隔声插入损失测试结果见表 5.3.4。从表中可以看出，水泵隔声罩模拟声源状态测试隔声插入损失为 27.3(A)，实际运行状态下隔声插入损失只有 6.8dB(A)。

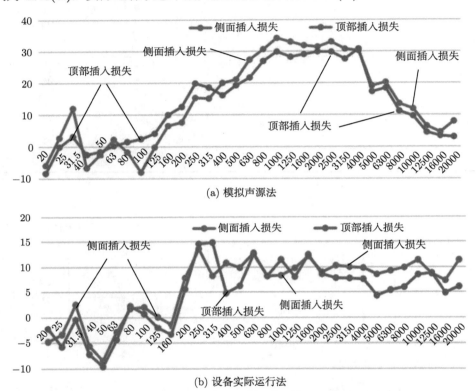

(a) 模拟声源法

(b) 设备实际运行法

图 5.3.19   水泵隔声罩隔声插入损失测量结果

表 5.3.4   水泵隔声罩隔声插入损失测试结果 ($p_0 = 2 \times 10^{-5}$ Pa, 20Hz $\sim$ 10kHz)

测试方法	测点	A 声级/dB(A)	平均 A 声级/dB(A)
模拟声源法 (隔声罩安装前)	出水口前方	91.3	93.2
	侧面	94.5	
模拟声源法 (隔声罩安装后)	出水口前方	65.9	65.9
	侧面	65.8	
插入损失/dB(A)			27.3
额定工况运行 (隔声罩安装前)	出水口前方	86.4	86.1
	侧面	85.8	
额定工况运行 (隔声罩安装后)	出水口前方	77.1	76.7
	侧面	76.2	
插入损失/dB(A)			9.4

由此可见，模拟声源和设备实际运行两种状态下测试的隔声罩插入损失有很大差异，主要原因在于，与模拟声源单一传递通道相比，设备运行时振动还会通过管路或基座等通道传播出去，所以实际设备运行状态测得的插入损失较模拟声源法测试的结果更低。

5.3.4　阻尼和吸声材料的应用

吸声材料包括纤维材料、颗粒材料及泡沫材料；吸声结构利用结构共振使空气和空腔壁面及空气层之间摩擦来消耗声能，它可分为共振吸声结构、穿孔板共振吸声结构、微穿孔板吸声结构以及空间吸声体等。吸声材料以吸收中高频噪声为主，而吸声结构在中低频段吸声性能较好。吸声降噪效果与舱室的原有吸声系数 (材料吸收的声能量与入射到该材料上的声能量之比值) 大小关系密切，吸声处理前舱室的平均吸声系数越小，吸声效果就越好；反之吸声处理前舱室的平均吸声系数越大，吸声效果就越差。

声吸收材料一般是多孔性的或纤维性的，其内部结构振动导致入射声音能量转化成热能而被消耗。像岩棉、玻璃纤维地毯、石棉等之类的材料都是很好的声音吸收材料。对于一种给定的材料，吸声系数与给定的厚度、具体的安装方式以及频率范围有关。通常，吸声系数在 "中等" 频率处最佳，当低于 500Hz 以下的频率时，吸声系数急剧下降。如果使用多孔板约束层，能增大低频吸声系数，效果主要取决于穿孔率和约束层厚度，但在高频率范围内吸声系数会降低。在较低频率条件下，可以通过在墙壁上应用较厚吸声材料来增大吸收系数。对于中等和很高的频率，增加 5~10cm 以上的厚度，几乎不会有什么效果 [6]。

1. 降噪衬层

通常，住舱中的噪声是由甲板、舱壁以及舰船侧部辐射而来的结构噪声引起的。为降低这种辐射，这些表面必须安装衬层。这可以通过一个非常简单的例子来说明。

住舱舱壁一般为钢板，直接与船舶结构相连，并假设它们在每平方米上所辐射的声功率相同。住舱的总表面积为 $24m^2$，地板面积为 $4m^2$。假设吸声面积恒定，如果在此住舱中测得中间倍频带内的声压级为 100dB，那么它相当于 $1W/m^2$ 的辐射强度。因此，总辐射功率为 24W。如果在舱壁与舱顶安装衬层，见图 5.3.20。由于它是弹性悬挂的，所以结构振动不会传递至衬层。此外，中间的空间还填充有矿棉。如果衬层在中间倍频带内的声音衰减指数为 30dB，那么来自被加衬表面的辐射会降低大约 30dB，但是来自地板的辐射却不会降低。

衬层的传声系数为：$\tau = 10^{-30/10} = 10^{-3}$。

辐射功率如下：

来自舱壁与天花板 $(20m^2)$：$20 \cdot 10^{-3} I_0 = 0.02 I_0$；

来自地板 $(4\mathrm{m}^2)$：$4I_0$；

总辐射功率：$4.02I_0$。

声压级的变化量为：$10\lg\dfrac{4.02I_0}{24I_0}\approx-7.76\mathrm{dB}$。

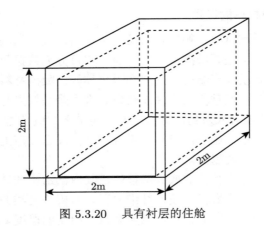

图 5.3.20   具有衬层的住舱

当吸声面积不变时，声压级的降低量等于向该舱室所提供的功率降低量。舱壁与舱顶安装衬层之后，声压级从 100dB 降至大约 92dB。如果想要进一步降低声压级，那么改善舱内壁与天花板毫无意义。假设这种情况下，将地板看作唯一的辐射源，那么声压级的降低量为

$$10\lg\frac{4}{24}\approx-7.78\text{ dB}$$

即仅增加了 0.02dB。为进一步降低噪声级，必须通过浮隔地板以降低来自地板的噪声辐射。在此例中，假设地板在被计算的中间倍频带内使得辐射量降低了 20dB。这表明，来自地板的辐射降至原来的 1/100，加上辐射功率，可得

$$\left(4\times10^{-2}+20\times10^{-3}\right)I_0=6\times10^{-2}I_0$$

它对应的声压级得到进一步降低：

$$10\lg\frac{6\times10^{-2}}{4.02}\approx-18(\mathrm{dB})$$

通过将舱壁、舱顶以及地板安装衬层，声压级会从 100dB 降至 74dB。上面这个例子被大大简化了，但是它却说明了给所有表面安装隔声衬层 (若需要使用)的重要性。

　　如果隔声衬层不与结构发生接触，那么衬层降低结构噪声的能力就几乎等于它对空气噪声衬层的衰减指数。正常的硬板衬层相当于单层舱壁的作用，可以隔离结构噪声。在结构噪声很强烈的地方，比如机罩，正常的硬板衬层可能达不到隔声要求，此时必须使用中间填充有矿棉的双层衬层。下面给出一个舱壁及舱顶天花板的构造例子。图 5.3.21 中为舱壁衬层及天花板与结构弹性连接，衬层通过橡胶垫支承于 U 型截面之上，天花板则通过橡胶配件悬吊起来，也可用钢丝带取代橡胶件来悬挂天花板，如图 5.3.22 所示。由于已经使用了可作为吸声材料的隔热层 (矿棉)，所以不必另外再使用吸声材料。在衬层与结构之间的气隙中，必须始终存在吸声材料。此外，衬层也可安装在符合防火规范的浮隔地板之上。

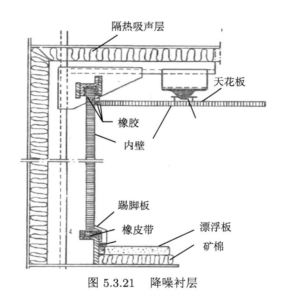

图 5.3.21　降噪衬层

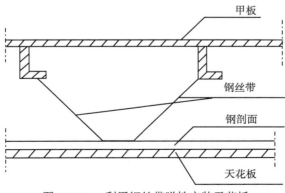

图 5.3.22　利用钢丝带弹性安装天花板

2. 浮隔地板

图 5.3.23 给出浮隔地板的原理图，钢甲板上铺设了一层涂有防扩散材料的弹性耐压缩矿棉，浮隔地板位于弹性垫 (衬底) 之上。由于挠性衬底的原因，地板必须比较坚硬，而且还必须能为固定于地板之上的家具提供一个底座。地板与钢舱壁之间的间隙非常重要，间隙中可以填充弹性材料，例如矿棉衬垫。

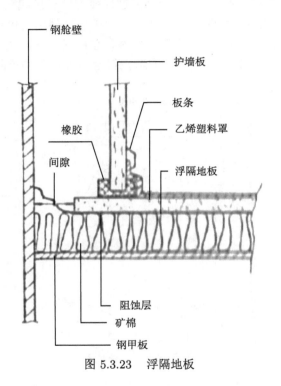

图 5.3.23   浮隔地板

浮隔地板可看成一个双质量弹簧系统，漂浮板就是质量体，而弹簧则由矿棉以及地板下面被包围的空气组成。此系统的最低固有频率 (Hz) 为

$$f_0 = \frac{1}{2\pi} \sqrt{\frac{k\,(m_1 + m_2)}{m_1 \cdot m_2}} \tag{5.3.19}$$

其中，m_1 和 m_2 分别表示漂浮板和钢甲板的单位面积质量 (kg/m^2)；k 表示矿棉加空气的弹簧常数 ((N/m)/m^2)，取决于矿棉的密度及厚度，轻矿棉的弹簧常数比重矿棉要低，增加厚度也会降低矿棉和封装空气的弹簧常数。

理论上，对于处于共振频率附近的频率，浮隔地板不会产生任何严重的影响。因此，弹簧常数应该尽量低，而漂浮板的质量则应该尽量大。

图 5.3.24 为相同重量漂浮板，使用两种不同密度的矿棉对钢甲板结构噪声的衰减示意图。

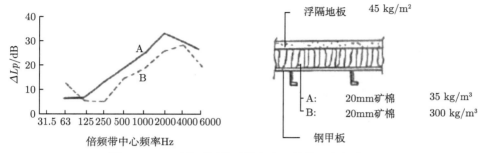

图 5.3.24　两种不同的矿棉密度下结构噪声的衰减

在钢甲板上铺上地毯也可改善舱室吸声效果，图 5.3.25 所示为混凝土地板上不同类型覆层的冲击噪声改善情况。利用泡沫聚氨酯衬底可以进一步改善地毯的消音效果。

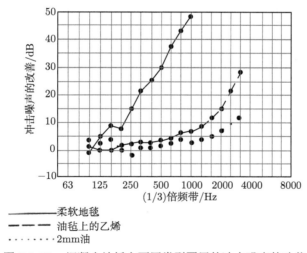

图 5.3.25　混凝土地板上不同类型覆层的冲击噪声的改善

3. 阻尼涂料与阻尼板的应用

阻尼涂料是一种能够有效降低结构振动和噪声的特种涂料，主要用在舱室地板及围壁上。涂料性能须满足 GJB 3530—99《舰船用阻尼涂料规范》的要求。阻尼涂料分为刮涂型和灌注型，包括自由阻尼结构和约束阻尼结构两种形式。阻尼涂料主要由树脂基材料组成，为多组分，由基体树脂及补强剂、功能助剂、固化剂等组成。现在船用阻尼涂料多采用约束阻尼结构,见图 5.3.26,包括两种型号,即 T54 型和 T60 型,二者的阻尼层是相同的,均为无溶剂双组分聚氨酯涂料。区别在于约束层,约束层材料均为无溶剂双组分环氧树脂涂料,T54 型约束层中含有钢丝网,适于地板、船底板等较平整物面施工;T60 型约束层中不含钢丝网,适于较复杂曲面的施工,如围壁等部位[11]。

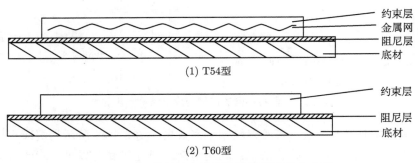

图 5.3.26   船用约束阻尼结构阻尼涂层示意图

阻尼板材主要应用于舱内设备、基座、壁板等部位,起到降低机械振动的作用。其作用原理在于振动的机械能通过阻尼材料分子链或链段的内摩擦运动转化为热能,起到减振效果。复合阻尼板材为多层复合结构或约束型结构,由内层自由阻尼层、功能层和外层约束层组成。复合阻尼板材一般为实心板材,也可设计腔体结构增强其减振效果。复合阻尼板材的阻尼层敷设于振动结构表面,当结构发生振动时,自由层内产生拉伸压缩及剪切变形,消耗系统的振动能量,其结构形式如图 5.3.27 所示。

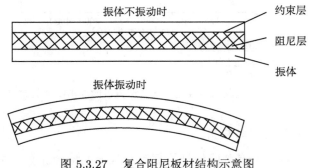

图 5.3.27   复合阻尼板材结构示意图

阻尼钢板是一种新型的结构材料,它具有良好的消音作用,主要用在四周环境嘈杂、背景噪声比较大的场所,比如机舱集控室、电站监控室等。阻尼钢板与结构钢围壁采用专业黏结剂黏接，典型安装示意图见图 5.3.28 所示。

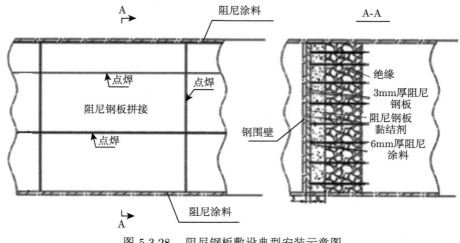

图 5.3.28 阻尼钢板敷设典型安装示意图

5.3.5 低噪声附件的应用

为了降低某些特殊区域的空气噪声，可以针对性地对设备附件结构进行优化设计，从而达到减小噪声的目的。

1. 风口附件

风口末端噪声是住室的主要内部噪声来源。风口再生噪声的产生主要有两方面原因：一方面，从空气动力学的角度分析，正常流动的气流流经风口时气流的流动状态发生了突变，造成了大量涡流及湍流的产生；另一方面，气流流经风口引起风口的结构振动噪声，如变风量百叶风口的开度调节阀在气流激励下振动引发噪声。风口类型通常归纳为三种：① 单层多叶风口；② 双层多叶风口；③ 金属网或尼龙网风口。单层多叶风口和双层多叶风口有可调和不可调风量两种，双层多叶风口是在单层多叶风口的基础上按照一定方向增加了一层百叶。金属网或尼龙网风口不具有调节风量的作用，有时候会将金属丝网折叠成几层使用。船上空调系统采用的风口主要为满足船舶标准的通风栅和圆形固定出风口，如图 5.3.29所示，采用上述风口时，总风量大、出风口速度较高、吹风感强，易产生较高的再生噪声。

为了有效改善类似大空间大风量送风的送风效果，降低送风元件的再生噪声，目前可以通过球形格栅风口、旋流风口、球形风口等多种低噪声送风附件来替代传统船舶风口，如图 5.3.30 所示。

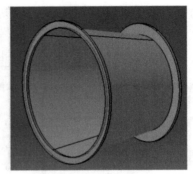

(a) CB/T462-1996 B型通风栅 　　　　　　　 (b) CB715-68圆形固定出风口

图 5.3.29　船舶标准典型风口

(a) 旋流风口 　　　　　　　　　　　　 (b) 球形格栅风口

(c) 球形风口

图 5.3.30　新型空调风口附件型式

　　为了进一步降低风口传出的气动噪声，还可在风口设置消声罩，如图 5.3.31 所示。

2. 低噪声散热风扇

　　电器设备的运行需要电力作为驱动能源，而电能在转化过程中不可避免地存在发热情况，电器设备一般都利用空气降温，通常采用风扇来对流冷却，如图 5.3.32

所示，为电器设备典型散热风扇。

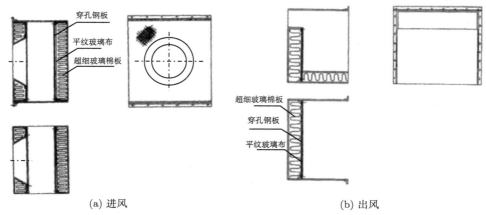

穿孔钢板
平纹玻璃布
超细玻璃棉板

超细玻璃棉板
穿孔钢板
平纹玻璃布

(a) 进风　　　　　　　　　　　　　(b) 出风

图 5.3.31　风口消声罩示意图

图 5.3.32　电器设备典型散热风扇

　　散热风扇是电器设备的主要噪声源设备，因此降低风扇噪声是电器设备降噪的关键治理措施之一。通过优化风扇内部流场，提高设备加工精度，优选驱动电机等措施，大幅度降低电器设备源头空气噪声。此外，还可根据共振吸声原理，利用穿孔板来达到降噪的目的，例如，在散热风扇的叶片上打孔，改变气流的流向，形成等效声容，减小噪声。如图 5.3.33 所示，某型散热风扇开孔方向与气流的方向一致，如果孔径太大会影响到散热风扇的风量，对于空气介质，微穿孔的孔径一般为 0.005~0.5m，鉴于该风扇的尺寸比较小，将孔径定为 1mm。散热风扇的轮毂比是指轮毂直径和叶轮直径之比，也是一个重要的性能影响参数，该风扇原型的轮毂比为 0.49。由于所用风扇的扇叶较多，轮毂比过小会造成扇叶之间空间太窄，这里将轮毂直径修改，叶轮直径不变，改动后轮毂比为 0.38，轮毂比改变前后风扇模型如图 5.3.34 所示。经试验对比叶片穿孔前后、轮毂比改变前后风扇在相同工况下监测点的噪声值，穿孔后的风扇监测点噪声值降低 1.82dB；轮毂比改变后风扇噪声值降低 2.32dB。

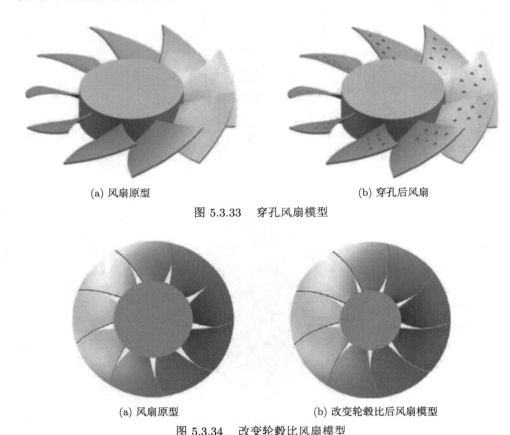

(a) 风扇原型　　　　　　　　　　　　　　　　　　　(b) 穿孔后风扇

图 5.3.33　　穿孔风扇模型

(a) 风扇原型　　　　　　　　　　　　　　　　　(b) 改变轮毂比后风扇模型

图 5.3.34　　改变轮毂比风扇模型

5.3.6　有源消声技术

　　上述噪声控制方法都属于被动或无源式的控制方法，这些方法对控制中高频噪声较为有效，但因为低频噪声波长较长，容易绕过吸声结构或材料，从而使得实际控制效果较差。有源消声是利用次级声源的声波与原有噪声源的声波干涉，从而达到消声目的。在控制点前一定距离用传感器拾取噪声源声信号，经过控制器将其调制到噪声传播到控制点应具有的特性，在该点用次级声源发出与噪声反相的声波，以抵消原有噪声。在控制点后设有误差传感器，用于对控制器进行微调，形成自适应系统。该方法特别适用于以低频为主的船用空调、通风系统噪声控制。

但目前由于技术不够成熟，在船上鲜有应用，因此，后期还需进一步加强该技术的实船试验研究。

参 考 文 献

[1] 熊草根. 舱室空气噪声激励壳体声辐射研究 [D]. 哈尔滨: 哈尔滨工程大学, 2010.

[2] 李艳华, 郑超凡, 崔晓兵, 等. 船舶舱室噪声总体综合控制技术 [J]. 舰船科学技术, 2015, 37(8): 85-89.

[3] 马大猷. 噪声与振动控制工程手册 [M]. 北京: 机械工业出版社, 2002.

[4] 胡凡. 基于舱室布局优化的声学设计及控制方法研究 [D]. 上海: 上海交通大学, 2020.

[5] Lee J W, Ahn S J, Oh J S, et al. Contribution analysis to identify the source of ship hull vibration [J]. Transactions of the Korean Society for Noise and Vibration Engineering, 2016, 26(5): 528-535.

[6] Pettersen J W E. Noise control in ships: NTNF, Report B, 0930. 4502. 1[R]. Norwegian Council for Technical and Scientific Research, 1975.

[7] 张子豪. 舰船舱室空气噪声控制技术研究 [D]. 武汉: 华中科技大学, 2008.

[8] 朱英富, 张国良. 舰船隐身技术 [M]. 哈尔滨: 哈尔滨工程大学出版社, 2003.

[9] Guyomar D, Richard T, Richard C. Sound wave transmission reduction through a plate using piezoelectric synchronized switch damping technique [J]. Journal of Intelligent Material Systems and Structures, 2008, 19(7): 791-803.

[10] Klyukin I. Control of Noise and Sonic Vibration in Ships [M]. Washington: Department of Commerce, Office of Technical Services, 1963.

[11] 黄志平, 朱敬燕, 杨春. 船舶舱室噪声控制设计措施 [J]. 中国水运 (下半月), 2016, 16(9): 10-11, 14.

第 6 章　船舶振声测量与评估

6.1　概　　述

　　船舶振动噪声测试是船舶设计、建造、使用过程中了解船舶振动与声学特性的重要技术手段，同时也是进行船舶振动噪声控制的基础和必要途径。机械振动加速度、振动烈度、隔振装置隔振效果、噪声声压级及声功率级等是反映船舶声学特性的重要参量，对这些声学参量的测量与分析基本涵盖了能够反映船舶各类振动噪声特性及传递特性的各个方面[1]。通过对船舶振动和噪声的测量，全面、系统、准确地采集舰船在各种状态和工况下的振动和噪声数据，不失真地获取振动和噪声的全部信息，从而为进一步分析舰船的振动和噪声特性，以及辨识主要噪声来源提供有力支撑。对于有噪声限值指标的舰船，进行符合标准规范的测量，就是对舰船噪声进行检验，从而判断舰船噪声是否符合规定的噪声限值[2]。

　　振动测试是指通过传感器、放大仪器以及显示或记录仪表，测量运动机械、工程结构在外界激励 (包括环境激励) 或运行工况中其重要位置的位移、速度、加速度等运动量，振动测试原理如图 6.1.1 所示。一方面可了解船舶或船舶结构的工作状态，进行设备的监测和故障诊断，另一方面可了解船舶或船舶结构的动特性，如固有频率、固有振型、阻尼及动刚度等特性参数，为船舶机械或工程结构的动力设计服务。

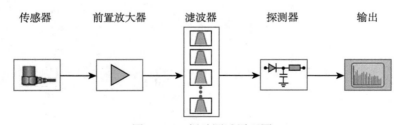

传感器　　　　前置放大器　　　　滤波器　　　　探测器　　　　输出

图 6.1.1　振动测试原理图

　　声学测量通常是指先用电声 (或机电) 换能器把声波转换成相应的电信号，然后用电子仪表放大到一定的电压，再进行测量与分析的技术。由于振动与声学密切相关，因此机械振动常常引起声辐射，有些噪声控制过程就是减弱或隔离船舶机械振动及其在周围环境形成的噪声污染[3]。

从噪声和振动测量的分类来讲，大致分为以下几种类型：一是从测量对象上来区分，可分为设备本身特性振源或噪声源的测量与振动环境的特征测量；二是从时变的角度出发，可分为稳态噪声和振动测量与非稳态噪声和振动测量，其中，非稳态噪声和振动又细分为周期性变化噪声与振动、无规律噪声振动，以及脉冲声和冲击振动等；三是从噪声源和振源的频率特性来区分，可分为宽带噪声和振动、窄带噪声和振动以及含有突出纯音成分的噪声和振动；四是从测量精度区分，可分为精密测量与工程测量等[4]。不管是进行什么类型的测量，首先需要明确测量的对象和目的，在准确把握噪声和振动本身特性的基础上，选择合适的噪声和振动测量仪器，从而达到预定的测量效果。

作为一项相对系统的工程，为了完成船舶振声测量与评估，就需要系列的关键技术作为支撑，包含试验、测量、评估等内容。测量是表征信息提取的手段，与噪声特性相关的噪声振动信号需要通过测量获取；试验表征信息提取的过程，与噪声特性相关的噪声振动信息通过各种试验获取，系统完备的试验技术方法提供了有针对性的表征信息获取组织和实施形式；评估是在试验测量获得表征信息的基础上，通过相应的评估技术与方法，实现内在特征分析的目的。船舶振声测量与评估分析的基本体系架构如图 6.1.2 所示[5]。

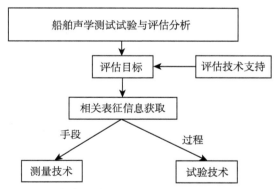

图 6.1.2　船舶振声测量与评估分析的基本体系架构

6.2　船舶振声测量基础

6.2.1　振动物理量

描述振动的物理量主要包括：位移、速度和加速度，以及激振力和振动频率等。按照描述振动数据的特点，可将振动分为确定性振动和随机振动两大类，其中确定性振动又分为简谐振动、复杂周期性振动和准周期性振动[6]。

1. 简谐振动

位移、速度和加速度为时间的简谐函数的振动称为简谐振动，这是一种最简单最基本的振动形式。

$$位移：x(t) = A\sin(\omega t) = A\sin(2\pi f t)$$
$$速度：v(t) = \omega A\cos(\omega t) = \omega A\sin\left(\omega t + \frac{\pi}{2}\right)$$
$$加速度：a(t) = -\omega^2 A\sin(\omega t) = \omega^2 A\sin(\omega t + \pi)$$

式中，A 为位移幅值 (cm 或 mm)；ω 为振动圆频率 (1/s)；f 为振动频率 (Hz)。$x(t)$，$v(t)$，$a(t)$ 三者间的相位依次相差 $\frac{\pi}{2}$，如图 6.2.1 所示。

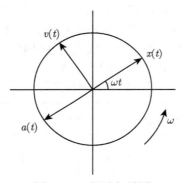

图 6.2.1　振动矢量图

若令速度幅值 $V = \omega A$，加速度幅值 $a_0 = \omega^2 A$，则有

$$a_0 = \omega V = \omega^2 A = (2\pi f)^2 A \tag{6.2.1}$$

可见，位移幅值 A 和频率 ω(或 f) 是两个十分重要的量，速度和加速度的幅值 V 和 a_0 可以直接由位移幅值 A 和频率 f 导出。

在测量中，振动参数的大小常用其峰值、均值和有效值来表示，所谓峰值是指振动量在给定区间内的最大值，均值是振动量在一个周期内的平均，有效值即均方根值，它们从不同的角度反映了振动信号的强度和能量。在测量仪表上，峰值一般用 peak-peak(峰-峰) 表示，而有效值则用均方根 (root mean square，RMS) 表示。均值的表达式为

$$\mu_x = \frac{1}{T}\int_0^T |x(t)|\,\mathrm{d}t \tag{6.2.2}$$

均值亦常用 $\bar{x}$ 来表示。位移有效值定义为

$$x_{\mathrm{RMS}} = \sqrt{\frac{1}{T}\int_0^T x^2(t)\mathrm{d}t} \tag{6.2.3}$$

对于简谐振动，其位移峰值 x_{peak} 就是它的幅值 A，而位移的有效值为

$$x_{\mathrm{RMS}} = \sqrt{\frac{1}{T}\int_0^T A^2 \sin^2(\omega t)\mathrm{d}t} = \frac{1}{\sqrt{2}}A \tag{6.2.4}$$

峰值与有效值之比，称为峰值因子或峰值指标 (crest-factor)，简谐振动的峰值因子为

$$F_c = \frac{A}{x_{\mathrm{RMS}}} - \sqrt{2} = 1.414 (= 3\mathrm{dB}) \tag{6.2.5}$$

有效值与均值之比，称为波形因子 (form-factor)，对于简谐振动，其波形因子为

$$F_f = \frac{x_{\mathrm{RMS}}}{\mu_x} = \frac{\pi}{2\sqrt{2}} \approx 1.11 (\approx 1\mathrm{dB}) \tag{6.2.6}$$

峰值因子 F_c 和波形因子 F_f 反映了振动波形的特征，是机械故障诊断中常用来作为判据的两个重要指标。

2. 复杂周期性振动

复杂周期性振动由一系列频比 f_n/f_m（或 ω_n/ω_m）为有理数的简谐振动叠加而成，指当自变量增加到某一定值时，其函数值又恢复到同一个值的振动，所以又简称为周期性振动 (periodic vibration)，用周期性函数表示为

$$x(t) = x(t \pm nT) = x\left(t \pm n\frac{1}{f_1}\right), \quad n = 0, 1, 2, \cdots \tag{6.2.7}$$

式中，T 为周期，f_1 称为基频。

复杂周期性振动可以按如下公式展开为傅里叶级数

$$x(t) = \frac{A_0}{2} + \sum_{n=1}^{\infty}(a_n \cos(n\omega_1 t) + b_n \sin(n\omega_1 t)) = \frac{A_0}{2} + \sum_{n=1}^{\infty} c_n \cos(n\omega_1 t - \theta_n) \tag{6.2.8}$$

式中，

$$c_n = \sqrt{a_n^2 + b_n^2}$$

$$\theta_n = \arccos\frac{a_n}{c_n} = \arcsin\frac{b_n}{c_n}$$

$$A_0 = \frac{2}{T}\int_{-\frac{T}{2}}^{\frac{T}{2}} x(t)\mathrm{d}t$$

$$a_n = \frac{2}{T}\int_{-\frac{T}{2}}^{\frac{T}{2}} x(t)\cos(n\omega_1 t)\mathrm{d}t = \frac{2}{T}\int_{-\frac{T}{2}}^{\frac{T}{2}} x(t)\cos(n2\pi f_1 t)\mathrm{d}t$$

$$b_n = \frac{2}{T}\int_{-\frac{T}{2}}^{\frac{T}{2}} x(t)\sin(n\omega_1 t)\mathrm{d}t = \frac{2}{T}\int_{-\frac{T}{2}}^{\frac{T}{2}} x(t)\sin(n2\pi f_1 t)\mathrm{d}t, \quad n = 0, 1, 2, \cdots$$

其中，c_n 为第 n 次谐波分量的幅值；θ_n 为相位差；A_0 为均值；a_n 为余弦分量；b_n 为正弦分量；ω_1(或 f_1) 称为基频，与基频对应的分量称为基波，其余均为高频波。

以频率为横坐标，幅值 c_n 或相位差 θ_n 为纵坐标，绘制成的曲线图称为频谱图 (幅频谱或相频谱)。频谱图是研究复杂周期振动的重要特性曲线，复杂周期振动的频谱为离散谱，如图 6.2.2 所示。图 6.2.2(a) 表示一矩形周期振动曲线的时间历程，图 6.2.2(b) 是它的幅频谱图，基频为 f_1 的矩形周期振动的高次谐波的幅值随频率增高而迅速减小。复杂周期振动不一定包含全部谐波成分，有时只有几个分量，有时其基频分量也可以没有。

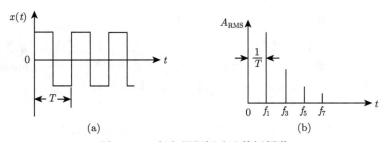

图 6.2.2   复杂周期振动及其幅频谱

3. 准周期性振动

两个或两个以上的无关联的周期性振动的混合，会产生一种与周期性振动略有不同的振动，称为准周期性振动 (quasi-periodic vibration)，其特点是各频率之比不为有理数，其表达式为

$$x(t) = \sum_{n=1}^{\infty} c_n \cos(\omega_n t - \theta_n) \tag{6.2.9}$$

式中，ω_n/ω_m 不全为有理数，例如，

$$x(t) = x_1 \sin(2t + \theta_1) + x_2 \sin(3t + \theta_2) + x_3 \sin(\sqrt{50}t + \theta_3) \tag{6.2.10}$$

该式虽由三个简谐振动叠加而成，但不是周期性函数，因为 $2/\sqrt{50}$ 和 $3/\sqrt{50}$ 不是有理数 (基本周期无限长)，但频谱仍然为离散谱。

4. 随机振动

任何一给定时刻的振动瞬时值不能预先确定的振动称为随机振动 (random vibration)。工程中许多振动问题都属于该类型。由于它不能用一个确定的时间函数来描述，所以只能用数理统计的方法来加以研究。由测量所得的随机振动的单个时间历程 (一个数据)，只代表许多可能产生的结果之一，称为样本函数。在有限时间区间内测得的一个时间序列 (某一样本函数的有限时间历程)，称为样本记录，可以理解为随机振动过程的一个物理现实。振动系统可能产生的全部样本函数的集合，称为随机振动过程，如图 6.2.3 所示。

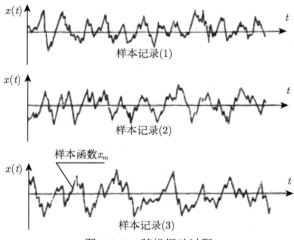

图 6.2.3 随机振动过程

描述随机振动基本特性的主要统计参数有：均值与均方值 (或均方根值) 概率密度函数，相关函数及功率谱密度函数等。均值、均方值及均方差分别定义为

$$\text{均值：} \overline{\mu_x} = \int_{-\infty}^{+\infty} x(t)p(x,t)\mathrm{d}x = E[x(t)] \tag{6.2.11}$$

$$\text{均方值：} \overline{\varphi_x^2(t)} = \int_{-\infty}^{+\infty} x^2(t)p(x,t)\mathrm{d}x = E[x^2(t)] \tag{6.2.12}$$

均方差：$\sigma_{-\infty}^{+\infty} = \int_{-\infty}^{+\infty} [x(t) - \mu_x]^2 \, p(x,t)\mathrm{d}x = E[(x(t) - \mu_x)^2]$　　　　(6.2.13)

式中，$p(x,t)$ 为概率密度函数，$E[x(t)]$ 为数学期望。

在一般情况下，均值不等于算术平均值，只有各态历经的随机振动，其均值才等于算术平均值。

6.2.2　声学物理量

1. 声波基本物理量

声波在传播时有多个可测量的物理量，最常用的是声压，也可以测量质点振动位移、质点振动速度或其他物理量，如密度变化、温度变化等。为了对海洋声场的强弱进行衡量，通常采用的物理量是海水中的声压 p、质点振动速度 v 以及声强 I[2]。

1) 声压

声波传递而引起的介质中压强的变化量 p 称为声压，表示为

$$p = P - P_0 \qquad\qquad (6.2.14)$$

其中，P 表示介质中有声波传递时某一位置的压强；P_0 表示没有声波时该点的压强，也称为静压。

声压实际上是空间坐标和时间的函数，在声场中不同位置以及不同时刻声压都是变化的，即 $P_t = p(x,y,z,t)$。当声波为简谐波时，峰值声压为声压的振幅。有效声压为瞬时声压在某一段时间间隔 T 内的均方根值，即

$$p_e = \sqrt{\frac{1}{T} \int_0^T p_t^2 \mathrm{d}t} \qquad\qquad (6.2.15)$$

通常情况下所说的声压就是指有效声压，其单位为帕斯卡，符号为 Pa(1 帕 $=1$ 牛顿/米 ^{2})。在房间中讲话的声音大概为 $10^5 \mu$Pa；第二次世界大战期间，低速航行状态下，距离潜艇 100m 位置的辐射噪声大致为 1Pa。

在声波的作用下，介质中的质点在平衡位置振荡作往复运动，其往复运动的速度称为质点振动速度，用符号 v 表示。质点振动速度也是空间坐标和时间的函数，且质点的振速分布是一个矢量场。与声压相同，质点速度也有瞬时值、峰值和有效值。

2) 声阻抗

声场中一点的声压 p 和质点振动速度 v 的比值称为该点声波的声阻抗，即

$$Z = \frac{p}{v} \tag{6.2.16}$$

由于声压和质点振动速度之间可能存在相位差，因此声阻抗率通常为复数。与电阻抗类似，其实部反映能量的损耗。在理想介质中，实数的声阻率也具有 "损耗" 含义，不过它代表的不是能量的热损耗，而是代表声能量通过传播从一处向毗邻的另一处转移，即 "传播损耗"[7]。而在平面波中，声压和质点振动速度没有相位差，即满足：

$$p = \rho c v \tag{6.2.17}$$

其中，ρ 表示流体介质的密度，c 表示声波在介质中传播的速度。

此时声阻抗率 Z 实际上是一个由介质属性决定的实数，称为介质的特性阻抗。在海水中 (温度为 15℃ 时)，介质的特性阻抗为 $1.5 \times 10^6 \mathrm{kg/\left(m^2 \cdot s\right)}$；对于空气 (温度为 20 ℃ 时)，介质的特性阻抗为 $4.2 \times 10^2 \mathrm{kg/\left(m^2 \cdot s\right)}$

传递的声波中包含机械能，包括介质中质点在平衡位置往复振动的动能和介质产生压缩和膨胀的位能，这两部分之和就是由于声扰动使介质得到的声能量。当声扰动传递时，声能量也随之传递。因此，声波的传播本质上是声振动能量的传递。

3) 声能量与声能量密度

单位声场体积内总的声能量为动能和位能之和，表示为

$$\Delta E = \Delta E_k + \Delta E_P = \frac{V_0}{2} \rho v^2 + \frac{1}{\rho^2 c^2} p^2 \tag{6.2.18}$$

式中，V_0 为声场中小体积元的体积。

单位体积内声能量称为声能量密度 ε，表示为

$$\varepsilon = \frac{\Delta E}{V_0} = \frac{\rho}{2} \left(v^2 + \frac{1}{\rho^2 c^2} p^2\right) \tag{6.2.19}$$

单位时间内通过垂直于声传播方向面积 S 的平均声能量称为平均声能量流或者声功率。由于声能量是以声速 c 传播的，因此平均声能量流等于声场中面积为 S、高度为 c 的圆柱体内包含的平均声能量，即

$$\overline{W} = \bar{\varepsilon} c S \tag{6.2.20}$$

平均声能量流，单位为 W(瓦)，$1\mathrm{W} = 1\mathrm{N} \cdot \mathrm{m/s}$。

通过垂直于声传播方向的单位面积上的平均声能量就称为平均声能量密度或者声强，即

$$I = \frac{\overline{W}}{s} = \bar{\varepsilon} c \tag{6.2.21}$$

声强的单位为 $\mathrm{W/m^2}$。

4) 声强

通常在已知声压和质点速度后，可计算得到声强。假定指向方向为 n，则该方向的声强为

$$I_n = \frac{1}{T}\int_0^T pv_n\mathrm{d}t \tag{6.2.22}$$

式中，p 表示瞬时声压值 (Pa)，v_n 表示瞬时质点振速在方向 n 的分量 (m/s)，T 为周期的整数倍 (s)。一般在海洋中，可以直接利用声压-振速组合传感器对声强进行测量。对于平面波，声强可表示为

$$I = \frac{p^2}{\rho c} \tag{6.2.23}$$

2. 声学量的级与基准值

1) 声压级

在声学中一般采用对数来进行度量。一个量与同类基准量之比取对数后所得量称为该量级，如声压级、质点振速级、声强级、声功率级等。如果级的单位是分贝，则其对数的底为 10，级表示的量与功率成正比。分贝的量与功率成正比，这些量也指声压平方、质点速度平方、声强、声能密度等。因此，按照定义，分贝实际上是平方声压级的单位，但通常简称为声压级单位。声压级与声压的关系为 [2]

$$L_p = 20\lg\frac{p}{p_0} \tag{6.2.24}$$

式中，p_0 为基准声压。

应该注意的是，分贝本身不是测量单位，它是两个功率量或类功率量比值的对数。只有在规定基准值后，分贝数才能表示大小。例如 $L_p = 80\mathrm{dB}\,(0\mathrm{dB} = 20\mathrm{\mu Pa})$ 表示该声压比 $20\mathrm{\mu Pa}$ 的声压高 10^4 倍，即声压为 0.2Pa。采用分贝作为单位有以下优点：① 可压缩和扩展比例标度。在声学测量中，测量的数值范围很大，例如，声压级低可达 0dB，高可达 180dB，这个范围内的数值比可达 $10^9:1$，在线性标度上来表述相对困难，但是使用对数标度可以压缩这个范围。② 计算过程简化，使用对数标度后，量的相乘 (或相除) 可以用它的等价对数值简单相加 (或相减) 完成。

2) 声强级

声强级用 L_I 来表示，定义为待测声强 I 与基准声强 I_0 的比值取常用对数，

再乘以 10, 即

$$L_I = 10 \lg \left(\frac{I}{I_0} \right) \tag{6.2.25}$$

其中, 声强基准值是根据选取的声压基准值利用平面波声强和声压关系得到的。当选取的声压基准值为 1μPa 时, 对应的声强基准值为 $I_0 = \frac{p^2}{\rho c} = \frac{(1 \times 10^{-6})^2}{1.5 \times 10^6}$ $\approx 6.7 \times 10^{-19} (\text{W/m}^2)$, 它是 1μPa 平面波声压的声强值。而此时满足以下关系:

$$L_I = 10 \lg \left(\frac{I}{I_0} \right) = 10 \lg \left[\frac{\dfrac{p^2}{\rho c}}{\dfrac{p_0^2}{\rho c}} \right] = 10 \lg \left(\frac{p}{p_0} \right)^2 = L_p \tag{6.2.26}$$

即在平面波声场中声强级就等于声压级, 统称为声级。

3) 声功率级

声功率级一般用来计量声源的辐射声功率。声功率级用 L_W 来表示, 定义为该声源的辐射声功率与基准声功率的比值取对数后乘以 10, 即

$$L_W = 10 \lg \left(\frac{W}{W_0} \right) \tag{6.2.27}$$

式中, 基准值 W_0 在空气声学中通常取 10^{-12}W, 在水声中取为 1W。

虽然分贝与声学密切相关, 同样其也可以用于振动测量。对于舰船噪声的测量一般是振动和噪声同时进行的, 加速度级定义为振动加速度值与加速度基准值之比的常用对数乘以 20, 如下所示:

$$L_a = 20 \lg \frac{a}{a_0} \tag{6.2.28}$$

式中, a_0 为振动加速度基准值, 取 $a_0 = 10^{-6}\text{m/s}^2$。表 6.2.1 中给出了常用声学量的级和基准值。

为了对分贝和比值的换算有一个更直观的认识, 表 6.2.2 中给出了声强级的分贝数与比值的换算表。表中 (+) 表示分贝数增加, (−) 表示分贝数减小。从表中可以看出, 若声强增加一倍, 则声强级增加 3dB; 若声强减小二分之一, 则声强级减小 3dB。

表 6.2.1   常用声学量的级和基准值

名称	定义	基准值
声压级	$L_p = 20 \lg \dfrac{p}{p_0}$	$p_0 = 20 \mu \mathrm{Pa}$
振动加速度级	$L_p = 20 \lg \dfrac{a}{a_0}$	$a_0 = 1 \mu \mathrm{m/s}^2$
振动速度级	$L_p = 20 \lg \dfrac{v}{v_0}$	$v_0 = 1 \mathrm{nm/s}$
振动位移级	$L_p = 20 \lg \dfrac{d}{d_0}$	$d_0 = 1 \mathrm{pm}$
力级	$L_p = 20 \lg \dfrac{F}{F_0}$	$F_0 = 1 \mu \mathrm{N}$
功率级	$L_p = 10 \lg \dfrac{W}{W_0}$	$W_0 = 1 \mathrm{pW}$
强度级	$L_p = 10 \lg \dfrac{I}{I_0}$	$I_0 = 1 \mathrm{pm/m}^3$
能量级	$L_p = 10 \lg \dfrac{E}{E_0}$	$E_0 = 1 \mathrm{pJ}$
能量密度级	$L_p = 10 \lg \dfrac{D}{D_0}$	$D_0 = 1 \mathrm{pJ/m}^3$
传声器灵敏度级	$L_p = 20 \lg \dfrac{M}{M_0}$	$M_0 = 1 \mathrm{V/Pa}$
声源发送灵敏度级	$L_p = 20 \lg \dfrac{S}{S_0}$	$S_0 = 1 \mathrm{Pa/V}$

注：μ 表示 10^{-6}，n 表示 10^{-9}，p 表示 10^{-12}。

表 6.2.2   声强级的分贝数与比值的换算表

声强级 I/dB	1	2	3	4	5	6	7	8	9
(+) 比值	1.26	1.6	2	2.5	3.16	4	5	6.3	8
(−) 比值	0.8	0.68	0.5	0.4	0.316	0.25	0.2	0.16	0.125

3. 舰船声源特征参数

1) 频带声压级、声压谱级和总声级

舰船噪声信号在不同频率位置的能量分布有所不同，通过引入频带声压级、声压谱级以及总声级来描述这种分布。其中频带声压级是指在有限频带内的声压级，在声学中，用频程来表示声音频率之间的间隔或频带宽度，其定义为上限频率 f_h 和下限频率 f_l 比值的对数 (以 2 为底)，单位为倍频程 (oct)，表示为

$$n = \log_2 \frac{f_h}{f_l} \quad \text{或} \quad \frac{f_h}{f_l} = 2^n \tag{6.2.29}$$

当 $n = 1$ 时，对应 1oct：

$$\frac{f_h}{f_l} = 2 \tag{6.2.30}$$

当 $n = 1/3$ 时，对应 1/3oct:

$$\frac{f_h}{f_l} = 2^{1/3} \approx 1.26 \tag{6.2.31}$$

频带的中心频率为

$$f_c = \sqrt{f_h f_l} \tag{6.2.32}$$

频带宽度为

$$\Delta f = f_h - f_l \tag{6.2.33}$$

在舰船噪声测量时，通常采用 1/3oct 滤波器，其中心频率按照国际标准化组织 (ISO) 的推荐，选定为 $(1.0, 1.25, 1.6, 2.0, 2.5, 3.15, 4.0, 5.0, 6.3, 8.0) \times 10^m \text{Hz}$，其中 $m = 0, 1, 2, \cdots$。表 6.2.3 中给出了 1/3oct 滤波器的中心频率 f_c、下限频率 f_l、上限频率 f_h 以及频带宽度 Δf 等主要数值。

表 6.2.3　1/3oct 滤波器主要数值表

f_c/Hz	f_l/Hz	f_h/Hz	Δf/Hz	$10\lg\Delta f$/dB	f_c/Hz	f_l/Hz	f_h/Hz	Δf/Hz	$10\lg\Delta f$/dB
20	17.8	22.4	4.6	6.6	1600	1424.0	1792.0	368.0	25.6
25	22.3	28.0	5.8	7.6	2000	1780.0	2240.0	460	26.6
31.5	28.0	35.3	7.2	8.6	2500	2225.0	2800.0	575.0	27.6
40	35.6	44.8	9.2	9.6	3150	2803.5	3528.0	724.5	28.6
50	44.5	56.0	11.5	10.6	4000	3560.0	4480.0	920.0	29.6
63	56.1	70.6	14.5	11.6	5000	44450.0	5600.0	1150.0	30.6
80	71.2	89.6	18.4	12.6	6300	5607.0	7056.0	1449.0	31.6
100	89.0	112.0	23.0	13.6	8000	7120.0	8960.0	1840.0	32.6
125	111.3	140.0	28.8	14.6	10000	8900.0	11200.0	2300.0	33.6
160	142.4	179.2	36.8	15.6	12500	11125.0	14000.0	2875.0	34.6
200	178.0	224.0	46.0	16.6	16000	14240.0	17920.0	3680.0	35.6
250	222.5	280.0	57.5	17.6	20000	17800.0	22400.0	4600.0	36.6
315	280.4	352.8	72.5	18.6	25000	22250.0	28000.0	5750.0	37.6
400	356.0	448.0	92.0	19.6	31500	28035.0	35280.0	7245.0	38.6
500	445.0	560.0	115.0	20.6	40000	35600.0	44800.0	9200.0	39.6
630	560.7	705.6	144.9	21.6	50000	44500.0	56000.0	11500.0	40.6
800	712.0	896.0	184.0	22.6					
1000	890.0	1120.0	230.0	23.6					
1250	1112.5	1400.0	287.5	24.6					

对一个能量连续分布的随机噪声信号进行 1/3oct 谱分析，可得到各个 1/3oct 的频带声压级 $L_P(f_i)$。进一步利用指定的频段范围和获取的频带声压级得到宽带

声压级 L_P(也称为总声级)，其定义为

$$L_P = 10 \lg \left(\sum_{i=1}^{n} 10^{0.1 L_P(f_i)} \right) \qquad (6.2.34)$$

其中，i 表示 1/3oct 滤波器的序号，n 代表指定的频段范围内 1/3oct 滤波器的个数，f_i 代表第 i 号 1/3oct 滤波器的中心频率。

为了对不同滤波器的结果进行比较，引入声压谱级的概念。定义为声压信号通过带宽 1Hz 的理想滤波器得到的声压级 $L_{PS}(f_i)$，其表示为

$$L_{PS}(f_i) = 10 \lg \left[\frac{p^2(f_i)}{\Delta f_i} \right] = L_P(f_i) - 10 \lg \Delta f_i \qquad (6.2.35)$$

式中，$p(f_i)$ 表示通过滤波器 $\{i\}$ 后的有效声压，Δf_i 为有效带宽。因此，在已知声压谱级 $L_{PS}(f_i)$ 时，可计算得到频带声压级 $L_P(f_i)$ 和宽带声压级 L_P。

表 6.2.4 给出了 20～100Hz 频率范围内连续谱噪声信号的声压谱级和频带声压级的换算。

表 6.2.4　声压谱级与频带声压级的换算

中心频率 f_i/Hz	声压谱级 $L_{PS}(f_i)$/dB	$10\lg\Delta f_i$/dB	频带声压级 $L_P(f_i)$/dB
20	122.9	6.6	129.5
25	118.8	7.6	126.4
31.5	121.7	8.6	130.3
40	120.4	9.6	130.0
50	119.1	10.6	129.7
63	115.6	11.6	127.2
80	112.6	12.6	125.2
100	110.2	13.6	123.8

该信号在该频段内的总声级可以通过能量求和的方式得到，即该信号在 20～100Hz 内的宽带声压级 $L_P = 137.3$dB

2) 声源级、频带声源级和声压谱源级

频带声压级、声压谱级以及总声级主要是表示舰船噪声的大小，为了进一步表示舰船噪声的强弱，引入声源级、频带声源级、声压谱源级的概念。舰船作为一个特殊的声源，其声源级表示声源辐射声能量的大小，定义为距声源等效声中心 (声源发出声波的位置) 单位距离 (1m) 处的声压级，用 L_{P_0} 表示：

$$L_{P_0} = 20 \lg \frac{p_1}{p_0} \qquad (6.2.36)$$

式中，p_1 为单位距离 (1m) 位置的声压值。

对于简单的点源，其等效声中心和点源的几何位置重合。而舰船作为一个几何形状复杂的声源，其等效声中心只能做近似处理。一般认为舰船在匀速直航状态下，水听器测量得到的噪声输出最大时，从水听器向舰船首尾线作垂线，垂足即为等效声中心。由于声源的声辐射具有方向性，即声源级是方向的函数，通常把距等效声中心 1m 声压最大方向的声压级作为声源级。对于声源级的测量，不可能距离声中心 1m 来进行，通常在距等效声中心一定距离进行测量，距离的选择与声源几何尺寸以及声源级的大小密切相关。采用球面扩展衰减规律对测量结果进行修正后得到 1m 处的声源级，其表示为

$$L_{P_0} = L_P + 20 \lg R \tag{6.2.37}$$

式中，R 表示测点距离声源的距离，L_P 表示距离声源中心 R 处测得的声压级。

在已知 1/3oct 的频带声源级时，可以求出指定频率范围内的宽带声源级：

$$L_{P_0} = 10 \lg \left(\sum_{i=1}^{n} 10^{0.1 L_{P_0}(f_i)} \right) \tag{6.2.38}$$

式中，n 表示指定频段范围内包含 1/3oct 滤波器的个数；声源级的频率特性表示舰船辐射噪声声源级在频率域的分布，即声源级所含有的频率成分以及各频率上声能的大小。被动声呐、声自导鱼雷以及水雷声引信等都是利用舰船辐射噪声的不同频率工作的。

在讨论舰船辐射噪声声源级数值时必须指明此时的航行状态和工况，在不同的航行状态和工况下，舰船声源级的频率特性和指向性都有差异。舰船噪声的宽频带声源级，即总声源级是在规定频率范围内声能量的总和，在评价舰船噪声特性时，频率范围尽可能取得宽一些，如 5Hz~50kHz 或更宽。在水声学中已牢固地建立起以声源级为一种量度噪声源强度的概念，因为它在声呐性能预报中起很大作用。

3) 声源指向性

为了表征声源辐射声波的方向性，引入声源的指向性函数和指向性指数。声源的指向性函数描述为它在自由场辐射声波时，在其远场中声能空间分布的图像。在水声测量时通常把声源的等效声中心作为坐标原点 O，把声源辐射有效声压作为最大值的方向选定为 Z 轴，过坐标原点 O，垂直 Z 轴，作 XOY 平面，建立空间坐标系。用 θ 表示考察方向与 Z 轴方向的夹角，用 φ 表示考察方向在 XOY 平面上的投影与 X 轴的夹角，如图 6.2.4 所示。

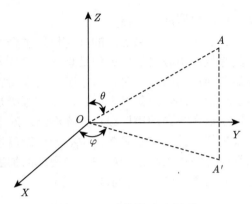

图 6.2.4　声源取向坐标系

由此可定义声源的指向性函数：

$$D(\varphi,\theta) = \frac{p(\varphi,\theta)}{p(0,0)} \tag{6.2.39}$$

其中，$p(\varphi,\theta)$ 表示在考察方向，距离声源一定距离位置的有效声压；$p(0,0)$ 表示在声轴方向，距离声源相同距离位置的有效声压。

　　声源指向性指数是度量指向性函数所描述的指向性图形尖锐程度的特征量。其定义为在声轴方向远场中某点的声强 I_d(或有效声压 p_d 的平方) 与相同距离各方向的声强平均值 $\overline{I''}$ 之间的分贝数，即

$$DI = 10\lg\frac{I_d(0,0)}{I_d(\varphi,\theta)} = 10\lg\frac{p_d^2(0,0)}{p_d^2(\varphi,\theta)} \tag{6.2.40}$$

　　指向性指数的物理含义是：一个具有方向性的声源，在其远场中的 d 处声强级与一个能辐射相同总声功率的无方向性的声源，在相同距离 d 位置声强级的差值。

　　运动舰船产生的噪声具有空间指向性，为了对舰船噪声的空间指向性特征进行描述，需建立随船运动的直角坐标系。以舰船的等效声中心为坐标原点 O，X 轴沿舰船首尾方向，正方向朝向舰首 ($\theta = 90°$，$\varphi = 0°$)，Y 轴通过原点与 X 轴在同一水平面上，Y 轴的正方向为 ($\theta = 90°$，$\varphi = 90°$)，Z 轴通过原点与 XOY 面垂直指向海面 ($\theta = 0°$)。

　　声源辐射的声功率是声源在单位时间内辐射的总声能量，用 W_a 表示。对于只包含某一声源的任何封闭包络面 (S) 上的垂直声强分量 (I_n) 积分，可得到声源的辐射声功率，即

$$W_a = \oint_S I_n \mathrm{d}S \tag{6.2.41}$$

实际应用中, 封闭包络面 (S) 用 N 个有限面积元 $A_i\,(i = 1, 2, \cdots, N)$ 代替, 积分变为求和:

$$W_a = \sum_{i=1}^{N} I_m A_i \tag{6.2.42}$$

对于无方向性的声源, 声源级和声源辐射的声功率满足下列关系式:

$$L_{P_0} = 171 + 10 \lg W_a \tag{6.2.43}$$

例 6.2.1　航速 12kn 的水面舰艇, 其辐射噪声声源级为 178dB, 该声源级意味着在半球面范围内, 辐射声功率约为 2.5W。若设定船的推进功率为 2.5MW, 则可计算得到该舰艇的声转换效率为 1×10^{-6}。

对于一艘声源级为 140dB 的潜艇, 则有

$$10 \lg W_a = 140 - 171 = -31(\mathrm{dB}) \tag{6.2.44}$$

可计算得到 $W_a = 1\mathrm{mW}$, 若潜艇的总功率为 $W = 100\mathrm{MW}$, 则潜艇的声转换效率为

$$\eta = \frac{W_a}{W} = 10^{-11} \tag{6.2.45}$$

舰船噪声作为海洋中传播的声波, 其类型多样, 同时其信号频率范围很宽 (从几赫兹到上千赫兹)。获取噪声中的各种频率成分以及声压级的方法称为噪声的频率分析, 它是提取噪声特性、查找噪声源的最有效方法。当舰船处于匀速直航状态时, 舰船的噪声基本是平稳的, 其特性随时间不发生变化。但是当舰船处于变速状态下时, 舰船噪声是非平稳的。对于平稳的舰船噪声, 其包含周期和非周期的确定性平稳信号以及随机信号分量。确定性信号可以用确定的时间函数来表示, 对于某一时刻, 有确定的信号取值。而对于随机信号, 无法用确定的函数关系式来表示, 只能通过利用相同试验条件下多次时间历程的测试结果来获取其统计特性。其中不随时间变化而改变其统计特性的信号称为平稳随机信号。当整个平稳随机过程的统计特性与每个样本的统计特性相同时, 这种随机过程就是各态历经的。对于各态历经的平稳随机过程, "时间平均" 等于 "系综平均", 只要一个样本函数就能反映整个随机过程的特性。当舰船处于匀速直航状态时, 舰船的噪声可以视为各态历经的平稳随机过程。

对于随机信号, 通常利用概率密度函数来描述其取值。用函数 $x(t)$ 来表示某次试验所得到的舰船噪声声压或质点振速或声强的信号, 则概率密度函数定义为

$$\phi(x) = \lim_{\Delta x \to \infty} \frac{P(x < x(t) < x + \Delta x)}{\Delta x} \tag{6.2.46}$$

式中，$P(x < x(t) < x + \Delta x)$ 表示噪声样本函数 $x(t)$ 处于 $x \sim x + \Delta x$ 的概率。概率分布函数 $P(x)$ 定义为 $x(t)$ 取值小于某一实数 x 的概率。概率密度函数和概率分布函数的关系为

$$P(x) = \int_{-\infty}^{x} \phi(x) \mathrm{d}x \tag{6.2.47}$$

对于平稳随机信号，其统计特性不随时间变化，即表示为

$$\phi(x, t) = \phi(x, t + \tau) \tag{6.2.48}$$

噪声信号的概率密度函数主要是描述噪声信号取值的统计规律，但是没有给出噪声信号变化的相关性特性，同时也没给出噪声频率分布的统计规律。因此，一般利用相关函数来描述两个噪声信号之间的关联程度；引入功率谱密度函数来描述噪声信号中谐波分量的能量随频率的变化。设定 $x(t)$、$y(t)$ 分别为两个水听器在不同位置处接收到的噪声信号，则这两个信号的互相关函数为

$$R_{xy}(\tau) = \lim_{n \to \infty} \frac{1}{T} \int_{0}^{T} x(t)y(t + \tau) \mathrm{d}t \tag{6.2.49}$$

式中，τ 表示两个噪声信号之间的延迟时间。若 $R_{xy}(\tau) = 0$，则表示两个噪声信号是不相关的，即它们来自独立无关的噪声源。若信号 $y(t)$ 为 $x(t)$ 经过延迟时间 τ 的信号 $x(t + \tau)$，则互相关函数转化为自相关函数，表示噪声信号 $x(t)$ 与其自身经过延迟时间 τ 的噪声信号 $x(t + \tau)$ 之间相似程度的度量。自相关函数表示为

$$R_x(\tau) = \lim_{n \to \infty} \frac{1}{T} \int_{0}^{T} x(t)x(t + \tau) \mathrm{d}t \tag{6.2.50}$$

将噪声信号的自相关函数进行傅里叶变换可得到噪声的功率谱密度 $S(f)$，即

$$S(f) = \int_{-\infty}^{\infty} R_x(\tau) \mathrm{e}^{-\mathrm{j}2\pi f \tau} \mathrm{d}\tau \tag{6.2.51}$$

式中，频率 f 包括正值和负值，所以 $S(f)$ 称为双边谱。对于实际的噪声信号，f 只有正值。因此，定义单边谱，其满足以下关系：

$$\begin{cases} G(f) = 2S(f), & \text{当} f \geqslant 0 \text{时} \\ G(f) = 0, & \text{当} f < 0 \text{时} \end{cases} \tag{6.2.52}$$

其中，$G(f)$ 代表噪声信号在单位频带内的能量随概率的分布。若 $G(f)$ 为一个常数，则该噪声为白噪声。

6.3 振声测量系统

振声测量系统是指整个测量装置的总和，主要由信号测量部分和数据采集部分组成。其中信号测量部分主要由获取声振信号的传感器以及将传感器所输出的电信号进行加工的放大器或变换器组成，由于不同传感器输出信号电参量的单位或量级是不一样的，往往需要通过相应的放大器或变换器对不同种类的电信号进行诸如放大、调制解调、阻抗变换等处理，使之变为满足需要、便于输送以及可作数字化处理的模拟电信号，通常处理后的模拟信号为电压信号。振动数据采集部分由转换模拟信号为数字信号的数据采集器，以及操纵数据采集器进行采集并保存数字信号的计算机和采集软件系统组成。数据采集器的工作过程为首先按一定的等长度时间间隔对模拟信号进行采样即离散化，然后将离散时间信号的每一个瞬时模拟量通过模数转换装置换成数字量即量化，于是得到时间离散的数字信号。

6.3.1 数据采集系统

1. 数据采集系统原理

在振声测试过程中，传感器输出的是被测对象随时间连续变化的物理量，称为振声模拟信号。振声模拟信号的含义是这些物理量在时间和幅值上都是可以连续取值的。将振声模拟量转换成与其相对应数字量的装置称为模数转换器，或称为 A/D 转换器，也就是我们所说的数据采集系统最核心的模块。

数据采集是指将连续的振动模拟信号按一定的相同时间间隔进行抽取值并按采集器的转换位数对所取得的值进行整型化，转换成离散的数字信号并存于计算机内的过程，相应的系统称为数据采集系统。数据采集系统的任务，具体地说，就是通过由计算机控制的数据采集器将振动测量仪器输出的模拟信号转换成计算机能识别的数字信号，然后送入计算机，并根据不同的需要由计算机进行相应的加工、处理、显示或保存。数据采集系统性能的好坏，主要取决于它的精度和速度。在保证精度的条件下，应有尽可能高的采样速度，以满足实时采集、实时处理和实时控制的速度要求。数据采集系统商业产品有丹麦 B&k 公司的 PLUSE 系统(图 6.3.1)、西门子公司的 LMS Test.Lab 系统等。

2. 采样定理

采样是将连续的信号转换成离散信号。为了保证离散后的信号能唯一确定原连续信号，要求离散信号数/模 (D/A) 转换后能恢复成原连续信号。由于离散信号是从连续信号上取出的一部分值，与连续信号的关系是整体和局部的关系，因此一般来说是不可能唯一确定连续信号的，只有在一定条件下，离散信号才可能按一定方式恢复出原来的信号。这个条件就是按一定要求选择采样的时间间隔。假定被采样的连续信号是由多个谐波叠加而成的复杂周期信号，若采样间隔取 $\Delta t = 1/(2f_N)$，则有

$$
\begin{aligned}
\cos\left[2\pi\left(2mf_N \pm f\right)t\right] &= \cos\left(4m\pi f_N t \pm 2\pi f t\right) \\
&= \cos\left[4m\pi f_N\left(n/(2f_N)\right) \pm 2\pi f t\right] \\
&= \cos\left(2mn\pi \pm 2\pi f t\right) \\
&= \cos\left(2\pi f t\right)
\end{aligned}
\tag{6.3.1}
$$

式中，m、n 为整数。

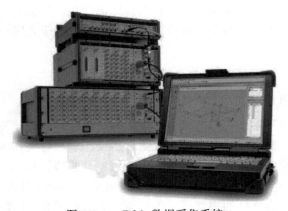

图 6.3.1　B&k 数据采集系统

上式说明，经采样后的离散信号中，频率为 $2mf_N \pm f$ 的高频成分和频率为 f 的低频成分没有区别，产生了高、低频成分的混叠现象，如图 6.3.2 所示，因此要使离散信号能唯一确定连续信号，必须在连续信号中去掉频率为 $2mf_N \pm f$ 以上的高频成分，这一工作称为除混叠滤波，而 f_N 称为奈奎斯特 (Nyquist) 频率，其值为

$$
f_N = \frac{1}{2\Delta t}
\tag{6.3.2}
$$

要使采样后的离散信号中不产生高、低频混叠现象，假如所需分析的最高频率为 $f_{\max}$，则应使离散信号中不含有频率大于 $f_{\max}$ 的分量，即有

$$
f_{\max} \leqslant f_N = \frac{1}{2\Delta t}
$$

若采样频率为 f_s，则得

$$f_s = \frac{1}{\Delta t} \geqslant 2f_{\max} \qquad (6.3.3)$$

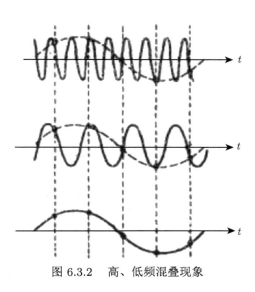

图 6.3.2　高、低频混叠现象

采用式 (6.3.3) 的时间间隔采样就不会产生频率混叠现象。此时得到的离散时间序列信号，与经过除混叠滤波的连续信号是等效的，这就是所谓的采样定理。显然采样间隔是根据所需分析的最高频率成分来确定的。为了方便计算机处理，快速傅里叶变换要求处理的数据块包含的数据点为 2^N，而计算机以二进制运算，因此，计算机处理数据时，如果是 2^N 会更方便些。我们知道 $256=2^8$，因此距离符合采样定理最近的 2.56 便成为一个重要的"优先数"，如在 B&k 公司 PLUSE 软件中，其将采样频率默认设为最高分析频率的 2.56 倍。

6.3.2　噪声测量传感器及附件

1. 传声器结构组成 [4,5]

声学测量中，最常用、最基本的测量参数是声压。测量声压必然要使用声压传感器，也称为传声器或麦克风等。按照换能原理和结构的不同，传声器大致可分为三种：电动式传声器、压电式传声器和电容式传声器。由于电容传声器具有频率范围宽、频率响应平直、灵敏度变化小、长时间稳定性好等优点，因此使用于精密声级计和标准声级计中，是声学测量中应用最多的传声器，其由非常薄的振动膜片和紧靠膜片背板组成一个电容，结构如图 6.3.3 所示。

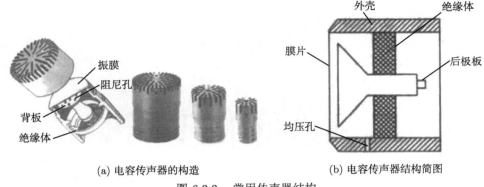

(a) 电容传声器的构造   (b) 电容传声器结构简图

图 6.3.3   常用传声器结构

　　为了提高传声器的灵敏度, 应该减少杂散电容, 因此, 传声器极头 (也称咪头) 常和一级前置放大器靠得非常近。一个完整的传声器由极头和前置放大器组成, 如图 6.3.4 所示。由于电容传声器的电容量很小, 故需要一个高阻抗负载以保证其具有低的下限截止频率。

图 6.3.4   传声器组成

　　传声器的直径, 有些国家采用英制尺寸系列, 如 1in、1/2in、1/4in 和 1/8in (1in=2.54cm), 也有些国家采用毫米单位, 对应的尺寸为 24mm、12mm、6mm 和 3mm, 最常用的为 1/2in 传声器。电容传声器的性能与传声器的外径有很大关系。外径越小, 频率范围越宽, 可能测量的声压级越高, 传声器的方向性也较好, 但其灵敏度较低, 因此不适宜低声级测量。

2. 传声器性能指标

　　传声器的性能指标主要包括传声器灵敏度、灵敏度频率响应、灵敏度指向性、输出阻抗、等效噪声级、动态范围和稳定性等[4,5]。

　　(1) 传声器灵敏度。传声器灵敏度指的是输出电压与有效声压之比, 即膜片上受到单位声压作用时, 其开路输出电压的大小。灵敏度的高低主要受传声器的尺寸和膜片张力的影响。通常, 大尺寸传声器膜片张力小, 振动幅度大, 灵敏度高。传声器的灵敏度有多种类型: 第一种是空载灵敏度和负载灵敏度; 第二种是声压灵敏度和声场灵敏度; 第三种是自由场灵敏度、声压灵敏度和扩散场灵敏度三种。

(i) 空载灵敏度是指咪头的输出电压与膜片受到的声压之比，而负载灵敏度是指咪头和前置放大器组合的输出电压与膜片受到的声压之比。传声器的负载是前置放大器的输入阻抗，当前置放大器与咪头组成一个完整的传声器时，获得的灵敏度即是负载灵敏度。此时灵敏度中考虑了前置放大器的电压增益和输入电压。通常，通过声校准器得到的灵敏度即为负载灵敏度。

(ii) 声压灵敏度是传声器输出电压与实际作用到传声器的有效声压之比，而声场灵敏度是传声器输出电压与传声器放入声场前该点的有效声压之比。由散射理论可知，在平面波声场中放入一个刚性球，作用在刚性球最靠近声源的点上的声压幅值与入射平面声波幅值之比和 ka 有关，k 为波数，a 为刚性球半径。因此，实际作用于传声器膜片上的声压要大于传声器放入该点之前的平面波自由场的声压。由于传声器开路输出电压是不会变的，因此声场灵敏度大于声压灵敏度。或者说，传声器自由场灵敏度等于声压灵敏度加上散射引起的增压。

(iii) 如果声场为自由场，则称为自由场灵敏度；如果是压力场，则称为压力场灵敏度；如果是无规则随机入射声场，则称为随机声场 (无规则入射) 灵敏度。

(2) 灵敏度频率响应。传声器置于指定条件下并在恒压声场中和给定入射角的声波作用下，其灵敏度和频率的关系称为灵敏度频率响应。按照声场关系可以分为声压灵敏度频率响应和自由场灵敏度频率响应等。图 6.3.5 为某型电容传声器自由场灵敏度与声压灵敏度随频率变化的特性曲线，由图可知，该型传声器自由场响应曲线比较平直，而声压响应曲线在高频时跌落较多，这种传声器为自由声场传声器，主要用于自由声场测量，它能比较真实地测量出传声器放入前该点原来的自由声场声压，传声器放入后对声场的影响已经被修正。

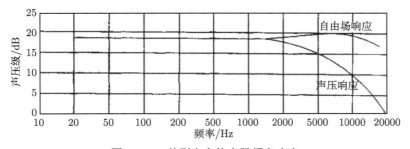

图 6.3.5　某型电容传声器频率响应

(3) 灵敏度指向性。传声器的响应随着声波入射到传声器的角度不同而不同，这就是传声器的指向性。大多数传声器是无指向性的 (全方向性)，也就是对于所有声入射方向，在频率低于 1kHz 时，它们的响应接近相同。在较高频率处，当传声器的任何尺寸与声波波长可比拟时，指向性就明显起来，这种影响通过传声器的指向性图来解释。指向性图通常以极坐标图表示，它通常关于垂直于传声器膜片的轴对称，图 6.3.6 为某型测试传声器的指向性图。有些传声器有意做成对某些方向到达的声波有很小的响应，这种传声器称为 "指向性传声器"，它们很少用于声学测量。

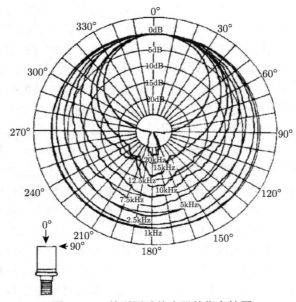

图 6.3.6　某型测试传声器的指向性图

(4) 输出阻抗。传声器探头和前置放大器的输出阻抗是传声器的交流阻抗，通常在频率为 1000Hz、声压约为 1Pa 时测量获得。

(5) 等效噪声级。当没有声波作用在传声器上时，周围空气压力的起伏和传声器电路的热敏噪声，会造成在传声器前置放大器端还有一定的噪声输出，称为固有噪声。固有噪声的大小决定了传声器所能测量的最低声压级，也就是动态范围的下限。声波作用在传声器上，它所产生的输出电压的有效值与该传声器输出的固有噪声电压相等时，该声波的声压级就等于传声器的等效噪声级。等效噪声级与灵敏度有关，在固有噪声电压相同的条件下，灵敏度越高，等效噪声级越小。

(6) 动态范围。在强声波作用下，传声器的输出会出现非线性畸变，当非线性畸变达到 3% 时，声压级称为能测的最高声压级。因此，最高声压级减去等效噪声级就是传声器的动态范围。动态范围很大程度上直接与传声器的灵敏度相关。通常高灵敏度的传声器动态下限低，上限也低；而低灵敏度的传声器动态下限高，上限也高。图 6.3.7 为常见尺寸传声器的动态范围。

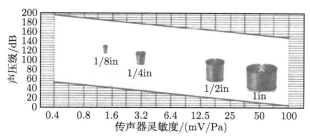

图 6.3.7 常见尺寸传声器的动态范围

(7) 稳定性。温度、湿度、气压等大气条件的变化会影响传声器的灵敏度,其中温度的影响较为明显。极化电容式传声器稳定性较好,工作的温度范围较宽 (−50~150℃),但预极化电容式传声器稳定性较差,通常只能在 −30~70℃ 下工作。另外,传声器的灵敏度还会随着时间的变化而变化,以及受测量环境中电场和磁场的影响,这就是传声器通常要现用现校的原因所在。

3. 附件的选用

噪声和振动测量仪器通常具有各种附件,如风罩、鼻锥、无规入射校正器、延伸杆、三脚架等,如图 6.3.8 所示。正确选用这些附件,可以避免环境的影响,并满足其他测量的需要。

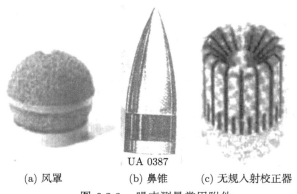

(a) 风罩　　　(b) 鼻锥　　(c) 无规入射校正器

图 6.3.8 噪声测量常用附件

风罩是一种用多孔的泡沫塑料或尼龙细网做成的球,用来降低风噪声的影响。这种风罩一般用于野外测量,但当风速大于 5m/s 时,一般不应进行测量。

鼻锥用于定向高风速条件下防止空气动力噪声,通常它对层流流场影响有限,几乎不会产生湍流，对传声器的性能影响不大。在风洞中进行测量时，应在传声器前段加装鼻锥。

无规入射校正器用于改善传声器的全方向特性，可用于测量来自几个方向的声音。

4. 传声器的选择

对于声压测量而言，选择传声器应遵循的原则为：

(1) 根据测量的声场类型选择合适的传声器；

(2) 根据测量的声压级上下限选择动态范围合适的传声器；

(3) 根据关心的频率范围选择合适的传声器；

(4) 对于低声压级测量，应选择高灵敏度的传声器，如测量冰箱噪声；

(5) 对于高声压级测量，应选择低灵敏度的传声器，如爆破测量；

(6) 根据测量环境选择传声器附件，如风罩、鼻锥等；

(7) 如果测量的环境温度太高或太低，宜选用极化电容式传声器。

6.3.3 振动传感器

振动传感器按照其测量的振动参量可分为三大类：位移传感器、速度传感器和加速度传感器。一般来讲，位移传感器适用于低频测量，速度传感器适用于中频测量，加速度传感器适用于高频测量。由于位移和速度分别可由速度和加速度积分所得，因而速度传感器还可以用于测量位移，加速度传感器也可用来测量速度和位移。振动测量传感器的技术性能主要有：

(1) 频率特性：包括幅频特性和相频特性。

(2) 灵敏度：电信号输出与被测振动输入之比。

(3) 动态范围：可测量的最大振动量与最小振动量之比。

(4) 幅值线性度：理论上在测量频率范围内传感器灵敏度应为常数，即输出信号与被测振动量成正比，实际上传感器只在一定幅值范围内保持线性特性。

(5) 横向灵敏度：实际传感器除了感受测量主轴方向的振动外，对于垂直于主轴方向的横向振动也会产生输出信号，横向灵敏度通常用主轴灵敏度的百分比来表示。从使用角度看，横向灵敏度越小越好，一般要求小于 3%～5%。

1. 位移传感器

位移传感器一般有电感型位移传感器和电涡流位移传感器。其中，电感型位移传感器原理如图 6.3.9 所示，传感器由导磁材料制成的铁芯和通用线圈组成，在固定于参考基准点的铁芯和试件上的衔铁之间形成空气间隙。当传感器与被测物体产生相对运动 (振动) 时，二者之间的气隙将发生变化，于是电感及其感抗产生相应变化，在一定的线圈电压作用下，将产生与气隙变化量近似成正比的电流信号，并在负载上产生相应的电压输出信号。由于铁芯磁阻、铁损电阻、线圈寄生电容等多种实际因素，电感型位移传感器线性特性较差，动态范围较小。

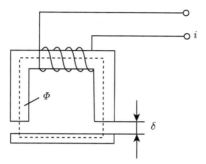

图 6.3.9 电感型位移传感器原理图

相较于电感型位移传感器，电涡流位移传感器应用较为广泛，大量地应用于大型旋转机械上监测轴系径向振动和轴向振动。如图 6.3.10 所示，为电涡流位移传感器的原理图，传感器以通有高频交流电流的线圈为主要测量元件，当载流线圈靠近被测导体试件表面时，穿过导体的磁通量随时间变化，在导体表面感应出电涡流。电涡流产生的磁通又穿过线圈，因此线圈与涡流相当于两个具有互感的线圈，由于互感量的大小和线圈与导体表面的间隙 d 有关，进而可建立线圈两端电压与间隙的关系式。电涡流传感器的特点是：结构简单、灵敏度高、线性度好、频率范围宽 (0~10kHz)、抗干扰性强，因此广泛应用于非接触式振动位移测量。

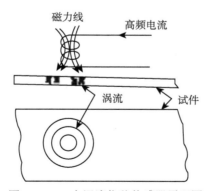

图 6.3.10 电涡流位移传感器原理图

2. 速度传感器

速度传感器应用较广的是电动势速度传感器，其主要组成部分是永磁体、磁路和运动线圈，其结构如图 6.3.11 所示。运动线圈通常绕在空心的非磁性材料骨架上，当测量振动时，线圈运动并切割空气间隙内的磁力线，在线圈的两端产生感应电动势，在这种结构内，线圈的运动方向、导线及磁力线方向三者互相垂直。对于结构已定的传感器，其空气气隙内的磁通密度、磁场内导线的有效长度是一定的，根据磁感应定理，在理想情况下，传感器的输出电压仅和导线与磁力线的相对速度（即振动速度）成正比。电动势速度传感器是目前测量振动速度的主要传感器，这种传感器的灵敏度一般比较高，特别是在几百赫兹以下的频率范围内，它的输出电压较大。此外，它的线圈阻抗较低，因而对与它相配的测量仪器的输入阻抗、连接电缆的长度及质量要求都可以相应降低。通过电子线路的微分或积分可获得振动的加速度值和位移值。

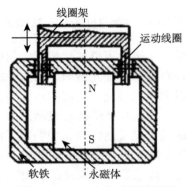

图 6.3.11 速度传感器原理图

3. 加速度传感器

加速度传感器又称为加速度计，目前，用于测量振动加速度的传感器最多的是压电式加速度传感器。压电式加速度传感器具有生产工艺成熟、动态范围大、频响范围宽、线性度好、稳定性高、安装方便等特点，使其广泛应用于减隔振测量评估、模态测试、振动故障诊断等领域。

1) 工作原理

压电式加速度传感主要是利用压电晶体、压电陶瓷等压电材料的"压电效应"原理制成的，根据压电元件的变形方式，大体可分为压缩型和剪切型，其结构如图 6.3.12 所示。加速度传感器受到振动时，质量块的惯性力交变地施加在压电片上，压电片两端便产生电荷输出。当被测振动频率远低于加速度传感器的固有频率时，力的变化与被测加速度成正比。由于压电式传感器的输出电信号是微弱的电荷，而且传感器本身有很大的内阻，故输出能量甚微，这给后接电路带来一定的困难。近年来，内装集成电路放大器的压电式加速度传感器已被普遍选用，即 ICP(integrated circuits piezoelectric) 型加速度传感器，也称为 IEPE(integrated electronics piezo-electric) 型加速度传感器。这种传感器提供低阻抗的输出电压，输出阻抗小于 100Ω，可以直接连接到一般放大器的输入端，不再需要另加高阻抗的电荷放大器或电压放大器，它由恒流源供电，因此输出仍为两线，不需另加电源线，使用方便。

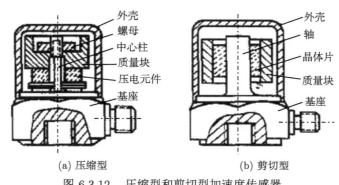

(a) 压缩型   (b) 剪切型

图 6.3.12　压缩型和剪切型加速度传感器

2) 选用与安装

选用合适型号的传感器以及正确的安装方式，是获得理想测试结果的重要前提。在选用加速度传感器时，主要从传感器的灵敏度、量程、安装谐振频率、动态范围和横向效应等指标去考虑。

A. 灵敏度及量程

一般量程大的传感器，灵敏度低，而量程小的传感器，灵敏度高。灵敏度越高的传感器由于压电元件叠层越厚，进而加速度传感器的自身质量也随之增加，致使传感器自身的谐振频率下降，进而影响测量频率的范围。因此，在测试不同结构时，应根据测试需求选择相匹配的传感器灵敏度和量程。比如，在对轻小结构进行振动测量时，若传感器的质量过大，则会影响整个测试结果的准确性。

B. 安装谐振频率

加速度传感器的安装谐振频率决定了加速度传感器的测量频率范围，通常传感器尺寸越小，谐振频率越高。加速度计的使用上限频率取决于幅频曲线中的谐振频率，一般传感器的工作频率范围在其自身谐振频率的 1/3 以下。

C. 动态范围

在被测加速度很小或很大时，就要考虑加速度传感器的动态范围。理论上加速度传感器的输出线性范围的下限可以从零开始，但实际上由于动态范围的下限取决于连接电缆和测量电路的电噪声，对于通用型宽带测量仪器，其下限可低于 $0.01\mathrm{m/s^2}$。而在高频段，由于传感器线性度较差，非线性影响严重，一般工作上限为自身谐振频率的 1/3，为了提高测量精度，可选测量频率上限小于谐振频率的 1/5~1/10。

　　谐振频率的计算公式为

$$f_m = \sqrt{\frac{k}{m_s}} \tag{6.3.4}$$

式中，k 为压电元件的等效刚度，m_s 为传感器质量块的质量。

　　D. 横向效应

　　当测量某个方向的振动时，信号输出应该全部来自振动感知方向，但实际上在与该方向垂直的方向也有信号输出。这种效应称为横向效应。横向效应灵敏度越低，性能越好，一般为 3%~5%。

　　除上述参数外，在选择加速度传感器时，还需考虑使用环境，其性能指标受温度、湿度、尘土等环境因素的影响，其中温度环境需着重注意，若使用环境温度超过加速度传感器的许用范围，则压电元件的极性减弱，会导致传感器的灵敏度永久性下降。另外，当测试环境存在潮湿、腐蚀和电磁场等因素时，选择传感器时也应该考虑这些因素。

　　E. 安装方式

　　加速度传感器具有多种安装方式：螺栓、永久磁铁、蜡胶、探针等。不同的安装方式对应不同的安装刚度，因而整个传感器系统的自振频率会不同。安装的刚度越大，传感器系统的自振频率越高，能用于测量的频带也就越高。如图 6.3.13 所示，为不同安装方式下传感器的频响曲线。

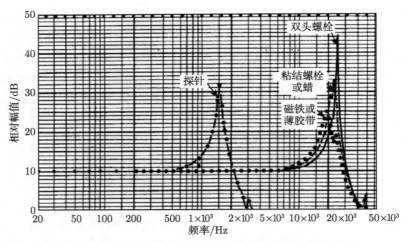

图 6.3.13　压电加速度传感器不同安装方式下的频响曲线

　　(1) 用螺栓固定传感器底座，这是一种最有效的安装方法，但要在被测振动体上钻螺栓孔并攻丝，因而一般在测点固化的情况下使用。

(2) 用永久磁铁安装,即在传感器安装座上装一专用磁铁,然后利用磁铁吸力将传感器固定在振动体上,这种方法简单方便,但安装效果较用螺栓固定差。

(3) 用蜡胶粘,这种安装方法只适用于常温。

(4) 用专用探杆使传感器与被测表面接触,振动通过探杆传递给传感器,一般用于不便于固定传感器的特殊情况,但这种方法只能用于频率在 1000Hz 以下的振动。

另外,安装加速度传感器时,还必须注意连接电缆线的固定,以防止由于电缆颤动和摩擦而引起的电噪声影响,正确的方法如图 6.3.14 所示。

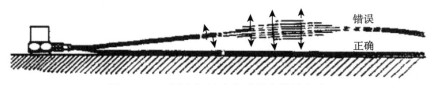

图 6.3.14　固定加速度传感器电缆的方式

6.4　船舶机械振动测量

6.4.1　船舶结构振动测量与分析

船舶振动是由于机械、螺旋桨和波浪等引起的。船舶结构不同部位处的振动响应取决于激振力和固有频率。激振力随着机器载荷、船舶航速和吃水的不同而变化,固有频率会随着船舶装载状态和吃水的不同而改变。船舶总体结构振动主要取决于上述参数,这些参数在描述船体振动特性和推进装置相关激励源方面是必不可少的。将其与理论预报、其他船舶以及振动基准级进行系统对比,可为减小船体振动提供依据[8]。

1. 测量参数

测量参数包括振动位移峰值、速度峰值、加速度峰值、应力峰值、频率、相位等。

2. 测量系统

测量时可以使用不同类型的测量和记录仪器,如模拟、数字、频谱或时域分析类仪器。仪器安装后应对每一个通道进行检查,以保证其功能正常,且每次测量前后都应对仪器的校准状况进行检查。测量时记录时间应不少于 1min。如果主要频率分量在小于 2Hz 的范围内,记录时间则应不少于 2min。同时,传感器需要在实验中进行校准,包括布线在内的全部振动测量系统,应在测量前后进行现场检查。为了在合理的时间内完成所需的振动测量以及考虑相位因素和模态分析，建议使用多通道设备。如果无法达到要求，至少应使用双通道设备，其中保留一个通道作为参考通道。

对于船舶船体振动测量而言，振动传感器和信号处理设备应能测量 1~80Hz 的频率范围，整个测量系统的频响不超过 ±5%，频率分辨率不低于 0.125Hz。对于潜艇艇体测量而言，振动传感器和信号处理设备应能测量 0.5~150Hz 的频率范围，整个测量系统的频响不超过 ±5%，频率分辨率不低于 0.125Hz。为了从时间序列计算频谱，可采用平顶窗或汉宁窗，也可采用阶次跟踪方法。

3. 测点布置

测点位置选择的目的在于能确定总体工况模态、主要固有振动模态和主要振动激励机理。因此，测点位置应该能反映出船体模态和主要激振源 (一般指螺旋桨和主机) 的功率和频率成分。

对于水面船舶船体振动测点可采用图 6.4.1 布置，图中数字的代表含义见表 6.4.1。

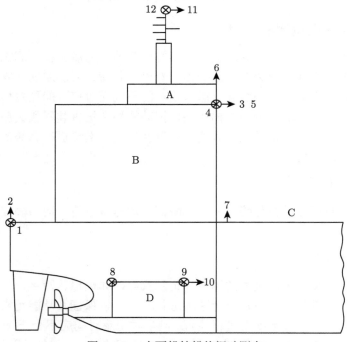

图 6.4.1　水面船舶船体振动测点

A. 驾驶 (桥楼) 甲板；B. 上层建筑；C. 上甲板、主甲板；D. 主机

表 6.4.1 水面船舶船体振动测点

序号	位置	方向
1	船艉，左舷	横向
2	船艉，左舷	垂向
3	驾驶 (桥楼) 甲板前部，左舷	纵向
4	驾驶 (桥楼) 甲板前部，左舷	横向
5	驾驶 (桥楼) 甲板前部，右舷	纵向
6	驾驶 (桥楼) 甲板前部，左舷	垂向
7	上层建筑正面底部，中心线	垂向
8	主机顶部，后汽缸架	横向
9	主机顶部，前汽缸架	横向
10	主机顶部，前汽缸架	纵向
11*	主桅杆顶部	纵向
12*	主桅杆顶部	横向

注：* 推荐测量主桅杆顶部横向和纵向振动级以检查主桅杆的振动特性。

对于潜艇艇体振动测量测点应当选取以下测点[9]：① 艇体艉部：垂向，横向；② 艇体艏部：垂向，横向；③ 沿艇体长度方向各隔壁处：垂向，横向。测点布置见图 6.4.2。

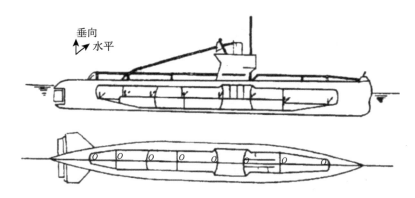

图 6.4.2 潜艇艇体振动测量测点布置

O. 测点部位

对于螺旋桨脉动压力的测量，可利用具有抗腐蚀性的压力传感器。压力传感器的理想数量最好在 5~7 个。对于直径为 D 的右旋螺旋桨，4 个压力传感器应安装在轴中心线往右舷方向 $0.05D$ 位置，纵向位置位于桨梢面后 $0.1D$ 处开始每隔 $0.15D$ 的测量参考面上。另外，可在桨梢面前 $0.05D$ 的平面上，分别在轴中心线往左舷方向 $0.1D$ 及右舷方向 $0.15D$ 和 $0.25D$ 位置安装传感器，如图 6.4.3 所示。对于左旋螺旋桨，其安装位置最好与之镜像对称。对于船体尾端与螺旋桨桨盘面位置有足够距离的船舶，压力传感器也可根据需要安装在距离桨盘面后 $2D$ 处，和伴流峰中的主梢涡流运动成直线。

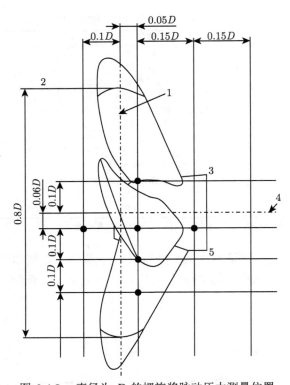

图 6.4.3　直径为 D 的螺旋桨脉动压力测量位置

1. 测量参考面 (即桨梢面)；2. 中弦线；3. 左舷方向；4. 轴中心线；5. 右舷方向

4. 测量条件

水深：对于水面船舶而言，水深应当大于船舶吃水的 5 倍，如果船舶运营区是在浅水区，可选择相应的试航水深；对于潜艇而言，水上状态航行测量时，海区水深应当大于水上正常状态时平均吃水的 5 倍；水下状态航行测量时，海区水深应大于水上正常状态时平均吃水的 10 倍，艇底基线至海底的距离应大于水上状态平均吃水的 5 倍。

海况：对于水面船舶而言，海况应小于 3 级；对于潜艇而言，水上航行，海况小于 3 级，水下航行，海流不大于 2kn。

航行状态：航行测量时，船舶和潜艇均要处于自由航行状态，各工况主要振源转速保持稳定。

为了确定主要的工况模态和相关的固有振动振型和频率，应在自由航行状态下从最大持续额定功率的 30%～100% 所对应的转速范围内进行测量，建议可按照下列方式进行。

对于固定螺距螺旋桨，测量应该以螺旋桨最大持续额定轴转速大约 2%的恒定转速间隔递增进行。或者螺旋桨轴转速在不少于 45min 时间内缓慢连续增加，采用阶次跟踪方法进行数据采集和分析。在共振或接近共振状态时，转速变化应更慢或者采用更小的转速间隔，从而接近连续准稳定状态。对于可调螺距螺旋桨，根据转速与螺距增量的船舶标准组合曲线，在船舶工作转速范围内至少进行 20 组测量。如果在这一过程中无法分辨共振，螺距最好保持在约 80%满螺距下，按照相同的方法改变转速从而充分覆盖重要的频率范围。如果在升速试验中无法保证准稳定状态，应该在下列转速和螺距设定测量工况：一是额定转速和相应螺距；二是由螺旋桨主要激励阶次引起驾驶甲板最大响应的转速和相应螺距；三是由主机主要激励阶次引起驾驶甲板最大响应的转速和相应螺距，每一稳定转速测量时间要超过 3min。

5. 数据处理

数据分析方法主要包括：数据记录、频谱分析、阶次图分析、瀑布图分析等。以船舶主机顶部横向测量结果为例，图 6.4.4 是振动信号的时域图，图 6.4.5 是转速为 103r/min 的阶次图，图 6.4.6 是转速为 40~105r/min 的振动信号瀑布图。

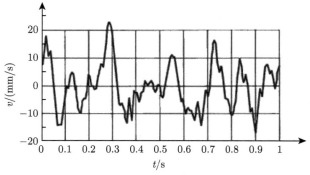

图 6.4.4 时域图

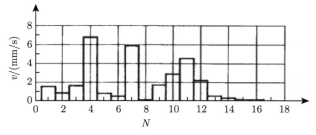

图 6.4.5 阶次图，转速 $n = 103$r/min

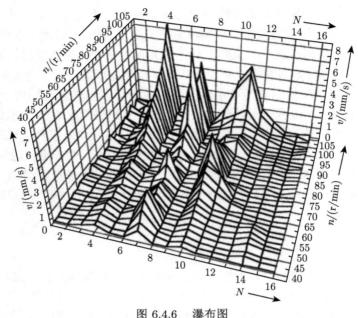

图 6.4.6　瀑布图

6.4.2　往复机械设备振动测量与评估

1. 测量参数

测量参数包括扭转角度、纵向振动位移、回旋振动位移等[10]。

2. 测试条件

为尽量保证测试的可重复性，需要在保持相对稳定的状态下对推进系统的振动进行测量，并考虑此时船舶的装载工况。譬如：

(1) 船舶的装载工况尽可能与额定工况保持一致。

(2) 水深应不小于 5 倍的船舶吃水。

(3) 在自由航行测试状态下，应尽量保持直线航行，舵角变化范围控制在 2° 以内。

(4) 在没有抨击或严重海浪冲击的情况下，最大的海况为：小艇：1 级海况；小船 (<100m)：2 级海况；大船 (≥100m)：3 级海况。

(5) 发动机应保持在正常工况下运行。

(6) 对于包括多发动机、轴和离合器的较复杂的系统，在性能测试前，需确定相应的工作模式类型。

(7) 设备安装要求及测点布置。

设备出厂台架试验时，安装设备或机组的基础最好使用钢筋混凝土或铸造金属结构，防止设备或机组与基础相互影响。设备或机组应按实际使用安装姿态进行安装，无论设备或机组在船上是否带减振器安装，出厂台架试验时应尽可能采用弹性安装。

测点应选择在能代表设备或机组整体运动的刚性较强的机器表面、顶部、轴承盖和机座上。不得选择在刚性极差，局部振动过大的部位。每台机器一般选择 4~8 个测点。在同一测点分别按互相垂直的三个方向进行振动测量。与设备或机组安装表面垂直的方向称"垂向"，用 X 标记；沿设备或机组轴线方向称"轴向"，用 Y 标记；垂直于 X、Y 平面的方向称"横向"，用 Z 标记。空压机测点如图 6.4.7 所示。

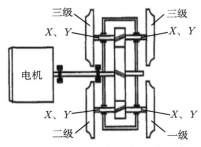

图 6.4.7　空压机测点示意图

传感器应通过安装块固定在测量位置上，安装块六面垂直水平，六面清洁无污物，安装块面钻孔位置应有很强的刚性，用双头螺栓旋转固定传感器。安装块用黏结剂，如 502 高强度液体胶水固定。黏结剂固化后应具有足够的刚度和强度。安装表面应进行清洁处理，铲除油漆、油污及其他杂物，用清洗液如酒精 (95％以上) 或丙酮清洁处理。传感器也可通过专用磁铁吸附在测点部位。为了清除地回路干扰，应使用绝缘栓或绝缘块等绝缘措施。

3. 测量方法

为了获得稳态振动的数据，一般采用以下两种方式进行测量：① 在最小和额定转速之间的整个有效的转速范围内，均匀分挡进行测量并记录稳态值。保证转速分挡的数目能够准确记录，从而描述整个转速范围内的振动特性。② 从最小转速缓慢地增加至最大转速，增速应足够缓慢从而保证振动量级能充分体现。对于直接传动的两冲程发动机，施加每分钟小于 2％额定转速的速度变化率，整个升速或降速过程持续 30min 左右；对于中高速发动机，施加每分钟小于 15％额定转速的速度变化率，整个升速或降速过程持续 10min 左右。

　　对于轴系的扭振测量，在测量之前一般需要进行扭振计算，通过扭振计算模型将测量量转换为合适的量，例如对扭矩或应力的评估，转换成系统其他部件的交变扭矩或应力。这种典型部件包括弹性联轴器、啮合齿轮、连接件和轴，可使用应变仪进行动态应力测量，使用编码器或其他角度测量方法测量扭转振动角或扭转幅值。

　　对于轴的纵向振动测量可以采用以下方法：① 轴的纵向窜动或振动-法兰相对轴承座或基础的运动；② 推力的测量 (在轴上通过应变仪测量纵向动态应力、推力环测量、推力轴承的移动，以及利用轴承刚度模型对推力的重新计算、推力轴承非旋转件上的弯曲应力和利用轴承模型的推力重新计算)。

　　对于轴的弯曲振动测量：① 通过应变仪测量弯曲应力；② 通过正交横向探头测量轴的位移量。弯曲振动测量仅适用于特殊情况，譬如当固有频率与振动主激励频率相接近时，弯曲振动测量对于小轴径高速转轴，大跨距轴承，以及可引起较大弯曲振动的轴系尤为重要。

　　对于机器非旋转部件和组件的直线或横向振动测量，对测点的定义和测试数据评价应充分考虑发动机的安装形式 (弹性安装或刚性安装)。一般来说，设备厂会提供船用柴油机振动许用值，其最大值通常发生在第三层，如图 6.4.8 所示机架顶端，主要目的是保证长时间使用不损坏发动机的完整性和功能性。当刚性安装发动机可接受的振动等级在第一层时，如图 6.4.8 中机器的安装机脚，就应该考虑船体振动要求，如传递的动态力、振动和噪声，它应远低于第三层可接受的值，根据安装方向和方法，一般小于其二分之一。弹性安装一般适用于中速和高速发动机，在这类发动机框架和悬挂件上的测量结果是发动机直接载荷和弹性基础上发动机运动共同引起的，通常，应将这些影响分开评估。合理设计弹性安装系统，可使传递至船体的动态力、振动和噪声处于较低水平。

　　直接传动的船用两冲程柴油机，其额定转速处于 70~250r/min 范围，发动机大多利用钢制螺栓刚性连接在船体结构或基础上，在基础附近，振动等级很大程度上取决于基础的设计和复合结构的固有频率，这里的复合结构包括利用金属垫块或树脂浇注连接在基础和船体结构上的发动机。为确定振动幅值的均方根值，频率范围应限制在 1~100Hz，局部共振应采用合适的滤波技术消除。船用四冲程发动机覆盖的转速范围在 300~2500r/min，低速适用于大型中速发动机，高速适用于紧凑的高速发动机，这种发动机一般通过齿轮箱连接到螺旋桨轴，且大部分采用弹性安装。对于弹性安装发动机一般其可接受振动等级高，这是因为弹性安装设备的振动包含了附加的低频分量，传递到船体上的动态力被弹性元件大幅削弱。因此，发动机的安装端面的允许值也较高。

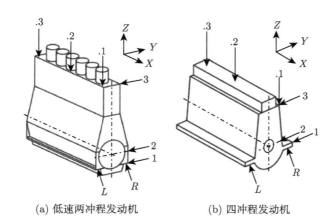

(a) 低速两冲程发动机　　　　　(b) 四冲程发动机

测量面: L 面向输出端的左手
　　　　R 面向输出端的右手
测量高度: 1 机器的安装端面
　　　　　2 曲轴高度
　　　　　3 机架顶端
机器长度方向的测点: .1 输出端
　　　　　　　　　　.2 机器中部
　　　　　　　　　　.3 机器的自由端

方向: X 纵向
　　　Y 横向
　　　Z 垂向

图 6.4.8　柴油机上的典型测点

　　对于齿轮箱直线振动的测量采用间接确定齿轮箱载荷的方法，其振动是由外部或内部的激励引起的。典型的内部激励产生的振动包含齿轮接触啮合、滚动轴承输入和输出，以及中间轴不平衡量引起的振动。典型的外部激励产生的振动包括来自发动机、螺旋桨和对中不良产生的振动。为了准确地对其振动进行测量，需要明确区分以上振动激励源。测量时应该扩展至整个装置工作转速范围内，在考虑工作转速范围时，隶属于齿轮箱的组件转速不应落入由柴油机或螺旋桨的主谐次引起的共振转速范围内，应从 2~1000Hz 的频率范围内对振动幅值进行测量。如果根据振动数据难以推算齿轮箱的载荷，振动等级应保持在较低水平。对于齿轮箱振动的测量，其典型测点如图 6.4.9 所示。

　　由于轴的横向振动测量相对比较困难，同时，在轴承测点上振动位移大，振动速度或加速度相当明显，因此轴承上的振动测量十分重要，对于轴承上振动测量的测点布置可以参照图 6.4.10。

　　独立式支座轴承一般用于两冲程或四冲程发动机，因为轴承被动地产生振动，测量侧重于记录通过轴或者基础产生的振动位移、速度或加速度。然而，发动机或螺旋桨激励的振动也可能通过轴的轴向和径向运动产生。因此，如果数学模型预测的共振频率接近主要的激励频率，应区分主要激励源和振动路径。

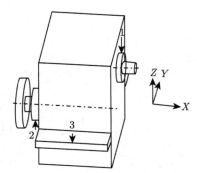

图 6.4.9　齿轮箱振动测点布置

1. 齿轮箱动力输入轴轴承盖；2. 齿轮箱动力输出轴轴承盖；3. 齿轮箱支座

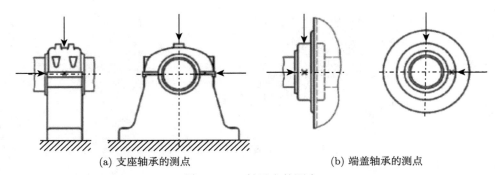

(a) 支座轴承的测点　　　　　　　　　　　　　　(b) 端盖轴承的测点

图 6.4.10　轴承上的测点

4. 数据处理

数据分析方法主要包括：数据记录、频谱分析等。根据频谱分析和阶次分析结果，绘制各主 (或副) 谐次的被测点振幅变化曲线。

(1) 将轴系固有频率实际测量的结果与计算结果进行比较；

(2) 根据被测点实测振幅，按计算的主振型推算的各部件 (或元件) 承受的振动应力或振动扭矩与其许用值绘制在一幅随转速变化的图上，进行比较。

6.4.3　旋转机械振动测量与分析

1. 测量参数及范围

(1) 测量参数：振动加速度、振动烈度、振动位移。

(2) 测量范围：一般为 10~1000Hz，如果被测设备的基频小于 10Hz，则频率范围选择在 2~1000Hz。

以上测量参数和测量范围可以按需选取。

2. 设备安装要求及测点布置

设备工厂出厂台架试验时，试验基础固有频率应不低于 25Hz，并且固定基座的固有频率不应处于机械或设备的基本旋转频率或其他主要扰动频率的 1 ± 0.4 倍范围内。设备或机组应按实际使用状态进行安装，如果可以尽可能采用弹性安装。弹性安装的设备或机组系统垂向固有频率不得超过 11Hz 或设备、机组最低扰动频率的 1/4(两者中取较低的一个)。若不能使用弹性安装，应征得测量单位或合同方认可。

单独安装和复合安装有机脚的设备，测点应选择在设备机脚上，并尽可能接近固定螺栓。对于有多个安装面的设备，应按上述规定在每个安装面上布量测点。测点数目可根据设备类型及大小的不同而定，但至少取四个，这四个测点一般选择在设备四角的机脚上。对于旋转机械，可以在非旋转部件 (如轴承座) 上测量评价机器振动，测量应在三个相互垂直的方向上进行，其中之一应是铅垂的。有水平轴的设备，另一个方向应垂直于设备的轴。特殊姿态安装的设备，测量取向与合同方商定。可采取图 6.4.11(a)~(e) 所示的测点位置进行测点布置。

对于像汽轮机组、燃气轮机组以及透平压缩机组这一类机器，它们在工作转速范围内可以有若干振动模态，仅在非旋转部件上测量或许是不够的。在这些情况中，需在转动和非转动部件或仅在转动部件上进行测量，如图 6.4.11(f) 是对转轴进行振动测量。

3. 设备状态运行要求

旋转机械设备应在正常条件下运行，有级变速设备应在各级转速下运行，无级并变速设备应在最高转速、中间转速 (最高转速与最低转速之和的 1/2)、最低转速 (若设备工作转速能操纵到零，则为最高转速的 5%) 下运行，并应在其整个运行速度范围内由低到高连续改变转速运行一次。设备应在上述所探测到设备共振或空气噪声急剧增加以及设备制造厂推荐的和合同认可的转速下运行。凡设备根据某信号作用来运行的，在测量期间应用一代表性信号以激励该设备。

4. 数据处理

数据处理的方法至少有以下两种：一是直接对振动信号进行频谱分析，分析振动信号的频率成分；二是计算出结构振动加速度和振动烈度后进行振动评价。下面简单介绍结构振动加速度和振动烈度评价准则。

结构振动加速度 L_a 是测得结构振动加速度均方根值 a 与振动加速度基准值 a_0 之比的常用对数的 20 倍，按式 (6.4.1) 进行计算。

$$L_a = 20\lg\frac{a}{a_0} \tag{6.4.1}$$

式中，L_a 为结构振动加速度级 (dB)，a 为测得的结构振动加速度均方根值 (μm/s)，a_0 是振动加速度基准值为 1μm/s。

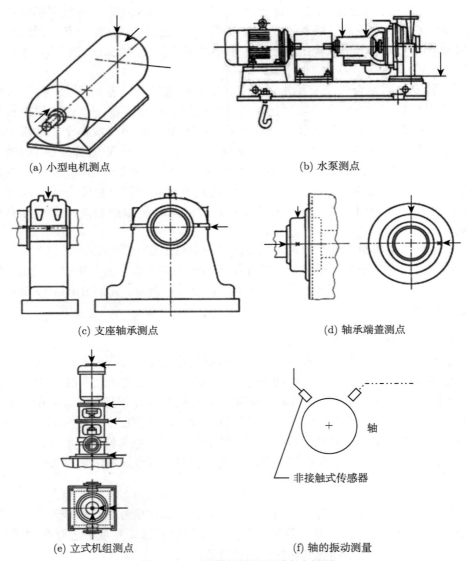

(a) 小型电机测点

(b) 水泵测点

(c) 支座轴承测点

(d) 轴承端盖测点

(e) 立式机组测点

(f) 轴的振动测量

图 6.4.11　旋转机械振动测点布置图

　　振动烈度是指机器在指定点测得的振动速度最大均方根值，可以按式 (6.4.2) 计算

$$V_s = \sqrt{\left(\frac{\sum V_x}{N_x}\right)^2 + \left(\frac{\sum V_y}{N_y}\right)^2 + \left(\frac{\sum V_z}{N_z}\right)^2} \tag{6.4.2}$$

式中，V_s 为当量振动烈度，V_x, V_y, V_z 分别为 x, y, z 方向上的振动速度均方根值，N_x, N_y, N_z 分别为 x, y, z 方向上的测点数。

　　一般而言，有两种振动评价准则：一是根据所测得的宽带振动量值来判断机器状态，例如采用振动烈度作为评价准则，其评价方式如图 6.4.12 所示；二是考虑振动量值的变化，不论它们是增加还是减少，即使未达到上一准则的区域 C，但宽带振动值显著增加或减少时，也需采取措施，如在非旋转部件上测得的结构振动加速度、振动烈度的变化过大时或在旋转部件上测得的振动位移峰-峰值的变化过大时，也应做出相应处理。

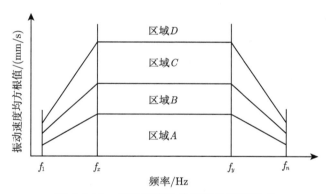

图 6.4.12　振动速度验收准则的通用形式

区域 A：新交付使用的机器的振动通常落在该区域；区域 B：振动量值在该区域的机器，通常认为可不受限制地长期运行；区域 C：通常认为振动量值在该区域的机器，不适宜于长期持续运行，一般该机器可在这种状态下运行有限时间，直到有采取补救措施的合适时机为止；区域 D：振动量值在该区域通常被认为振动剧烈，足以引起机器损坏

5. 燃气轮机振动测量

　　燃气轮机振动监测的测点应选择在最能反映燃气轮机振动特性的地方，尽量位于其主轴承或由主轴承向其他部件传递力的位置。根据燃气轮机结构，加速度传感器安装于燃气轮机低压压气机进口端、燃气轮机中部和动力涡轮处，如图 6.4.13 所示。对于每个测量位置，分别在燃气轮机的径向、切向和轴向安装加速度传感器，测量 3 个方向的振动信号。作为燃气轮机的振动评价，其振动测量工况应选其额定运行工况或实际最大运行负载工况。

　　有两种评价准则用于评价燃气轮机的振动品质。

1) 考虑燃气轮机的宽带振动幅值

准则 I 规定了绝对振动幅值的限值，此限值与轴承的许用动载荷以及通过支承结构和基础传递到环境允许的振动相一致。在每个托架上测得的最大振动值对照由经验建立的四个评价区域进行评价。表 6.4.2 给出了区域界限振动值，这些区域界限值是依据生产厂家和购方合同初步确定的，实际监测过程中可作为参考。由于每一台燃气轮机区域界限振动值受安装、使用条件等影响而不同，准确的区域界限振动值应通过测量和多台燃气轮机的振动实测值统计得到，表中的振动值适用于在额定转速或转速范围内稳定运行工况。

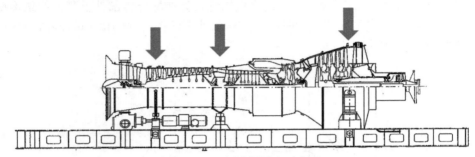

图 6.4.13   振动测量点示意图

表 6.4.2   准则 I 评价区域界限

区域界限	振动速度 (RMS)/(mm/s)
A/B	7
B/C	12
C/D	16

注：表中区域界限值的频带为 10~300Hz。

2) 考虑振动幅值的变化，不论它是增大还是减少

准则 II 规定了振动幅值偏离预先规定参考值的变化，即使没有达到准则 I 的 C 区域也可能发生宽频振动幅值的明显变化，这种变化实际上可能是瞬时的或者随时间逐步发展的，它可能预示零部件的初期损伤或者其他的故障。准则 II 是在稳定工况下发生的宽频带振动幅值变化的基础上规定的。这种工况允许有很小的变化，如燃气轮机在额定工作转速下输出功率变化时振动发生的变化。

在应用准则 II 时，传感器必须安装在同样的位置和方向上，应与以近似相同的转速、负载和热状态对应的稳定工况下的振动测量值进行比较。当振动幅值增加或降低超过 B 区上限值的 25％时，应引起重视，并进行诊断，查明振动变化的原因和确定要采取的措施。

升速、停机降速的振动是指燃气轮机起动和停机运行期间获得的振动信息。通过这些振动信息能更深入地了解机器的状态，而在稳态运行工况下是无法获得

这些振动数据的。升速、停机降速振动数据能很好地检出和分析机器的状态，如转子不平衡、结构与部件共振，以及临界转速、阻尼、碰摩和转轴裂纹等。升速、停机降速振动一般用瀑布图表示，见图 6.4.14。升速、停机降速振动是基线振动数据的重要部分，初始测试越全面，正确检测诊断和跟踪机器状态劣化的可能性就越大。

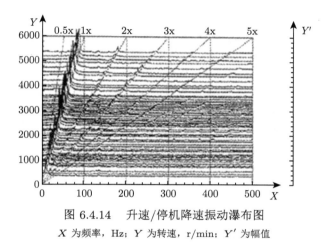

图 6.4.14 升速/停机降速振动瀑布图

X 为频率，Hz；Y 为转速，r/min；Y' 为幅值

对于燃气轮机结构振动加速度限值而言，国家军用标准与美国军用标准限值曲线形状一样 (见图 6.4.15 中 I 类，TYPE I 曲线及表 6.4.3 所示)，但国家军用标准限值要比美国军用标准高 20dB，其原因为参考值选取不一样，国家军用标准参考值为 10^{-6}m/s^2，美国军用标准为 10^{-5}m/s^2。

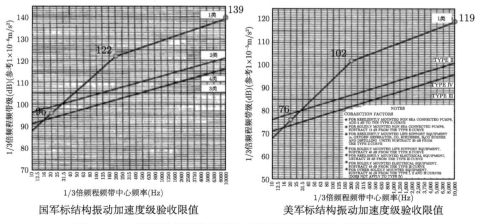

图 6.4.15 燃气轮机结构振动加速度限值国军标与美军标对比

表 6.4.3   燃气轮机结构振动加速度限制国家军用标准与美国军用标准 **TYPE I** 典型频率对比

频率/Hz	国家军用标准限值/dB	美国军用标准限值/dB
20	96	76
200	122	102
10×10^3	139	119

6.5   舰船隔振装置效果测量与评估

隔振的目的是减小振动的传递，用阻抗表示的弹性及刚性安装系统如图 6.5.1 所示。图中 F_1 为作用在设备上的扰动力；v_1、v_{1R} 分别为在弹性及刚性安装情况下设备的振动速度；F_2、v_2 分别为弹性安装时传至非刚性基础上的力及振动速度；F_{2R}、v_{2R} 分别为刚性安装时传至非刚性基础上的力及振动速度；Z_M、Z_I、Z_F 分别为设备、弹性支撑 (隔振器) 及基础的机械阻抗，均为频率的复函数。

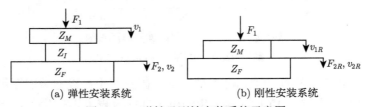

(a) 弹性安装系统   (b) 刚性安装系统

图 6.5.1   弹性及刚性安装系统示意图

若将设备视为一质量为 M 的刚体，将隔振器简化为具有一定刚度 K 和阻尼 C 的理想元件，则有

$$Z_M = \mathrm{i}\omega M \tag{6.5.1}$$

$$Z_I = \frac{K}{\mathrm{i}\omega} + C \tag{6.5.2}$$

$$Z_F = \frac{F_2}{v_2} = \frac{F_{2R}}{v_{2R}} \tag{6.5.3}$$

用四端参数法可以分别列出图 6.5.1 所示 2 种情形输入和输出之间的关系式：

$$\begin{bmatrix} F_1 \\ v_1 \end{bmatrix} = \begin{bmatrix} 1 & Z_M \\ 0 & 1 \end{bmatrix} \begin{bmatrix} 1 & 0 \\ \dfrac{1}{Z_I} & 1 \end{bmatrix} \begin{bmatrix} F_2 \\ v_2 \end{bmatrix} \tag{6.5.4}$$

$$\begin{bmatrix} F_1 \\ v_{1R} \end{bmatrix} = \begin{bmatrix} 1 & Z_M \\ 0 & 1 \end{bmatrix} \begin{bmatrix} F_{2R} \\ v_{2R} \end{bmatrix} \tag{6.5.5}$$

下面以图 6.5.1 所示的系统为例，对各评估指标进行讨论和分析。

6.5.1 力传递率

力传递率是最早的隔振效果评估指标，定义为传递至基础的力与激励力之比。系统中力传递率 T_A 的表达式为

$$T_A = \frac{F_2}{F_1} = \frac{Z_I \cdot Z_F}{Z_I \cdot Z_M + Z_I \cdot Z_F + Z_M \cdot Z_F} \tag{6.5.6}$$

当用级差表示时，常用下列形式：

$$L_T = 20 \lg \frac{1}{T_A} = 20 \lg \frac{Z_I \cdot Z_M + Z_I \cdot Z_F + Z_M \cdot Z_F}{Z_I \cdot Z_F} \tag{6.5.7}$$

因为取了倒数，所以凡表示有衰减作用的 L_T 都大于 0。

由于传递力及激励力的实测都难以实现，工程上一般不用实测的方法来获取传递率，而是设法从插入损失及振级落差的实测中估算传递率。此外，传递率的概念建立在刚性基础的假设之上，它只表明了传递力与激励力之比，并不能反映基础的运动状况，且只适用于低频段。高频振动以弹性波的形式传播，与隔振器的刚度无关，而主要取决于其声阻抗。此外对于非刚性基础，用它来评价隔振效果也不够合理。由于非刚性基础弹性的影响，即使不安装弹性支撑 (隔振器)，作用在基础上的力 F_{2R} 也将小于扰动力 F_1，即

$$F_{2R} = \frac{F_1}{1 + Z_M/Z_F} \tag{6.5.8}$$

随着机组质量的增大，Z_M 也增大，传给基础的力 F_{2R} 将减小，所以对于非刚性基础，不宜用传递率作为隔振效果的评价指标。

6.5.2 插入损失

隔振系统插入损失定义为采取隔振措施前后基础响应有效值之比的常用对数的 20 倍。随着所选取的基础响应的不同，相应地有位移插入损失、速度插入损失和加速度插入损失。与插入损失相对应的概念是插入响应比 R，定义为有隔振装置时基础响应与没有隔振装置时基础响应的比值。

以速度响应为例，对于图 6.5.1 所示的系统，插入响应比 R 的表示为

$$R = \frac{v_2}{v_{2R}} = \frac{Z_I \cdot Z_M + Z_I \cdot Z_F}{Z_I \cdot Z_M + Z_I \cdot Z_F + Z_M \cdot Z_F} \tag{6.5.9}$$

相应地，系统的插入损失的表达式为

$$L_I = 20 \lg \frac{1}{R} = 20 \lg \frac{Z_I \cdot Z_M + Z_I \cdot Z_F + Z_M \cdot Z_F}{Z_I \cdot Z_M + Z_I \cdot Z_F} \tag{6.5.10}$$

有时用插入响应比的倒数 $E = 1/R$ 来评价隔振效果，E 又称为隔振有效性。由于取了倒数，所以凡表示有衰减作用的 L_I 均为正值。

根据式 (6.5.3)，有

$$L_I = 20 \lg \frac{v_{2R}}{v_2} = 20 \lg \frac{F_{2R}}{F_2} \tag{6.5.11}$$

即插入损失又等于刚性安装时传至基础的力与弹性安装时传至基础的力之比，故式 (6.5.11) 定义了基于插入损失概念的力传递率。

插入损失可以实测，但实施较为困难。如果船舶是成批建造的，结构、尺寸及所用设备完全相同，只是设备的安装方式不同，则在不同安装方式的两艘船上，进行同一点振动响应的测量，就可以得到插入损失的较准确的数据。但对于实船上已装好的弹性安装机组，将其重新换成刚性安装进行测量将难以实施，特别是对于大型机组，则几乎不可能。对于中、小型机组，可以专门制作一些与隔振器同样高度的钢块，换下全部隔振器，将机组改装为刚性支撑进行测量。也可用带斜面的钢楔近似代替钢块，但这样做改变了支撑条件，削弱了支撑刚性，影响到测量精度。

6.5.3　振级落差

振级落差定义为被隔振设备振动响应的有效值与对应基础响应的有效值之比的常用对数的 20 倍。和插入损失一样，振动响应可以是位移、速度或加速度，相应地称为位移振级落差、速度振级落差和加速度振级落差。对于单频简谐振动而言，三者是一致的。振级落差有时又被称为传输损失。与振级落差相对应的概念是振级落差比。以速度响应为例，对于图 6.5.1 所示的系统，振级落差比 D 定义为

$$D = \frac{v_1}{v_2} = \frac{Z_I + Z_F}{Z_I} \tag{6.5.12}$$

振级落差 L_D 与振级落差比 D 的关系为

$$L_D = 20 \lg (D) = 20 \lg \frac{Z_I + Z_F}{Z_I} \tag{6.5.13}$$

当用振级表示时，有

$$L_D = 20 \lg \frac{v_1/v_0}{v_2/v_0} = 20 \lg \frac{v_1}{v_0} - 20 \lg \frac{v_2}{v_0} = L_{v_1} - L_{v_2} \tag{6.5.14}$$

式中，L_{v_1} 和 L_{v_2} 相应地分别为隔振器上、下方的振动速度级；v_0 为基准速度，$v_0 = 1\text{mm/s}$。

振级落差的测量比较容易实现，也是实践中用得最多的。根据所测的量分为速度振级落差和加速度振级落差，但两者既相互联系，又有区别。

振动的传递主要是能量的传递，速度能代表传递能量的大小；而在测量中，一般都使用加速度传感器，要得到速度则必须通过积分，容易引起误差，且加速度能正确反映高频振动情况。事实上，对于频率一定的简谐振动而言，速度和加速度之间具有简单的转换关系，因此在同一窄带频率上，速度振级落差和加速度振级落差事实上是一样的。如果要求用总振级来评价隔振系统的隔振效果，则必须说明用的是速度振级落差还是加速度振级落差，因为总振级综合了各种频率分量，选用速度振级落差或加速度振级落差所得出的总振级落差是不同的。

在工程实践中，机械设备的干扰源往往非常复杂，且由多个频率成分组成。而隔振装置中各组成元件的阻抗特性也是随频率变化的，因此在各个频率下的隔振效果是各不相同的。一般用频谱曲线绘出 $v_1(f)$ 及 $v_2(f)$ 的变化情况，并以低阶主要干扰频率处的振级落差来表示隔振装置的隔振效果。

从式 (6.5.12) 和式 (6.5.13) 可以看出，振级落差与机组的阻抗特性 Z_M 无关，只取决于隔振器和基础的阻抗特性。在隔振器一定的情况下，基础阻抗特性的变化将对振级落差产生很大的影响。当基础刚性很大时，无论扰动频率怎样变化，v_2/v_1 总是一个很小的值，即使扰动接近甚至等于隔振系统的固有频率时，v_2/v_1 也不会很大，以致得出隔振效果良好的错误评价。而当基础刚性不大时，当扰动频率与基础的第一阶固有频率相一致时，Z_F 达到最小值，L_D 会出现低谷，从而得出隔振效果不佳的片面评价。这是因为振级落差是直接在隔振器上、下测量的，受基础支撑面局部振动的影响极大。俄罗斯专家曾对 100 多艘船舶进行了实测，发现不管采用何种隔振器，有 70% 的情况在 250Hz 附近振级落差要下降，有 20% 是在 500Hz 附近要下降，有 10% 则在 125Hz 附近要下降。在这 3 个中心频率处，隔振效果之所以明显下降，完全是船舶基础面板局部共振所致。荷兰专家在进行同样的研究时也得出了类似的结论。因此，振级落差这个指标并不能确切地反映隔振装置的真实隔振效果，它只能作为一种近似的评价指标。

6.6 船舶空气噪声测量与评估

6.6.1 机械设备空气噪声测量

机械设备的空气噪声测量分为台架噪声测量与实船噪声测量，它们除测量参数、测量条件、测点布置略有不同外，其他测量要求大致相同 [11]。

1. 测量参数

声功率是直接反映设备运行时所发出的固有噪声能量，且在台架进行声功率级的测量相对容易，具有可操作性。因此，在台架测量时，测量参数选定为声功率级，其中包括总声功率级、A 计权声功率级和频带声功率级。测量的中心频率范围可取为 31.5~4000Hz。当有特殊需要时，频率范围的上限可延伸至 8kHz。

实船测量一般采用声压级作为测量参数。测量范围一般与台架测量相同。

2. 测量条件

测量仪器应使用 GB/T 3785—2010《电声学声级计》中规定的 II 型或 II 型以上的声级计，以及准确度相当的其他测量仪器。用慢挡测量 (或积分时间大于 8s 或至少平均三次)，声级计或其他测量仪器与传声器之间最好使用延伸电缆或延伸杆连接，传声器与声源之间不应有障碍物。每次测量前后，需用准确度优于 ±0.3dB 的声级校准器对整个测量系统 (包括电缆) 标准校准。若测量后校准误差大于 ±1dB，则测量结果无效，应重新测量。

3. 测点布置

1) 台架测量

将被测设备外轮廓视为一个矩形六面体 (不包括设备上对辐射噪声影响不大的凸出部分)，与基准体各面相平行且相距一固定距离 d 的外层六面体表面称为测量表面，d 称为测量距离，测量距离 d 应不小于 1m，一般取 1m。测点应均匀分布在测量表面上，根据基准体的大小和辐射噪声的空间均匀性，确定测点位置和数量，例如，当基准体尺寸 $l_1 \leqslant 2\text{m}$，$l_2 \leqslant 2\text{m}$，$l_3 \leqslant 2.5\text{m}$ 时，可参照图 6.6.1 所示布置测点。当设备噪声辐射指向性较强，造成相邻测点位置上声压级相差 5dB 以上，或因设备基准体尺寸较大使测量表面上测点间距超过 $2d$ 时，应增加测点数量。

2) 实船测量

由于受实船空间限制，测点数量与位置可适当减少，但同时也要保证测点位置与任何一个界面的距离大于 0.5m。

4. 测量条件及设备运行状态

实船测量对测量环境无专门要求，而台架测量对测量环境有较高要求。在台架测量时，理想的测量场所应当比较宽敞，只有一面是反射面 (一般为地面)，其余五个面无反射，且背景噪声较低。

实际测量可能存在多个反射面，当测量场所存在多个反射面时，测量误差可达 2~8dB。因此在这种条件下，应当对测量结果进行误差修正。可采用绝对比较法和混响时间法对结果进行修正。

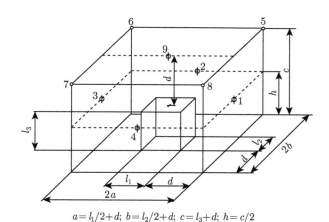

$$a = l_1/2 + d; \ b = l_2/2 + d; \ c = l_3 + d; \ h = c/2$$

图 6.6.1 基准体尺寸 $l_1 \leqslant 2$m，$l_2 \leqslant 2$m，$l_3 \leqslant 2.5$m 时 9 个测点的布置和测量表面

1 ~ 9 为测点位置

绝对比较法是，采用标定过的标准声源，放置于与被测设备相同的环境中，测量该设备的声功率级。环境修正值 k_2 可按式 (6.6.1) 进行计算。

$$k_2 = L_w - L_{wt} \tag{6.6.1}$$

其中，L_w 为现场测量到的标准声源声功率级 (dB)，L_{wt} 为标准声源标定的声功率级 (dB)。

混响时间法是通过测量环境的混响时间确定环境修正值 k_2，按式 (6.6.2) 计算。

$$k_2 = 10 \lg \left(1 + \frac{4}{A/S} \right) \tag{6.6.2}$$

其中，S 为测量表面的面积，A 为房间吸声量。房间的吸声量 A 可由测得的混响时间决定，如下式所示

$$A = 0.16 \frac{V}{T} \tag{6.6.3}$$

式中，V 为房间体积 (m^3)，T 为混响时间 (s)。

对于背景噪声，应当要求测量点的背景噪声 A 声级平均值低于各测点 A 声级平均值 6dB 以上。

对于设备运行状态，设备应当按照实际使用方式安装，稳定运行，被测设备运行的辅助装置应当置于被测设备环境之外，或进行声学隔离。若有进气、排气设备，应当通过管道将进气口、排气口引到测量环境之外或接入消声器。

5. 数据处理

实船测试直接测得测点的声压级即可，再将各个测点声压级求平均即可得到设备的测试结果。若测量结果与背景噪声之差小于 10dB，则应当按式 (6.6.4) 对

背景噪声进行修正

$$K_{li} = L_{pi} - 10\lg(10^{0.1L_{pi}} - 10^{0.1L_{ki}}) \tag{6.6.4}$$

式中，K_{li} 为第 i 个测点背景噪声的修正值 (dB)，L_{pi} 为第 i 个测点测得的声压级或频带声压级 (dB)，L_{ki} 为第 i 个测点测得的背景噪声 (dB)。

若测点分布均匀，则可按式 (6.6.5) 进行平均声压级计算

$$\bar{L}_p = 10\lg\left(\frac{1}{N}\sum_{i=1}^{N} 10^{\frac{L_{pi}-K_{li}}{10}}\right) \tag{6.6.5}$$

式中，$\bar{L}_p$ 为测量表面平均声压级或频带声压级 (dB)，基准值为 $20\mu\text{Pa}$；N 为测点总数。

若测点分布不均匀，则可按式 (6.6.6) 计算平均声压级

$$\bar{L}_p = 10\lg\left(\frac{1}{S}\sum_{i=1}^{N}\frac{1}{S_i} 10^{\frac{L_{pi}-K_{li}}{10}}\right) \tag{6.6.6}$$

式中，S 为等效测量表面积 (m^2)，S_i 为第 i 个测点所占有的等效测量表面积 (m^2)。

当进行台架测试时，需要求测得该设备的声功率级，其中声功率级可由式 (6.6.7) 计算得到

$$L_w = k_2 + 10\lg(S/S_0) \tag{6.6.7}$$

式中，L_w 为声功率级 (dB)，基准值为 1pW；k_2 为环境修正值 (dB)；S 为等效测量表面积 (m^2)；S_0 为面积基准值，$S_0 = 1\text{m}^2$。

其中，等效测量表面积可以由下式计算得到

$$S = 4(ab + bc + ca) \tag{6.6.8}$$

式中，$a = d + l_1/2$，$b = d + l_2/2$，$c = l_3$。l_1、l_2、l_3 为矩形六面基准体尺寸。

6.6.2　舱室空气噪声测量与评估

舱室空气噪声测量是检验船舶居住舱室和工作舱室噪声是否达到设计要求，以及改进设计、对舱室噪声进行控制的重要依据，是船舶噪声测量的基本内容之一 [1]。

1. 测量参数及范围

(1) 测量参数：总声级、A 声级、1/1oct 或 1/3oct 声压级；

(2) 测量频率范围：$20\sim 8000\text{Hz}$。

以上参数和频率范围可根据需求选取。

2. 测量系统

(1) 测量仪器仪表各参数应满足测量要求；
(2) 测量仪器仪表必须在有效检定周期内；
(3) 测试传声器应采用无指向型；
(4) 应选用 II 级或 II 级精度以上的声级计以及准确度相当的其他测量仪器；
(5) 声级校准器应选用 I 级以上的计量精度。

3. 测量环境条件

测量时周围环境的背景噪声应比信号小 6dB 以上，否则不能测量。测量海况在 3 级以下。

4. 测点布置

(1) 应满足评定全船各舱室噪声级的要求。
(2) 每个舱室至少有一个测点，并设在舱室中央或战位处。舱室较大时，可布多个测点，两个相邻测点间距不小于 2m，不大于 7m，若在多点测量的舱室内发现相邻两点的声级相差大于 5dB 时，则应增加测点。
(3) 在动力舱或辅机舱测量时，测点应距设备 1m，最小不小于 0.5m，测点距甲板 1～1.2m；距任一反射面至少为 0.5m。
(4) 在多点测量的舱室，尽可能考虑测点对称。
(5) 传声器一般指向声源，声源不明显的场所，传声器应指向上方。
(6) 在工位布置测点时，应布置在工作人员头部位置。

5. 测量方法

(1) 测量开始前应对测量系统进行校准。测量结束后，再次校准，若校准误差大于 0.5dB，则应重新测量。
(2) 测量各测点位置处的背景噪声。
(3) 当测点部位风速较大时，应戴防风罩或防风锥。
(4) 测量仪器的时间计权采用 "慢" 挡。
(5) 根据测量大纲 (或试验大纲)，在各试验工况下，逐点测量噪声。
(6) 测量过程中应详细记录测量环境、工况、测点布置、背景噪声、舱室布置等。

6. 数据处理

若测量结果与背景噪声之差小于 10dB，则应当按式 (6.6.4) 对结果进行修正。若存在多个测点，则可按式 (6.6.5) 计算舱室声压级。

6.7　舰船辐射噪声测量与分析

6.7.1　概述

　　降低舰船辐射噪声水平是实现其战术性能的关键所在，它不仅关系着舰船对水下搜索设备的隐蔽性和对配备有声学非接触操纵系统武器的防范能力，还关系着潜艇的适居性、艇上水声搜索设施的工作条件以及给武器的目标指示与识别[12]。舰船辐射噪声的测量目的是全面、系统、准确地采集舰船在各种状态和工况下的噪声数据，不失真地获取舰船噪声的全部信息，供分析该舰船的噪声特性和主要噪声源，进而为降低舰船辐射噪声提供参考和依据。因此，水下目标的辐射噪声测量问题受到世界各国重视，不仅在舰艇完工、现代化改装完工或更新装备完工交船时，要对舰艇进行一系列声学测量，确定其噪声信号基线的特征，而且在舰艇整个服役期内，要用专用测试设备按规定的程序对其噪声信号相对于基线的变化进行监测，当出现问题时，艇员必须意识到这些问题将会影响舰艇的辐射噪声水平，并采取有效措施来进行纠正。

　　不同国家，由于舰船噪声测试的深度、环境要求、传感器的布置方式、位置、参考声压、航速、分析的频带等均不相同，这就导致潜艇辐射噪声测试结果不一定具有可比性，例如，美国潜艇辐射噪声测试方法中采用水听器阵列，考虑了声在海平面反射、透射等因素的影响，测出的潜艇辐射噪声更加接近实际辐射噪声，而有些国家潜艇噪声测出是辐射声及其反射声等叠加的结果，故有可能偏大。但是舰船辐射噪声测量的基本方法大同小异：让舰船在离海水中布设的水下声系统适当距离处，按试验大纲规定的路径航行，同时记录水下声系统输出的电信号，然后按距离折算，给出辐射噪声信号的量值。

6.7.2　舰船辐射噪声的检验参数

　　舰船噪声的检验参数是舰船出厂验收时，要求进行检验的噪声参数，它是在舰船建造前，由有关方确定的舰船噪声技术指标。舰船噪声的特性很丰富，但出厂验收时，不可能对其进行全面检验，通常检验噪声的能量，对辐射噪声而言是噪声声源级。GJB4057—2000 中规定了水下辐射噪声测量的量主要包括[13]：

　　(1) 宽频带声压源级；

　　(2) 线谱的频率和声压源级；

　　(3) 1/3oct 频带声压源级；

　　(4) 1/3oct 声压谱源级。

　　测量频率范围主要为：

　　(1) 测量频段：5Hz～100kHz；

(2) 宽频带声压源级：20Hz～50kHz(必要时允许 20Hz～100kHz)。

根据舰船辐射噪声频谱特性，对辐射噪声规定声压谱源级限制线，其定义是在规定的频率范围内，所检验任何一点的噪声声压谱源级不得超出的曲线，这里规定的频率范围必须覆盖所受威胁的频带，还要指明舰船的航行状态和工况，由于舰船噪声声源级具有指向性，因此还必须说明相对舰船的方向 (φ, θ)，一般选择水平正横方向 $(\varphi = 90°, \theta = 90°)$ 或垂直正横方向 $(\varphi = 90°, \theta = 180°)$，相当舰船龙骨正下方。举一个例子，假定潜艇在某一工况规定的辐射噪声指标为：

(1) 在 20～315Hz 频段内声压谱源级不大于 105dB；

(2) 在 315～50000Hz 频段范围内声压谱谱源级不超出每倍频程衰减 6dB。

根据上述指标，可画出声压谱源级的限制线如图 6.7.1 所示。

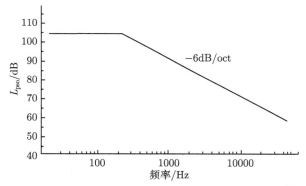

图 6.7.1　潜艇辐射噪声声压谱源级限制线的示意图 [2]

6.7.3　测量系统

为了进行舰船水下辐射噪声的测量，需要把测量水听器、各种传感器和若干测量仪器经过合理组合，构成测量系统。如图 6.7.2 所示，为舰船辐射噪声测量系

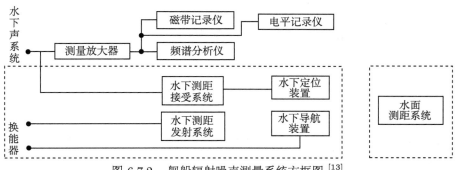

图 6.7.2　舰船辐射噪声测量系统方框图 [13]

统基本组成图。主要测量仪器与测量装置包括：水听器、水下声系统、测距装置、导航装置、测量放大器、数据记录仪、数据分析仪等设备。

1. 水听器

测量水听器用以将舰船水下噪声的声压信号转变为电信号，根据测量对象和测量目的的不同,在舰船辐射噪声测量时,系统中使用的水听器可以是单个水听器,也可以是多个水听器组合成的线阵,水听器性能应能满足测量的需求。GJB4057—2000 中给出了相关要求如下：

(1) 内装前置放大器；

(2) 频率范围 5~100Hz(可分频段)，20~50kHz 频率响应不均匀性为 ±2.0dB；

(3) 水听器灵敏度大于 −190dB(基准值为 1V/μPa)；

(4) 水平方向性 50kHz 以下指向性偏差在 ±1.5dB 以内；

(5) 垂直方向性 50kHz 以下半开角 25° 时指向性偏差在 ±2.0dB 以内。

2. 水下声系统

水下噪声测试系统随着水下噪声测试技术的进步而进步，从单个水听器到多个水听器，再到水听器阵列，以及到矢量水听器的开发应用。单个水听器测试技术是目前应用最广泛的辐射噪声测试技术，其布置和信号处理相对于多个水听器或阵列都要简单。图 6.7.3 中给出了典型水听器辐射噪声测量布置示意图。多水听器测试系统的测试方法与单水听器测试方法相同，只是多水听器测试系统的测量结果信息更加丰富[14]。

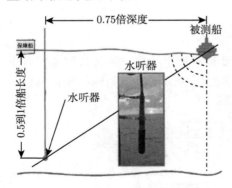

(a) 典型单水听器辐射噪声测量方案

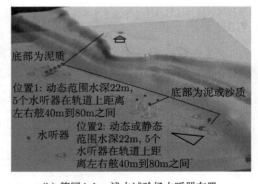

(b) 德国Ashua浅水试验场水听器布置

图 6.7.3　典型水听器辐射噪声测量布置示意图[14,18]

水下噪声测量系统根据布放方式不同,可分为固定水下噪声测量系统和可移动水下噪声测量系统两类,见图 6.7.4。固定试验场包括静态试验场、航行试验场以及陆上测试站,通常先在静态试验场对舰艇的机械噪声进行测量和评估,尔后转入航行试验场对舰艇各种航行条件下的噪声进行测量,通过对机械噪声结果和航行噪声进行对比,分离出水动力噪声;陆上测试站主要完成对测试工作的指挥、测量装置及被测舰船的后勤保障工作。移动式辐射噪声测试系统具有使用灵活、成本较低等特点,但也存在作业效率低、劳动强度大、受自然环境影响较大等不足[15]。

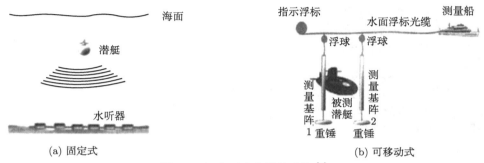

(a) 固定式 (b) 可移动式

图 6.7.4　水下噪声测量系统[2]

　　海面波浪和海流的作用以及船的摇摆、电缆的抖动等原因,会使水听器输出背景干扰信号很高,特别是在高海况和流速大时更明显。因此,不能将测量水听器直接投放到海水里,而应以测量水听器为核心构成一个水下声系统,在水下声系统设计和制造时,应采取有效的抗流减振措施,使自身的固有振动频率很低,不在测量频率范围内,并有减缓海面波浪的作用,降低海流引起的流噪声。

　　为测量在低于潜望镜下潜深度运动的潜艇水下噪声,可采用图 6.7.5 所示的

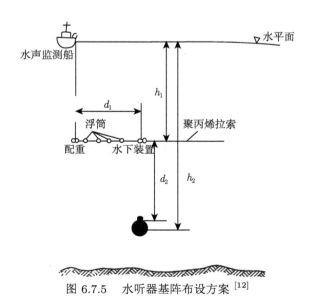

图 6.7.5　水听器基阵布设方案[12]

水声监测船水听器基阵布设方案。航行测量用水听器基阵从水声监测船上放入规定的水深处，放置的水深由装在其内的深度仪控制。"索-缆-水下装置"(投放式水听器基阵) 系统的肘拐式布置，可保证补偿配重由于水声监测船摇摆引起的垂直移动。全部系统顺水流牵引，水流是由水声监测船漂航和水下潜流形成的。系统在水流中的稳定是靠中和浮力的尾部聚丙烯吊 (拉) 索促成的 [12]。

在特低噪状态下检测潜艇水下噪声时，为了降低试验场水域噪声级 (设定是由水声监测船在 "肃静状态" 下的噪声源形成的)，可采用如图 6.7.6 所示水听器基阵布设方案，该方案与图 6.7.5 所示方案不同之处在于：水听器基阵系是通过浮筒系统放置的，并带有一个浮在水面上的垂直式终端浮筒。浮筒系统长度，根据水下装置 (投放式水听器基阵) 缆线长度来选定。选用图 6.7.6 所示布设水听器基阵方案，可改善 "缆-配重-水下装置" 系统垂直位移的补偿情况，而且水听器又能远离水声监测船，这也就减少了 "肃静状态" 下的水声监测船自身噪声的影响。测量航次开始前，垂直式终端浮筒在浮索帮助下向水声监测船船舷拉近，距离该船有 $0.3 \sim 0.5$ 个中间浮筒系统长度的距离。"导航" 信号开通后，浮索下放，系统自由悬浮于空间，待一段时间可开展测量工作时，航行测量用水听器基阵处于不动的状态 (相对风致漂移与水流而言) [12]。

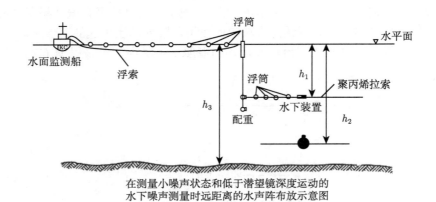

在测量小噪声状态和低于潜望镜深度运动的
水下噪声测量时远距离的水声阵布放示意图

图 6.7.6　远距水听器基阵布设方案 [12]

图 6.7.7 所示为美国东南阿拉斯加水声试验场 (SEAFAC) 水听器阵列布局，每个水听器阵列系统都可被描述为一端在水底锚固，另一端在水下浮标上悬吊的拉紧线。"拉紧线" 是一种带有整体合成纤维强力构件的多导线信号电缆，这种电缆被称为吊索，吊索上面系有 6 个全向水听器、2 个定向线性阵列和 1 个可实时通信的耐压电子舱。水听器通过由塑料板材制成的支架连接到阵列。全向水听器被置于 60m、90m、120m、150m、180m 和 240m 水深的地方。水听器的可用频率

为 5Hz~100kHz。定向阵列在中高频段提供阵列增益, 中频定向阵列是一种嵌套孔径垂直阵列, 其由一根约 9.3m 长的充油软管和一个外设耐压电子舱组成, 软管中包含 17 个水听器元件, 这些元件同时也与耐压电子舱相连; 高频定向阵列总长为 2.1m, 其中声学传感器部分为一个 1.6m 长的囊状物堆栈, 在 0.025m、0.05m、0.1m、0.2m、0.4m 和 0.8m 处有信号抽头, 提供了 6 个不同孔径的定向水听器元件, 其在垂直面 XZ 中具有定向特性, 在水平面 XY 中具有全向特性, 阵列的可用频率范围为 500Hz~80kHz。SEAFAC 试验场采用的定向阵列有 0.1m、0.2m、0.4m 和 0.8m 四种, 每个阵列的连接方式应使最大响应轴 (MRA) 位于 116m 处; 电子耐压舱内装有用于各个水听器和阵列系统的线路驱动器和电压调节器, 以及用于进行电气校准的伪随机噪声源。阵列接收的水声信号通过电缆传输至岸上进行分析和处理[16]。

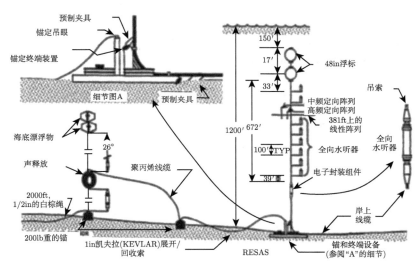

图 6.7.7 SEAFAC 试验场水听器阵列布局[16]

1ft = 3.048×10^{-1}m, 1lb = 0.453592kg

GJB4057—2000 中也对水声系统实施步骤做了规定, 如图 6.7.8 所示。

(1) 安装水听器支架, 在水中处于中性状态 (零浮力);

(2) 水听器电缆通过中空金属管夹紧, 避免抖动;

(3) 水听器中性架和金属管之间软连接, 通过牵引绳使中性架和金属管在水中保持垂直状态;

(4) 金属管通过橡皮绳和浮球连接, 以减少海面起伏对水听器影响;

(5) 所有电缆通过密封塑料管构成漂浮电缆, 引向测量船。

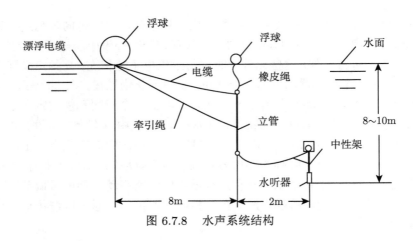

图 6.7.8　水声系统结构

　　图 6.7.9 所示为某水下声系统采用减振装置前后背景噪声的对比图。由图可知采用了减振装置的平台背景噪声在测量频段低于未采用减振装置的平台背景噪声，特别是在低频段，降低了 10dB 以上。此外，多级减振水下声系统不仅可以用来测量舰船辐射水声，还可以用于测量海洋环境噪声。

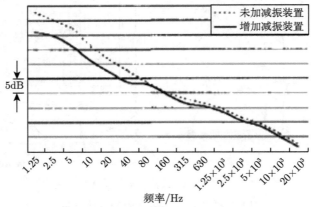

图 6.7.9　采用减振装置和未加减振装置的水下声系统背景噪声比较 [2]

3. 测距装置

　　与舰船其他测量不同，舰船水下辐射噪声测量时，需要准确实时地得到测量水听器到被测舰船的距离，并能对被测舰船精确定位，描绘被测舰船的航行轨迹，把测量数据和航行轨迹对应起来，以此来折算出舰船辐射噪声相关数据。测距装置主要包括水面测距装置和水下测距装置 [2]。其中对于水面舰艇或潜艇水面航行工况，可使用激光测距仪测量距离，配以数字式电子经纬仪就可确定目标方位，实现对目标的定位，据此可描绘出目标的航迹。当潜艇在水下航行时，对潜艇定位将变得非常困难。激光测距仪和全球定位系统 (GPS) 都无法使用。现在比较常用的方法有声应答器法和同步钟水下测距法。

在潜艇噪声测量使用应答器法测距时，将发射换能器靠近测噪声的水听器，发射机安装在船上或岸上的实验室里，应答器安装在潜艇甲板适当位置。这种方法的最大缺点是发射换能器发出的主脉动信号以及相应产生的混响将被靠得很近的测量水听器接收，并进入噪声测量系统。虽然可用抗混响电路抑制混响，在噪声信号处理时去掉主脉冲信号和应答信号，但还是会对测得的潜艇噪声信号造成干扰。

为了避免应答器法测距的缺点，在潜艇噪声测量时，可采用同步钟水下测距法进行水下测距，原理框图如图 6.7.10 所示，主要由两大部分组成：在被测潜艇上安装的同步发射机部分和测量船上的同步接收测距部分。

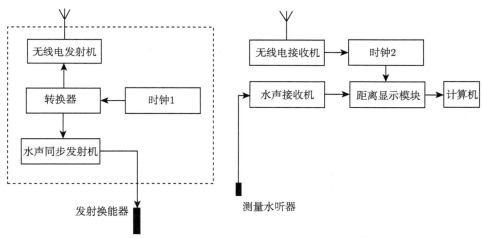

图 6.7.10　水下同步钟水下测距装置方框图 [2]

安装在被测潜艇上的同步发射机部分主要由无线电发射机、水声发射机、时钟-1 和转换器构成。无线电发射机在时钟-1 的控制下发射无线电同步信号。水声发射机在时钟-1 的控制下同步发射水声测距脉冲信号，水声发射机受水压开关控制，只有当潜艇处于水下规定深度后，才能工作。当潜艇在水面进行无线电同步时，时钟-1 控制无线电同步发射机工作；当潜艇下潜准备进行测量时，时钟-1 控制水声发射机工作，转换器完成这种转换功能。

在测量船上的同步接收测距部分由无线电同步接收机、时钟-2、水声接收机、距离显示模块和计算机构成。无线电接收机接收无线电发射机的同步信号，确保与时钟-1 同步工作。水声接收机接收来自被测潜艇上水声发射机的水声测距脉冲信号，用于接收水声测距脉冲信号的水听器和用于测量潜艇噪声的水听器可使用同一只水听器，这样测得的距离就是被测潜艇到测量水听器的距离。距离显示模块用于计算、显示距离。计算机用于在测量过程中采集、存储、显示和打印距离值。

当研究潜艇的噪声场特性时，仅提供潜艇的距离数据是不充分的，因为无法描绘潜艇航迹图，给全面分析噪声数据带来困难。可在同步测距装置中加一个测距通道，采用短基线球面定位的办法来对被测潜艇水下定位。

美国 SEAFAC 试验场对潜艇进行噪声测量时，潜艇在测量区域机动时的位置通过声学跟踪和导航系统持续监控，其原理即为同步时钟法，并辅以跟踪水听器阵列进行定位和测距。潜艇配备有双频 (16kHz 和 75kHz) 移相键控声波发射器，该装置在整个航行区域中被跟踪。声学跟踪和导航系统由两个具有高度稳定性的同步时钟构成。一个时钟被安置在潜艇上，以控制声波发射器的脉冲频率，另一个时钟安置在岸上实验基地，以保持两个位置的信号之间的精确同步。在 8s 的间隔中，潜艇上的同步时钟引发装在艇壳外部的声波发射器发出 16kHz 的脉冲。在获取测量结果的过程中，将所发出的脉冲转调至 75kHz 以降低舰船信号的干扰。跟踪脉冲被沿操纵区航线设置的八个跟踪列阵接收并信号放大，通过电报传给岸上装置予以处理。通过匹配相关编码接收器 (75kHz 时 8 信道，以及 16kHz 时 8 信道)，能够基本消除舰船噪声、杂散生物噪声及多路信号对处理过的反射信号的影响。含有位置信息的数据在实验室显示并处理后，再以声学方式传输给潜艇。通过声波发射器，数据链被潜艇上的设备接收，进行解码，并进行导航显示 [16]。

GJB4057—2000 中给出了水面测距装置和水下测距装置的精度和最大作用距离等要求。其中水面测距装置要求最大作用距离大于 1km，测量误差 ±2m，能同时测量距离和方位。水下测距装置最大作用距离大于 800m，测量误差 ±1.5m(测量范围内)，测距周期 2s，测距仪频率比测量频段上限频率高 20kHz 以上 [13]。

4. 导航装置

除了水下测距和定位之外，在潜艇噪声测量过程中，还需要水下导航，以引导水下潜艇按规定的机动方式通过测量水听器，这样可以保证测量的有效性和潜艇的自身安全。最简单的导航方式是音响导航，在测量船实验室里安装一台水声发射机，其发射换能器置于两个测量水听器中点。发射机的工作频率应选择在潜艇被动声呐站的工作频率范围之内，其发射导航信号的声功率应保证潜艇被动声呐站在 3000m 外能有效接收到这个导航信号 [2]。

5. 测量放大器

测量放大器用于放大来自测量水听器、加速度计等的微弱电信号，使其达到信号记录采集设备所要求的电压值，同时具有高的输入阻抗和低的输出阻抗，以便于水听器等传感器和其他电子仪器相匹配。

6. 数据记录仪

数据记录仪主要是在测量放大器之后，用于保存测得的噪声信号作为原始信号，供事后随时进行信号分析或长期保存。信号记录采集设备的工作方式有两种：一种是将噪声信号以原本的模拟信号形式记录 (如模拟磁带记录仪)；另一种是将噪声信号经模数转换变为数字信号进行采集 (如数字磁带记录仪和数字采集器)。数据记录仪频率范围、频率响应不均匀性、动态范围应能满足测量频段要求。

7. 数据分析仪

在测量系统中配置数据分析仪的目的是在试验现场对测量数据进行处理，得到被测舰船噪声的初步分析结果，并以此判定测量数据是否有效，指导试验进程。

6.7.4 试验海区选择及建设

舰船辐射噪声的测量误差一部分来自于仪器设备构成的测量系统的误差，另一部分来自于试验海区的外部环境的影响。由本书第 1 章对水声学相关知识介绍可知，海洋中海水声速的不均匀性和海洋环境噪声都将影响舰船辐射噪声的测量结果。虽然理论上对试验海区海洋环境影响可以进行修正，但最好的办法还是选择接近理想条件的海域作为进行噪声测量的试验海区，其中主要考虑因素是海水的均匀性。为将外部海洋环境对测量结果的影响降到最低，根据水下噪声测量需求，进行舰船噪声测量的试验海域需满足如下条件 [2]：

(1) 海区开阔，被测舰船有充足的机动范围；海底平坦，底质松软 (泥质最好、泥-沙质次之)，有良好的水文条件；有足够的海深，对于潜艇水下工况水深大于 60m，对于水面舰艇和潜艇水面工况水深大于 30m，对于锚泊工况水深大于 20m，对于大型、高速舰船海深要有所增加。

(2) 海况低 (3 级以下)，海流小 (小于 1.5kn)，远离航道，周围 (通常 2n mile 内，测量辐射噪声远场线谱时，5n mile 内) 无机动船干扰，确保海洋背景噪声很低，以满足对测量信噪比的要求，这对安静舰船噪声测量尤为重要。

(3) 对于使用声压-振速组合传感器和多阵元的声系统，为提高测量增益 (信噪比)，海洋环境噪声的空间指向性、相关性等也是试验海区选择时必须考虑的。

20 世纪末以来，美国、俄罗斯、德国等不断推出新型隐身性能潜艇，在这背后都离不开诸如美国东南阿拉斯加水声试验场、大西洋试验场，德国 Aschau 浅水水声试验场、挪威 Heggernes 固定式水声试验场、英国 Rona 水声试验场等先进的固定水声试验场的建立与壮大 [14,17−20]。

1. 美国

美军东南阿拉斯加水声试验场 (SEAFAC) 是为 "洛杉矶" 级和 "俄亥俄" 级核潜艇噪声测试而设计建造的，是其太平洋舰队唯一可进行潜艇声学特征航行测试

(underway site) 的机构,而且是美国海军仅有可进行全尺寸潜艇指定深度悬停测试 (static site) 的机构。SEAFAC 航行测试场建于 1991 年,利用声学测量阵列和跟踪水听器测量航行潜艇噪声;1994 年建成静态测试场,可实现无动力推进的舰船噪声测量,例如空调、循环冷却系统及各种水泵。随着 "海狼" 和 "弗吉尼亚" 级核潜艇的入役,2003 年起,美国开始对 SEAFAC 进行升级,改进了静态站和水下站系统,于 2006 年升级完成,实现了静态测试场与艇载噪声监测系统的数据对接,如图 6.7.11 所示。SEAFAC 的静态站系统利用 4 根吊索把潜艇固定,再将其下降到约 122m 深处对潜艇进行测试,然后让潜艇上浮至水面。以前,由于天气问题,测试一艘潜艇要持续 3~4 周时间,风雨所产生的水面噪声会干扰测量,而现在测试只需一天。新设备更快、更便捷、更灵敏,最新型最安静的潜艇也可以测量到。以前只能测量 "洛杉矶" 和 "俄亥俄" 级核潜艇噪声,目前利用新型阵列可实现 "海狼" 和 "弗吉尼亚" 级核潜艇噪声测量。SEAFAC 具有不断检测与评估潜艇隐身性能的能力,而这是直接推进潜艇降噪技术发展的关键 [14−15,21]。

图 6.7.11　SEAFAC 静态测试场与艇载噪声监测系统的数据对接

SEAFAC 航行测试场总体上分为三个部分:机动区、测试区与缓冲区,如图 6.7.12 所示。机动区:潜艇完成一次航行测试后,在此区域内完成威廉森回转,然后重新进入测试区。测试区:2700m×225m 的一块矩形区域。缓冲区:对进入缓冲区的潜艇发出安全警告。

2. 挪威

挪威 Heggenes 固定式水声试验场测量设施由 5 个水听器组成,其中 1 个安装在海底,4 个分别安装于南北 2 条水听器阵上,水听器通过 1500m 长的光缆与岸上测试中心连接,海底为淤泥,如图 6.7.13 所示。南北阵间距约为 226m,北侧水听器阵所处水深约 380m,南侧水听器阵所处水深约 200m。上下水听器距离 65m,上面的一对水听器位于水下约 20m 处,下面的一对水听器位于水下约 90m 处。

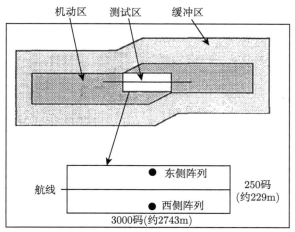

图 6.7.12 美国 SEAFAC 航行测试场区域划分 [22]

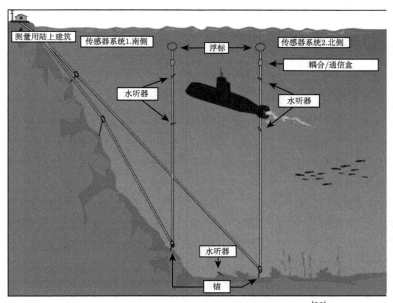

图 6.7.13 挪威 Heggenes 固定式水声试验场 [20]

3. 意大利

意大利 WAAS 船载水声测试系统由一个 PANOR 综合声呐阵组成，包括 27 个前置放大水听器阵，其中 2 个前置放大水听器阵负责窄频带，宽频带水听器安装在基阵两端；另外还有 3 个辅助声呐，1 个深度计用于基阵深度测量，2 个测斜仪用于基阵倾斜度测量。PANOR 系统的主要特征是基阵长 45m，外径 60mm，最大工作深度 200m，可生存深度 500m，如图 6.7.14 所示。

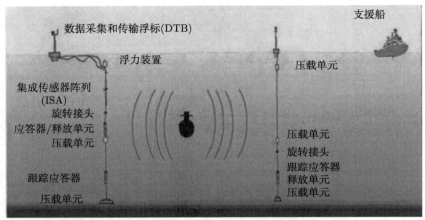

图 6.7.14　意大利 WAAS 船载水声测试系统 [14]

6.7.5　测量工况及步骤

1. 测量工况

舰船水下辐射噪声测量工况主要包括：背景噪声测量，水面、通气管、潜望航行辐射噪声测量，水下航行状态辐射噪声测量，纵向通过辐射噪声测量，锚泊单机状态辐射噪声测量等 [13]。而文献 [12] 给出了更具体的测量工况如下：

(1) 测定与检查不同深度下潜艇的临界航速，潜望镜深度分别为 50m 深度、150m 深度、200m 深度。

(2) 测量潜艇水下噪声总级和频谱特性，测量条件是：核潜艇使用主汽轮机推进，柴油机动力潜艇则使用主推进电机和经济航行电机推进；航行深度分别为潜望镜深度、100m 深度、200m 深度；使用亚临界航速；在战术技术状态；在 100m 水深时，同时还要使用四五个超临界航速。

(3) 测量潜艇自噪声总级与频谱特性，测量条件为：核潜艇使用主汽轮机推进，柴油机动力潜艇使用主推进电机与经济航行电机推进；深度为 100m 与 200m；航速以 2kn 间隔从最低航速增加到最大航速，也包括了规定的战术技术状态，以及"滑行"。

2. 测量步骤 [13]

1) 水面、通气管、潜望航行辐射噪声测量

(1) 测量船提前到达海区，抛前锚，在测量船船尾投放水下声系统，使水下声系统顺流离开测量船尾部 100m。

(2) 被测舰船垂直于水下声系统和测量船连线，并在距离该连线 1000m 处就位，水下测距仪同步，按规定工况，匀速直线航行，使其在距水下声系统 50~100m 处通过测量区，如图 6.7.15 所示。

(3) 测量船发导航信号，并测量水听器到船舶的距离，当距离达到 300m 时，停发导航信号，开始记录和分析；当记录的辐射噪声宽带声压级最大值的信噪比大于 6dB 时为有效航行单程，同一工况应测得两个以上有效单程。若两次测量的宽频带声源级之差大于 3dB，则应重复一航次。

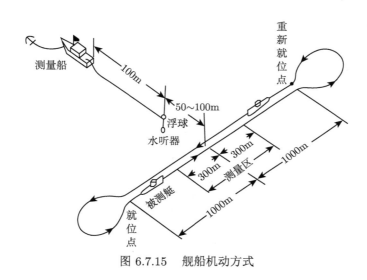

图 6.7.15　舰船机动方式

2) 水下航行状态辐射噪声测量

(1) 测量船提前到达测量海区就位，漂泊 (在保证安全的条件下，也允许测量船抛前锚)。

(2) 在测量船船尾布放水下声系统，使两只水听器顺流离开测量船船尾分别为 50m 和 150m，中间吊放导航信号发射换能器。

(3) 被测舰船在两只水听器连线的中垂线上，水下测距仪同步，离距水听器连线 1000m 处就位并开始下潜，当下潜到规定深度且距离距水听器连线 800m 处，按规定工况对准导航换能器方向航行到测量区，保持原航向，匀速直线航行，通过测量区，离开水听器连线 800m 后，开始上浮称为潜望状态，在距离水听器连线 1000m 处重新就位，进行下一个单程航行，如图 6.7.16 所示。

(4) 当记录的辐射噪声宽带声压级最大值的信噪比大于 6dB 时为有效航行单程，同一工况应测得两个以上有效单程。若两次测量的宽频带声源级之差大于 3dB，则应重复一航次。

3) 纵向通过辐射噪声声压级测量

被测舰船按规定工况匀速直线航行，记录被测舰船各个部位正横通过测量水听器时的声压级，并同步记录测距信号。

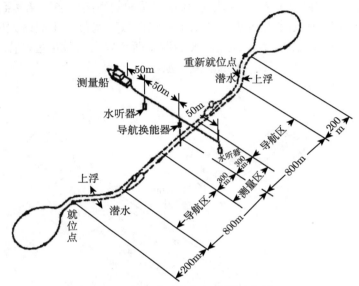

图 6.7.16   水下航行舰船机动方式

4) 锚泊单机状态辐射噪声测量步骤

(1) 测量船提前到达海区，抛前锚，在测量船船尾投放水下声系统，使水下声系统顺流离开测量船尾部 120~150m。

(2) 被测船在测量船侧后方就位，抛前锚，并使被测舰船中部位置距离水听器 30~50m，并按规定工况启动待测单机，如图 6.7.17 所示。

(3) 记录并分析被测单机辐射噪声，同时测量水听器到被测单机的距离。

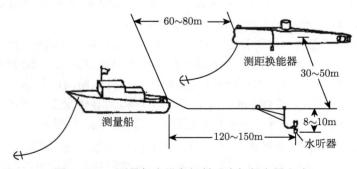

图 6.7.17   测量机电设备辐射噪声舰船布置方式

参 考 文 献

[1] 喻浩. 船舶振动噪声测量与分析技术 [M]. 北京: 中国轻工业出版社, 2016.

[2] 王之程, 陈宗歧, 于沨, 等. 舰船噪声测量与分析 [M]. 北京: 国防工业出版社, 2004.

[3] 沈濠. 声学测量 [M]. 北京: 科学出版社, 1986.

[4] 谭祥军. 从这里学 NVH 噪声、振动模态分析的入门与进阶 [M]. 北京：机械工业出版社, 2018.

[5] 马大猷. 噪声与振动控制工业手册 [M]. 北京: 机械工业出版社, 2002.

[6] 高品贤. 振动、冲击及噪声测试技术 [M]. 2 版. 成都: 西南交通大学出版社, 2010.

[7] 何琳, 朱海潮, 邱小军, 等. 声学理论与工程应用 [M]. 北京: 科学出版社, 2006.

[8] 中华人民共和国国家质量监督检验检疫总局, 中国国家标准化管理委员会. 机械振动船舶振动测量第 2 部分结构振动测量: GB/T 28784.2—2014[S]. 北京: 中国标准出版社, 2014.

[9] 国防科学技术工业委员会. 舰船噪声限值和测量方法. 潜艇艇体振动噪声测量方法: GJB 763.7-89[S]. 国防科学技术工业委员会, 1989.

[10] 中华人民共和国国家质量监督检验检疫总局, 中国国家标准化管理委员会. 机械振动船舶振动测量第 4 部分船舶推进装置振动的测量和评价: GB/T 28784.4[S]. 北京: 中国标准出版社, 2017.

[11] 中华人民共和国国家质量监督检验检疫总局, 中国国家标准化管理委员会. 船用柴油机辐射的空气噪声测量方法: GB/T 9911-2018[S]. 北京: 中国标准出版社, 2018.

[12] 关于海军潜艇噪声状况的测量、检验与规格化手册 [M]. 莫斯科：军事出版社, 1983.

[13] 中华人民共和国国家军用标准, 国防科学技术工业委员会. 舰船噪声测量方法: GJB 4057-2000[S]. 北京: 国防科工委军标出版发行部出版, 2000.

[14] 庞业珍, 俞孟萨. 国外水下噪声试验手段发展趋势 [C]. 郑州：第十五届船舶水下噪声学术谈论会论文集, 2015: 35-49.

[15] 王大海, 刘兴章. 美国大西洋水下测试评估中心测量设施分析 [J]. 舰船科学技术, 2011, 33(10): 140-143.

[16] Weiland R D. Seafac acoustic sensors and instrumentation[R]. Naval Surface Warfare Center, Carderock Division, 1994.

[17] Breitzke M, Boebel O, et al. Broadband calibration of marine seismic sources used for academic research in the southern ocean: a case study with R/V polarstern's airguns and airgun arrays[C]. Antarcitc Treaty Consultative Meeting XXIX • At Edinburgh, UK • Volune: Information Paper IP98, 2006.

[18] Homm A, Schäl S. Radiated underwater noise levels of two research vessels, evaluated at different acoustic ranges in deep and shallow water[C]. Proceedings of Meetings on Acoustics ECUA2012, Acoustical Society of America, 2012, 17(1): 070062.

[19] Ehrlich J H. Numerical modelling of the German Aschau shallow water range[C]. Proceedings of Meetings on Acoustics ECUA2012. Acoustical Society of America, 2012, 17(1): 070038.

[20] Amza G, Arsene M, Arsene D, et al. Underwater measurements concerning high fre-
      quency sounds radiated by ships[C]. The Annual Symposium of the Institute of Solid
      Mechanics, SISOM, and Session of the Comission of Acoustics, Bucharest, 2009.
[21] Dukek R R. Southeast alaska acoustic measurement facility[R]. Naval Surface Warfare
      Center, Carderock Divistion, 1998.
[22] Bjork B R, Fagan W F. Submarine positon information for acoustic measurement[R].
      Naval Surface Warfare Center, Carderock Division, 1994.

第 7 章　减振元件性能测量与评估

由于减振元件刚度小，在机械设备与基座结构之间造成明显的机械阻抗失配，因此合理选用减振元件是降低舰船设备振动最有效的方法之一[1-5]。减振元件目前应用较多的是减振器和挠性接管，潜艇减振降噪设计过程中，如何选用最优性能的减振元件，是减振降噪设计工作者必然要研究的问题。发达国家潜艇用减振元件经过几十年的研究，已形成相应的标准规范，并用于指导潜艇减振降噪设计，而国内的研究起步较晚，减振元件过去研仿的居多，自主研制的少，且型号规格多而杂，性能评估方法很不规范。随着国内自主研发的减振元件越来越多，有必要对相应的评估方法进行系统的归纳整理，建立一套标准体系，这对于规范潜艇减振降噪设计和减振元件的选用具有重要的指导意义。

7.1　减　振　器

7.1.1　减振器概述

在 20 世纪六七十年代，国内舰船用橡胶型减振器[6-8]以研仿为主，例如，E 型和 EA 型橡胶减振器就是仿制苏联的 AKCC-M 型和 AKCC-N 型橡胶减振器，SH 型双板式减振器也是仿制苏联 151 系列产品，它们的固有频率较高，为 20~30Hz，静态、动态变形量都很小，其静态变形量都小于 1mm。

20 世纪 70 年代末，国内开始仿制美国、英国、德国、荷兰、丹麦等一些国家的减振器，并注重研究既能满足减振、降噪，又具有一定抗冲击能力的新型减振器。到 80 年代，减振器的研究发展很快，涌现出一批新型的减振器，诸如，无谐振峰减振器、金属干摩擦减振器、复合阻尼减振器、金属丝网减振器、钢丝绳减振器、多种型式弹簧钢板减振器、低频 (4~5Hz) 大载荷减振器、组合式减振器、空气弹簧减振器 (即气囊) 以及多种类型橡胶减振器等。据不完全统计，国内可生产近 100 种型号 500 多种规格的减振器 (耐核辐射等特殊型减振器不包括在内)。国内现有舰船用减振器与 20 世纪六七十年代相比，不仅在类型、品种、规格上有了突飞猛进的发展，而且在隔振、抗冲的性能上也有了较大的提高，基本能满足目前舰船减振降噪的需求[9,10]。

7.1.2   减振器基本性能评估方法

1. 基本性能参数

美国军用标准 MIL-M-17185 提出了舰船用弹性减振器的一般要求,对于某一类型减振器的性能要求分别在美国军用标准 MIL-M-17508、MIL-M-19863、MIL-M-21649、MIL-M-24476 中进行了详细的规定,其中有具体指标要求的主要性能参数为:①动刚度;②固有频率;③额定载荷下的变形;④残留变形;⑤材料性能等。

国内评价减振器的主要性能参数有:①额定载荷;②最大允许冲击载荷;③刚度,包括静刚度、动刚度和冲击刚度;④最大允许变形量;⑤固有频率;⑥机械阻抗。

2. 试验方法

美国军用标准 MIL-M-17185 概述了舰船用弹性减振器性能的一般测试方法,MIL-M-17508、MIL-M-19863、MIL-M-21649、MIL-M-24476 分别对某一具体类型减振器的性能测试方法进行了详细的规定。CB1359—2002 舰船用减振器规范中对减振器的静载特性、动态特性、冲击、破坏等性能测试也进行了相关说明。

1) 静载变形曲线

美国军用标准对减振器静载特性试验要求如下。

对于轴对称减振器静载变形测试方向包括:轴向和径向,如果减振器不是轴对称的,径向测试应分解为两个相互垂直的方向。减振器静载变形测试要经历 4 次循环加载、卸载过程,对 4 个减振器分别进行测试,将 4 个减振器第 4 次加载、卸载变形曲线平均,作为减振器最终的静载变形曲线。

减振器静载变形测试有两种加载方法:一种是直接加载法,每加一次载荷,1min 后测试减振器的变形,这种方法适用于小载荷减振器;另一种方法是标准通用测试设备法,应用测试设备以恒定变形率对减振器进行 4 次循环加载、卸载,轴向测试时,加载变形速率应小于 7.62mm/min(0.3in/min),如无特别说明,前 3 次循环加载的载荷峰值应满足图 7.1.1 中曲线 2 的要求,第 4 次加载的载荷峰值应满足图 7.1.1 中曲线 1 的要求。径向测试如图 7.1.2 所示,两个减振器对顶安装,通过调节 4 根螺杆,轴向压缩减振器至额定载荷作用下的变形程度,再对减振器进行径向加载、卸载试验,加载强度满足图 7.1.1 中的曲线 1、曲线 2 对应的要求。

CB1359—2002 舰船用减振器规范中对减振器的静载特性要求如下。

对于变形量不大于 5mm 的减振器,加载速度应不使减振器的变形量超过 1mm/min;对于变形量大于 5mm 的减振器,加载速度应不使减振器的变形量超过 5mm/min。测试静载特性时,应先从零载荷到 1.25 倍的额定载荷进行 2 次预加载,每次加载应在加载上限持载 30s 以上,每次预压后停 1min,第 3 次正式加载时，应测量 0.9 倍、1 倍、1.1 倍的额定载荷下的变形值，按下式计算减振器的静刚度值。

$$K_s = \frac{1.1F_0 - 0.9F_0}{\lambda_{1.1} - \lambda_{0.9}} = \frac{0.2F_0}{\lambda_{1.1} - \lambda_{0.9}} \tag{7.1.1}$$

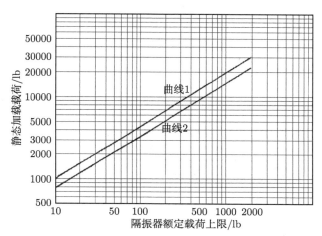

图 7.1.1　减振器轴向静载变形试验中的最小加载要求

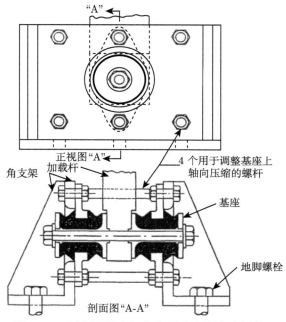

图 7.1.2　减振器径向加载变形试验装置示意图

式中，K_s 为静刚度值，N/m；F_0 为减振器额定载荷的数值，N；$\lambda_{1.1}$ 为 1.1 倍额定载荷下减振器的静态变形的数值，m；$\lambda_{0.9}$ 为 0.9 倍额定载荷下减振器的静态变形的数值，m。

2) 动态性能测试

CB1359—2002 舰船用减振器规范中规定，减振器动态特性测试可按激振法、时间波形法、椭圆法或自振衰减法进行。

美军标准规定减振器固有频率测试采用激振法。

A. 传递率与共振频率

通过激励减振器安装基础或减振器支撑质量，测试减振器额定载荷范围内的轴向、径向平均振动传递率曲线，激励的频率从 0Hz 到至少 1.5 倍减振器额定载荷下的固有频率，激励质量振幅满足表 7.1.1。

表 7.1.1   激励质量振幅

固有频率/Hz	激励质量的振幅/mm
< 15	0.6±0.15
15~25	0.3±0.1
> 25	0.2±0.05

测试报告中应注明激励振幅。

B. 均匀性

均匀性反映的是减振器在额定承载范围内固有频率的变化，变化小则均匀性好，变化大则均匀性差。通过传递率曲线可得到减振器在最高额定载荷、最低额定载荷以及介于其间的指定载荷下的轴向和径向固有频率，根据测试结果绘制出减振器固有频率与载荷的关系曲线，进而可分析减振器在额定载荷范围内的均匀性。

C. 动刚度

由减振器固有频率测试结果，根据下式可得减振器三个主轴方向的动刚度：

$$K_d = 4\pi^2 M f^2 \tag{7.1.2}$$

式中，K_d 为动刚度，N/m；M 为载荷，kg；f 为减振器固有频率，Hz。

D. 冲击测试

CB1359—2002 舰船用减振器规范中规定，减振器按 GJB150.18—1986 中规定的方法进行冲击测试。

美军标准对减振器冲击测试规定：

(1) 额定载荷低于 75lb(34kg)(1lb=0.453592kg) 的减振器采用轻量级冲击设备进行测试，如图 7.1.3 所示，测试减振器四种状态的冲击特性：轴向额定载荷上限、轴向额定载荷下限、径向额定载荷上限、径向额定载荷下限，对应每种状态，落锤在高度 3ft(0.914m)、5ft(0.127m) 分别各落两次。每个减振器总共要经受 16 次落锤冲击试验。测试后的减振器要立即进行均匀性试验。

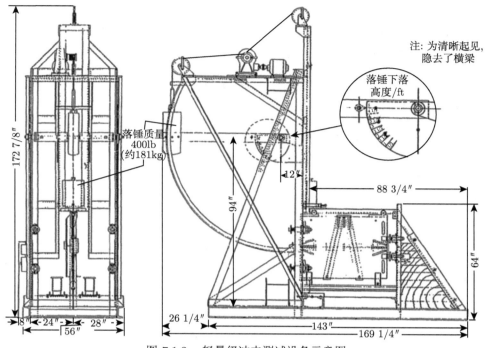

图 7.1.3　轻量级冲击测试设备示意图

(2) 额定载荷 75lb(34kg) 至 2000lb(907kg) 的减振器，采用中量级冲击设备进行冲击测试，如图 7.1.4 所示，一次 4 个一组，测试方向包括轴向和径向。每个减振器总共要经受 16 次落锤冲击试验。测试后的减振器要立即进行均匀性试验。

(3) 每冲击一次，应记录减振器受冲击后的最大变形、减振器是否损坏。

7.1.3　减振器动态特性评估方法

减振元件动态特性指的是减振元件实际使用过程中所表现出来的振动传递特性，通常可通过动刚度、阻尼、阻抗、传递函数等参数来表征。

减振器通常所说的动刚度是固有频率处的动刚度，国外一般通过激振法测出减振器的固有频率，进而再求出减振器固有频率处的动刚度，国内采用这种方法较少，多采用大型材料试验机测试多组激励频率下减振器的动刚度，再通过数据平均近似得到减振器固有频率处的动刚度，这种方法速度快，适合工程使用，但得到的结果存在一定的误差。实际上减振器动刚度是与激励频率、激励位移、使用温度、预加载有关的，研究减振器动刚度与频率、位移的关系，可用于指导减振器优化设计，提高减振器的振动隔离效率。此外，为了评估实际减振装置的效率，进而计算潜艇辐射噪声，有必要测试减振元件的机械阻抗，目前国外关于减振器 6 自由度机械阻抗测试方法已经很成熟，国内还仅限于单自由度方向的阻抗测试，三自由度阻抗测试虽然开展了一些研究，但还不成熟。本文针对这些问题，对国外关于减振器的动态特性试验原理和方法进行了系统总结和归纳，这对于规范国内研究人员开展减振器动态特性的研究具有重要的指导意义。

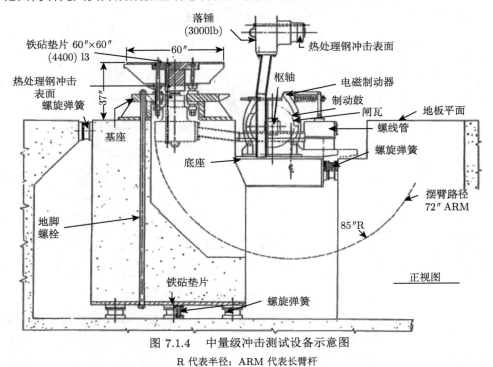

图 7.1.4　中量级冲击测试设备示意图

R 代表半径；ARM 代表长臂杆

1. 动刚度测量方法

目前，减振器动刚度测量的方法主要有两种：直接方法和间接方法。

1) 直接方法

直接方法通过液压作动器提供激励和预加载，应用力传感器和位移传感器测得 F_2、u_1，如图 7.1.5 所示，可直接得到减振元件的动刚度 k_{21}：

$$k_{21} = \frac{\hat{F}_2(\omega)}{U_1(\omega)} \tag{7.1.3}$$

式中，$\hat{F}_2$ 为 F_2 的幅值。

2) 间接方法

间接方法是为适应更高频率和其他自由度方向的动刚度测试而发展起来的，该方法不直接测试力 F_2，而是通过测试已知质量 m_2 的振动 u_2，应用牛顿第二定律 $F_2 = m\ddot{u}_2$ 得到 F_2，原理如图 7.1.6 所示。图中减振元件安装于两质量之间，上层质量块模拟设备安装，作为激励质量，下层质量块安装于高阻抗基础上，用

来确定弹性单元下端的输出力,整个装置安装于非常软的减振器上,额定载荷通过液压加载。间接测量得到的刚度可表示为

$$k_{p21} = -m_2\omega^2\left(\frac{u_2}{u_1}\right) \tag{7.1.4}$$

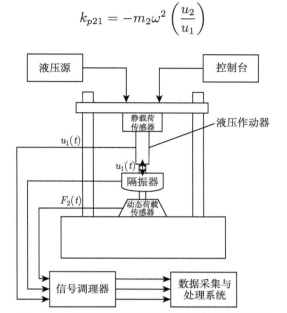

图 7.1.5　减振器动刚度直接法测试装置原理图

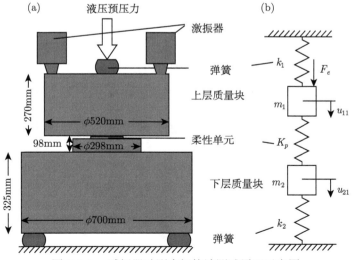

图 7.1.6　减振器动刚度间接法测试原理示意图

令 $\omega_1' = \sqrt{k_2/m_2}$，当 $\omega > 3\omega_1'$ 时，动刚度可表示为

$$k_{p21} = -m_2\omega^2 \left(\frac{u_2}{u_1 - u_2} \right) \tag{7.1.5}$$

2. 阻抗评估方法

1) 理论分析

减振元件模型如图 7.1.7 所示，图中平行于坐标轴的平动速度分别为 $\dot{x}$、$\dot{y}$、$\dot{z}$，绕坐标轴的旋转速度分别为 $\dot{\alpha}$、$\dot{\beta}$、$\dot{\gamma}$，力和力偶分别表示为 F_x、F_y、F_z 和 M_x、M_y、M_z，它们满足：

$$
\begin{bmatrix}
F_{m,x} \\
\cdot \\
\cdot \\
\cdot \\
\cdot \\
M_{m,z} \\
F_{s,x} \\
\cdot \\
\cdot \\
\cdot \\
M_{s,z}
\end{bmatrix}
=
\begin{bmatrix}
Z_{1,1} & \cdot & \cdot & \cdot & Z_{1,6} & Z_{1,7} & \cdot & \cdot & \cdot & Z_{1,12} \\
\cdot & & & & \cdot & \cdot & & & & \cdot \\
\cdot & & (A) & & \cdot & \cdot & & (D) & & \cdot \\
\cdot & & & & \cdot & \cdot & & & & \cdot \\
\cdot & & & & \cdot & \cdot & & & & \cdot \\
Z_{6,1} & \cdot & \cdot & \cdot & Z_{6,6} & Z_{6,7} & \cdot & \cdot & \cdot & Z_{6,12} \\
Z_{7,1} & \cdot & \cdot & \cdot & Z_{7,6} & Z_{7,7} & \cdot & \cdot & \cdot & Z_{7,12} \\
\cdot & & & & \cdot & \cdot & & & & \cdot \\
\cdot & & (C) & & \cdot & \cdot & & (B) & & \cdot \\
\cdot & & & & \cdot & \cdot & & & & \cdot \\
Z_{12,1} & \cdot & \cdot & \cdot & Z_{12,6} & Z_{12,7} & \cdot & \cdot & \cdot & Z_{12,12}
\end{bmatrix}
\cdot
\begin{bmatrix}
\dot{x}_m \\
\cdot \\
\cdot \\
\cdot \\
\cdot \\
\dot{\gamma}_m \\
\dot{x}_s \\
\cdot \\
\cdot \\
\cdot \\
\dot{\gamma}_s
\end{bmatrix}
$$

$$\tag{7.1.6}$$

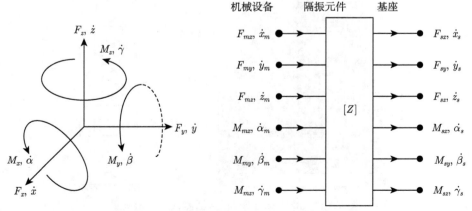

图 7.1.7　减振元件 12 端参数阻抗模型示意图

式 (7.1.6) 中的阻抗矩阵元素可分为 A、B、C、D 四个区域，在 B 区内的 36 个元素对应减振元件安装面 (靠近基座) 激励点阻抗，这些阻抗值与基座的点阻抗相比要小得多，可以忽略，因此式 (7.1.6) 可以简化为

$$
\begin{bmatrix} F_{s,x} \\ F_{s,y} \\ F_{s,z} \\ M_{s,x} \\ M_{s,y} \\ M_{s,z} \end{bmatrix} = \begin{bmatrix} Z_{7,1} & Z_{7,2} & Z_{7,3} & Z_{7,4} & Z_{7,5} & Z_{7,6} \\ Z_{8,1} & Z_{8,2} & Z_{8,3} & Z_{8,4} & Z_{8,5} & Z_{8,6} \\ Z_{9,1} & Z_{9,2} & Z_{9,3} & Z_{9,4} & Z_{9,5} & Z_{9,6} \\ Z_{10,1} & Z_{10,2} & Z_{10,3} & Z_{10,4} & Z_{10,5} & Z_{10,6} \\ Z_{11,1} & Z_{11,2} & Z_{11,3} & Z_{11,4} & Z_{11,5} & Z_{11,6} \\ Z_{12,1} & Z_{12,2} & Z_{12,3} & Z_{12,4} & Z_{12,5} & Z_{12,6} \end{bmatrix} \cdot \begin{bmatrix} \dot{x}_m \\ \dot{y}_m \\ \dot{z}_m \\ \dot{\alpha}_m \\ \dot{\beta}_m \\ \dot{\gamma}_m \end{bmatrix} \tag{7.1.7}
$$

式 (7.1.7) 中的阻抗矩阵含有 36 个元素，如果减振元件几何形状具有一定的对称性，则阻抗矩阵中有些元素可以相等或等于零。减振元件常见的几种对称结构如下。

A. 对称面与 z 轴垂直，即关于 x-y 平面对称

由互惠原理可知，式 (7.1.7) 中的阻抗矩阵是对称矩阵，满足 $Z_{i,j} = Z_{j,i}$，例如 $Z_{8,4} = Z_{4,8}$，等效原理如图 7.1.8(a) 和 (b) 所示，它们满足

$$
Z_{8,4} = \frac{F'_{S,y}}{\dot{\alpha}'_m} = \frac{M'_{m,x}}{\ddot{y}'_S} = Z_{4,8} \tag{7.1.8}
$$

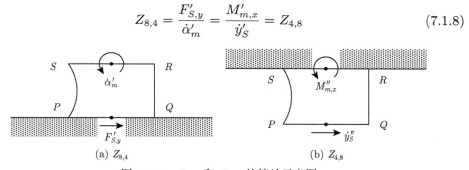

(a) $Z_{8,4}$ (b) $Z_{4,8}$

图 7.1.8 $Z_{8,4}$ 和 $Z_{4,8}$ 的等效示意图

减振元件关于 x-y 平面对称，对应的式 (7.1.8) 中的阻抗矩阵是斜对称矩阵，即 $Z_{i,j} = -Z_{j,i}$，至少一个 $Z_{i,i} \neq 0$。从图 7.1.9 可以看出

$$
Z_{8,4} = -Z_{10,2} \tag{7.1.9}
$$

由此可见，由于减振元件关于 x-y 平面对称，式 (7.1.8) 中阻抗矩阵的 36 个元素可减少至 21 个。

B. 对称面垂直于 x 轴和 y 轴

对称面垂直于 x 轴和 y 轴，如图 7.1.10 所示，此时，很多 $Z_{ij} = -Z_{ji}$。式 (7.1.8) 中的阻抗矩阵可简化至 20 个矩阵元素。

$$\begin{bmatrix} Z_{7,1} & Z_{7,2} & 0 & Z_{7,4} & Z_{7,5} & 0 \\ Z_{8,1} & Z_{8,2} & 0 & Z_{8,4} & Z_{8,5} & 0 \\ 0 & 0 & Z_{9,3} & 0 & 0 & Z_{9,6} \\ Z_{10,1} & Z_{10,2} & 0 & Z_{10,4} & Z_{10,5} & 0 \\ Z_{11,1} & Z_{11,2} & 0 & Z_{11,4} & Z_{11,5} & 0 \\ 0 & 0 & Z_{12,3} & 0 & 0 & Z_{12,6} \end{bmatrix} \tag{7.1.10}$$

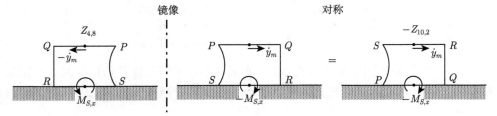

图 7.1.9　$Z_{4,8}$ 和 $Z_{10,2}$ 的等效示意图

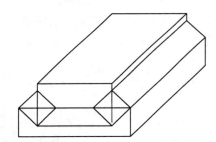

图 7.1.10　对称面垂直于 x 轴和 y 轴的减振器示意图

C. 对称面垂直于 x 轴和 y 轴，而且相同

对称面垂直于 x 轴和 y 轴，而且相同，如图 7.1.11 所示。此时，式 (7.1.10) 对应阻抗矩阵可进一步简化，矩阵元素减少至 12 个。

$$Z_{7,1} = Z_{8,2}, \quad Z_{7,2} = Z_{8,1}, \quad Z_{7,4} = Z_{8,5}, \quad Z_{7,5} = Z_{8,4} \tag{7.1.11}$$

$$Z_{10,1} = Z_{11,2}, \quad Z_{10,2} = Z_{11,1}, \quad Z_{10,4} = Z_{11,5}, \quad Z_{10,5} = -Z_{11,4} \tag{7.1.12}$$

图 7.1.11　相同对称面且垂直于 x 轴和 y 轴的减振器示意图

D. 对称面垂直于 x 轴、y 轴、z 轴

对称面垂直于 x 轴、y 轴、z 轴，如长方体结构，如图 7.1.12 所示。

在这种情况下，阻抗矩阵与式 (7.1.10) 类似，但是只有 12 个矩阵元素，该矩阵为斜矩阵。

图 7.1.12　对称面垂直于 x 轴、y 轴、z 轴的减振器示意图

2) 测试基本原理

减振元件传递阻抗的定义：

$$Z_{i,j} = \left(\frac{F_{S,i}}{V_{m,j}} \right)_{\text{其他 } V_m \text{ 很小, 所有 } V_S \text{ 很小}} \tag{7.1.13}$$

实际测试时，一般采用加速度传感器，应用加速度信号，可直接定义减振元件传递阻抗：

$$T_{i,j} = \left(\frac{F_{S,i}}{a_{m,j}} \right)_{\text{其他 } a_m \text{ 很小, 所有 } a_S \text{ 很小}} \tag{7.1.14}$$

设减振元件垂向刚度为 k，固有频率 f_0 可表示为

$$f_0 = (2\pi)^{-1}(k/m_S)^{1/2} \tag{7.1.15}$$

如果关心频率 $f > 3f_0$，则传递力 $F_{S,i}$ 满足

$$F_{S,i} \approx m_S \cdot \ddot{a}_{S,i} \tag{7.1.16}$$

式 (7.1.14) 可表示为

$$T_{i,j} \overset{\text{def}}{=} F_{S,i}/\ddot{a}_{m,j} = m_S \cdot \ddot{a}_{S,i}/\ddot{a}_{m,j} \tag{7.1.17}$$

减振元件阻抗测试原理如图 7.1.13 所示，图中激励质量块和基础质量块均必须具有足够的刚度：一方面保证减振元件安装面在激励振动时不会出现变形；另一方面可保证质量惯性和旋转惯性足够大，使系统的 6 阶固有频率远远低于测量频率范围。

3) 矩阵对角线上元素测量

A. 垂向阻抗测试 $\ddot{z}$

垂向阻抗测试原理如图 7.1.14 所示。在激励质量块顶部沿垂直轴通过质心的方向加力激励，或通过两个沿该轴对称的方向施加激励。

$$T_{9,3} = T_{F_z,\ddot{z}} \approx \frac{m_S \ddot{z}_S}{\ddot{z}_m} \tag{7.1.18}$$

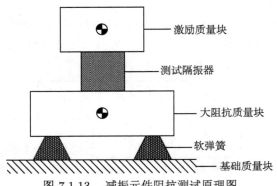

图 7.1.13　减振元件阻抗测试原理图

激励质量块

测试隔振器

大阻抗质量块

软弹簧

基础质量块

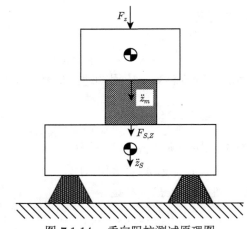

图 7.1.14　垂向阻抗测试原理图

B. 横向阻抗测试 $\ddot{x}$ 或 $\ddot{y}$

横向阻抗测试原理如图 7.1.15 所示。为避免发生旋转，应沿水平轴，通过激励质量刚体质心的方向施加激励。必要的情况下可以在试验中通过最小化激励质量块旋转加速度 $\ddot{\beta}_m$ 来调整激励位置。

$$T_{7.1} = T_{F_x \cdot \ddot{x}} \approx \frac{m_S \ddot{x}_S}{\ddot{x}_m} \tag{7.1.19}$$

C. 绕水平轴旋转方向阻抗测试 $\ddot{\alpha}$ 或 $\ddot{\beta}$

绕水平轴旋转方向阻抗测试原理如图 7.1.16 所示，为抑制减振元件上盖板接触区域的水平平移，应在 xy 平面以上的一定距离处，沿与水平轴平行且通过激励质量块质心的方向施加激励。通过与质心平移相同的刚体来消除沿质心旋转引发的接触区域平移，通过计算求取激励位置，必要情况下通过最小化接触区域平

移 $\ddot{x}_m$ 或 $\ddot{y}_m$ 来调整激励位置。

$$T_{11,5} = T_{M_y,\ddot{\beta}} \approx \frac{J_{S,y}\ddot{\beta}_S - hm_S\ddot{x}_S/2}{\ddot{\beta}_m} \tag{7.1.20}$$

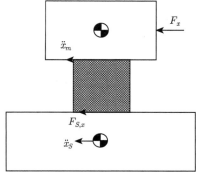

图 7.1.15　横向阻抗测试原理图

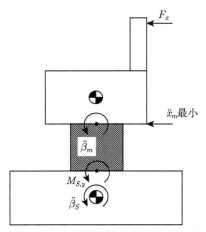

图 7.1.16　绕水平轴旋转方向阻抗测试原理图

图 7.1.16 中的力偶 $M_{S,y}$ 与基础质量块上的外部总力矩并不相等，因为 $F_{S,x}$ 也是一个影响因素。$F_{S,x}$ 在通过质心的 y 轴方向的力矩等于 $hm_S\ddot{x}_S/2$。因此，要获得 $M_{S,y}(t)$ 的真值，有必要采用以下方式综合旋转加速度和平移加速度进行校正：

$$M_{S,y}(t) = J_{S,y}\ddot{\beta}_S(t) - hm_S\ddot{x}_S(t)/2 \tag{7.1.21}$$

式中，$J_{S,y}$ 为基础质量块绕 y 轴的惯性矩，$h/2$ 为基础质量块质心到减振元件下安装板的距离。

通过试验分别得到 $\ddot{\beta}_S(t)$ 和 $\ddot{x}_S(t)$，如果满足

$$m_S^2 \left\langle \ddot{x}_S^2 \right\rangle h^2/4 \ll J_{S,y}^2 \left\langle \ddot{\beta}_S^2 \right\rangle \tag{7.1.22}$$

则 $M_{S,y}(t)$ 无须通过式 (7.1.22) 进行计算。式中，$\langle \cdots \rangle$ 表示对时间平均。

D. 绕垂直轴旋转方向阻抗测试 $\ddot{\gamma}$

通过两个强度相同的力激励器，沿 z 轴向激励块上施加力偶，如图 7.1.17 所示。

$$T_{12,6} = T_{M_z,\ddot{\gamma}} \approx \frac{J_{S,z}\ddot{\gamma}_S}{\ddot{\gamma}_m} \tag{7.1.23}$$

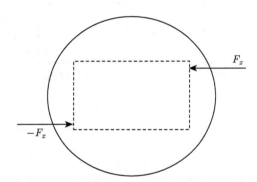

图 7.1.17　绕垂直轴旋转方向阻抗测试原理图

4) 非对角线上元素的测量

不在矩阵对角线上的传递函数可以采用与对角线元素相同的方法测量，只需将激励分量和力分量或力偶分量结合起来。

根据方程式 (7.1.21) 测量潜在重要的传递函数 $T_{10,2} = T_{M_x,\ddot{y}}$ 和 $T_{11,1} = T_{M_y,\ddot{x}}$ 是很复杂的，但通常可以避免该项复杂步骤。例如，如果减振元件是沿穿过其质心的 xy 平面对称，则满足：

$$T_{8,4} = -T_{10,2}, \quad T_{F_y,\ddot{\alpha}} = -T_{M_x,\ddot{y}} \tag{7.1.24}$$

$$T_{7,5} = -T_{11,1}, \quad T_{F_x,\ddot{\beta}} = -T_{M_y,\ddot{x}} \tag{7.1.25}$$

因此，可用更简单的 $F_{S,x}$ 和 $F_{S,y}$ 测量方法代替复杂的 $M_{S,x}$ 和 $M_{S,y}$ 测量方法。如果减振元件没有上述对称性，则将其倒置即可得到同样的效果。然后，由互易原理，可以用更加简单的力测量方法代替力偶的测量，如图 7.1.18 所示。此互易关系的有效性为检验测量质量和准确度提供了一个检验方法，根据该方法可对方程式 (7.1.21) 求解。

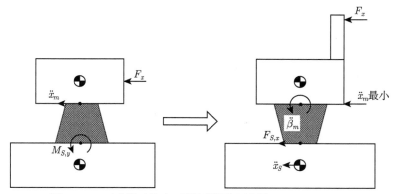

图 7.1.18 减振元件上下颠倒测量，满足 $T_{F_x,\ddot{\beta}} = T_{M_y,\ddot{x}}$

5) 加速度计的安装和测量

通过两个加速度计，增加或减少信号，可以测量各种加速度分量，结构如图 7.1.19 和图 7.1.20 所示。严格来说，对于部分分量的测量，一个加速度计就足够了，但所采用的两个加速度计的统一方法更为方便，因为这样可以避免进行额外校准。

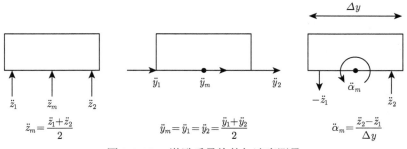

图 7.1.19 激励质量块的加速度测量

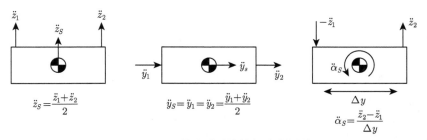

图 7.1.20 基础质量块的加速度测量

根据方程式 (7.1.21)，采用两对加速度计同时测量，进行校正，如图 7.1.21 所示。图 7.1.19~ 图 7.1.21 中的所有信号处理都是通过专用模拟电子装置在时域内完成的。

$$M_{S,y} = \frac{J_{S,y}}{\Delta x} [(\ddot{z}_1 - \ddot{z}_2) - c(\ddot{x}_1 + \ddot{x}_2)] \tag{7.1.26}$$

式中，$c = hm_S \Delta x/(4J_{S,y})$。

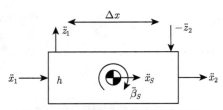

图 7.1.21　两对加速度计校正测量

6) 显著性检验方法

对于测得的传递函数，应采用显著性检验方法消除由于以下原因产生的错误数据：

(1) 减振元件顶端其他振动分量产生的激励，而非测量目标；

(2) 传播到基础质量块和/或加速度计上的空气传播噪声；

(3) 对于基础质量块的测量，信噪比不够大。

空传噪声激励试验中，进行了两类测量，一类是在连接激励器情况下进行的，另一类是在与激励器断开时进行的。在这两种情况中，均测定了基础质量块附近声压及其加速度响应，以对空传噪声激励影响进行追踪。

显著性检验方法中最关键的部分是推导有害激励成分的贡献度。在推导过程中，采用循环论证是不可避免的。例如，检验 $T_{F_y,\ddot{y}}$ 的显著性时需要采用 $T_{F_y,\ddot{\alpha}}$，检验 $T_{F_y,\ddot{\alpha}}$ 的显著性时则需要采用 $T_{F_y,\ddot{y}}$(可对电子设备的倍增因数 c 进行小幅度调节)。

只要计算出有害成分贡献度远低于两个传递函数的测量值，该方法就不会出现问题。否则，应该仔细分析 "最坏情况"，并可能舍弃一个或所有两个结果。但有时候，可通过等效结果的互易性测量，获取更多关于传递函数可靠性的信息。

完成试验工作后，在其他试验中，似乎研究空传噪声传递的方法并不总是充分可靠的。将激励器与激励块断开，声场会发生复杂改变，单传声器位置上声压的变化无法对其进行准确表述。因此，在显著性检验中应避免这种声场的变化，为此，可将激励块与减振元件分离，并将其悬挂在减振元件附近的弹性支架上，同时，激振器保持连接状态。在此情况中，激励阻挡块的声场不会发生明显变化，而减振元件上的声传递被隔断了。

7) 测试注意事项

A. 信噪比的控制

通常, 采用相同仪器的条件下, 有两种改善信噪比的方法:

(1) 将扫频带宽降低到 1/3 倍频带, 则所有激励功率均集中在一个单频带上;

(2) 采用最小的激励质量和末端质量块。

也可采用其他方法, 如采用更强的激励器 (电动或液压产品)、采用更加灵敏的加速度计或采用相干技术来加强信号。

B. 空传噪声激励

空传声音传递的问题一般出现在较高频率, 尤其是在采用细推杆的试验中, 即使经过改进, 问题依旧存在, 尤其是对于 $f \geqslant 1000\text{Hz}$ 时 $\ddot{\alpha}_S$ 的激励。对阻挡质量块的声压级、加速度计的声学灵敏度以及加速度级进行考虑后, 可得出结论, 即所观察到的传递量是由激励质量块引起的, 而非加速度计的直接声学激励引起的。因此, 选择质量较轻的末端质量块并不能解决此问题, 因为通过空气的传递量和通过基座的传递量间的比率会增大。

增加推杆直径, 会提高 "移动" 推杆上激励器部分 (对于 $\ddot{\alpha}_m$ 模式, 也包括悬臂刚度上激励器部分) 的共振频率, 同时会在 $500\text{Hz} < f < 1000\text{Hz}$ 范围内, 大大降低 "移动" 激励器部分产生的声波辐射。另外, 推杆直径的增加, 其抗弯刚度的加强不会产生有害激励成分。如果要在高于 1kHz 的频率条件下进行测量, 则应重点设计合适的推杆-悬臂梁组件以及激励器 "移动" 部件周围的隔声罩。

C. 传递力和力偶

对于传递力和力偶的精确测量, 存在两个问题: 一是需要一个足够大的阻抗台; 二是力偶和力矩的分离。

根据末端质量块的质量和旋转惯性, 测量 6 个特征频率, 从而确定精确测量的频率范围。为正确测量传递力偶, 有两种消除力矩影响的方法, 对于特殊形状质量块的方法, 不在这里展开讨论, 其应用仅取决于实际情况。

式 (7.1.26) 中的关键项可表示为

$$q = \ddot{\beta} - c\ddot{x} \tag{7.1.27}$$

相对误差可表示为

$$\frac{\Delta q}{q} = \frac{\Delta \ddot{\beta} - \ddot{x}\Delta c - c\Delta \ddot{x}}{\ddot{\beta} - c\ddot{x}} \tag{7.1.28}$$

根据方程式 (7.1.28) 可以明显看出, 如果 $\ddot{\beta}$ 接近于 $c\ddot{x}$, 则这个相对误差就趋向于无穷大。将方程式 (7.1.28) 相对误差表示为 $\ddot{\beta}$、$\ddot{x}$ 及 c 的函数。

$$\frac{\Delta q}{q} = \frac{\dfrac{\ddot{\beta}}{c\ddot{x}}}{1 - \dfrac{\ddot{\beta}}{c\ddot{x}}} \cdot \frac{\Delta\ddot{\beta}}{\ddot{\beta}} + \frac{1}{1 - \dfrac{\ddot{\beta}}{c\ddot{x}}} \cdot \frac{\Delta c}{c} + \frac{1}{1 - \dfrac{\ddot{\beta}}{c\ddot{x}}} \cdot \frac{\Delta\ddot{x}}{\ddot{x}} \tag{7.1.29}$$

式中，因子 $\left(1 - \dfrac{\ddot{\beta}}{c\ddot{x}}\right)^{-1}$ 可表示 $\dfrac{\ddot{\beta}}{c\ddot{x}}$ 的函数，它决定了 c 和 $\ddot{x}$ 的相对误差以及 $\ddot{\beta}$

的相对误差 (当 $\dfrac{\ddot{\beta}}{c\ddot{x}}$ 趋近于 1 时) 对 q 的相对误差的影响。

3. 四端参数评估方法

四端参数评估方法在动态分析中的应用，就是借助于电气系统中的网络理论概念。这种方法的主要优点是，系统的四端参数只由系统本身的动态特性决定，与系统的前后结构无关，因此特别适合组合元件的分析 [11]。

1) 四端参数的定义和理想元件的四端参数

一个弹性系统可以用一个具有输入端 1 和输出端 2 的广义线性机械系统来表示，如图 7.1.22 所示。这里 F_1、V_1 和 F_2、V_2 分别代表输入端和输出端的力和速度。需要注意的是，F_1 是外界对这个系统的作用力，而 F_2 则是这个系统对外界的作用力。图中所示的正方向表示从振源发生的能流方向，这样图 7.1.22 所示机械系统可以用一对线性方程来表示 [12]：

$$\left.\begin{array}{l} F_1 = a_{11}F_2 + a_{12}V_2 \\ V_1 = a_{21}F_2 + a_{22}V_2 \end{array}\right\} \tag{7.1.30}$$

图 7.1.22　弹性机械系统

或用矩阵表示：

$$\begin{bmatrix} F_1 \\ V_1 \end{bmatrix} = \begin{bmatrix} a_{11} & a_{12} \\ a_{21} & a_{22} \end{bmatrix} \begin{bmatrix} F_2 \\ V_2 \end{bmatrix} \tag{7.1.31}$$

其中，系数 a_{ij} 就称为该机械系统的四端参数，并定义为

$$\left.\begin{array}{ll} a_{11} = \dfrac{F_1}{F_2}\bigg|_{V_2=0} & a_{12} = \dfrac{F_1}{V_1}\bigg|_{F_2=0} \\[3mm] a_{21} = \dfrac{V_1}{F_2}\bigg|_{V_2=0} & a_{22} = \dfrac{V_1}{V_2}\bigg|_{F_2=0} \end{array}\right\} \tag{7.1.32}$$

这里，$V_2 = 0$ 表示输出端 2 是固定的。而 $F_2 = 0$ 表示输出端是自由的。四端参数实际上就是机械系统的阻抗参数。a_{ij} 值可由理论计算，也可用试验求得。

通过理论计算，很容易求得理想元件的四端参数。

质量：

$$[a_{ij}] = \begin{bmatrix} 1 & im\omega \\ 0 & 1 \end{bmatrix} \tag{7.1.33a}$$

弹簧：

$$[a_{ij}] = \begin{bmatrix} 1 & 0 \\ \dfrac{i\omega}{k} & 1 \end{bmatrix} \tag{7.1.33b}$$

阻尼器：

$$[a_{ij}] = \begin{bmatrix} 1 & 0 \\ \dfrac{1}{C} & 1 \end{bmatrix} \tag{7.1.33c}$$

对于复刚度 $k^* = k(1 + i\eta)$，则有

$$[a_{ij}] = \begin{bmatrix} 1 & 0 \\ \dfrac{i\omega}{k^*} & 1 \end{bmatrix} \tag{7.1.33d}$$

2) 四端参数的基本性质和振源

(1) 如将机械系统反向连接，即将输入端作为输出端，输出端作为输入端，其满足：

$$\begin{bmatrix} F_2 \\ V_2 \end{bmatrix} = \begin{bmatrix} a_{22} & a_{12} \\ a_{21} & a_{11} \end{bmatrix} \begin{bmatrix} F_1 \\ V_1 \end{bmatrix} \tag{7.1.34}$$

对比式 (7.1.31) 可以看出，如用符号 a_{ij}^r 表示反向四端参数，显然 $a_{11}^r = a_{22}$，$a_{22}^r = a_{11}$，$a_{12}^r = a_{12}$ 及 $a_{21}^r = a_{21}$。

(2) 如将一机械阻抗 Z_2 的元件连接到一个已知其四端参数系统的输出端 (图 7.1.23)，则可以得到以下一些有用的结论。

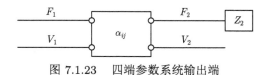

图 7.1.23 四端参数系统输出端

输出点阻抗：

$$\frac{F_2}{V_2} = Z_2 \tag{7.1.35a}$$

输入点阻抗：

$$\frac{F_1}{V_1} = Z_1 = \frac{a_{11}Z_2 + a_{12}}{a_{21}Z_2 + a_{22}} \tag{7.1.35b}$$

力传递率：

$$T_F = \frac{F_2}{F_1} = \frac{Z_2}{a_{11}Z_2 + a_{12}} \tag{7.1.35c}$$

与力传递相对应的运动变化：

$$\frac{V_2}{V_1} = \frac{1}{a_{21}Z_2 + a_{22}} \tag{7.1.35d}$$

(3) 几个四端参数系统，可连接在一起组成一个复合系统。当一个系统的输出是第二个系统的输入时，此二系统的联结形式称为串联 (图 7.1.24(a))。如果该二系统的四端参数分别为 α_{ij} 和 β_{ij}，则其组合系统的四端参数为

$$[V_{ij}] = [a_{ij}][\beta_{ij}] \tag{7.1.36}$$

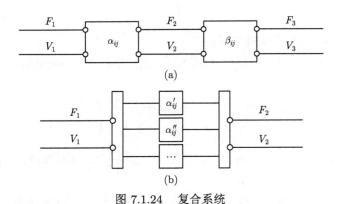

图 7.1.24　复合系统

对于并联元件系统 (图 7.1.24(b))，可以推得

$$\begin{bmatrix} V_{11} & V_{12} \\ V_{21} & V_{22} \end{bmatrix} = \begin{bmatrix} \dfrac{A}{B} & \dfrac{AC}{B} - B \\ \dfrac{1}{B} & \dfrac{C}{B} \end{bmatrix} \tag{7.1.37a}$$

其中，

$$A = \sum \frac{a_{11}^{(i)}}{a_{21}^{(i)}}, \quad B = \sum \frac{1}{a_{21}^{(i)}}, \quad C = \sum \frac{a_{22}^{(i)}}{a_{21}^{(i)}} \tag{7.1.37b}$$

3) 分布质量系统四端参数的理论计算

当前，四端参数 a_{ij} 值可由理论计算，也可用试验求得，以均质杆四端参数求解为例。设杆的横截面为 A，长度为 L，由振动理论，均质杆的运动微分方程为

$$\frac{\partial^2 \xi}{\partial x^2} = \frac{\rho}{E^*} \frac{\partial^2 \xi}{\partial t^2} \tag{7.1.38}$$

其中，$\xi(x,t)$ 为坐标为 x 的横截面，在时间 t 时的纵向位移；ρ 为杆单位体积质量；E^* 为复弹性模量。

当只考虑稳态振动，并假定 F_1 为一正弦激励力时，则由式 (7.1.38) 得其通解：

$$\left.\begin{array}{l}
\xi(x,t) = [C \sin(n^* x) + D \cos(n^* x)]\, \mathrm{e}^{\mathrm{i}\omega t} \\[2mm]
(n^*)^2 = \dfrac{\rho \omega^2}{E^*}
\end{array}\right\} \tag{7.1.39}$$

由边界条件：

$$\left.\begin{array}{l}
F_1 = -E^* A \dfrac{\partial \xi(x,t)}{\partial x}\bigg|_{x=0} \\[4mm]
V_1 = \dfrac{\partial \xi(x,t)}{\partial t}\bigg|_{x=0}
\end{array}\right\} \tag{7.1.40}$$

推得积分常数 C 和 D 分别为

$$\left.\begin{array}{l}
C = -\dfrac{F_1}{E^* A n^*} \mathrm{e}^{-\mathrm{i}\omega t} \\[4mm]
D = \dfrac{V_1}{\mathrm{i}\omega} \mathrm{e}^{-\mathrm{i}\omega t}
\end{array}\right\} \tag{7.1.41}$$

又因

$$\begin{array}{l}
-F_2 = E^* A \left[n^* C \cos(n^* L) - n^* D \sin(n^* L) \right] \mathrm{e}^{\mathrm{i}\omega t} \\[2mm]
V_2 = \mathrm{i}\omega [C \sin(n^* L) + D \cos(n^* L)] \mathrm{e}^{\mathrm{i}\omega t}
\end{array} \tag{7.1.42}$$

把 C、D 值代入，即得

$$\begin{bmatrix} F_1 \\ V_1 \end{bmatrix} = \begin{bmatrix} \cos n^* L & -\dfrac{E^* A n^*}{\mathrm{i}\omega} \sin(n^* L) \\[4mm] \dfrac{\mathrm{i}\omega}{E^* A n^*} \sin(n^* L) & \cos(n^* L) \end{bmatrix} \begin{bmatrix} F_2 \\ V_2 \end{bmatrix} \tag{7.1.43}$$

注意到

$$-\frac{E^*An^*}{\mathrm{i}\omega} = \frac{\mathrm{i}\omega M_R}{n^*L} = \mu_R^* \tag{7.1.44}$$

其中，$M_B = AL\rho$ 为杆的质量。则得均质杆的四端参数：

$$[a_{ij}] = \begin{bmatrix} \cos(n^*L) & \mu_R^*\sin(n^*L) \\ -\dfrac{1}{\mu_R^*}\sin(n^*L) & \cos(n^*L) \end{bmatrix} \tag{7.1.45}$$

对于规则形状的弹性元件，都可以应用类似的方法来推求其四端参数。

4. 传递函数评估方法

1) 传递函数理论分析

描述系统动态特性更为广泛的函数为传递函数[13]。传递函数的定义是初始条件为零时系统输出信号的拉普拉斯变换 (拉氏变换) 与输入信号的拉氏变换，记为 $H(s)$：

$$H(s) = \frac{Y(s)}{X(s)} \tag{7.1.46}$$

式中，$Y(s) = \displaystyle\int_0^\infty y(t)\mathrm{e}^{-st}\mathrm{d}t$，为输出信号的拉氏变换；$X(s) = \displaystyle\int_0^\infty x(t)\mathrm{e}^{-st}\mathrm{d}t$，为输入信号的拉氏变换；$s = \sigma + \mathrm{j}\omega$，为拉氏变换算子；$\sigma$ 和 ω 皆为实变量。

传递函数表示了系统的输入信号与输出信号之间在复数域内的关系，即代表输入信号在复数域经传递函数的加工而形成复数的输出信号。

对于振动信号序列 $a(n)$ 和声压信号 $p(n)$，振声传递函数 TF_{ap} 定义为[14]

$$TF_{ap} = \frac{P_{ap}(f)}{P_{aa}(f)} \tag{7.1.47}$$

式中，$P_{aa}(f)$ 为振动信号序列 $a(n)$ 的自功率谱；$P_{ap}(f)$ 为振动信号序列 $a(n)$ 和声压信号序列 $p(n)$ 的互功率谱。

2) 测量方法

测量系统如图 7.1.25 所示。

A. 激励

激励和响应信号经过适当处理，任何激励波形只要其谱能覆盖关注的频率范围都能使用。

早期研究者使用简谐激励信号[15]，在理想条件下，稳态响应也是简谐信号。由于简谐信号的幅值是它的傅里叶变换的模，因此这项技术还在应用，并且简谐激励得到的结果与更复杂信号的傅里叶变换得到的结果相同。但是，为了达到稳态响应，需要在每个激励频率上停留足够的时间。

当利用数字傅里叶变换时，更宜采用周期激振信号 (如周期快扫或周期随机信号)，其优点是容易防止时域泄漏。

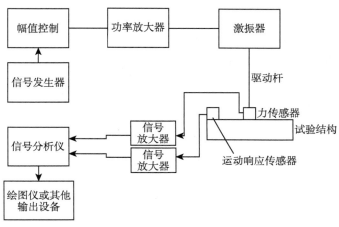

图 7.1.25　测量系统框图

激振器是通常连接到试验结构上对其输入预定波形力的设备，包括电动式、电液式和压电式激振器 (见 ISO 5344)。图 7.1.26 给出了每种类型激振器一般适用的频率范围。

对激振器的基本要求是能提供足够的力和位移，这样才能以适当的信噪比在整个关注的频率范围内进行导纳测量。对指定的结构进行足够宽频的随机激励比正弦激励时需要更大的激振器。如果限定随机噪声的带宽或者使用激励和响应信号波形的时域平均，则可以选用较小的激振器。

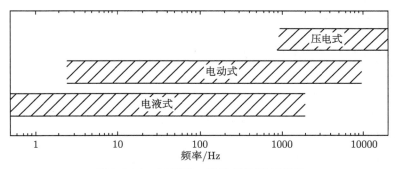

图 7.1.26　激振器一般适用的频率范围

B. 激励力与运动响应的测量

GB/T 11349.1—2018 已规定了选择运动传感器、力传感器和阻抗头的基本准则和要求，以及确定这些传感器特性的方法。由于不能用测量激振器的电流和电压来推断激励力的大小，所以激励力由适用的传感器来测量。

通常用于测量结构频率响应的传感器是压电式加速度传感器、压电式力传感器及把它们联为一体的阻抗头。也可用位移或速度传感器代替加速度传感器。某些位移传感器还具有非接触测量的优点。当采用脉冲激励波形时，压阻式加速度传感器具有一定的优点。应该注意的是要保证传感器的频率响应和线性范围足够宽。

对每个频率 f，用 $j2\pi f$ 的正或负整数幂乘以测量结果，就可用任意形式的运动传感器来确定三种运动形式 (位移、速度和加速度) 中的任何一种。这里：$j = \sqrt{-1}$，f 为关注的频率。

通常用螺栓或黏结剂把力传感器和运动传感器安装在结构上。应该用尽可能少的中间件，直接通过力传感器或阻抗头把激励力传递给结构。如果传感器安装点表面不平，可以采用某种适当形状的金属固定垫。传感器和安装面之间涂一层豁性液体 (如重油或润滑油) 的薄膜可以改善高频时两者之间的耦合。应如 GB/T 11349.1—2018 所述的那样检查连接件柔度的影响。应按传感器制造厂推荐的扭矩把力传感器拧紧。

C. 传感器信号的处理

运动信号和力信号都应当用能滤波的 (如有要求，还可进行质量消减) 分析仪加以处理，并确定两者之间的幅值之比和相位差，幅值和相位差均是频率的函数。分析仪还应完成将测量的频率响应函数转换成其他形式的数字运算。

正弦激励：频率响应函数的幅值是两个正弦信号相量幅值比，它可以用模拟或数字方法来确定。频率响应函数的相位应由测量这两个信号的相位差来确定。适当的滤波器或同步数字采样可把噪声和谐波分量减至最小，而且不改变激励信号和响应信号间的相位。在正弦激励时，用相应于激励频率的响应和激励信号分量可以计算出频率响应函数。

随机激励：用随机、周期随机、伪随机、周期正弦快扫或脉冲激励产生的传感器信号应通过数字傅里叶变换分析仪处理。如 GB/T 11349.1—2018 中所述，频率响应函数可用运动响应与激励力的互谱密度除以激励力的自谱密度得到。通过对时域加权后的激励和响应信号进行的离散傅里叶变换来计算上述谱。在每个共振频率点，为了取得至少 90% 的置信度，即在所计算的每个共振频率谱的驱动点导纳随机误差小于 5%，应对足够数量的谱进行平均。在计算相应的传递导纳时至少也应该对相同数目的谱进行平均。

D. 避免饱和

为保证测量的有效性，避免信号放大器饱和，应进行增益设定的系统检查。分析仪的过载指示器只有在分析器饱和发生后才有反应。除非前置放大器装有过载指示器，用示波器在分析仪之前的线路中监测信号。

E. 频率分辨率

在关注的频率范围内，分辨率应足够高，以分辨出试验结构的全部特征频率，并适当估计模态阻尼。

正弦激励：对于慢扫描正弦激励和离散步进正弦激励，为获得足够的共振频率分辨率，要求激励频率随时间的变化应足够慢。

随机激励：在离散频率傅里叶变换分析中要取得合适的频率分辨率，要求有足够小的频率增量。应根据被试结构的模态密度和模态阻尼确定频率增量 (谱线间隔，Hz)。进而，用汉宁窗或其他适当的时间加权函数对信号在时域加权，可使频率分辨率提高。

周期激励：周期激励产生首尾相连的数据块序列，开始时的瞬态值转移到下一个数据块，并且经过一定时间之后，每个数据块都包括全部的响应数据。从原理上说，不需要取平均。在某些情况下，相干函数可用来估计外部噪声的影响，并指导信号平均次数的选取。

F. 激励的控制

为了获得适当的频率分辨率，需要控制激励时间；为了获得适当的动态范围，通常需要控制激励的幅值。

为了得到所要求的频率分辨率，无论采用扫描还是步进正弦激励，都应该控制激励频率变化率 (或步长和速率)。为了精确地确定幅值和相位，并获得用于计算固有频率和结构阻尼的正确信息，在结构的共振 (响应峰值) 和反共振 (响应波谷) 区域内要求较高的分辨率。

当用步进正弦激励时，最接近结构的每个共振频率的激励频率与该阶的共振频率之差作为频率步进增量的一半，这样，确定共振频率的最大误差是频率增量的二分之一。另外，测量的结构峰值响应的幅值很可能比真正的共振峰值小。结构响应峰值的测量误差会导致对结构模态阻尼估计过大。在共振频率 ±10% 的频率范围内，频率增量的选择，应使测得的峰值响应的幅值和模态阻尼比与它们真实值的误差在 5% 以内。

采用慢扫描正弦激励时，频率以时间的线性函数或者以时间的对数函数变化。扫描速率的选择应使在共振频率 ±10% 以内测得的结构运动响应的幅值与真实值的偏差小于 5%。

施加激励和测量运动响应，要有足够长的持续时间。要平均的谱数是测量系统的信噪比的函数。应该用激励力信号和运动响应信号间的相干函数来确定在 90% 的置信度内，为使随机误差小于 5% 必须加以平均的最小谱数。

每个数据通道除了有个最高工作电压外，还有一个最低工作电压。若高于最高工作电压则会发生饱和，若低于最低工作电压则电路噪声和数字系统中与数字化处理有关的噪声与信号相比就变得很显著了。为了测量精确，应该控制激励，使两个通道内的电压都在规定界限以内。

采用恒幅值激励时，可获得的最大动态范围就是测量系统响应信号通道的动态范围，一般大约是 300:1。为了扩大范围，在每个共振频率 (响应峰值) 附近应减少激励幅值，而在每个反共振频率附近应增加激励幅值。采用恒幅值激励，由于测量最大运动响应时放大器的饱和，测得的最大运动响应值要小于真实的最大运动响应。

7.2 挠 性 接 管

7.2.1 挠性接管概述

船用减振元件还包括用于管路中的各类非支承柔性连接件——挠性接管[16,17]，其主要作用为：

(1) 补偿船舶横倾、纵倾、兴波、冲击等作用时设备和管路连接处的相互位移；

(2) 隔离设备振动沿管路的传递。

根据其所用的弹性元件材料，挠性接管可分为：

(1) 一体式橡胶金属接管；

(2) 纤维或帘布增强橡胶或塑料软管；

(3) 钢丝编织或缠绕增强橡胶或塑料软管；

(4) 金属波纹管；

(5) 金属软管；

(6) 其他专用软管。

7.2.2 挠性接管可靠性评估方法

美国潜艇关键管路系统使用的挠性接管为保证安全可靠，必须进行如下性能试验。

(1) 耐压试验：每一根挠性接管在进行其他性能试验之前，必须对其进行 1.5 倍额定工作压力下的耐压试验。

(2) 刚度测试：每一根挠性接管必须测试额定工作压力下的刚度，一端刚性固定，记录使另一自由端变形的力或力矩。

(3) 挠曲疲劳试验：与刚度测试安装方法相同，在额定工作压力下，自由端循环挠曲，频率为每分钟 2~5 次，挠曲次数 ≥100000 次。

(4) 充压疲劳试验：对于液压系统用挠性接管，循环充压频率为每分钟 35 次，在充压次数 10000 次以内，压力脉冲峰值要求达到 1.25 倍额定工作压力，10000

次以外以 0～1 倍额定工作压力充压，总计充压次数大于 ≥100000 次；对于水、油、气用挠性接管，循环充压频率也是每分钟 35 次，先在 0～1.5 倍额定工作压力下，冲压疲劳次数 ≥5000 次，然后在 0～0.5 倍额定工作压力下，冲压疲劳次数 ≥50000 次。

(5) 抗振试验：挠性接管一端刚性固定，另一端安装于振动台上，在 33Hz 频率下三个主轴方向上分别振动 170h，对于水、油、气用挠性接管，振幅为 ±1.0mm (0.04in)；对于液压系统用挠性接管，振幅为 ±0.76mm(0.03in)。

(6) 检查：所有试验完成后，检查挠性接管的磨损、破坏情况。

7.2.3 挠性接管位移补偿性能评估方法

英国舰艇、潜艇工作压力小于 1MPa 的管路系统使用的挠性接管必须满足：挠性橡胶软管一段固定，另一端三向位移补偿能力要求达到 ±60mm，球形管位移补偿性能如图 7.2.1 所示，补偿能力要求如表 7.2.1 所示。

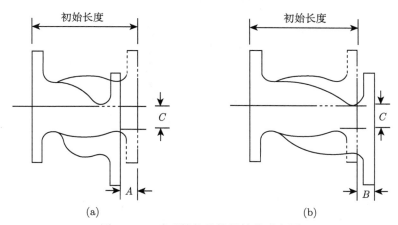

图 7.2.1　球形管位移补偿性能示意图

表 7.2.1　英国潜艇用球形管位移补偿要求 （单位：mm）

规格	初始长度	压缩变形 A	拉伸变形 B	剪切变形 C
32	90	6	3	13
40	90	13	6	19
50	90	13	6	19
65	110	25	13	25
80	135	25	13	25
90	155	25	13	25
100	180	25	13	25
125	180	25	13	25
150	150	25	25	38
175	150	25	25	38

续表

规格	初始长度	压缩变形 A	拉伸变形 B	剪切变形 C
200	180	38	25	50
230	185	44	32	50
250	185	44	32	50
300	200	50	44	50

　　国内肘形挠性接管 (如图 7.2.2 所示)4MPa 工作压力下，三向位移补偿能力为 ±50mm，1MPa 工作压力下，可以满足三向 ±60mm 的位移补偿要求。平衡式挠性接管，如图 7.2.3 所示，轴向补偿位移最高可达 30mm，横向补偿位移最高可达 26mm。

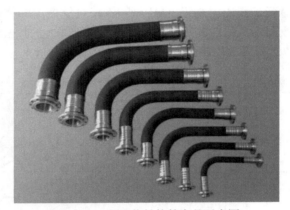

图 7.2.2　肘形挠性接管产品示意图

图 7.2.3　平衡式挠性接管产品示意图

　　国内球形管设计工作压力为 1MPa，位移补偿能力如表 7.2.2 所示。对比表 7.2.1 和表 7.2.2 可以看出，国内设计的球形管在位移补偿能力方面与国外还有一定的差距。

表 7.2.2 国内舰用球形管位移补偿性能

规格	初始长度	轴向位移/mm		横向位移/mm
		压缩	拉伸	
32	95	9	6	9
40	95	10	6	9
50	105	10	7	10
65	115	13	7	11
80	135	15	8	12
100	150	19	10	13
125	165	19	12	13
150	180	25	12	14
200	190	25	16	22
250	230	25	16	22
300	245	25	16	22

7.2.4 挠性接管阻抗特性评估方法

1. 传递阻抗

评估挠性接管振动传递特性的一种方法是直接测试挠性接管的传递阻抗 (元件的输出端阻抗为无穷大)，如图 7.2.4 所示，挠性接管的输出端连接一测力板，包括 4 个力传感器，用于测试动态输出力，力板安装于一阻抗台上，阻抗台质量约为 10t，它相对于挠性接管而言，阻抗可认为是无穷大的。挠性接管组件对应的阻抗矩阵可表示为

$$[F] = [Z] \cdot [V] \tag{7.2.1}$$

式中，$[F]$ 表示挠性接管组件输出端 3 组横向力和 3 组旋转力分量；$[Z]$ 为 6×6 矩阵，包括 36 个传递阻抗元素；$[V]$ 为表示挠性接管组件输入端 3 组横向速度和 3 组旋转速度分量。

由于测试技术的局限性，测试旋转阻抗元素难度很大，因此实际分析过程中将旋转分量忽略，并且假设挠性接管输出端法向力要远远大于切向力，因此式 (7.2.1) 可简化为

$$[F_8] = \begin{bmatrix} Z_{81} & Z_{82} & Z_{83} \end{bmatrix} \cdot \begin{bmatrix} V_1 \\ V_2 \\ V_3 \end{bmatrix} \tag{7.2.2}$$

式中，Z_{81}、Z_{82}、Z_{83} 为试验测试的传递阻抗，可表示为

$$Z_{8i} = \frac{F_8}{V_i} = \left[\frac{\left| F_{8(a)} \right|^2}{\left| V_i \right|^2} + \frac{\left| F_{8(b)} \right|^2}{\left| V_i \right|^2} \frac{\left| F_{8(c)} \right|^2}{\left| V_i \right|^2} + \frac{\left| F_{8(d)} \right|^2}{\left| V_i \right|^2} \right]^{1/2}, \ i = 1, 2, 3 \tag{7.2.3}$$

式中，a、b、c、d 表示测力板上 4 个传感器的编号，V_i 为第 i 个方向的输入速度，可由加速度传感器信号对时间积分获得。

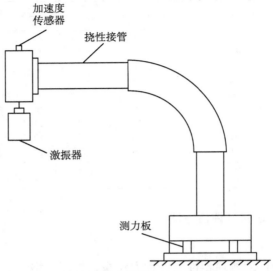

图 7.2.4　试验测试挠性接管传递阻抗示意图

挠性接管总的传递阻抗可表示为

$$Z_T = \frac{1}{\sqrt{3}} \left[|Z_{81}|^2 + |Z_{82}|^2 + |Z_{83}|^2 \right]^{1/2} \tag{7.2.4}$$

上式可用来评估挠性接管的振动传递特性。

2. 试验分析方法

图 7.2.5 为挠性连接管路振动传递特性试验分析方法原理图，图中挠性连接端面的 3 个正交方向上标识的数字分别代表解耦的力和速度。解耦的速度响应方程可看成是挠性连接管路自由激励点导纳和传递导纳的函数。

挠性连接管路输入端的速度响应方程可表示为

$$\begin{cases} V_4 = f_4 m_{44} + f_5 m_{45} + f_6 m_{46} + f_7 m_{47} + f_8 m_{48} + f_9 m_{49} \\ V_5 = f_4 m_{54} + f_5 m_{55} + f_6 m_{56} + f_7 m_{57} + f_8 m_{58} + f_9 m_{59} \\ V_6 = f_4 m_{64} + f_5 m_{65} + f_6 m_{66} + f_7 m_{67} + f_8 m_{68} + f_9 m_{69} \end{cases} \tag{7.2.5}$$

挠性连接管路输出端的速度响应方程可表示为

$$\begin{cases} V_7 = f_4 m_{74} + f_5 m_{75} + f_6 m_{76} + f_7 m_{77} + f_8 m_{78} + f_9 m_{79} \\ V_8 = f_4 m_{84} + f_5 m_{85} + f_6 m_{86} + f_7 m_{87} + f_8 m_{88} + f_9 m_{89} \\ V_9 = f_4 m_{94} + f_5 m_{95} + f_6 m_{96} + f_7 m_{97} + f_8 m_{98} + f_9 m_{99} \end{cases} \tag{7.2.6}$$

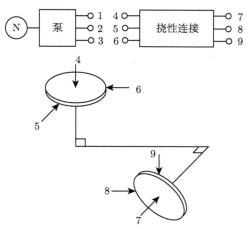

图 7.2.5　挠性连接管路振动传递特性试验分析方法原理图

N 代表激励源；1～3 代表泵传递的三方向的力和速度；4～6 代表挠性接管输入端三方向解耦的力和速度；7～9
代表挠性接管输出端三方向解耦的力和速度

假定挠性连接管路的输入端与泵连接，则泵输出法兰端面的速度响应方程为

$$
\begin{cases}
V_1 = f_1 m_{11} + V_{01} \\
V_2 = f_2 m_{22} + V_{02} \\
V_3 = f_3 m_{33} + V_{03}
\end{cases}
\tag{7.2.7}
$$

式中，V_{01}、V_{02}、V_{03} 分别为泵未与管路连接时输出法兰端的自由速度，它们表示泵产生的速度激励源，为了后续分析方便，其值设为 $1.0\mathrm{m/s}$。

当泵和管路挠性连接时，连接面的速度和力分别满足连续性条件：

$$
\begin{cases}
V_1 = V_4, & f_1 + f_4 = 0 \\
V_2 = V_5, & f_2 + f_5 = 0 \\
V_3 = V_5, & f_3 + f_5 = 0
\end{cases}
\tag{7.2.8}
$$

若挠性接管输出端阻抗无限大，则 $V_7 = V_8 = V_9 = 0$，则这个系统的矩阵方程为

$$
\begin{bmatrix} 1 \\ 1 \\ 1 \\ 0 \\ 0 \\ 0 \end{bmatrix}
=
\begin{bmatrix}
m_{44} + m_{11} & m_{45} & m_{46} & m_{47} & m_{48} & m_{49} \\
m_{54} & m_{55} + m_{22} & m_{56} & m_{57} & m_{58} & m_{59} \\
m_{64} & m_{65} & m_{66} + m_{33} & m_{67} & m_{68} & m_{69} \\
m_{74} & m_{75} & m_{76} & m_{77} & m_{78} & m_{79} \\
m_{84} & m_{85} & m_{86} & m_{87} & m_{88} & m_{89} \\
m_{94} & m_{95} & m_{96} & m_{97} & m_{98} & m_{99}
\end{bmatrix}
\cdot
\begin{bmatrix} f_4 \\ f_5 \\ f_6 \\ f_7 \\ f_8 \\ f_9 \end{bmatrix}
\tag{7.2.9}
$$

上式中的导纳矩阵各元素可通过试验测定，应用互惠和对称原理可将测试的导纳个数减少到 12 个。将测试结果代入式 (7.2.9) 可解得挠性接管输入端的力 f_4、

f_5、f_6 和输出端的力 f_7、f_8、f_9。将计算得到的力代入式 (7.2.5) 可得到挠性接管输入端耦合的速度，根据计算得到的力和速度可求出挠性接管的输入阻抗、传递阻抗和力比。

工程设计过程中，经常要比较不同尺寸、不同规格挠性接管的振动传递特性，显然，应用 9 个传递阻抗、9 个力比是无法比较的，实际过程中，可将 9 个传递阻抗通过平方和的形式减至 3 个：

$$
\begin{cases}
Z_7^* = \dfrac{1}{\sqrt{3}} \left[\left|\dfrac{F_7}{V_4}\right|^2 + \left|\dfrac{F_7}{V_5}\right|^2 + \left|\dfrac{F_7}{V_6}\right|^2 \right]^{1/2} \\[3mm]
Z_8^* = \dfrac{1}{\sqrt{3}} \left[\left|\dfrac{F_8}{V_4}\right|^2 + \left|\dfrac{F_8}{V_5}\right|^2 + \left|\dfrac{F_8}{V_6}\right|^2 \right]^{1/2} \\[3mm]
Z_9^* = \dfrac{1}{\sqrt{3}} \left[\left|\dfrac{F_9}{V_4}\right|^2 + \left|\dfrac{F_9}{V_5}\right|^2 + \left|\dfrac{F_9}{V_6}\right|^2 \right]^{1/2}
\end{cases}
\tag{7.2.10}
$$

将上式中的 Z_7^*、Z_8^*、Z_9^* 再求均方根可得到挠性接管的联合传递阻抗：

$$
Z_T = \left[|Z_7^*|^2 + |Z_8^*|^2 + |Z_9^*|^2 \right]^{1/2}
\tag{7.2.11}
$$

同理，9 个力比也可减少至 3 个：

$$
\begin{cases}
T_7^* = \dfrac{f_7}{\left[|f_4|^2 + |f_5|^2 + |f_6|^2 \right]^{1/2}} \\[3mm]
T_8^* = \dfrac{f_8}{\left[|f_4|^2 + |f_5|^2 + |f_6|^2 \right]^{1/2}} \\[3mm]
T_9^* = \dfrac{f_9}{\left[|f_4|^2 + |f_5|^2 + |f_6|^2 \right]^{1/2}}
\end{cases}
\tag{7.2.12}
$$

再将上式中的三个力比求均方根，可得联合力比：

$$
T_T^* = \left[|T_7^*|^2 + |T_8^*|^2 + |T_9^*|^2 \right]^{1/2}
\tag{7.2.13}
$$

式 (7.2.11)、式 (7.2.13) 可用于评估挠性接管的振动传递特性。

7.2.5　挠性接管插入损失评估方法

将各种挠性接管与对应替代金属管分别安装在管路系统的同一位置，对管路系统内介质加压至要求的测试工况压力。采用电磁激振器对被测试件上游管道端部法兰分别在轴向和垂向方向上进行白噪声激励 (激励频率范围：10Hz~5kHz)，通过测量振动加速度计算得出各挠性接管在轴向和横向上的插入损失。

1. 直挠性接管安装方式

图 7.2.6 及图 7.2.7 分别给出了直挠性接管轴向与横向插入损失激振测试的布置示意图。轴向测试时激振机激励点位于封盖法兰的中心,激振杆通过力传感器与法兰相连。待测试件上、下游法兰上分别沿激励力方向对称布置 2 个加速度传感器。横向测试时激振机沿垂向激励,激励杆通过力传感器与法兰顶端相连,待测试件上、下游法兰顶端上分别沿激励力方向布置 1 个加速度传感器。

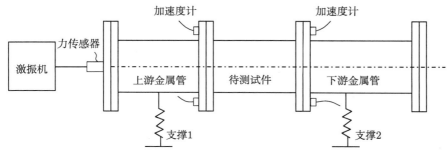

图 7.2.6 轴向插入损失激振测试布置示意图

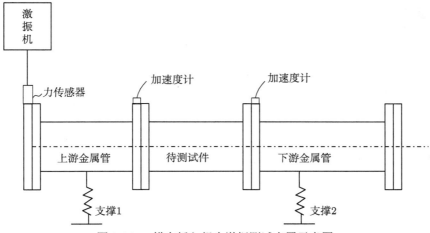

图 7.2.7 横向插入损失激振测试布置示意图

2. 肘形管安装方式

图 7.2.8 定义了肘形挠性接管测试时的方向。图 7.2.9 给出了肘形挠性接管插入损失测试的布置示意图。轴向测试时,激振机沿 y 向激励,激励点位于封盖法兰的中心,激振杆通过力传感器与法兰相连,待测试件上,下游法兰上分别在 y 向对称布置 2 个加速度传感器。横向测试时,分为两个方向,一个是激振机沿垂

向 z 向激励，另一个是激振机沿 x 向激励。激振杆通过力传感器与法兰顶端相连，待测试件上、下游法兰顶端上分别在 z 向或 x 向对称布置 2 个加速度传感器。

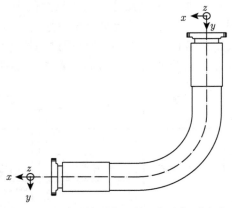

图 7.2.8　　肘形管形状及其局部坐标系定义

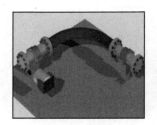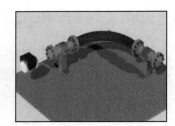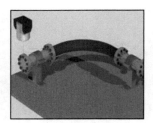

横向测试(x向)　　　　　　　　轴向测试(y向)　　　　　　　　横向测试(z向)

图 7.2.9　　肘形挠性接管插入损失测试安装布置示意图

3. 数据处理方式

安装好被测挠性接管后，通过加压泵调整管内工作介质压力至所需工况，连接激振机，开启所有仪器设备对上游管路端部法兰进行白噪声激励，稳定后同步采集被测挠性接管进出口法兰上激励方向的加速度信号，通过数据处理计算得到被测挠性接管两端法兰的振动加速度 $\ddot{q}_1(f)$ 和 $\ddot{q}_2(f)$。

用对应的替代金属管替换挠性接管，同样采用激振机对上游管路在同一方向上进行激励，每次试验中对信号源和功率放大器进行微调，并保证激振机输出力基本不变，测量在相同工况下替代金属管进出口法兰上激励方向的加速度信号，通过数据处理计算得到替代金属管段两端法兰的振动加速度 $\ddot{q}_1(f)$ 和 $\ddot{q}_2(f)$。

根据插入损失的定义可以计算出该挠性接管在此特定工作状态下的插入损失：

$$IL(f) = 20\lg\left|\frac{\ddot{q}_2(f)}{\ddot{q}_1(f)}\right| \quad (\mathrm{dB}) \tag{7.2.14}$$

根据相同工况下挠性接管出口法兰和替代金属管出口法兰上的速度总级 L_{W1} 和 L_{W2}，可以直接计算出挠性接管的插入损失总级：

$$IL = L_{W1} - L_{W2} \qquad (7.2.15)$$

4. 试验仪器和测试框图

挠性接管插入损失测量系统主要包含激振系统及加速度数据采集系统。图 7.2.10 给出了某型挠性接管插入损失测试系统连接框图。

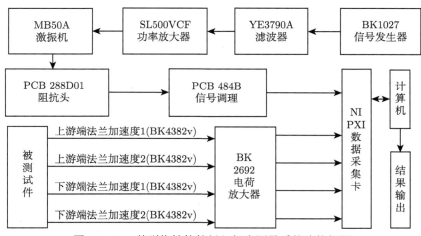

图 7.2.10　某型挠性接管插入损失测量系统连接框图

5. 试验步骤

(1) 按照要求将被测挠性接管安装在试验管路系统中，在被测试件上游和下游分别连接一段金属直管。为支撑测试管路系统，在上游金属管段和下游两金属管段上各布置 1 个或 2 个管路支撑，管路系统两端分别采用金属封盖法兰进行密封，图 7.2.11 给出了本次试验管路系统的安装示意图。试验时调整合适的管路支撑位置，并记录下各型号挠性接管安装调试后的前后端连接金属管段长度以及前后支撑布置位置，并保证各型号挠性接管安装和对应替代金属管的安装方式及布置位置完全一致。

(2) 管内介质为水，用加压泵向管内注水、排气、加压至测试工况所需最大压力。

(3) 在被测试件两端的法兰上按照图 7.2.6 或图 7.2.7 的要求安装激振机，布置加速度传感器。

(4) 将信号发生器调至白噪声挡，滤波调至 10Hz~5kHz，信号源输出挡位与功率放大器增益调至适当位置，待系统稳定后采集加速度信号。

(5) 将挠性接管换成等长同规格的金属管，安装到位，重复步骤 (1)~(4)。

根据测试结果，代入式 (7.2.14) 和式 (7.2.15) 得到待测挠性接管插入损失。

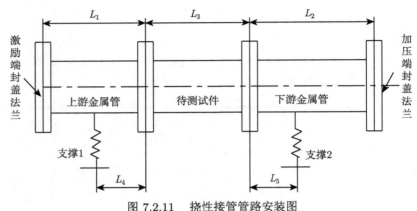

图 7.2.11　挠性接管管路安装图

7.2.6　挠性接管传递函数评估方法

1. 直挠性接管传递函数评估方法

挠性接管传递函数测试方法与一般减振元件阻抗特性测试方法类似，原理如图 7.2.12 所示，试验时，挠性接管内充满工作流体介质，并升压至工作压力，为了消除因流体噪声对下质量块产生激励而影响测试结果，实际测试时，应该用一环形质量块安装于两个挠性接管之间，如图 7.2.13 所示，下面的辅助测试用挠性接管直接安装于高阻抗台上，如果流体噪声的波长远大于挠性接管直径，那么在挠性接管流体介质内不会产生径向共振模态，这样流体介质中的声场对中间环形质量块产生的激励力就可以忽略不计。要求辅助测试用挠性接管的刚度不大于测试挠性接管的刚度[18]。

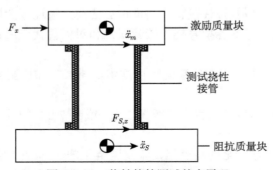

图 7.2.12　挠性接管测试基本原理

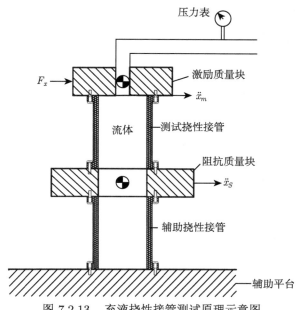

图 7.2.13 充液挠性接管测试原理示意图

2. 肘形接管传递函数评估方法

肘形接管传递函数测试原理如图 7.2.14 所示，为了消除流体噪声传递的影响，也可采用图 7.2.14 所示的直挠性接管测试方法进行测试。肘形接管 6 种传递函数测试模式如图 7.2.15 所示。

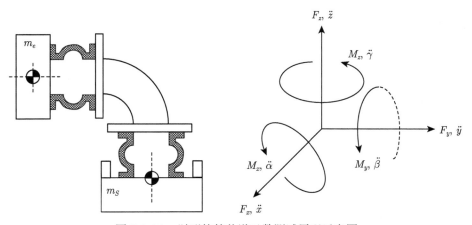

图 7.2.14 肘形接管传递函数测试原理示意图

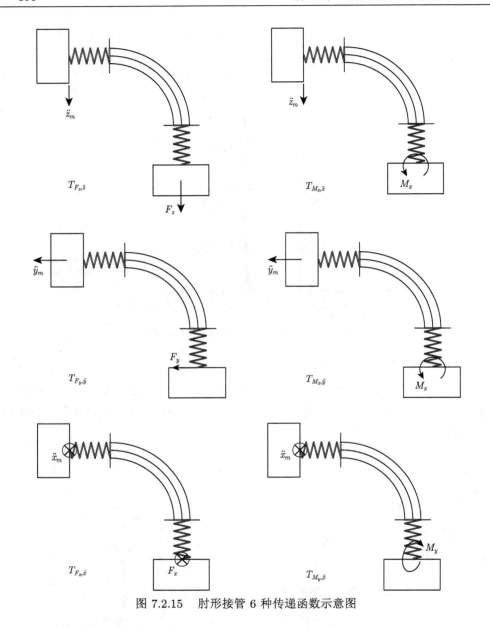

图 7.2.15　肘形接管 6 种传递函数示意图

7.2.7　挠性接管流噪声评估方法

1. 海水管道内流噪声的管内测量方法

流噪声的管内测量方法是将测量传感器的敏感面直接与管内流体介质相接触，从而测得管内流噪声。其根据安装方式的不同，可分为三种类型[19]：①将

测量传感器 (水听器) 直接或加导流罩固定于海水管路的流场中来测量管内的流噪声。这种测量方法使测量传感器 (或导流罩) 置于流场中，既破坏了管路系统的流场特性，又使传感器 (或导流罩) 表面上的湍流附面层压力脉动产生 "伪声"，从而形成很强的背景噪声，使测量结果产生了较强的畸变，所以此测量方式较少用于管内流噪声的测量。②管道–容腔结构式的测量方式，即用连接管道和容腔构成的压力传输系统来测量管内的流噪声，如图 7.2.16 所示。此压力测量系统的固有频率随传压管与容腔体积增大而减小，而随传压管面积的增大而增大，实践证明，管道–容腔结构式的测量方式将减小测量系统的工作频率；另外，由于传感器膜片与测压点间的任何连接管道及容腔将在不同程度上增加测量的动态误差，因此在海水管路系统流噪声的实际测量中此法也不常用。③齐平面式安装的测量方式，将测量传感器直接安装在管壁上，使传感器膜片与测压点周围的壁面处于 "平齐" 的状态，直接测量管内的流噪声，如图 7.2.17 所示。以上各测量法往往使测量得到的流噪声信号中含有一定的伪声信号。

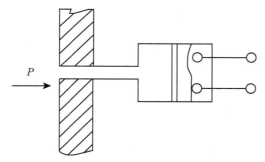

图 7.2.16　管道-容腔安装方式

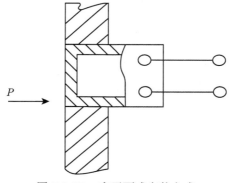

图 7.2.17　齐平面式安装方式

2. 海水管道内流噪声的管外测量方法

流噪声的管外测量方法是将测量传感器的敏感面不直接与管内流体介质相接触，而是环绕海水管道设置储水箱，储水箱与管壁间用透声材料隔开，将测量传感器悬挂于储水箱内的静水中，测量管内流噪声。优点是水听器位于储水箱内的静水中，离管内流场较远，消除了水听器表面湍流附面层压力脉动的影响，从而获得较高的信噪比，扩大了噪声的测量范围；储水箱内平均声压谱仅与噪声源强度和小室的物理参数有关，而对声源的空间分布和位置没有特别严格的要求；水管与储水箱之间没有液体交换，故储水箱的测量环境一般不受实验工况的影响。

1) 混响箱法

混响箱法是在海水管路的测量段外包围了一个开口矩形水箱，通过测量箱内平均声压功率谱来获得被测噪声源在相应自由场条件下的辐射声功率和功率谱的特性。为获得较高的测量信噪比，试验用的管道应选用透声性能较好的材料制成。水箱的各边长之比也应适当选取，若边长比选取 1:1.618:2.618，可使简正频率分布比较均匀。水管从水箱内部通过时，应尽量避免对称性，以免激发更多的简正模式。此测量小室是由有机玻璃制成的开口矩形水箱，水箱中装有静水。由于有机玻璃的声阻抗与水的声阻抗比较接近，箱外为空气，因此在理论分析中可以将箱的四周边界用绝对软边界近似，箱的上表面为自由表面，用绝对软边界近似，箱底安放在硬木板上，用绝对硬边界近似。

A. 混响箱内的简正波

设水箱的三个边长分别为 L_x、L_y 和 L_z，取直角坐标系，坐标原点在水箱底部的一个角上。水箱中声场速度势函数 φ 满足波动方程：

$$\nabla^2 \varphi + \kappa^2 \varphi = 0 \tag{7.2.16}$$

边界条件为 $\left. \dfrac{\partial \varphi}{\partial z} \right|_{z=0} = 0,\ \varphi|_{\Sigma} = 0$。

Σ 为水箱除 $z=0$ 底面外的其余五个表面，k 为波数。利用分离变量法很容易得到满足边界条件的简正波 (本征函数) 表达式：

$$\varphi_n = \sin \frac{n_x \pi}{L_x} x \sin \frac{n_y \pi}{L_y} y \cos \frac{(n_z - 1/2)\pi}{L_z} z, \quad n_x, n_y, n_z = 1, 2, 3, \cdots \tag{7.2.17}$$

相应的本征值为

$$k_n = \pi \left[\left(\frac{n_x}{L_x} \right)^2 + \left(\frac{n_y}{L_y} \right)^2 + \left(\frac{n_z - 1/2}{L_z} \right)^2 \right]^{\frac{1}{2}} \tag{7.2.18}$$

简正波的简正频率为

$$f_n = \frac{c_0}{2\pi} k_n = \frac{c_0}{2} \sqrt{\left(\frac{n_x}{L_x}\right)^2 + \left(\frac{n_y}{L_y}\right)^2 + \left(\frac{n_z - 1/2}{L_z}\right)^2} \qquad (7.2.19)$$

为了估计给定频带内的简正波数目，现利用简正波波数空间的概念来加以分析。取直角坐标系，如图 7.2.18 所示，三个坐标轴分别为 k_x、k_y 和 k_z，于是式 (7.2.18) 可改写为

$$k_n^2 = k_x^2 + k_y^2 + k_z^2 \qquad (7.2.20)$$

式中，$k_x^2 = \left(\dfrac{n_x \pi}{L_x}\right)^2$，$k_y^2 = \left(\dfrac{n_y \pi}{L_y}\right)^2$，$k_z^2 = \left(\dfrac{n_z - 1/2}{L_z}\pi\right)^2$。

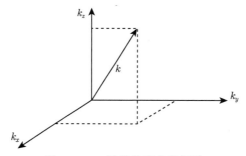

图 7.2.18　波数的直角坐标系

k_x、k_y 和 k_z 的最小增量分别为 $\dfrac{\pi}{L_x}$、$\dfrac{\pi}{L_y}$ 和 $\dfrac{\pi}{L_z}$。图 7.2.18 对应于简正波的波数空间，简正波的每一组特征值便对应于波数空间中的一点。方程 (7.2.20) 对应于波数空间中半径为 k_n 的球面。$k_n < k$ 的本征值所占的波数空间的体积为 $\dfrac{4\pi}{3} k^3$。由于负值不能提供新的本征值，故波数空间中只有第一象限部分有用，其体积为 $\dfrac{\pi}{6} k^3$。在波数空间中每个本征值点所占的空间体积为 $\Delta V = \dfrac{\pi^3}{L_x L_y L_z} = \dfrac{\pi^3}{V}$。由于水箱的五个表面为软边界，$n_x$、$n_y$ 和 n_z 不能取零值，故 $k_n < k$ 的本征值所占的体积应是 $\dfrac{\pi}{6} k^3$ 再减去 xz、yz 坐标面上本征值点所占的体积。修正后总体积为

$$V(k) = \frac{\pi}{6} k^3 - \frac{\pi^2 k^2 (L_z L_x + L_y L_z)}{8V} + \frac{\pi^2 k L_z}{4V} \qquad (7.2.21)$$

简正频率低于某频率 f 时的简正波总数为

$$N_f = \frac{V(k)}{\Delta V} = \frac{4}{3}\pi V \left(\frac{f}{c_0}\right)^3 - \frac{\pi}{2}(L_z L_x + L_y L_z)\left(\frac{f}{c_0}\right)^2 + \frac{L_z}{2}\frac{f}{c_0} \qquad (7.2.22)$$

频率为 f，单位带宽内简正波的数目为

$$\frac{\mathrm{d}N_f}{\mathrm{d}f} = \frac{4\pi V}{c_0}\left(\frac{f}{c_0}\right)^2 - \frac{\pi}{c_0}(L_z L_x + L_y L_z)\left(\frac{f}{c_0}\right) + \frac{L_z}{2c_0} \tag{7.2.23}$$

式中，c_0 为声音在水中的传播速度。

简正频率的密度大小或给定频带内简正波数目多少是判断水箱内是否产生混响的主要因素之一。

B. 混响箱内的点声源声场

水箱内点源声场的势函数满足边界条件式 (7.2.16) 及非齐次波动方程：

$$\nabla^2\varphi(\bar{r}) + k^2\varphi(\bar{r}) = -4\pi Q\delta(\bar{r} - \bar{r}_0) \tag{7.2.24}$$

$\bar{r}_0$ 为声源坐标，Q 为点源的容积速度。各简正波构成完备的正交函数系，满足正交关系：

$$\iiint\limits_V \varphi_n(\bar{r})\varphi'_n(r)\mathrm{d}V = V\Lambda_n\delta_{mn} \tag{7.2.25}$$

其中，

$$\Lambda_n = \frac{1}{V}\iiint\limits_V |\varphi_n(r)|^2\mathrm{d}V$$

$$= \frac{1}{V}\int_0^{L_x}\sin^2\left(\frac{n_x\pi}{L_x}x\right)\mathrm{d}x\int_0^{L_y}\sin^2\left(\frac{n_y\pi}{L_y}y\right)\mathrm{d}y\int_0^{L_z}\cos^2\left[\frac{(n_z - 1/2)\pi}{L_z}\right]\mathrm{d}z$$

$$= \frac{1}{8} \tag{7.2.26}$$

将势函数 $\varphi(\bar{r})$ 及 δ 函数按箱内声场的简正波展开，则有

$$\varphi(\bar{r}) = \sum_{n=1}^{\infty} C_n\varphi_n(\bar{r}) \tag{7.2.27}$$

$$\delta(\bar{r} - \bar{r}_0) = \sum_{n=1}^{\infty} \varphi_n(\bar{r}_0)\varphi_n(\bar{r})/(V\Lambda_n) \tag{7.2.28}$$

将式 (7.2.26)~(7.2.28) 代入式 (7.2.25) 并利用 $V^2\varphi_n = -k_n^2\varphi_n$，可得

$$C_n = -4\pi Q\frac{\varphi_n(\bar{r}_0)}{k^2 - k_n^2} \tag{7.2.29}$$

因此箱内的点声源声场的势函数为

$$\varphi(\bar{r}) = -4\pi Q \sum_{n=1}^{\infty} \frac{\varphi_n(\bar{r}_0)\varphi(\bar{r})}{(k^2 - k_n^2)V\Lambda_n} \qquad (7.2.30)$$

由速度势函数可求得点源声场的声压表达式:

$$P(\bar{r}) = -\mathrm{i}\rho\omega\varphi = \mathrm{i}4\pi Q \rho\omega \sum_{n=1}^{\infty} \frac{\varphi_n(\bar{r}_0)\varphi_n(\bar{r})}{(k^2 - k_n^2)V\Lambda_n} \qquad (7.2.31)$$

由式 (7.2.31) 可见,当 $k = k_n$ 时,级数中第 n 项为无限大,即在混响箱内发生共振。因混响箱的壁面与小室内介质对声压均存在一定的吸收,故其共振峰不再是无限大而是一个很窄的尖峰,共振峰的幅值和宽度取决于阻尼因子,并且由平均阻尼常数可算得简正波共振峰的平均半功率宽度为

$$\Delta f = \frac{\bar{\delta}}{\pi} \qquad (7.2.32)$$

式中,$\bar{\delta}$ 为水箱的平均阻尼常数。

声压的均方值为

$$|P(\bar{r})|^2 = (4\pi Q\rho\omega)^2 \left\{ \sum_{n=1}^{\infty} \frac{|\varphi_n(\bar{r})|^2 |\varphi_n(\bar{r}_0)|^2}{(k^2 - k_n^2)^2 V^2 \Lambda_n^2} + \sum_{\substack{n=1 \\ m \neq n}}^{\infty} \sum_{m=1}^{\infty} \frac{\varphi_n(\bar{r})\varphi_m^*(\bar{r})\varphi_n(\bar{r}_0)\varphi_m^*(\bar{r}_0)}{(k^2 - k_n^2)^2(k^2 - k_m^2)^* V^2 \Lambda_n^2} \right\} \qquad (7.2.33)$$

由式 (7.2.33) 可知,第一个级数为声源所激起的各阶简正波在观察点处的独立相加,第二个级数则为各阶简正波在观察点处的干涉相加。为了消除干涉项的影响,可利用简正波的正交性,对箱内声场的声压均方值取空间平均,得

$$P_R^2 = \frac{1}{V} \iiint\limits_V |P(\bar{r})|^2 \mathrm{d}V = (4\pi Q\rho\omega)^2 \sum_{n=1}^{\infty} \frac{|\varphi_n(\bar{r}_0)|^2}{K_n^2 V^2 \Lambda_n} \qquad (7.2.34)$$

由以上诸式可知,当海水管路系统中流噪声频率较低时,由于混响箱的低频吸收较弱,使得简正频率间的间隔远大于各阶简正波共振峰的宽度,当某一阶简正波发生共振时,其他阶简正波的贡献均可忽略;当流噪声的频率介于两简正频率之间时,各阶简正波的贡献也较小;因此,在较低频段上箱内声场的共振现象将比较明显,空间平均声压谱值会出现孤立的谱峰。

只有当流噪声频率很高时,简正频率的间隔才能远小于共振峰的宽度,在每一个共振峰的宽度内有许多简正波被激发,使各简正波的共振峰相互重叠,这时

可以说声压功率频谱的峰谷不是由于简正波的共振所产生的, 而是由于简正波间的干涉所造成的, 于是测得的空间平均声压功率谱便是一条起伏很小的连续曲线; 通过适当修正, 箱内平均声压功率谱接近被测噪声源在相应自由场条件下的辐射功率谱。

C. 混响声场的下限频率

水箱产生混响的下限频率决定于单位带宽内简正频率数目及简正波的共振峰的半功率宽度。混响声场的下限频率由下式确定:

$$\frac{\mathrm{d}N_{f_0}}{\mathrm{d}f_0}\Delta f_0 \geqslant 1 \tag{7.2.35}$$

式中, $\mathrm{d}N_{f_0}/\mathrm{d}f_0$ 为给定频率下单位带宽内简正波的数目, 由式 (7.2.32) 确定; Δf_0 为简正波共振峰的宽度, 由式 (7.2.32) 确定。

当测量信号的频率较高时, 箱内声场接近扩散声场, 可以用混响定律确定水箱的平均阻尼常数与平均吸收系数之间的关系。

混响时间是描述房间声学特性的重要参数之一, 其定义为在扩散场中, 当声源停止发射后, 箱内声压级由初值衰减 60dB 所需要的时间, 用 T_{60} 表示。混响时间的长短, 取决于房间对声能的损耗, 如介质的吸收、声波从壁上反射时的能量损失等。混响箱单位时间内声能的损耗越大, 则混响时间越短。反之, 单位时间内声能的损耗越小, 则混响时间越长。混响时间的获取, 一般有两种方法, 一种是从简正波的角度来研究房间声能的衰变过程与阻尼常数间的关系, 声压级的衰减率与平均阻尼常数的关系满足:

$$\frac{\mathrm{d}L_R}{\mathrm{d}t} = -8.69\bar{\delta} \tag{7.2.36}$$

由混响时间的定义可得

$$(L_R)_{t=0} - (L_R)_{t=T_{60}} = 8.69\bar{\delta}T_{60} = 60, \quad T_{60} = \frac{6.9}{\bar{\delta}} \tag{7.2.37}$$

另一种方法是从射线声学的角度来研究, 假设空间壁面的平均吸声系数为 $\bar{\alpha}$, 吸声面积为 S, 声源停止发射时刻 ($t = 0$ 时) 空间的平均声能密度为 $\bar{\varepsilon}_0$, 声波在传播过程中与壁面发生 N 次碰撞后空间的平均声能密度为 $\bar{\varepsilon}_0(1-\bar{\alpha})^N$。在扩散声场中声波单位时间内与壁面的平均碰撞次数为 $\frac{c_0 S}{4V}$。T 时刻空间的平均声能密度为

$$\bar{\varepsilon}_t = \bar{\varepsilon}_0(1-\bar{\alpha})^{\frac{c_0 S}{4V}t} \tag{7.2.38}$$

根据混响时间的定义，得

$$10\lg(1-\bar{\alpha})^{\frac{c_0 S}{4V}T_{60}} = -60, \quad T_{60} = \frac{55.2V}{-c_0 S\ln(1-\bar{\alpha})} \tag{7.2.39}$$

如果空间平均吸声系数 $\bar{\alpha} < 0.2$，则

$$T_{60} = \frac{55.2V}{c_0 S\bar{\alpha}} \tag{7.2.40}$$

由式 (7.2.36) 和 (7.2.39)，可得平均阻尼常数与平均吸收系数之间的简单关系：

$$\bar{\delta} = \frac{c_0 S\bar{\alpha}}{8V} \tag{7.2.41}$$

将式 (7.2.23)、(7.2.31) 和 (7.2.40) 代入确定混响声场的下限频率的式 (7.2.35)，得

$$\begin{aligned}
\frac{\mathrm{d}N_f}{\mathrm{d}f}\Delta f &= \left[\frac{4\pi V}{c_0}\left(\frac{f}{c_0}\right)^2 - \frac{\pi}{c_0}(L_z L_x + L_y L_z)\left(\frac{f}{c_0}\right) + \frac{L_z}{2c_0}\right]\frac{\bar{\delta}}{\pi} \\
&= \left[\frac{4\pi V}{c_0}\left(\frac{f}{c_0}\right)^2 - \frac{\pi}{c_0}(L_z L_x + L_y L_z)\left(\frac{f}{c_0}\right) + \frac{L_z}{2c_0}\right]\frac{c_0 S\bar{\alpha}}{8\pi V} \geqslant 1 \quad (7.2.42)
\end{aligned}$$

对于尺寸较小的水箱，在满足式 (7.2.41) 时，可知

$$\frac{4\pi V}{c_0}\left(\frac{f}{c_0}\right)^2 \gg \frac{\pi}{c_0}(L_z L_x + L_y L_z)\left(\frac{f}{c_0}\right) - \frac{L_z}{2c_0} \tag{7.2.43}$$

于是式 (7.2.41) 可以近似为

$$f^2 \geqslant \frac{2c_0^2}{S\bar{\alpha}} \tag{7.2.44}$$

从上式可以看出，当水箱较小时，水箱产生混响的下限频率与水箱的吸声面积及吸声系数成反比。

D. 流噪声测量实验

流噪声实验测量台架主要由水源、水泵、阀门、管路系统、替换段、测量系统和测量小室等部分组成。根据泵的负荷选择减振器对泵进行隔振处理，实验中通过闸阀对系统的流量进行调节。所有的管道都用支架来支撑，此支架具有升降的功能，可以根据支撑高度进行调节，同时为减小管道振动通过支架向基础传递，在支架与管壁接触的部分垫有橡胶隔振；管道系统选用不锈钢管，根据管路中安装的需要设计不同长度的管段，管段两端有法兰。测试分析系统框图如图 7.2.19 所示。

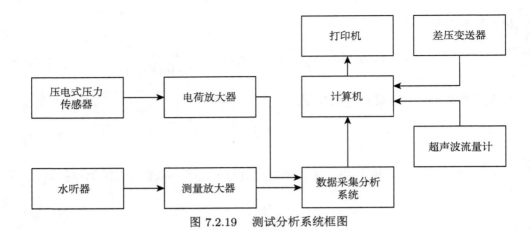

图 7.2.19　测试分析系统框图

2) 测量小室法

A. 测量小室的数学模型

假设管路中的水为理想、连续静态均匀的流体介质，声波为小振幅，并且管内流动的马赫数较小，其波动方程可为

$$\Delta^2 p = \frac{1}{c_0^2}\frac{\partial^2 p}{\partial t^2} \tag{7.2.45}$$

现令解 $p = p_a(x,y,z)\mathrm{e}^{\mathrm{j}\omega t}$，代入方程 (7.2.45)，可得

$$\Delta^2 p_a + k^2 p_a = 0 \tag{7.2.46}$$

式中，$k = \dfrac{\omega}{c_0} = \dfrac{2\pi f}{c_0}$ 为简正波的波数，p_a 为声压幅值。

考虑到主要是分析测量小室的声场特性，所以对测量小室的声传播用二维平面波动方程来描述。于是将方程 (7.2.46) 写成下式：

$$\frac{\partial^2 P_a}{\partial x^2} + \frac{\partial^2 P_a}{\partial y^2} + k^2 p_a = 0 \tag{7.2.47}$$

边界条件的确定：根据一维声传播的运动方程、连续方程及液体状态方程，得

$$\frac{\mathrm{d}v(x,t)}{\mathrm{d}t} + \frac{1}{\rho_0}\frac{\partial p(x,t)}{\partial x} = 0$$

$$\frac{1}{\rho_0}\frac{\mathrm{d}p(x,t)}{\mathrm{d}t} + c_0^2\frac{\partial v(x,t)}{\partial x} = 0 \tag{7.2.48}$$

由式 (7.2.48) 可得

$$-\frac{\partial p}{\partial x} = \mathrm{i}\omega\rho_0 v \tag{7.2.49}$$

由于测量管用的有机玻璃和水的声阻抗比较接近,在低频时传递损失较小,故在数值计算中,可将有机玻璃管也作为水来近似处理。从噪声源出发在管路中传播的声波,进入测量小室内的压力波现称为入射波,用 p_i 表示,其脉动速度用 v_i 表示;被测量小室反射回来的压力波现称为反射波,用 p_r 表示,其脉动速度用 v_r 表示;入射波与反射波在管道中叠加后所形成的合成波,其在测量小室内的声压用 p 表示。令测量小室入口端的声压值 $p_i = 1$,考虑到:入口端 $p_1 = p_i + p_r$,$v_1 = v_i + v_r$;出口端无反射波时 $p_2 = p_t$,$v_2 = v_t$;又 $v_i = p_i/(\rho_0 c_0)$,$v_r = -p_r/(\rho_0 c_0)$,$v_t = p_t/(\rho_0 c_0)$;得出 $v_1 = (2 - p_1)/(\rho_0 c_0)$,$v_2 = p_2/(\rho_0 c_0)$。于是根据式 (7.2.49),得测量小室的入口端边界条件 $\frac{\partial p}{\partial n} = \frac{\mathrm{i}4\pi f}{c_0} - \frac{\mathrm{i}2\pi f}{c_0}p$;出口端边界条件 $\frac{\partial p}{\partial n} = -\frac{\mathrm{i}2\pi f}{c_0}p$;测量小室的边界为绝对软边界,即 $p = 0$;水管壁为刚性壁,即 $v = \frac{1}{\mathrm{i}\omega\rho_0}\frac{\partial p}{\partial n} = 0$。

B. 测量小室内流噪声的测量试验

试验时,采用齐平面式安装方式将压电式压力传感器安装在替换管段的下游,用以测量管内流体脉动压力;在替换管的下游,将水听器放置于测量小室中的固定测点上,测量从有机玻璃管内透入测量小室的流噪声。对用水听器测得的声压值,及压力传感器测得的脉动压力值进行自谱处理,水介质声压级的基准声压为 $1\mu Pa$。同时根据压电式压力传感器所测的脉动压力幅值谱与水听器所测的声压幅值谱,得出它们之间的传递函数:

$$H(f) = 20\lg\left[\frac{P_水(f)}{P_压(f)}\right] \tag{7.2.50}$$

式中,$P_水(f)$ 为水听器所测的声压幅值谱,$P_压(f)$ 为压力传感器所测的脉动压力幅值谱,$H(f)$ 为水听器与压力传感器所测的压力幅值之间的传递函数。

7.3 减振元件阻尼测量与评估

7.3.1 概述

舰船机械设备的壳体、用金属板制成的机罩,以及船上的众多管路等金属结构,常会因为振动的传导发生剧烈的振动,辐射出较强的噪声。金属结构的振动往往存在着一系列的共振峰,相应地,其辐射的噪声也具有与结构振动一样的频率结构,即噪声谱也有一系列的峰值,每个峰值频率对应于一个结构共振频率,这种结构振动辐射的噪声称为结构噪声。结构噪声的大小与结构、材料的阻尼特性密切相关，在同样外界激励的情况下，材料的阻尼越大，其结构振动越弱，辐射的噪声也越低。由于阻尼对系统的振动响应有重要影响，因此适当增加减振元件的阻尼是提高元件隔振性能的一种重要手段 [20]。在抑制振动的过程中，阻尼的主要作用是：衰减沿结构传递的振动能量，减小共振频率附近的振动响应，以及降低结构自由振动或由冲击引起的振幅 [21,22]。

7.3.2　阻尼材料的能量损耗与评估指标

阻尼材料具有储能和耗能两种特性，其弹性模量可用复模量表示，即

$$E^* = E' + iE'' \tag{7.3.1}$$

它不像金属材料那样是确定的值，而是随频率的变化而变化，其应力–应变的关系为

$$\sigma = (E' + iE'')\varepsilon \tag{7.3.2}$$

如果应变 $\varepsilon = \varepsilon_0 \sin \omega t$ 为简谐运动，则有

$$\frac{\mathrm{d}\varepsilon}{\mathrm{d}t} = \varepsilon_0 \omega \cos \omega t \tag{7.3.3}$$

式中，ε_0 为最大拉伸应变。

又设材料的损耗因子为 β，由相位法有

$$\beta = \tan \varphi = \frac{E''}{E'} \tag{7.3.4}$$

试样材料在振动一周中单位体积内所损耗的能量为

$$D = \oint \sigma \mathrm{d}\varepsilon = \int_0^{\frac{2\pi}{\omega}} \sigma \frac{\mathrm{d}\varepsilon}{\mathrm{d}t} \mathrm{d}t = \pi \beta E' \varepsilon_0^2 \tag{7.3.5}$$

同理，在纯剪切振动一周中单位体积内所损耗的能量为

$$D = \pi \beta G' \gamma_0^2 \tag{7.3.6}$$

式中，γ_0 为最大剪切应变幅值，G' 为剪切模量实部。

由式 (7.3.5) 和式 (7.3.6) 可知，要使振动能量耗散达到最大值，则必须使 $E'\beta$ 或 $G'\beta$ 的乘积达到最大，阻尼材料的实模量 E'(或 G') 和阻尼损耗因子 β 是评价阻尼材料耗散特性的主要指标，这两项指标的数值可以通过测量获得。

7.3.3 金属阻尼材料阻尼性能测试方法

1. 扭摆法

扭摆法分为自由衰减扭摆法和强迫振动扭摆法。自由衰减扭摆法适用于测量阻尼本领 D_t 值不大于 0.01 的材料，如果 D_t 值大于 0.01 则应采用强迫振动扭摆法进行测量。

1) 自由衰减扭摆法

试样进行自由衰减振动的过程中，其振动振幅将逐渐衰减，如图 7.3.1 所示，试样阻尼本领与相邻两振幅间有如下关系：

$$D_t = \frac{1}{\pi} \ln \frac{A_n}{A_{n+1}} \tag{7.3.7}$$

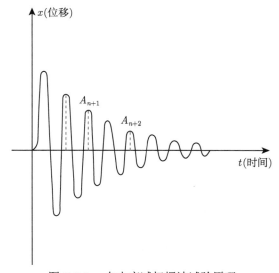

图 7.3.1 自由衰减扭摆法试验原理

试验装置见图 7.3.2，试样紧固于上夹头与下夹头之间。测量时，对惯性臂施加一个纯扭转力矩使之达到一定的扭转角。撤去扭转力矩后，样品随着摆杆扭转振动。摆杆的振动可通过小镜将光源射来的光线反射到传感器上，也可用其他传感器直接接受振动信号，由振幅、频率测量装置记录振动的振幅及频率值。

为保证试样做纯扭转运动，扭摆试验装置应避免外加机械振动干扰。两摆锤重量相等，惯性臂与摆杆的垂直偏差不大于 1°。下夹头垂直固定在试样台基座上。悬挂系统应竖直，使上夹头与下夹头的偏心度不大于 1mm。传感器的线性度优于 1%。振幅测量装置最小分辨刻度为满刻度的 1%。频率测量有效位数不得低于 3

位。配重码的质量应比整个摆杆部分的质量大 10~20g。用柔细的悬丝，滑轮与轴间的摩擦力尽可能小。

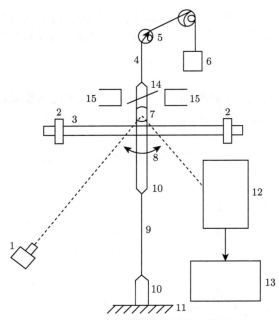

图 7.3.2　　扭摆法试验装置示意图

1. 光源；2. 摆锤；3. 惯性壁；4. 悬丝；5. 滑轮；6. 配重码；7. 小镜；8. 摆杆；9. 试样；10. 上、下夹头；
11. 基座；12. 传感器；13. 振幅、频率和相位测量装置；14. 磁针；15. 激发装置

试样应材质均匀，无宏观缺陷，并符合下列规定：

(1) 矩形条状试样，长度 50.0~100.0mm，宽度 (2.0~4.0)mm±0.1mm，厚度 (0.5~1.5)mm±0.1mm，平行度 0.02mm，表面粗糙度 $Ra < 6.3\mu m$；

(2) 圆棒试样，长度 50.0~100.0mm，直径 (0.5~2.0)mm±0.1mm，同轴度 0.02mm，表面粗糙度 $Ra < 6.3\mu m$。

测试过程中，将试样紧固于上夹头与下夹头之间，整个摆动部分与其他物品无接触。对称调节摆锤距离 (或重量)，选择振动频率。测量上、下夹头间试样的有效长度。通过激发装置，对惯性臂施加一个纯扭转力矩，使试样产生的最大应变振幅不大于 1×10^{-4}。试样最大应变振幅 (切应变)$\gamma_{\max}$ 与试样有效长度 L、试样的摆锤距离 r、扭转角 ϕ 有如下关系：

$$\gamma_{\max} = \frac{r}{L} \times \phi \tag{7.3.8}$$

释放外加力矩，使扭摆产生自由扭转振动，由振幅、频率测量装置测出振幅变化及振动频率。至少取 3 个试样，对同一试样，至少应测量 3 次取平均值。

测量第 n 次振幅 A_n 和 $n+k$ 次振幅 A_{n+k},按下式计算阻尼本领:

$$D_t = \frac{1}{\pi k} \ln \frac{A_n}{A_{n+k}} \qquad (7.3.9)$$

式中,振幅比 A_n/A_{n+k} 取在不大于 3 的范围内。在使用式 (7.3.9) 时,应检查自由衰减过程中不同振动周次振幅比值的对数与阻尼本领关系的非线性问题,有明显非线性时,不能使用式 (7.3.9) 计算阻尼本领,应使用式 (7.3.7)。

2) 强迫振动扭摆法

当用一个正弦信号 (见式 (7.3.10)) 激发振动系统时,振动系统将产生相同频率或周期的正弦振动 (见式 (7.3.11)),应变将落后于应力 (见图 7.3.3)。试样的阻尼本领为应变落后于应力的相位差 δ 的正切值,见式 (7.3.12)。

$$\sigma = \sigma_0 \sin 2\pi f t \qquad (7.3.10)$$

$$\varepsilon = \varepsilon_0 \sin(2\pi f t - \delta) \qquad (7.3.11)$$

$$D_t = \tan \delta \qquad (7.3.12)$$

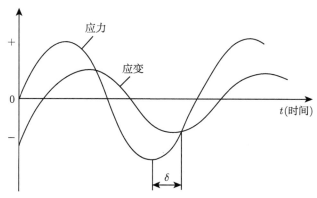

图 7.3.3　强迫振动扭摆法试验原理

试验装置见图 7.3.2。为了提高振动系统的共振频率,应去掉摆锤和惯性臂。试样紧固于上夹头与下夹头之间。测量时,试样随着摆杆作正弦振动,摆杆的振动可通过小镜将光源射来的光线反射到传感器上,比较激发信号和传感器接收信号正弦波的相位可以得到应变落后于应力的相位差 δ。

测试过程中,将试样紧固于上夹头与下夹头之间,整个摆动部分与其他物品无接触。测量上下夹头间试样的有效长度。确定激发频率,要求激发频率比系统的共振频率小一个数量级,以避免振动系统的影响。确定应变振幅,使试样产生的最大应变振幅不大于 1×10^{-4}。试样的最大应变振幅可由式 (7.3.8) 计算得到。用相位测量装置测出相位差 δ。将测得的相位差 δ 代入式 (7.3.12)，求得阻尼本领 D_t。

2. 弯曲振动法

弯曲振动法分为弯曲共振法和弯曲自由衰减法。弯曲共振法适用于测量阻尼本领 D_b 值不小于 1×10^{-5} 的材料，当 D_b 值小于 1×10^{-5} 时应采用弯曲自由衰减法进行测量。

1) 弯曲共振法

当试样在两端自由的条件下作强迫弯曲振动时，其阻尼本领与振幅为共振振幅一半处的频率差值 Δf 和共振频率 f_r 有如下关系 (见图 7.3.4)：

$$D_b = \frac{|\Delta f|}{\sqrt{3} f_r} \tag{7.3.13}$$

$$D_b = T_r \frac{|\Delta T|}{\sqrt{3} T_2 T_1} \tag{7.3.14}$$

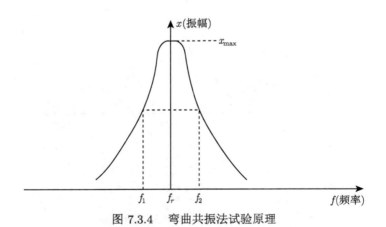

图 7.3.4　弯曲共振法试验原理

试验装置见图 7.3.5，采用悬挂弯曲振动法。

信号发生器产生一个音频正弦电信号，通过换能器 1 转换成交变的机械力激发试样振动。换能器 2 把试样的机械振动再还原成电信号，经放大器放大后，在指示仪表 6 上显示出来。

改变信号发生器输出信号的频率，当它与试样的共振频率一致时，在指示仪表 6 上观察到接收信号的极大值 (共振振幅)，用频率计测定此时的频率，即试样的共振频率 f_r。

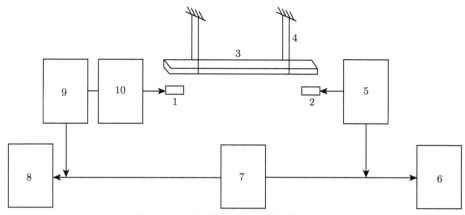

图 7.3.5 弯曲共振法试验装置示意图

1. 换能器 1；2. 换能器 2；3. 试样；4. 悬丝；5. 放大器；6. 指示仪表；7. 示波器；8. 频率计；
9. 信号发生器；10. 指示仪表

保持指示仪表 10 读数恒定，在共振频率附近提高和降低信号发生器的输出信号频率，当指示仪表 6 显示信号幅度为极大值的一半时，测定与之相应的频率，即共振振幅一半处的两个频率 f_1 和 f_2。

可将信号发生器输出的激发信号和放大后的接收信号输入示波器，示波器显示李萨如 (Lissajou) 图形，用以辅助观察和判断试样的共振状态。

试验装置应避免外加机械振动的干扰。信号发生器用以产生音频正弦信号，频率范围 20Hz~20kHz，频率稳定度不低于 $1\times10^{-3}\text{h}^{-1}$，振幅稳定度不低于 1%。频率计应具有测量信号周期功能，晶体振荡器的频率稳定度不低于 $5\times10^{-7}\text{d}^{-1}$，显示位数不少于 7 位。换能器用以激发和接收试样的机械振动，做电能-机械能的转换。换能器的线性度优于 1%。放大器用以放大接收到的振动信号。放大器的线性度优于 1%。指示仪表 10 用以指示驱动信号幅度；指示仪表 6 用以指示放大后的振动信号幅度，指示仪表选择应能达到 1 级精度或与之相当精度的数字化设备。示波器用以观察和判断试样的共振情况。

试样应材质均匀，无宏观缺陷，并应符合下列规定：

(1) 矩形条状试样，长度 60.0~200.0mm，宽度 (4.0~5.0)mm±0.1mm，厚度 (0.5~3.0)mm±0.1mm，平行度 0.02mm，表面粗糙度 $Ra < 1.6\mu\text{m}$；

(2) 圆棒试样，长度 60.0~200.0mm，直径 (3.0~6.0)mm±0.1mm，同轴度 0.02mm，表面粗糙度 $Ra < 1.60\mu\text{m}$。

试验中用游标卡尺测出试样的长度。将悬丝分别悬挂在距试样两端点的 0.224 倍长度处，偏差不大于 0.5mm。用柔细的悬丝，长度为 20~30mm，悬挂试样。试样除悬丝外不要和装置的其他部分接触，要求悬丝与试样的轴向垂直，试样保持横向水平。为提高频率测量精度，采用测量信号周期的方法，按扭摆法测量出共振频率 f_r、共振振幅一半处的频率 f_1 和 f_2，以及相应的周期值 T_r、T_1、T_2。至少取 3 个试样，对同一试样，至少应测量 3 次取平均值。

将测得的 T_r、T_1、T_2 值代入式 (7.3.14)，求得阻尼本领 D_b。

2) 弯曲自由衰减法

实验原理同自由衰减扭摆法，公式如式 (7.3.15) 所示。试验装置同图 7.3.5，采用悬挂弯曲振动法。信号发生器产生一个音频正弦电信号，通过换能器 1 转换成交变的机械力激发试样振动。换能器 2 把试样的机械振动再还原成电信号，经放大器放大后，在指示仪表 6 上显示出来。

$$D_b = \frac{1}{\pi} \ln \frac{A_n}{A_{n+1}} \tag{7.3.15}$$

改变信号发生器输出信号的频率，当它与试样的共振频率一致时，在指示仪表 6 上观察到接收信号的极大值 (共振振幅)，在试样达到稳定的共振状态后，切断激发信号，根据弯曲共振法测量实验步骤，测量出从振幅 A_n 衰减到 A_{n+k} 的振动次数 k。

将测得的振动次数 k 及振幅比 A_n/A_{n+k} 代入式 (7.3.16)，求得阻尼本领 D_b。

$$D_b = \frac{1}{\pi k} \ln \frac{A_n}{A_{n+k}} \tag{7.3.16}$$

7.3.4　声学材料阻尼性能的弯曲共振测试方法

针对均匀和分层均匀的声学材料，其阻尼性能测量结果可为声学结构设计和噪声振动控制设计提供依据，也可用于评价各种复合结构试样的振动阻尼效果。

采用矩形条状试样，测量原理框图见图 7.3.6。测试方法分为两种，图 7.3.6(a) 的方法是将试样垂直安装，上端刚性夹定，下端自由，简称悬臂梁方法；图 7.3.6(b) 的方法是将试样水平安装，用两条细线在试样振动节点位置上悬挂，简称自由梁方法。悬臂梁法适用于大多数类型的材料，包括较软的材料。自由梁法适用于测试刚硬挺直的试样，对于较软的材料，应贴在金属板上做成复合试样进行测试。

测试系统仪器由激励和检测两部分组成。由信号发生器激励电磁换能器对试样施加简谐激励力。由检测换能器检测试样的振动信号，经放大送入记录与指示仪器。保持恒定的激励力，连续改变频率，测出试样的速度弯曲共振曲线。根据弯曲共振频率和共振峰宽度，即可计算出储能弯曲模量和损耗因数。

GB/T 16406—1996 规定，共振峰宽度是指在共振频率两边，振幅为共振振幅的 0.707 倍 (即下降 3dB) 处的频率差。由于能量与振幅的平方成正比，所以共振峰宽度也常称为半功率带宽或 $-3dB$ 带宽。

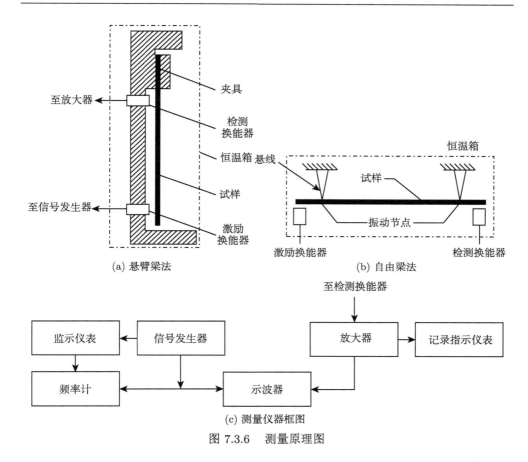

(a) 悬臂梁法

(b) 自由梁法

(c) 测量仪器框图

图 7.3.6 测量原理图

试样的物理特性应该均匀,可参照 GB 9870—1988 的要求进行,如该材料另有标准规定,可按相应标准的要求制样。

复合试样应是厚度方向上的复合,通常由金属层和阻尼层构成的复合试样,建议做成不同厚度比进行试验。在使用黏合剂时,黏合剂固化后的模量应高于阻尼材料的模量,黏合层厚度应不大于 0.05mm。

在对比不同试验材料,评价其阻尼效果时,应优先采用阻尼材料 (包括自由阻尼、约束阻尼) 和金属底层的质量比为 1:5 的复合方式。在不计重量因素时,可以用厚度比为 2:1 的复合形式,制样工艺应按该产品实际应用时的技术要求进行。

对于非磁性试样,可在试样两端各粘一片铁磁性薄片,其附加质量应小于试样质量的 1%,为了避免引入附加劲度,粘贴位置与端点的距离应不超过试样长度的 2%。

试样的长度与需要测量的频率高低有关,试样的厚度要选择适当,以保证挺直,具有一定的弯曲劲度为宜。一般情况下,试样的长度与厚度的比应不小于 50,

试样的宽度应小于半波长。试样尺寸在实验室温度下测量, 不考虑热胀冷缩的影响。根据以上原则, 试样尺寸可在以下范围选择, 长度 150~300mm; 宽度 10~20mm; 厚度 1~3mm。

对于均匀性好的材料, 为了统一比较, 推荐试样尺寸为: 悬臂梁试样自由长度 180mm, 宽度 10mm; 自由梁试样长度 150mm, 宽度 10mm。

用复合试样方式测量时, 金属基板可选用钢板或铝板, 推荐使用 1mm 厚的冷轧钢板条。悬臂梁方式的复合试样, 应该保留 20~25mm 的根部没有待测材料, 以便夹紧。也可加工成加厚的金属根部, 根部厚度应不小于复合层的厚度。试验过程中, 按照 GB 4472—2011 的规定测量材料密度, 密度测量准确度不低于 0.5%。

悬臂梁方式: 用悬臂梁测量支架的夹具夹紧试样后, 测量试样的自由长度, 准确度应不低于 0.5%。

自由梁方式:

(1) 测量试样长度, 准确度应不低于 0.2%。

(2) 画节点位置标记线。可按下列公式计算各阶节点到试样末端的距离 L_i。

$$L_i/l = 0.224 \quad (i = 1) \tag{7.3.17}$$

$$L_i/l = 0.660/(2i + 1) \quad (i > 1) \tag{7.3.18}$$

式中, l 为试样长度, mm; i 为共振阶数。

(3) 悬挂试样, 应水平悬挂在对应阶数的节点位置上。

调节换能器到试样的距离应足够远, 使静态磁吸引力不影响测试结果。一般情况下, 在测量一阶振动时, 推荐距离大于 3mm, 测量高阶振动时, 间距可减小到 1mm。

按试验目的要求调节恒温箱内的温度, 一般情况下, 应该从低到高按升温序列测量。推荐升温速率为 1~2℃/min, 温度增量为 10℃。在转变区域, 温度增量可减小为 2~5℃。在每个温度点上, 应保温 10min 后才能测量。

调节信号发生器和测量放大器, 测出试样共振频率和共振峰宽度位置。

设定信号发生器扫频范围, 用记录仪记录共振曲线。测量记录共振曲线时, 共振频率测量准确度应不低于 100, 共振峰宽度的测量分辨率至少应达到共振峰宽度的 1%。

应用悬臂梁测试方式时, 通常采用二至四阶振动方式进行测试。应用自由梁测试方式时, 通常采用前三阶振动方式进行测试。应用复合试样进行振动阻尼效果评价时, 在试样结构相同的情况下, 悬臂梁二阶振动方式和自由梁一阶振动方式的测试结果等效。

在测试过程中, 如发现异常现象 (例如共振曲线不对称), 除检查节点位置及换能器安装位置是否合适外, 可进一步进行非线性检验。

用复合试样方式测量阻尼材料的复弯曲模量，应分两步进行：

(1) 测量金属基板的共振频率和储能弯曲模量 (因为金属梁的损耗因数约为 0.001 或更低一些，计算时假设为零)；

(2) 制成复合试样后再测共振频率和共振峰宽度。

由二次测量的数据，即可计算出阻尼材料的复数弯曲模量。

为避免转动惯量和剪切形变的影响，复合试样的厚度比应不大于 4，并满足下式要求：

$$(f_{ci}/f_{oi})^2(1 + DT) \geqslant 1.1 \tag{7.3.19}$$

式中，f_{ci} 为复合试样第 i 阶共振频率，f_{oi} 为金属基板第 i 阶共振频率，D 为阻尼材料密度和金属材料密度比，T 为阻尼层厚度和金属层厚度之比。

这种方式适合于测量模量较高的阻尼材料，即在玻璃态和玻璃态至橡胶态的转变区中。

对于阻尼很小的材料，共振峰宽度非常小，可改用衰减法测量。在试样共振时，断开激励信号，试样进入自由衰减振动状态，测量振动随时间衰减的波形，由对数减缩率 Λ 计算损耗因数 $\tan \delta_f$。

$$\Lambda = \ln(X_q/X_{q+1}) \tag{7.3.20}$$

$$\tan \delta_f = \Lambda/\pi \tag{7.3.21}$$

式中，X_q 和 X_{q+1} 是振动速度或振动位移在同一方向上相邻的两个振幅值，为了提高测量准确度，可测量第 q 次振幅和 $q+k$ 次振幅，然后按下式计算：

$$\tan \delta_f = \frac{1}{\pi k} \ln(X_q/X_{q+k}) \tag{7.3.22}$$

式中，振幅比 X_q/X_{q+k} 取值不大于 3。

均匀试样的弯曲模量和损耗因数由下列公式计算：

$$E'_f = [4\pi(3\rho)^{1/2}l^2/h]^2(f_i/k_i^2)^2 \tag{7.3.23}$$

$$\tan \delta_f = \Delta f_i/f_i \tag{7.3.24}$$

$$E''_f = E'_f \tan \delta_f \tag{7.3.25}$$

式中，E'_f 为储能弯曲模量；E''_f 为损耗弯曲模量；$\tan \delta_f$ 为弯曲损耗因数；ρ 为试样材料密度；当应用自由梁方式时，l 为试样长度；当应用悬臂梁方式时，l 则为试样自由长度；h 为试样厚度；i 为共振阶数；f_i 为第 i 阶共振频率；Δf_i 为第 i 阶共振峰宽度；k_i^2 为第 i 阶共振时的数值计算因子，由下列各式确定。

对于悬臂梁方式:

$$k_i^2 = 3.52 \quad (i = 1) \tag{7.3.26}$$

$$k_i^2 = 22.0 \quad (i = 2) \tag{7.3.27}$$

$$k_i^2 = (i - 0.5)^2 \pi^2 \quad (i > 2) \tag{7.3.28}$$

对于自由梁方式:

$$k_i^2 = 22.4 \quad (i = 1) \tag{7.3.29}$$

$$k_i^2 = 61.7 \quad (i = 2) \tag{7.3.30}$$

$$k_i^2 = (i + 0.5)^2 \pi^2 \quad (i > 2) \tag{7.3.31}$$

对于复合试样,将阻尼材料粘贴在金属板的一面,是工程上常用的自由阻尼结构形式,复合试样的损耗因数和阻尼材料的复弯曲模量由下列公式计算:

$$\eta_c = \frac{\Delta f_{ci}}{f_{ci}} \tag{7.3.32}$$

$$E_f' = E_{f0}'' \frac{(u - v) + \sqrt{(u - v)^2 - 4T^2(1 - u)}}{2T^3} \tag{7.3.33}$$

$$\tan \delta_f = \eta_c \frac{1 + MT}{MT} \times \frac{1 + 4MT + 6MT^2 + 4MT^3 + M^2T^4}{3 + 6T + 4T^2 + 2MT^3 + M^2T^4} \tag{7.3.34}$$

$$u = (1 + DT)(f_{ci}/f_i)^2 \tag{7.3.35}$$

$$v = 4 + 6T + 4T^2 \tag{7.3.36}$$

$$M = E_f'/E_{f0}'' \tag{7.3.37}$$

$$D = \rho/\rho_0 \tag{7.3.38}$$

$$T = h/h_0 \tag{7.3.39}$$

式中,η_c 为复合试样损耗因数,f_{ci} 为复合试样第 i 阶共振频率,Δf_{ci} 为复合试样第 i 阶共振峰宽度,f_i 为金属基板第 i 阶共振峰宽度,E_f' 为阻尼材料的储能弯曲模量,E_{f0}'' 为金属基板的储能弯曲模量,$\tan \delta_f$ 为阻尼材料的损耗因数,D 为密度比,T 为厚度比,ρ 为阻尼材料的密度,ρ_0 为金属材料的密度,h 为阻尼层厚度,h_0 为金属板厚度。

7.3.5　影响阻尼材料性能的因素

阻尼材料的阻尼特性随环境因素而变化,这一点对于设计阻尼结构来控制振动和噪声是十分重要的。

1. 温度的影响

温度是影响阻尼材料特性的一个重要因素，用作阻尼材料的高聚物的损耗因子与温度密切相关。根本原因是它们的微观结构随温度而改变。在低温状态高聚物是非晶固体，称为玻璃态，其弹性模量较高，损耗因子较低。在高温状态下高聚物实际上是一种液体，处于过渡区弹性模量较低，损耗因子也较低。在高温和低温之间，高聚物兼有弹性体和液体的特性，处于橡胶态区，其损耗因子特别高，如图 7.3.7 所示。

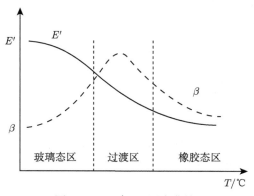

图 7.3.7 E'、β 温度曲线

2. 频率的影响

振动试验结果表明，大多数晶体材料，如金属和混凝土等，损耗因子与振动频率无明显关系。像橡胶和塑料等高聚物，其阻尼特性随频率的变化而变化。频率变化对阻尼材料特性的影响如图 7.3.8 所示，从图中可以看到，在某一温度下，

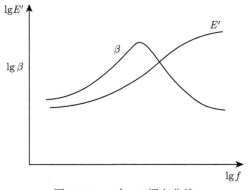

图 7.3.8 E'、β 频率曲线

实模量 E' 随频率的增加始终呈增加趋势，而损耗因子在一定频率下有最大值。定性地从 E' 曲线的形状来看，它正好与阻尼材料的温度特性相反。也就是说阻尼材料的低温特性对应于高频特性，而高温特性对应于低频特性。这是黏弹性材料最重要的一个特性，尤其在表征黏弹材料性能上更为重要。

3. 其他环境因素的影响

动态应变、静态预载对阻尼材料高弹区的动态特性也具有重要影响。当动态应变增加时，弹性模量实部减小而阻尼损耗因子增加；而当静态预载增加时，弹性模量实部增加而阻尼损耗因子下降。

此外，老化、高温、真空和压力等对阻尼材料性能的影响也很大，所以对于每种材料，都要考虑其可能应用的场合，并通过试验确定这些因素的影响。

7.4　减振元件隔声性能测量与评估

7.4.1　概述

在噪声传播途径中，采用密实材料制成的构件加以阻挡，是常见而且有效的一种控制措施。例如，厚度只有 1mm 的钢板，在 $500\sim1000\text{Hz}$ 的中频范围内，可以使噪声降低 30dB 左右。这种控制噪声的措施叫做隔声措施。它并不直接吸收噪声，而只是隔离噪声，使待控制区域所受的噪声干扰减弱。

在隔声问题中，按照声源激发性质和传播途径的不同，通常把噪声区分为空气声和结构声 (或固体声)。

声源直接激发空气辐射的声波叫做空气声。它主要借助空气介质传播。声源向周围空气媒质辐射的空气声，在传播途径中也可以经过墙壁、楼板等固体构件，最后仍以空气声的形式传播到待控制的区域，这种间接传播的声波仍属空气声。

声源的振动或撞击直接激发固体构件振动，并以弹性波的形式在固体构件中传播出去。这种声波叫做结构声或固体声。结构声主要借助固体构件传播。例如，撞击墙壁或楼板等固体构件辐射的声波，风机振动激发产生沿管道管壁传播的声波等都属于结构声。结构声在传播过程中同时也向周围空气介质辐射空气声，由此可知，空气声与结构声是相互紧密联系的，只是两者所侧重的方面有所不同，辨明两种传声中哪一种是主要的，将有助于我们有效地采取隔声措施。对于空气声与结构声通常应针对它们的特点采取不同的隔离措施，不能相互代管。对于空气声隔离性能良好的构件，对于结构声的隔离性能并不一定也良好。反之亦然。

7.4.2　壳体的隔声性能理论分析

在噪声控制工程中，实际上经常遇到非平面的隔声构件，例如，管道系统的管壁，机械噪声的隔离罩壳等，它们应该近似看成是一维或二维弯曲的壳体结构。

由于它们的形状特殊，与平面墙相比较，其隔声规律有所不同，并且很难做出较精确的理论分析或实验测试，下面从实用观点出发，对壳体结构的隔声性能进行概括的讨论。

1. 壳体隔声结构的特殊性

壳体是二维的面结构，与平面结构相比较，壳体表面呈弯曲 (或扭曲)，壳体与平面相交时，如果沿壳体表面某些方向上交线为直线，而其垂直方向上为曲线，那么这种表面叫做一维弯曲面，例如圆柱面或圆锥面就是这种曲面。如果壳体与平面的交线沿任何互相垂直的方向上都是曲线，那么这种表面就叫做二维弯曲面，例如球面就是这种曲面。在声波作用下，壳体表面的振动方式不同于平面墙板的振动方式，因此对于平面墙板适用的结论，对于壳体结构不能随便加以套用。

在"无限大"平面墙板隔声问题中，声源室与接受室都可近似看成是半无限空间，室内声场可近似假定是完全扩散的混响声场。对于壳体隔声结构，它所围成的空间中在与壳体表面垂直方向上几何尺寸一般不会很大，空间驻波现象很显著，因此很难再假定入射声是各方向机会均等的混响声。也就是说，关于混响声入射的分析处理方法及其所得结论，对于壳体结构是否仍能近似适用是值得商榷的。例如，关于隔声罩的隔声效果，假使盲目套用前述墙板隔声量公式进行计算，往往会得出与实际情况不符的结果。

由于上述原因，实际对壳体结构的隔声效果进行测试时，也会遇到上述技术困难。壳体隔声结构内外的声压级差是比较容易直接测量的，但它并不代表结构的隔声量。由于壳体内部声场往往并不是近似完全扩散的，由测得的声压级值并不足以确定入射声的声强级，因此难以求出相应的隔声量。在确定测点处测出装置壳体隔声结构前后的声压级之差，作为隔声结构的插入损失用来衡量它的隔声效果，这在实践上是简便易行的。不过，由于壳体隔声结构的内部空间一般相当小，壳体与噪声源的耦合作用相当强，与未装设壳体时的情况相比较，壳体内部的声场通常产生了明显的变化，甚至噪声源本身辐射的声功率也会有明显的改变。例如，对于机械噪声装置设计不当的隔声罩，有时反而会向周围辐射更多的噪声，使隔声罩的插入损失成为负值。

分析壳体结构的隔声性能时，下列原则性的意见是有参考价值的。

(1) 把壳体结构看成是由若干块有限尺寸的互相独立的部件组装而成。当给定部件的几何尺寸 (包括长度、宽度以及曲率半径等) 远大于声波波长时，该部件的隔声性能近似可根据"无限大"墙板的有关公式进行估算。

(2) 当组成壳体结构的部件为中等大小时，即它的几何尺寸与声波波长相仿时，该部件的隔声性能应近似看成是有限大小的墙板进行分析。这时部件的边界条件有明显的影响，例如矩形管道可以看成由四块条形平板组装而成，其宽度一般在几十厘米的范围, 其隔声性能决定于各块板在声波作用下的弯曲振动。对于大型管道, 侧板宽度一般 1~3m, 其隔声性能接近于加肋板。

(3) 当壳体结构的几何尺寸远小于声波波长时, 必须从结构的整体性能加以考虑, 即部件与部件间不再可以看成是互相独立, 隔声结构内部的声场也不再可以近似设为混响声场。

(4) 与具有相同面密度的平面部件相比较, 壳体结构弯曲部件只是在弯曲劲度上有较明显的提高, 因此弯曲振动的基本特征没有明显变化, 只是频谱向高频方向有所移动。

2. 管道的隔声性能

管道管壁一般是一种单层薄板, 可近似看成是无限长柱面。由于声波在刚性壁管道中可以传播很远的距离, 并且管道系统中存在高速气流, 会在弯头、阀门口及截面突变处产生再生的气体动力性噪声, 因此管道管壁即使在离原始噪声源很远处, 仍然是一个有效的噪声辐射体。这表明管道的隔声性能在噪声控制中有重要的实际意义。

管道的隔声效果难以采用插入损失进行衡量, 因为不装管道时, 噪声传播的条件完全改变, 不可能与装管道时的情况作相对比较。噪声在管道中传播时, 主要沿管壁平行方向, 即声波通向管壁时主要为掠射, 与前面分析的正入射或无规入射实际上有所不同, 很难作严格的理论分析。下面我们暂不对此作深入的讨论, 仍笼统地采用隔声量 (即传声损失) 来反映管道的隔声效果。

对于大型管道, 通常为矩形截面, 在常用频率范围内近似可用平面墙板隔声理论结果预测它的隔声性能。对于中小型管道, 圆形截面管道的隔声性能具有典型的意义, 即使是非圆形截面管道, 把它折算成等面积的圆形截面管道, 其隔声性能大致不会产生明显的变化。

圆管壁在声波作用下会产生两个方向的弯曲振动: 一沿管轴方向传播; 另一沿圆周方向传播。这两种传播的振动复合起来就形成螺旋形传播的弯曲波。

整个圆管的隔声特性可划分两个频率范围来描述, 其分界点为沿圆周方向产生共振时的最低频率 f_r 叫做圆周频率 (或环频), 它由下式决定:

$$f_r = \frac{c_L}{\pi d} \tag{7.4.1}$$

式中, c_L 为管壁内胀缩波的传播速度, d 为管道的标称直径 (近似为管道外径与内径的平均值)。

实际隔声量 R 要低于极限隔声量 R_m, 两者相差一个修正值 ΔR, 修正值 ΔR 与频率比 f/f_r 的关系见表 7.4.1。

表 7.4.1　圆管隔声量的修正值

频率比 f/f_r	0.025	0.05	0.1	0.2	0.3~0.7	0.8
修正值 ΔR/dB	−6	−5	−4	−3	−2	−3

由上可归纳出圆管隔声量的计算步骤如下：

(1) 由式 $f_r = c_L/(\pi d)$ 计算出管道的圆周频率 f_r；

(2) 当 $f > f_r$ 时，计算出等厚无限大平板的隔声量；

(3) 当 $f < f_r$ 时，由式 (7.4.2) 计算出极限隔声量 R_m，由频率比求出修正值 ΔR，从而计算出实际隔声量 R。

$$R_m = 10\lg\frac{h}{d} + 49.2 \tag{7.4.2}$$

为了提高管道的隔声量，在管外包扎玻璃纤维、膨胀珍珠岩等具有吸声、阻尼作用的材料层，是切实有效的措施。由于这些材料对高频声波有较大的衰减，因此可以大大改善高频效果；另外，由于这些材料较稀松，管道面密度的增加不大，因此，对改善低频隔声效果的作用很有限。

管道外进行包扎的方式，根据具体情况可以采取不同的设计。常用的有下列几种：

(1) 采用玻璃棉毡、泡沫塑料等成型的柔软材料绕在管道上，外面再用薄铝皮、塑料膜等不透气的膜片包覆。在这种包扎结构中，柔软材料层与护面膜片组成了一共振系统，其最低共振频率 f_0 由材料品种、厚度、膜片面密度等因素决定，在共振频率以上有良好的隔声效果。如果外包的护面层改用玻璃布等透气的材料，最低共振频率 f_0 将有所提高，隔声效果将相应有一定程度的降低。不过，这时包扎结构实际上也是一种有效的吸声结构，对管道外的房间来说，相当于同时增加了一定数量的吸声量，这对降低室内的噪声是有利的。

(2) 在管道外涂抹或灌注石棉水泥、闭孔泡沫塑料等阻尼材料，外面裸露或另加护面层。在这种包扎结构中，材料是固定的，它主要起阻尼作用，使管壁的振动减弱，从而降低管道壁面辐射的声波。材料层有一定的质量，使复合的管壁结构的面密度增大，因此也可以相应提高隔声效果。

(3) 在管道外覆盖沙袋或膨胀珍珠岩等材料制成的半圆柱形元件，外面加环固定。在这种包扎结构中，材料层是半固定的，它的隔声作用与上述加阻尼材料层的情况相同。

此外，如果在管道外另加套管组成的双层结构，或把管道敷设在地沟内，隔声效果显著增加。

管道包扎的隔声效果，适宜采用包扎结构的插入损失来衡量，即应与管道包扎前相比较，实际测出管道包扎后声压级 (或声功率级) 的降低量。应当注意，管道辐射的噪声接近于线声源，当离开管道的轴线的距离加倍时，声压级的降低量约为 3dB 而不是 6dB。根据不同距离的测点的声压级值，可以粗略地在背景噪声中 (包括混响声与其他管道辐射的噪声) 区分出待测管道辐射的噪声。

管道包扎对中频、高频的隔声量明显有效。需要指出的是，在实际工程中，对管道进行包扎不仅是为了提高管道的隔声效果，而且往往是为了对管道起隔热作用，因此，设计管道包扎结构时，应该兼顾隔声与隔热两方面的功能。此外，包扎层通常具有良好的吸声作用，对于最佳的设计还有可能同时为管道外房间提供可观的吸声量，做到一物多用，充分发挥管道包扎的经济效益。

3. 隔声罩的隔声效果

隔声罩的隔声效果适宜采用插入损失进行衡量。设未加隔声罩的噪声源向周围辐射噪声的声功率为 W，加罩后透过隔声罩向周围辐射噪声的声功率为 W_τ，那么隔声罩的插入损失 L_{IL} 为

$$L_{IL} = 10\lg\frac{W}{W_\tau} \tag{7.4.3}$$

在罩内声场稳定的情况下，声源提供的声功率 W 应等于被吸收的声功率 W_α，即 $W_\alpha = W$，如果罩壁和顶的面积为 S，吸声系数为 α，则罩壁和顶每秒吸收的声能 (吸收声功率) 为

$$W_\alpha = \frac{S\alpha}{\bar{S}\bar{\alpha}}W \tag{7.4.4}$$

式中，$\bar{S}$ 为包括罩壳内表面在内的总内表面积，$\bar{\alpha}$ 为总内表面积的平均吸声系数。显然 $\bar{S}\bar{\alpha} \geqslant S\alpha$。由声能透射系数的定义，可得透过罩壳的声功率为

$$W_\tau = \frac{S\alpha}{\bar{S}\bar{\alpha}}W\tau \tag{7.4.5}$$

τ 为声能透射系数。这里的吸收是指罩壳损耗和透声两部分，因此可得到隔声罩的插入损失为

$$L_{IL} = 10\lg\frac{W}{W_\tau} = 10\lg\frac{\bar{\alpha}}{\tau} + 10\lg\frac{S}{\bar{S}\bar{\alpha}} \tag{7.4.6}$$

可以看出，插入损失不但与罩壳壁面的隔声量有关，而且与内壁面的吸声系数密切相关。所以隔声罩的内壁面必须作吸声处理，从而可能使噪声本身辐射的声功率改变。不过实际采用的隔声罩中总有较强的声吸收，驻波现象不是很严重，因此装隔声罩后噪声源声功率级的变化，一般可以不必考虑。

7.4.3 隔声性能评估及测量方法

1. 隔声性能评估方法

元件的隔声性能受到多种物理性能的影响，包括材料密度、刚度、孔洞缝隙等。因此要想全面地、正确地描述元件的隔声性能，须同时采用下述三种表达方法：①平均隔声量；②隔声频率特性曲线；③隔声指数。

平均隔声量是单一数值，使用方便，能大体上立刻了解一个元件的隔声性能的优劣。隔声频率特性曲线，反映频率范围内隔声变化的全貌，对于分析研究元件的隔声性能很有意义。隔声指数也是单一数值，但是它加进了主观的评定标准，使元件的隔声性能更为合理地反映出来，它是由一条标准参考折线 (ISO 所建议) 与元件的隔声频率特性曲线相比较而得出的。标准参考折线见图 7.4.1。

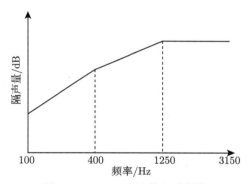

图 7.4.1　ISO 建议的标准折线

参考折线分三段：从 100~400Hz 斜率为 9dB/倍频程；从 400~1250Hz 斜率为 3dB/倍频程；从 1250~3150Hz 斜率为 0dB/倍频程

比较的方法是将这条标准参考折线画在同样坐标的透明纸上，然后覆盖在某元件的隔声频率特性曲线上，让频率的坐标位置对好，以一个分贝为单位作上下平行的移动，当参考折线的所在位置能同时满足下列两个条件：①隔声频率特性曲线的任一频段的隔声量在折线的下方不超过 8dB；②各频段处于折线下方的分贝数总和不大于 32dB。此时折线所在位置的 500Hz 的纵坐标的分贝读数，即为该构件的隔声指数，见图 7.4.1。从图 7.4.1 中可以看出，确定隔声指数的标准折线压低了高频部分的隔声作用，因为一般情况下高频的隔声容易达到，过高的高频隔声量对于听觉上并无积极作用，而某些频段的凹陷，却是隔声的薄弱环节，因此必须用恰当的方法反映出来，这就是隔声指数的合理性。

2. 管道隔声性能测量

隔声系统的插入损失取决于它选用的隔声材料、安装方法、管道的尺寸 (壁厚、直径) 和从管道引起噪声辐射的激发方式 (实验室的扬声器和现场的气流，法兰和机械噪声)。由于这些原因使得在实验室条件下取得的数据不同于实际应用中相似条件下取得的数据, 但这些结果用于设计和比较不同隔声系统是非常有用的。

1) 测量方法: 混响室法

在混响室安装一根金属管道, 通过一端的扬声器或发声装置将噪声馈入该管道内。在裸管和安装隔声系统后的情况下测试混响室内的声压级。隔声系统的插入损失为由裸管辐射的声压级和由隔声后管道辐射的声压级之间的差值, 通过外护层系统引起的测试室内声吸收变化进行修正而得到。

测量结果应按 100~10000Hz 的 1/3 倍频程值或 125~8000Hz 倍频程值给出, 低频段测量结果的精度在很大程度上取决于混响室的大小。

2) 测量设备及安装

测量室容积的要求取决于测量精度、测量频率范围以及待测量对象的尺寸。

测量室应当完全符合 GB/T 6881.1—2002 对声学环境的要求, 包括测试室的容积、形状和声吸收、背景噪声、温度和湿度。

GB/T6881.1—2002 中规定了测试室的最小容积, 当混响室小于表中关注频率对应的最小容积或者大于 300m³ 时, 应当使用 GB/T6881.1—2002 附录中所提供的流程对测试室能否用于宽频带测量进行评估, 包含隔声系统的测试件的体积应不大于用于测试的混响室容积的 2%。

安装测量用的管道时应保证由其他声传递途径产生的噪声贡献值与通过测量件传递的噪声贡献值相比可以忽略不计, 如图 7.4.2 所示。特别要注意侧向传声, 应当使其至少比从测试件上传出的噪声低 10dB 以上, 因此, 测量用管道在混响室外的两端应弹性连接, 管道穿过混响室墙的部分不能有刚性接触, 这些穿墙的部位应当尽可能密封。GB/T6881.1—2002 提出了关于背景噪声的要求, 如果背景噪声太大, 就需要将混响室外的管道也进行隔声处理。

混响室外的管道连接到一个声源, 该声源具有足够的输出以保证插入损失能被测量。在每个 1/3 倍频程或倍频程测量的信号应当是白噪声, 测量可以在一个频程或多个频程同时进行。

在管道内设置一个传声器以控制在实施隔声措施前后声源的一致性。

声源与测试管道之间采用柔性连接, 以避免固体传声。声源和待测管道间应该有一个装置 (例如一个弯头) 来激发管道内足够的高次声波。

由外护层系统引起的混响室内声吸收的变化可以通过在混响室内设置一个参考声源来测量 (与管道上连接的声源不同), 参照 ISO 354。

3) 测量步骤

(1) 安装隔声系统前的测量: 利用连接于测试室外管道上的声源, 在钢管内激发宽频噪声或依次激发中心频率为 100Hz~10kHz 的 1/3 倍频程的噪声; 根据 GB/T 6881.1—2002 在测试室测量平均声压级 (L_b); 关闭混响室外的声源, 开启混响室内的参照声源测量平均声压级 (L_{br})。

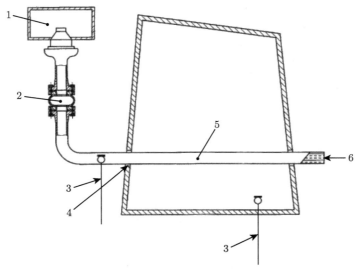

图 7.4.2 测量隔声管道插入损失的装置示意图

1. 扬声器箱；2. 柔性接头，降低固体传声；3. 传声器；
4. 柔性密封；5. 待测的隔声管道；6. 消声末端

(2) 安装隔声系统后的测量：重复激励管道；连接外部声源时，测量安装了隔声系统的测试件辐射的平均声压级 (L_c)；采用测试室内参照声源测量平均声压级 (L_{cr})。

在测试过程中应当保证下列条件没有变化：管道中测试信号的设置；混响室内参照声源的设置；混响室内声源的位置；传声器的位置或传声通道。

如果测试件与连接墙体之间的接触有可能出现固体传声，应进行检查并阻止产生固体传声。每次更换测试件后应将测试间清理干净，以免改变测试室内的声吸收状态。如果需要可以改变有无隔声措施的测量次序。

4) 测试结果

在每一个测量的频段，可以依据式 (7.4.7) 计算插入损失：

$$D_W = L_b - L_c - (L_{br} - L_{cr}) \qquad (7.4.7)$$

式中，D_W 为插入损失，单位为分贝 (dB)；L_b，L_c 分别为裸管和隔声后管道平均混响声压级，单位为分贝 (dB)；L_{br}，L_{cr} 分别为采用测试间内参照声源，裸管和隔声后管道平均混响声压级，单位为分贝 (dB)。

倍频程插入损失值可以通过 1/3 倍频程值由式 (7.4.8) 计算

$$D_{W,\text{oct}} = -10\lg\left(\frac{1}{3}\sum_{i=1}^{3}10^{-D_{W_i}/10}\right) \tag{7.4.8}$$

式中，D_{W_i} 为对应于倍频程的每个 1/3 倍频程的插入损失。

3. 隔声罩隔声性能测量

1) 实验室隔声测量

隔声罩的隔声性能 (插入损失) 可用声功率级或声压级的降低值表示，主要测量方法有: 实际声源法 (机器)、互易法和人工声源法。

能用实际声源的尽可能用实际声源法。隔声罩的隔声性能精确值只能在这样的测量下获得: 设计用于某声源的隔声罩，就按它的实用情况放置来测量。如果隔声罩是固定于声源上或者以其他形式与声源是相联的，隔声性能也只能用实际声源测定。用实际声源，隔声罩的最大容积只要所选用的标准允许，不受小于 2m^3 的限制。这种方法可应用于任何类型的隔声罩。

如果实际声源不能采用，优先考虑的是用一个外部声场来测定隔声性能的互易法。当既不能用实际声源，又不能用互易法时，则可用在隔声罩里面放一个人工声源来测量。互易法和人工声源法特别适用于泄漏比小，内表面有吸声材料的通用性隔声罩 (即该隔声罩不只是为某种类型机器专门设计的)。当用这两种方法测量时，隔声罩的最大容积应不大于 2m^3。

A. 实际声源法

根据测试环境，可选择按标准 GB/T 3767、GB/T 6881.1、GB/T 6881.2、GB/T 6881.3、GB/T 16404、GB/T 16404.2 中的一个进行测量。

在机器的典型运行周期内，测定时间平均声功率级。做带和不带隔声罩的测量。倍频程或 1/3 倍频程声功率隔声值 (D_W) 和 A 计权声功率隔声值 (D_{WA}) 给出如下:

$$D_W = L_W - L_W' \tag{7.4.9}$$

$$D_{WA} = L_{WA} - L_{WA}' \tag{7.4.10}$$

式中，L_W 为按有关标准测得的不带隔声罩的倍频程或 1/3 倍频程声功率级，L_W' 为按有关标准测得的带隔声罩的倍频程或 1/3 倍频程声功率级，L_{WA} 为按有关标准测得的或计算的不带隔声罩的 A 计权声功率级，L_{WA}' 为按有关标准测得的或计算的带隔声罩的 A 计权声功率级。

测试频率范围: 1/3 倍频程至少应为 100~5000Hz; 倍频程至少应为 125~4000Hz。

当采用标准 GB/T 6881.1、GB/T 6881.2 或 GB/T 16404、GB/T 16404.2 时，A 计权值可由频带声压级计算得出。按 GB/T 6881.3 时，A 计权值可以由直接

测量得出。按 GB/T 3969 时，A 计权值可以测得，也可以由频带数据计算得出。为使频带数据与 A 计权值之间协调一致，最好用计算得出的 A 计权值。

对带和不带隔声罩的测量，提供的测试环境和传声器位置应是一样的，则声功率级差值等于按所选用标准加以平均的声压级差值。这意味着，在同一测试条件 (即同样的环境修正系数) 下，计算差值前不必要把所测的声压级转化为声功率级。在充分控制和相同测试条件下，如果在一个非常短的时间周期内不能完成带和不带隔声罩的测量，则应测定声功率级。

按 GB/T 17248.2 或 GB/T 17248.5 规定测量，在机器的典型运行周期内测定时间平均声压级。

倍频程或 1/3 倍频程声压隔声值 (D_p) 和 A 计权声压隔声值 (D_{pA}) 给出如下：

$$D_p = L_p - L'_p \tag{7.4.11}$$

$$D_{pA} = L_{pA} - L'_{pA} \tag{7.4.12}$$

式中，L_p 为按有关标准不带隔声罩在规定位置处测得的倍频程或 1/3 倍频程声压级，L'_p 为按有关标准带隔声罩在规定位置处测得的倍频程或 1/3 倍频程声压级，L_{pA} 为按有关标准不带隔声罩在规定位置处测得或计算的 A 计权声压级，L'_{pA} 为按有关标准带隔声罩在规定位置处测得或计算的 A 计权声压级。

B. 互易法

测试环境应符合 GB/T 6881.1 规定的混响室要求。在混响室内产生一个混响声场，测量室内和隔声罩里面声压级之差值。

把隔声罩不对称地放在混响室的地面上，隔声罩的外壁不要与混响室的墙平行。对于频率范围 100~10000Hz 的测量，隔声罩与混响室的墙、天棚之间的距离至少应为测试最低频带中心频率相应波长的 1/2，更进一步要求，隔声罩与混响室内的任何扩散元件之间的距离至少应为波长的 1/2。而对频率范围为 50~80Hz 的测量，距离至少应为 2m。

隔声罩在整个测量期间应按上述要求放在室内不动。

声场至少要由两只扬声器激发，这类扬声器同时由各个发生器驱动 (或者用一只扬声器至少在两个位置依次发声)。扬声器位置之间的距离至少为 3m。任何扬声器位置与隔声罩之间的距离应尽可能大，至少为 2m。扬声器和任一传声器位置之间的距离至少为 2m。

若最小距离为 2m，扬声器应为全向性辐射。如果不是这样的情况，或者扬声器放在紧靠混响室的一个角上，则这一最小距离应增大。扬声器的辐射指向性应尽可能是无方向性的。

产生的声音应稳定，在所考虑的频带内具有连续频谱。如果测量是以倍频程进行的，则在每个倍频程内的频谱应近似平坦。

遵循 GB/T 6881.1 的程序，对每个扬声器，至少应在隔声罩均匀分布的六个固定传声器位置上测量混响室内的倍频程或 1/3 倍频程声压级。有关传声器位置和混响室表面之间的距离要求也适用于传声器位置与隔声罩外表面之间的距离要求。

对于每个扬声器，测定其在隔声罩内的平均声压级。该平均值是由一个在里面的容积比隔声罩小，而形状相同的测量面上获得的。这个测量面离开隔声罩内表面的距离为 0.2d，d 是隔声罩最短的内部尺寸。最少在六个离散的传声器位置上，或者用一个能够覆盖大部分容积的扫描传声器进行测量。

以不同的扬声器位置和不同的传声器位置在均方根基础上取得的平均声压级。

互易法的声压隔声值给出如下：

$$D_{pr} = \overline{L_p} - \overline{L_p'} \tag{7.4.13}$$

式中，$\overline{L_p}$ 为混响室内的平均声压级；$\overline{L_p'}$ 为在隔声罩内的平均声压级；频率范围，1/3 倍频程至少应为 100~5000Hz，倍频程至少应为 125~4000Hz。

C. 人工声源法

在没有实际声源或不能用实际声源的情况下，可用人工声源代替实际声源。因此，人工声源法的测量程序类同于实际声源。

在立方体或类似立方体的隔声罩情况下，人工声源应放在靠近隔声罩中心的地面上，或者放在打算放实际声源的位置上。

在长方形底部的隔声罩情况下，人工声源至少应放在地面的两个位置上，这两个位置是相应于放实际声源的位置。

在任何情况下，人工声源与隔声罩的任一壁面的距离不得小于 0.2d，d 为隔声罩的最短内部尺寸。

如果隔声罩的尺寸允许，可将声源转 90°，在两个方位上进行测量。

2) 现场隔声测量

隔声罩的隔声性能准确值只有在用于某声源的隔声罩按实际应用情况安装才能测得，所以，无论实际情况怎样，能用实际声源的应尽可能采用实际声源，如果隔声罩是固定于声源上或者以其他方式与声源相连的，隔声性能只能用实际声源测定。

在某些特殊场合，可用人工声源代替放在隔声罩内的实际声源，例如，当没有高噪声的辅助设备时，实际声源就不能运行，这种情况下可用人工声源。当在带隔声罩和不带隔声罩各自测量时，机器 (实际声源) 不可能获得理想的运行条件，也可用人工声源来进行测量。用人工声源法测量的隔声罩泄漏比 θ 应小并且隔声罩的内表面应是吸声的。

A. 实际声源法

根据测试环境,可选择标准 GB/T 6881.2、GB/T 3767、GB/T 3768、GB/T 16538、GB/T 16404、GB/T 16404.2 中的一个进行测定。

在机器的典型运行周期内,测定时间平均声功率级,进行带和不带隔声罩的测量,倍频程或 1/3 倍频程声功率隔声值 D_W 和 A 计权声功率隔声值 D_{WA} 由下式给出:

$$D_W = L_W - L'_W \tag{7.4.14}$$

$$D_{WA} = L_{WA} - L'_{WA} \tag{7.4.15}$$

当用标准 GB/T 6881.2、GB/T 16538、GB/T 16404、GB/T 16404.2 时,A 计权声功率级可由频带声压级计算得出。用 GB/T 3969 时,A 计权声功率级可以计算得出也可直接测量;用 GB/T 3968 时,A 计权声功率级只能测定。

进行带和不带隔声罩的测量,提供的测试环境和传声器位置应是同样的,则声功率级差值是等于按所选用标准的平均声压级的差值。这说明,在同一测试条件 (即同样的环境修正系数) 下,计算差值前不必要把所测的声压级转化为声功率级。如果在一个非常短的时间周期内不能完成带和不带隔声罩的测量,则必须控制在同一测试条件下进行声功率级测定。

B. 人工声源法

准确度为精密级和工程级的测量,填充比小不得超过 2500。其声功率输出须在隔声罩的外面产生一个足够声压级,以满足背景噪声的修正要求,背景噪声的修正应按选用标准的规定进行。

准确度为简易级的测量,人工声源可以采用其他型式,如扬声器或标准声源。但是,环境对低辐射阻抗声源的声功率的输出会有影响,使插入损失的测量结果不准确。因此,对小隔声罩的测量应避免采用低阻抗声源。应当注意,用不同型式的人工声源进行测量所获得的测试结果可能会有差异。

对于不带整体地面的隔声罩的测量,应防止测试室地面结构声的侧向传递。如果测试室地面是轻质木地面或者是混凝土地面,则要特别注意应使向下打击到地面上的力得到衰减。

近场影响的程度可以通过把声源放在地面上和从地面上抬高时对其测量结果的比较进行估算,如果这两个测量结果之间有明显的差异,说明近场影响是重要的,声源的位置就必须仔细考虑,因为这与实际声源的位置有关。

用人工声源作 1/3 倍频程或倍频程测量的程序,按实际声源法的规定进行。

对立方体或类似立方体的隔声罩,人工声源应放在靠近隔声罩中心的地面上,或者放在相当于准备放实际声源的位置上。对底部为长方形的隔声罩,人工声源应至少放在地面上的两个位置上,这两个位置是相当于准备放实际声源的位置。

在任何情况下，人工声源靠近隔声罩的任一壁面的距离都不得小于 $0.2d$，d 为隔声罩最小的内部尺寸。如果隔声罩的尺寸允许，可将声源转 $90°$，在两个方位上进行测量。

参 考 文 献

[1] Muravyov A, Hutton S G. Optimization of vibration isolation mounts for application to shipboard diesel engines, phase I[R]. DREA CR/97/437(Defence Research Establishment Atlantic, Contractor Report), Contract Number: W7707-4-2966/01-HAL, 1997.

[2] Hutton S G. Optimization of vibration isolation mounts for application to shipboard diesel engines, phase II[R]. DREA CR/98/449(Defence Research Establishment Atlantic, Contractor Report), Contract Number: W7707-7-4927/001-HAL, 1998.

[3] Hutton S G. Optimization of vibration isolation mounts for application to shipboard diesel engines, phase III[R]. DREA CR/2000/077(Defence Research Establishment Atlantic, Contractor Report), Contract Number: W7707-9-7025/001-HAL and W7707-9-7293/001- HAL, 2000.

[4] Champagne M F, Szabo J P, Utracki L A. Dynamic mechanical properties of candidate engine mount materials[R]. DREA Technical Memorandum 96/242, System Number: 502144. Defence R&D Canada – Atlantic, 1997.

[5] Szabo J P. Characterization of engine mount elastomers: DRDC atlantic TM 2004-275[R]. Dartmouth: Defence R&D Canada – Atlantic, 2005.

[6] International Organization of Standardization. Acoustics and vibration-laboratory measurement of vibro-acoustic transfer properties of resilient elements-part 1: principles and guidelines: ISO 10846-1[S]. Geneva: ISO, 1997.

[7] International Organization of Standardization. Acoustics and vibration-laboratory measurement of vibro-acoustic transfer properties of resilient elements-part 2: Dynamic stiffness of elastic supports for translatory motion-direct method: ISO 10846-2[S]. Geneva: ISO, 1997.

[8] International Organization of Standardization. Acoustics and vibration-laboratory measurement of vibro-acoustic transfer properties of resilient elements-part 3: Dynamic stiffness of elastic supports for translatory motion-indirect method: ISO 10846-3[S]. Geneva: ISO, 1997.

[9] International Organization of Standardization. Vibration and shock isolators-procedure for specifying characteristics, second edition: ISO 2017[S]. Geneva: ISO, 1995.

[10] American National Standards Institute. Describing the characteristics of resilient mountings: ANSI S2.8[S]. New York: ANSI, 1972.

[11] Society for Automotive Engineers. Test for dynamic properties of elastomeric isolators: SAE J1085a[S]. Warrendale: SAE, 1978.

[12] Thompson D J, van Vliet W J, Verheij J W. Developments of the indirect method for measuring the high frequency dynamic stiffness of resilient elements[J]. Journal of Sound and Vibration, 1998, 213(1): 169-188.

[13] Mitchell L D, Elliott K B. How to design stingers for vibration testing of structures[J]. Sound and Vibration, 1984, 18(4): 14-18.

[14] International Organization of Standardization. Mechanical vibration and shock-Installation of accelerometer: ISO 5348[S]. Geneva: ISO, 1987.

[15] 中华人民共和国国家质量监督检验检疫总局, 中国国家标准化管理委员会. 机械导纳的试验确定第 2 部分: 用激振器作单点平动激励测量: GB/T 11349.2—2006[S]. 北京: 中国标准出版社, 2006.

[16] Steenhoek H F. Insertin loss of resilient mouting systems in ships[R]. Noordwijkerhout: Proceedings of International Symposium on Shipboard Acoustics, 1976.

[17] Li W L, Lavrich P. Prediction of power flow through machine vibration isolations[J]. Journal of Sound and Vibration, 1999, 224(4): 757-774.

[18] 温华兵, 王国治. 管系对船舶发电机组隔振系统响应的影响分析 [J]. 江苏船舶, 2004, 21(2):16-19.

[19] Charley J, Carta F. Application of auto-and cross-power spectra to hydro-and aeroacoustics[J]. Mechanical Systems and Signal Processing, 2001, 15(2): 399-417.

[20] 丁文镜. 减振理论 [M]. 北京: 清华大学出版社, 1988.

[21] 屈维德, 唐恒龄. 机械振动手册 [M]. 北京: 机械工业出版社, 2000.

[22] 盛美萍, 王敏庆, 孙进才. 噪声与振动控制技术基础 [M]. 北京: 科学出版社, 2011.

第 8 章　基于自拖曳阵的本艇辐射噪声监测与预报

由第 6 章介绍的舰船辐射噪声测量相关知识可知，现有的潜艇水下辐射噪声测量方法主要有固定式和移动式。简言之，固定式是指在特定海域将水听器 (阵) 固定在指定位置，进行辐射噪声测量。而移动式主要借助于辅助测量船，将测噪系统布放到试验海域进行噪声测量。这两种测量方式对环境及辅助设施的要求较高，测量过程需要投入大量财力、人力等资源，且无法实现任意海洋环境下，对舰艇辐射噪声的实时监测和评估 [1]。

拖曳声呐阵 (简称"拖曳阵") 长度达百米以上，具有低频大孔径、远离平台噪声等优点。且拖曳阵一般采用柔性材料制造，可承受较大程度的弯曲变形，通过特定回转机动方式，将拖曳阵拖动到艇舷一侧，来实现基于自拖曳阵的辐射噪声监测与预报，给指挥员提供充足信息进行潜艇声隐身性能评估，可实现潜艇执行任务过程中的声隐身性能实时评估 [1,2]。

8.1　阵　形　预　测

8.1.1　概述

拖曳阵一般由线列阵、拖缆、收放装置和显控系统组成 [3]。图 8.1.1 中给出了当前典型拖曳阵结构示意图，其主要包括前导段、仪器段、声学段和尾段。前导段，对拖缆和基阵起缓冲、隔振作用。仪器段，安装温度、深度等传感器。声学段，是拖曳线列阵的主要部分，由几十个到上百个水听器沿拖缆按一定间隔安装，长达几百到上千米。尾段，除了用来隔振，同时增加阻力以保持基阵的直线状态。因基于拖曳阵的水下辐射噪声测量及评估技术依赖于阵列的间距和相互位置来实现波束成形、匹配场处理等技术，因此，获取准确有效的阵形位置是潜艇辐射噪声测量及评估的先决条件。

拖曳阵阵形预测技术一般可分为三类。第一类是基于声学传感器的阵形定位技术，该技术主要是利用辅助声源发出信息，由拖曳阵自带的水听器阵列接收声学信号后进行识别处理，计算阵形位置。第二类是基于非声传感器的阵形定位技术，该技术是利用拖曳阵加载的非声传感器 (例如，航向传感器、深度传感器、姿态传感器) 直接测量传感器所在位置的航向角、深度等数据，进而得到对应的位置信息，再利用差值法拟合出其他位置。第三类是基于动力学理论的阵形定位技术,该方法主要是利用流体力学和海洋动力学相关理论,建立拖曳阵受力平衡方程,考虑边界条件,进行拖曳阵受力分析,进而给出理论计算模型。整体来看,三种方法单独使用时均受到一定程度的限制,比如,声学传感器存在信号干扰问题,且无法对一次回转中所有时刻阵形进行定位;非声传感器提供的信息较少,主要是相对方向和深度的校准;动力学计算模型中部分参数采用经验公式和经验值给出等。为了系统精确地建立拖曳阵阵形定位计算模型,本章主要采用上述三种方法相结合的方式,首先通过动力学模型给出理想情况下的阵形位置,再结合声学传感器和非声传感器信号,从不同角度对阵形进行误差修正,进而补偿由于复杂海洋环境造成的阵形偏转和畸变,最终为辐射噪声评估提供有效阵位。

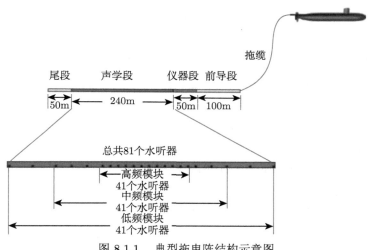

图 8.1.1 典型拖曳阵结构示意图

8.1.2 动力学阵形预测基本理论

目前水面拖曳阵工作深度一般在 20m 以内,水下潜用拖曳阵有零浮力和非零浮力两种,前者工作深度一般与潜艇保持在 20m 以内,后者作业深度与潜艇航行深度保持一致。因此,考虑到拖曳时深度变化不大,动力学受力分析时,不考虑拖缆自重,仅针对零浮力拖曳系统展开,将三维模型简化到二维平面,进行拖曳阵回转受力分析[2]。

如图 8.1.2 所示,整个拖曳阵用 $n+1$ 个节点等分成 n 段,第 1 个节点为前部拖船与拖曳阵的连接处,因此将第 i 段拖缆质量 M_i 等效集中到第 $i+1$ 节点上。现选取第 i 个节点进行受力分析,该节点受到拖缆形变拉力 T_i 和 T_{i+1},以及法向和切向的流体作用力分别为 $Fd_{n,i}$ 和 $Fd_{t,i}$。需要注意的是第 1 个节点不需要受力分析,第 $n+1$ 个点为自由端,拖缆形变拉力仅受到 T_n。

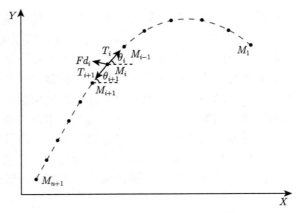

图 8.1.2　拖缆节点受力分析 [2]

据此可以得到该时刻下第 i 个节点的加速度计算公式:

$$\begin{cases} T_i - T_{i+1} - Fd_i = M_i a_i & (1 < i \leqslant n) \\ T_i - Fd_i = M_i a_i & (i = n+1) \end{cases} \tag{8.1.1}$$

i 代表第 i 个节点, a_i 为第 i 节等效质量的加速度。

令 $t_{i+1} = t_i + \mathrm{d}t$, 在 $\mathrm{d}t$ 时间内近似认为拖船和拖曳阵沿原速度方向继续运动, 从而到达下个时刻位置, 所有计算节点经过 $\mathrm{d}t$ 时间运动, 其位置和形变发生变化, 从而在新的位置应力也发生变化, 进而可以计算新的加速度和速度, 因此采用 t 时刻的数据 $(a_{t,i}, v_{t,i}, x_{t,i}, y_{t,i}, \mathrm{d}t)$ 可计算 $t+1$ 时刻的数据值 $(a_{t+1,i}, v_{t+1,i}, x_{t+1,i}, y_{t+1,i}, \mathrm{d}t)$。下角标 t 代表运动过程中第 t 时刻, 同时, 节点 1 在拖曳母船尾部, 可提供匀速率和运动轨迹的边界约束条件, 进而采用该递推法和边界条件可计算整个拖曳系统的运动轨迹。

拖曳拉力与其所在分段的两端节点位置和速度有关, 具体形式如下:

$$T_i = A_i E_i \left(\frac{l_i}{l_{i0}} - 1 \right) + \alpha_i A_i \frac{\dot{l}_i}{l_{i0}} \tag{8.1.2}$$

其中, 下角标 i 代表第 i 段拖缆, A_i 是第 i 段拖缆横截面积 (m^2), E_i 是杨氏模量 (Pa), α_i 是阻尼系数 $(\mathrm{Pa \cdot s})$, l_{i0} 是形变前分段长度 (m), l_i 是发生形变的分段拖缆长度 (m)。

$$l_i = (\delta x_i^2 + \delta y_i^2)^{1/2} \tag{8.1.3}$$

$$\dot{l}_i = \frac{\delta x}{l_i} \delta \dot{x} + \frac{\delta y}{l_i} \delta \dot{y} = (v_{x,i} - v_{x,i+1}) \cos \theta_i + (v_{y,i} - v_{y,i+1}) \sin \theta_i \tag{8.1.4}$$

其中, $\delta x_i = x_i - x_{i+1}$, $\delta y_i = y_i - y_{i+1}$。

单位长度法向和切向水动力拖曳力计算公式可表示为 [4,5]

$$
\begin{cases}
Fd_n = 0.5C_{dn}\rho_0 Dv^2(\alpha \sin\varphi |\sin\varphi| + b\sin\varphi) \\
Fd_t = 0.5C_{dt}\rho_0 Dv^2(d\cos\varphi |\cos\varphi| + e\sin\varphi + g|\cos\varphi|/\cos\varphi + h\sin\varphi |\sin\varphi|)
\end{cases}
$$

$$(8.1.5)$$

公式 (8.1.5) 中, 假设流体流动定常, C_{dn} 是法向拖曳系数, C_{dt} 是切向拖曳系数, ρ_0 是流体密度 (kg/m^3), D 是分段拖缆直径 (m)。

当 $\alpha = 1$, $d = \pi C_{dt}/C_{dn}$ 时, 其他系数为零, 则得 Wilson 模型 [6]:

$$
\begin{cases}
Fd_{ni} = -0.5C_{dn}\rho_0 D_i l_i v_{n,i} |v_{n,i}| \\
Fd_{ti} = -0.5C_{dt}\rho_0 \pi D_i l_i v_{t,i} |v_{t,i}|
\end{cases}
$$

$$(8.1.6)$$

其中, $v_{n,i}$ 和 $v_{t,i}$ 分别为法向和切向速度。

第 i 节拖缆等效质量如下式所示:

$$M_i = M_{i0} + M_a \tag{8.1.7}$$

其中, M_a 是由流体拖曳力引起的附加质量; 对于圆柱形拖缆其附加质量 $M_a = \rho_0 \pi r^2$, r 为拖缆截面半径。

8.1.3 算例

根据上述理论设计仿真实验, 实验参数在表 8.1.1 中列出, 其中, 拖缆长度 88m, 分段长度 25m, 拖缆直径 0.04m, 拖曳速度 5m/s, 回转直径 400m, 潜艇做 U 形回转, 即带阵航行保持 5m/s 速度稳定后, 以 400m 直径做圆形转弯, 回转过程中潜艇保持 5m/s 匀速率, 回转半圆后, 继续保持 5m/s 匀速直线运动。需要注意的是, 运动时间是从回转开始为零时刻直到运动结束的时间, 其中回转运动时间为拖曳母船回转半圆周的时间, 由回转直径和运动速度计算可得, 约为 125.66s, 此后拖曳母船沿直线继续运动 240s 后停止。

表 8.1.1 仿真参数设置

参数设置	参数值	参数设置	参数值
拖缆总长/m	800	切向拖曳系数	2.5×10^{-3}
分段长度/m	25	拖曳母船长度/m	120
分段节点数	33	拖曳速度/(m/s)	5
分段拖缆直径/m	0.04	回转直径/m	400
杨氏模量/Pa	7.8×10^{10}	运动总时间/s	365.66
阻尼系数/(Pa·s)	1×10^9	时间步长/s	1×10^{-4}
法向拖曳系数	1.2		

1. 仿真结果

U 形回转仿真结果如图 8.1.3 所示，其中粗线为拖船位置，细实线为拖曳阵位置。图 8.1.3(a) 为拖曳系统回转运动轨迹，细虚线为拖船运动轨迹。潜艇初始位置在 (0, 0) 处，船头向 Y 轴正向，拖曳阵沿船尾 Y 轴负向伸展保持直线状态，仿真中假定拖船和拖曳阵到达原点位置时均保持 5m/s 的匀速直线运动的初始状态，然后开始匀速率回转运动。图 8.1.3(b) 为每隔 40s 拖曳阵与拖曳母船的相对位置。由图 8.1.3 可知，回转过程中拖曳阵弯曲程度逐渐增大；在拖曳母船回转 180°，即完成转向到达弯道终点时达到最大值；此后拖船驶出弯道，拖曳阵弯曲程度迅速减小。根据图中仿真结果可以得出分段法动力学阵形定位模型，可以较好地模拟拖曳母船带拖曳阵回转的整个过程，计算模型可以输出任意时刻的拖曳阵节点位置、速度、时间等有效信息，为后续声场计算提供基础。

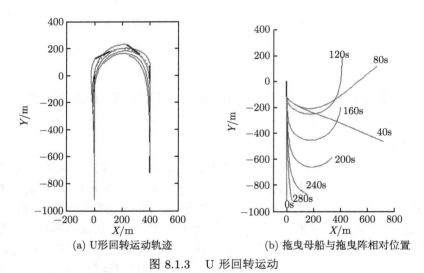

　　(a) U形回转运动轨迹　　　　　　　(b) 拖曳母船与拖曳阵相对位置

图 8.1.3　U 形回转运动

2. 仿真参数选取影响分析

1) 时间步长

仿真计算的结果对时间步长 $\mathrm{d}t$ 存在依赖性，当 $\mathrm{d}t$ 较大时，仿真计算溢出，一般 $\mathrm{d}t$ 越小，精度越高。现在表 8.1.1 参数的基础上，选取时间步长 $\mathrm{d}t=5.0\times10^{-4}\mathrm{s}$、$2.0\times10^{-4}\mathrm{s}$、$1.0\times10^{-4}\mathrm{s}$、$5.0\times10^{-5}\mathrm{s}$、$2.0\times10^{-5}\mathrm{s}$、$1.0\times10^{-5}\mathrm{s}$、$5.0\times10^{-6}\mathrm{s}$、$2.0\times10^{-6}\mathrm{s}$ 和 $1.0\times10^{-6}\mathrm{s}$ 这 9 种情况分别进行仿真计算。图 8.1.4 给出了 $\mathrm{d}t$ 对仿真模型的影响。图 8.1.4 中，x 轴为 $\mathrm{d}t$ (s)，y 左轴坐标为运算时间，y 右轴为最大节点偏差 (m)，该值是以 $\mathrm{d}t=5.0\times10^{-6}$ 计算结果作为参照的差值。结果显示，在本例中随着 $\mathrm{d}t$ 减小到 $10^{-5}\mathrm{s}$ 后，计算量迅速增大，但是计算偏差量提高并不明显，仅

从 0.01m 减小到 0。因此，选取合适的甚至稍微偏大的计算时间步长有利于减少计算时间，提供阵位预报实时性。

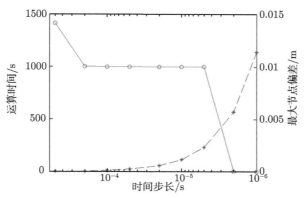

图 8.1.4　不同时间步长对模型仿真结果的影响

2) 分段长度

不同分段长度，导致节点数变化，同时计算中的每段拖缆原长发生变化，为了分析不同分段长度对于仿真模型的影响，在上述仿真案例基础上，选取时间步长 $\mathrm{d}t = 2.0 \times 10^{-5}$s，对不同分段数目的仿真结果进行讨论，如图 8.1.5 所示。图 8.1.5 中给出了 6 种不同的分段方式，分段长度采用等分法，分别将拖曳阵分为 4 段、8 段、16 段、32 段、64 段和 128 段，对应的每节拖缆长度依次为 200m、100m、50m、25m、12.5m 和 6.25m。由此可得，6 种方案均有 5 个共同节点，节点 1 在母船尾部连接处，不讨论，因此现对其他 4 个共同节点在不同分段条件下的仿真计算结果进行对比，从而分析不同节点数目对于本系统仿真计算的影响。

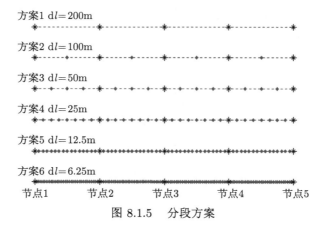

图 8.1.5　分段方案

图 8.1.6 中分别给出了节点 2 到节点 5 在整个机动过程中每隔 40s 的瞬时位置。以图 8.1.6(a) 为例，图中节点表示一次回转中节点 2 在每隔 40s 不同时刻的位置变化情况，图中矩形框为选取节点 2 从回转开始第 80s 位置的节点变化情况，并局部放大。从变化趋势来看，分段长度越短，节点越多，计算结果越精确，回转轨迹向内侧偏移；反之，回转轨迹向外侧偏移。

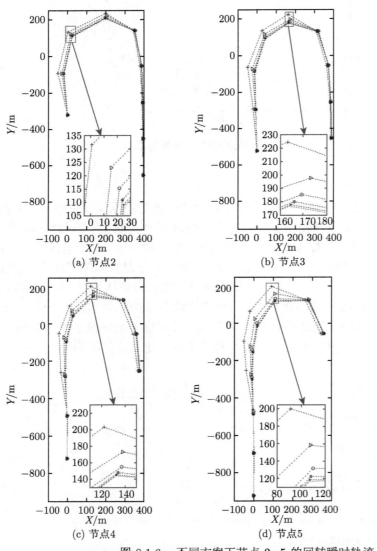

图 8.1.6　不同方案下节点 2~5 的回转瞬时轨迹

3) 拖曳系数

拖曳系数主要体现在流体对拖缆的水动力作用力上，一般将拖缆回转中受的拖曳力分解为切向和法向拖曳力，相应存在切向拖曳系数 C_{dt} 和法向拖曳系数 C_{dn}。为了对拖曳系数进行分析，首先引入雷诺数的概念。雷诺数表示流体微团惯性力与黏性力的比值，是表征黏性影响的相似准数。本例中将拖曳阵缆看作细长圆柱，则其法向雷诺数 Re_n 与拖缆直径有关，切向雷诺数 Re_t 与拖缆长度有关，具体表达式如下：

$$\begin{cases} Re_n = v_0 D/\nu \\ Re_t = v_0 l/\nu \end{cases} \tag{8.1.8}$$

其中，v_0 为流体速度；D 为拖缆直径；l 为拖缆总长；ν 为流体运动黏度，水的流体运动黏度一般取值约为 $1.0\times10^{-6}\mathrm{m}^2/\mathrm{s}$。

对于法向拖曳系数的选取，根据文献 [7]，当 Re_n 取值在 $10^2 \sim 10^5$ 时，C_{dn} 近似取值为 1.2；当 Re_n 在 $10^5 \sim 10^6$ 变化时，C_{dn} 迅速减小，最小可达到 0.3。本例中计算可得 $Re_n = 2.5 \times 10^5$，为了讨论法向拖曳系数对回转阵形计算的影响，C_{dn} 分别取为 0.3、0.5、0.7、1.0 和 1.2 五种情况，进行仿真分析。

据此分别在表 8.1.1 的参数设置上，对不同的拖曳系数进行仿真分析。首先取切向拖曳系数 C_{dt} 保持不变，对法向拖曳系数 C_{dn} 进行仿真分析，结果如图 8.1.7 所示。图 8.1.7 给出了 4 个时刻不同法向拖曳系数瞬时轨迹，由结果可知，拖曳阵在回转运动前期，C_{dn} 取值不同，轨迹变化并不明显，后期轨迹差异逐渐显现出来。总体来看，随着 C_{dn} 减小，轨迹向内侧偏移。

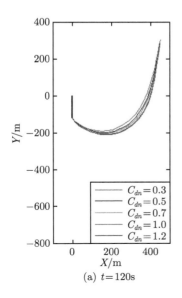

(a) $t=120\mathrm{s}$

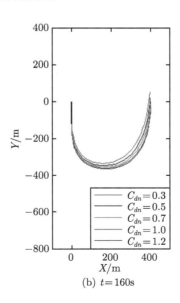

(b) $t=160\mathrm{s}$

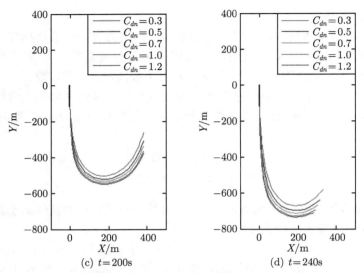

图 8.1.7　4 个时刻不同法向拖曳系数瞬时轨迹 (彩图见封底二维码)

对于切向拖曳系数 C_{dt}，根据文献 [8,9]，在拖缆回转理论及实验研究中对于不同工况下的 C_{dt} 取值一般在 0.01～0.0004；文献 [10] 从切向雷诺数角度出发，给出了一个光滑圆柱物切向拖曳系数计算公式：

$$\begin{cases} C_{dt} = \dfrac{0.074}{Re_t^{0.2}} + \dfrac{0.0016l}{DRe_t^{0.4}}, & Re_t < 10^6 \\[3mm] C_{dt} = \dfrac{0.455}{(\lg Re_t)^{2.58}} + \dfrac{0.0016l}{DRe_t^{0.4}}, & 10^6 < Re_t < 10^9 \end{cases} \tag{8.1.9}$$

公式 (8.1.9) 联立公式 (8.1.8)，代入本节的仿真参数，可得本例中 C_{dt} 取值约为 0.0059。

结合上述研究者对于切向拖曳系数的取值预估范围，分别选取 C_{dt} 为 0.001、0.0025、0.005、0.01 和 0.05 这 5 种情况，进行仿真分析，同时，选取 $C_{dn} = 0.7$ 保持不变。仿真结果如图 8.1.8 所示。图 8.1.8 与图 8.1.7 一致给出了 4 个对应时刻的回转运动轨迹，由图 8.1.8 可知，回转过程中，随着 C_{dt} 增大，拖曳阵运动轨迹向内侧偏移更为明显，且在回转运动后期偏移量更大。此外，相比较图 8.1.7 中给出的回转轨迹随 C_{dn} 的变化情况，C_{dt} 对于轨迹偏转变化影响更大。

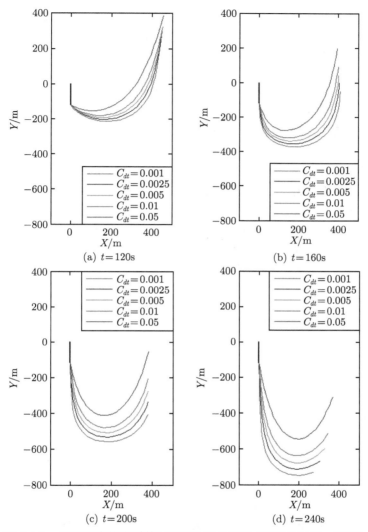

图 8.1.8   不同切向拖曳系数对回转轨迹的影响 (彩图见封底二维码)

8.2   回转阵形误差修正

实际海洋环境中，潜艇自带拖曳阵进行机动回转受环境影响很大，这些影响导致的阵形变化可归纳为垂向变化、水平变化和阵形畸变三种。垂向变化主要是海水温度、盐度、密度的垂向变化，特别是跃层现象导致的；水平变化主要是海流、冷暖水团交汇产生的海洋峰导致的；阵形畸变是指由于拖曳阵局部区域发生的随机突变，除了上述变化导致的原因外，还受到海浪、湍流、潮汐、涡流等现象的影响。由于上述现象存在非线性和时变性，对于实际海洋情况，仅采用动力学阵形定位模型进行阵形计算存在计算误差，因此需要对动力学阵形定位模型预报阵形进行误差修正。拖曳阵回转阵形误差修正主要分为垂向误差修正和水平误差修正。

8.2.1　垂向误差修正

垂向误差修正主要采用深度传感器校准的方式，因为一般拖曳阵系统在声阵段会嵌入不定数目的深度传感器模块，根据深度传感器模块提供的深度数据可对动力学计算的阵列深度进行修正。拖曳阵系统深度传感器模块一般采用压力传感器来获取有效深度信息，具体思路是被测的动态压力作用在弹性敏感元件上使其产生变形，由于半导体的压阻效应电阻值发生变化，从而使电桥输出电压发生变化，再经过压力解算获得深度信息。以最大耐压深度 200m 为例，该传感器计算精度可达到 1m 甚至更低。由于拖曳阵系统通过充油使得声阵段近似保持零浮力，因此阵列的垂向误差通过深度传感器修正效果明显。

8.2.2　水平误差修正

在动力学阵形定位模型基础上，引入时延和阵元间距等约束条件，结合非线性最小方差拟合算法 (Levenberg-Marquadt 算法，LM 算法) 和特征值分解法，建立拖曳阵阵形误差修正模型。

1. 非线性最小方差拟合法

根据文献 [11] 提出的目标函数 χ^2，即观测误差与对应噪声方差倒数权重系数乘积的总和可表示为

$$\chi^2 = (A_1 - A_0)^{\mathrm{T}} C_a^{-1} (A_1 - A_0) \tag{8.2.1}$$

其中，A_1 为计算矩阵，A_0 为观测矩阵。理想阵形真实位置无法测得，但潜艇到达阵列相对位置 d 的时间可以通过潜艇主动声呐发出声学信号测定。

$$A_1 = \begin{bmatrix} t_1 & t_2 & t_i & \cdots & t_m \end{bmatrix} \tag{8.2.2}$$

t_i 为第 i 个水听器到达时间，假定声源在坐标原点，c_0 为声速，则 t_i 为

$$t_i = \frac{\sqrt{x_i^2 + y_i^2}}{c_0} \tag{8.2.3}$$

C_a 为均值为零的随机噪声矩阵的协方差矩阵，假定观测值之间的噪声不相关，则 C_a 是对角矩阵，因此 C_a^{-1} 为

$$C_a^{-1} = \begin{bmatrix} 1/\sigma_1^2 & 0 & \cdots & 0 \\ 0 & 1/\sigma_2^2 & \cdots & 0 \\ 0 & 0 & \ddots & 0 \\ 0 & 0 & \cdots & 1/\sigma_m^2 \end{bmatrix} \qquad (8.2.4)$$

σ_m^2 是 m 个观测值的方差误差。

迭代过程中，引入权值及阈值的变化量 ΔX 和 ΔY，则第 k 步迭代过程为

$$\begin{cases} X^{k+1} = X^k + \Delta X \\ Y^{k+1} = Y^k + \Delta Y \end{cases} \qquad (8.2.5)$$

对于变化量 ΔX 和 ΔY 的求解，引入误差函数 $E(X)$ 和 $E(Y)$，则

$$\begin{cases} \Delta X = [H(X)^{-1} + \mu I]J(X)E(X) \\ \Delta Y = [H(Y)^{-1} + \mu I]J(Y)E(Y) \end{cases} \qquad (8.2.6)$$

以 x 坐标为例给出求解过程，其中，μ 为比例系数，一般取 $\mu > 0$；I 为单位矩阵。

$H(X)$ 为 Hessian 矩阵，其表达式如下：

$$J(X) = \begin{bmatrix} \dfrac{\partial e_1(x)}{\partial x_1} & \dfrac{\partial e_1(x)}{\partial x_2} & \cdots & \dfrac{\partial e_1(x)}{\partial x_m} \\[2mm] \dfrac{\partial e_2(x)}{\partial x_1} & \dfrac{\partial e_2(x)}{\partial x_2} & \cdots & \dfrac{\partial e_2(x)}{\partial x_m} \\[2mm] \vdots & \vdots & \ddots & \vdots \\[2mm] \dfrac{\partial e_m(x)}{\partial x_1} & \dfrac{\partial e_m(x)}{\partial x_2} & \cdots & \dfrac{\partial e_m(x)}{\partial x_m} \end{bmatrix} \qquad (8.2.7)$$

$J(X)$ 为 Jacobian 矩阵，表达式为

$$H(X) = J^{\mathrm{T}}(X)J(X) \qquad (8.2.8)$$

同理，对于坐标 y 可按上述步骤求解。

迭代过程中对每次计算的坐标位置进行判断，直到在循环内 χ^2 达到最小，则获得初步修正阵形。

由于仅利用时间观测值进行修正，因此阵形结果会在一定范围内波动或偏离，主要是由于时间观测值仅代表各阵元与声源的相对距离，在以这个距离为半径的圆弧上的点均满足计算条件，这就使得优化结果仍出现误差。

由于阵元间距小，且阵列在回转过程中的弯曲和拉伸形变量分摊到每一个阵元间距上相比较阵元间距尺度可以忽略。因此，阵元间距在回转过程中可近似认为保持不变。阵元间距是相邻阵元之间的距离，$d_{i,j}$ 为第 i 个和第 j 个水听器之间的间距，当 $j = i+1$ 时，为相邻水听器间距。

$$d_{i,j} = \sqrt{(x_i - x_j)^2 + (y_i - y_j)^2} \tag{8.2.9}$$

据此，在迭代过程中，可引入阵元间距来加强约束，进一步对每次计算的中间阵形进行修正，再利用 LM 算法循环迭代求解，进而得到修正阵形。

2. 特征值分解法

在 LM 算法计算的误差修正阵形基础上，提出基于特征值分解法的阵形估计算法，进一步对阵形进行优化 [12]。

以窄带远场声源信号为例进行分析，假定有 N 个声源，拖曳阵上有 M 个水听器，在 t 时刻，第 i 个水听器阵列的坐标表示为 (x_i, y_i)，$i = 1, 2, \cdots, m$，则水听器阵列接收到的信号可以表示为

$$Z(t) = A(\theta)S(t) + N(t) \tag{8.2.10}$$

其中，$Z(t) = [z_1(t), z_2(t) \ldots z_m(t)]^{\mathrm{T}}$；$S(t) = [s_1(t), s_2(t) \cdots s_n(t)]^{\mathrm{T}}$ 为信号源发出的信号；$N(t)$ 为符合高斯随机分布的噪声信号，$N(t) = [n_1(t), n_2(t) \cdots n_m(t)]^{\mathrm{T}}$；$\theta$ 是入射角度，$A(\theta) = [a(\theta_1), a(\theta_2) \cdots a(\theta_n)]$ 是 $M \times N$ 的方向矢量矩阵。

计算过程中进行以下假设：①信号和噪声信号在采样过程中认为是不变的；②水听器数目和阵元间隔已知；③水听器的数量大于参考声源的数量。根据 LM 算法提供的误差修正阵位数据，利用经典的波达方向 (DOA) 估计法，可以初步得到参考声源的入射方向，然后不断迭代优化阵形位置，得到最终结果。

考虑到多重信号分类 (MUSIC) 算法作为经典算法具有普遍性 [13]，将 LM 算法计算的修正阵形作为初始阵位，记为 $L(n) = (l_1, l_2, \cdots, l_m)$。同时，水听器接收到的信号为 $Z(n) = (z_1, z_2, \cdots, z_m)$。根据 MUSIC 算法理论，DOA 估计方法可以归纳为以下步骤。

(1) 计算水听器阵列信号的协方差矩阵：

$$R = \frac{1}{M} \sum_{n=1}^{M} z(n) z^H(n) \tag{8.2.11}$$

对协方差矩阵进行特征值分解，$R = U \Sigma U^H$，$\Sigma = \mathrm{diag}(\lambda_1, \lambda_2, \cdots, \lambda_i \cdots)$，其中 λ_i 为 R 的特征值。

（2）将特征值按照从大到小的顺序排列，将与信号源个数相等的 N 个最大特征值对应的特征向量看作信号子空间 U_s，用剩下的 $M-N$ 个特征值对应的特征向量构造噪声子空间 U_N，则 $R=U_s\sum\limits_s U_s^H + U_N\sum\limits_N U_N^H$。

（3）在 θ 一定的取值范围内，按照 $P(\theta)=\dfrac{1}{a^H(\theta)U_N U_N^H a(\theta)}$ 计算谱函数，根据谱函数对应峰值得到波达方向的估计值。

在阵形迭代过程中，在正确阵形位置下，阵列矢量矩阵 $A(\theta)$ 的每一列都正交于噪声子空间[14]，据此定义目标函数 Q：

$$Q \triangleq \left\| \hat{U}_N(\omega)^H \hat{A}(\theta) \right\|^2 = \sum_{i=1}^{N} \left\| \hat{U}_N(\omega)^H \hat{a}(\theta_i) \right\|^2 \tag{8.2.12}$$

理想情况下 Q 的取值应该为 0，但在实际测量中，由于阵形误差的存在，Q 应为趋向于 0 的正整数，因此将求得最小 Q 值作为迭代优化的目标函数，采用高斯牛顿迭代法进行优化。

假定在第 k 次迭代中得到的阵形位置为 (x_i^k, y_i^k)，$i=1,2,\cdots,m$。

则第 $k+1$ 次迭代阵形的坐标记为 $(x_i^{k+1}, y_i^{k+1})=(x_i^k, y_i^k)+(\Delta x_i^k, \Delta y_i^k)$，当 $(\Delta x_i^k, \Delta y_i^k)$ 足够小时，矩阵 $A(\theta)$ 可以分解为

$$A(\theta) = A_0(\theta) + \Lambda_x A_1(\theta) + \Lambda_y A_2(\theta) \tag{8.2.13}$$

其中，$A_0(\theta)$ 是坐标值为 (x_i^k, y_i^k) 时的方向矢量矩阵；

$$\Lambda_x \triangleq \operatorname{diag}\{x_1, x_2, \cdots, \Delta x_M\}$$

$$\Lambda_y \triangleq \operatorname{diag}\{y_1, y_2, \cdots, \Delta y_M\}$$

$$A_1(\theta) \triangleq jA_0(\theta)\frac{\omega}{c}\operatorname{diag}\{\sin\theta_1, \sin\theta_2, \cdots, \sin\theta_N\}$$

$$A_2(\theta) \triangleq jA_0(\theta)\frac{\omega}{c}\operatorname{diag}\{\cos\theta_1, \cos\theta_2, \cdots, \cos\theta_N\}$$

进而，Q 可以改写为

$$Q \triangleq \left\| \hat{U}_N(\omega)^H \hat{A}(\theta) \right\|^2$$

$$= \left\| \hat{U}_N(\omega)^H \left[A_0(\theta) + \Lambda_x A_1(\theta) + \Lambda_y A_2(\theta) \right] \right\|^2$$

$$= \sum_{i=1}^{N} \left\| \hat{U}_N(\omega)^H \left[a_{i0}(\theta) + \Lambda_x a_{i1}(\theta) + \Lambda_y a_{i2}(\theta) \right] \right\|^2$$

$$= \sum_{i=1}^{N} \left\| \hat{U}_N(\omega)^H \left[a_{i0}(\theta) + \text{diag}\{a_{i1}(\theta)\} v_x + \text{diag}\{a_{i2}(\theta)\} v_y \right] \right\|^2$$

其中，a_{i0}，a_{i1} 和 a_{i2} 分别是 $A_0(\theta)$，$A_1(\theta)$ 和 $A_2(\theta)$ 的第 i 列；

$$v_x = [\Delta x_1, \Delta x_2, \cdots, \Delta x_M]^T$$

$$v_y = [\Delta y_1, \Delta y_2, \cdots, \Delta y_M]^T$$

为求得 $(\Delta x_i^k, \Delta y_i^k)$，对上述方程进一步改进，定义：

$$v_{xy} = [v_x^T, v_y^T]^T$$

$$B(i) = -[\hat{U}_N(\omega)^H \text{diag}\{a_{i1}(\theta)\}, \hat{U}_N(\omega)^H \text{diag}\{a_{i2}(\theta)\}]$$

$$Z(i) = \hat{U}_N(\omega)^H a_{i0}(\theta)$$

目标函数 Q 简化为

$$Q = \sum_{i=1}^{N} \| Z(i) - B(i) v_{xy} \|^2 \tag{8.2.14}$$

由此可得

$$\hat{v}_{xy} = [Re\{B^H B\}]^{-1} Re\{B^H Z\} \tag{8.2.15}$$

这里 $B \triangleq [B(1)^T, B(2)^T, \cdots, B(N)^T]^T$，$Z \triangleq [Z(1)^T, Z(2)^T, \cdots, Z(N)^T]^T$。根据方程 (8.2.15) 可以求得 $(\Delta x_i^k, \Delta y_i^k)$，从而得到 (x_i^{k+1}, y_i^{k+1})。

3. 计算流程

根据 LM 算法及特征值分解法理论，对拖曳阵阵形误差修正计算进行归纳，计算流程及思路如图 8.2.1 所示。

LM 算法阵形优化的计算过程归纳如下：

(1) 根据阵列接收到信号 $\{z(n)\}_{m=1}^{M}$ 计算到达时间观测矩阵 A_0；

(2) 根据阵元与声源相对位置计算时间计算矩阵 A；

(3) 定义随机噪声矩阵，并计算其协方差矩阵的逆矩阵 C_a^{-1}；

(4) 利用第 k 次迭代中计算得到的阵列位置 (x_i^k, y_i^k)，引入误差函数 $E(X)$ 和 $E(Y)$，计算 Hessian 矩阵和 Jacobian 矩阵，从而求解阵元位置变化量 ΔX 和 ΔY；

(5) 利用式 (8.2.1)，计算目标函数 χ^2；

(6) 进行迭代判断，如果目标函数最小，则停止运算；否则，利用第 k 次迭代中计算得到的阵列位置 (x_i^k, y_i^k) 和阵元位置变化量 ΔX 和 ΔY，计算第 $k+1$ 次坐标位置 (x_i^{k+1}, y_i^{k+1})；重新进入步骤 (2) 继续循环计算。

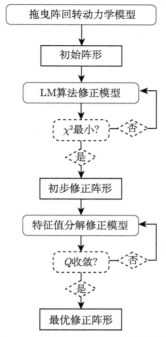

图 8.2.1　误差修正模型计算流程

特征值分解法阵形优化的计算过程归纳如下:

(1) 根据阵列接收到的信号 $\{z(n)\}_{m=1}^{M}$ 计算阵列协方差矩阵;

(2) 对协方差矩阵做特征值分解,并由此建立噪声子空间 $\hat{U}_N$;

(3) 引入 LM 算法计算阵形作为初始误差阵形,利用 MUSIC 算法进行 DOA 估计,得到声源入射方向;

(4) 利用式 (8.2.12),计算目标函数 Q;

(5) 利用第 k 次迭代中计算得到的阵列位置 (x_i^k, y_i^k) 和声源方向构造得到矩阵 B 和 Z,根据式 (8.2.15) 求得 v_{xy} 和第 $k+1$ 次坐标位置 (x_i^{k+1}, y_i^{k+1});

(6) 基于第 $k+1$ 次坐标位置 (x_i^{k+1}, y_i^{k+1}),利用 MUSIC 算法重新计算得到声源方向,并据此计算目标函数值 Q;

(7) 进行迭代判断,如果目标函数收敛,则停止运算;否则,重新进入步骤 (5) 继续循环计算。

4. 仿真算例分析

可近似将二维水平阵形位置误差分为平移误差、旋转误差和随机误差三种进行处理。下面就平移误差和旋转误差分别进行讨论,需要注意的是由于测量和海洋环境影响产生的随机误差,将以随机误差函数的形式融入上述两种情况中,这里不再单独进行分析。

仿真模型具体参数如下：艇长 150m，拖曳阵系统湿端总长 1000m，阵列长度 150m 位于拖缆末端，阵元间距 1m，拖曳速度 5m/s，回转直径 600m，选取一次回转中较为理想的第 240s 时刻的动力学计算结果作为想定真阵，用想定真阵阵元接收的声源信号可测定声源到达各阵元的时间，作为时间观测值。据此，后续误差修正计算在此模型参数基础上展开。

1) 平移误差

定义阵位的中心位置与声源的直线距离为阵位距离 d_{array}，则阵位平移偏离度 s_d 可由下式表示：

$$s_d = (d_{\text{array},1} - d_{\text{array},0})/d_{\text{array},0} \tag{8.2.16}$$

其中，$d_{\text{array},1}$ 为计算阵位中心位置到声源的距离，$d_{\text{array},0}$ 为真实阵位中心位置到声源的距离。

考虑到时间观测值在实际测量过程中存在测量误差和噪声干扰的影响，因此在上述模型基础上，对于想定真阵形各阵元测得的到达时间引入随机误差的噪声函数，其余设置和计算流程保持不变。以平移偏离度 0.05 为例，考虑到水听器阵元型号一致，且位置和环境相似，因此假定所有水听器的方差取值相同，据此时间观测误差设定均值为 0、方差为 0.01 的一组随机数，观测次数 200 次。图 8.2.2 给出了 200 次计算的修正阵形的误差范围。

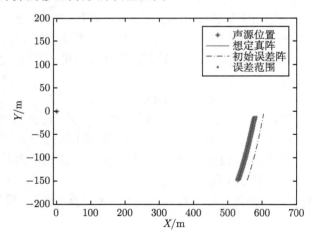

图 8.2.2　修正阵形的误差范围

图中 * 为船尾声源位置，实线为想定真阵，虚线为平移度 0.05 的初始误差阵，
阴影区域为修正后误差阵形的位置范围

图 8.2.3 为观测次数对于误差修正的影响，由图可知，观测次数在 50~2000 次变化时，阵形误差均值在 2~4m 波动，观测次数较少时，计算误差较大，随着

观测次数增大，阵形误差均值减小，当观测次数达到 500 次后，阵形误差均值变化不大，计算误差趋于稳定。因此，在条件允许范围内，通过技术改进或增加观测次数来提高观测精度，减小观测值随机误差的影响，从而有效提高阵位修正计算精度。

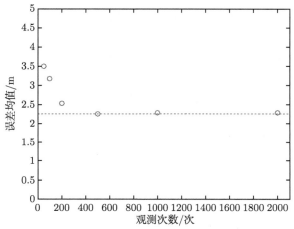

图 8.2.3 观测次数对于误差修正的影响

为进一步对误差修正效果进行对比，将不同偏离度条件下误差修正结果与想定真阵进行误差比较，结果如表 8.2.1 所示。表 8.2.1 中为阵元位置修正前后的误差均值和最大值，其中，s_d 代表修正前单个水听器的平移偏离度；L_{0_err} 代表修正前不同平移度条件下单个水听器位置的初始误差；$L_{\_mean}$ 和 $L_{\_max}$ 分别代表修正后单个水听器位置坐标的误差均值和误差最大值；修正效果为修正前后差值与 L_{0_err} 的百分比。由表 8.2.1 可知，对于不同平移偏离度条件下的初始误差阵，由于仅考虑平移变化量，所以各阵元位置误差相等，无误差均值和最大值之分，且 ± 误差平移度值相等时，初始误差相等。同时，不同条件初始误差阵形经过误差模型计算，阵形均得到一定程度修正，且初始平移误差越大，修正后阵形误差结果越偏大，随着初始平移误差减小，修正后阵形误差减小。

表 8.2.1 不同平移度阵元误差统计表

s_d	−0.20	−0.15	−0.10	−0.05	0.05	0.10	0.15	0.20
L_{0_err}/m	112.48	84.36	56.24	28.12	28.12	56.24	84.36	112.48
$L_{\_mean}$/m	12.59	10.75	6.41	3.50	4.26	7.05	9.76	12.25
修正效果/%	88.8	87.3	88.6	87.6	84.9	87.5	88.4	89.1
$L_{\_max}$/m	15.46	13.10	7.05	4.08	5.12	8.29	11.39	15.04
修正效果/%	86.3	84.5	87.5	85.5	81.8	85.3	86.5	86.6

2) 旋转误差

定义旋转误差为阵列相对于真实阵形中心位置发生的角度偏移，则旋转偏离度 θ。为以想定真阵绕阵列中心位置旋转一定角度 (逆时针旋转为正) 获取的初始误差阵。

为了定量分析阵列旋转误差对于阵形修正的影响，采用上述计算模型不变，假定想定真阵上中心点坐标可由差分全球定位系统 (Global Position System，GPS) 测得，计算中考虑时间观测值的测量误差，引入均值为 0，方差为 0.01 的随机误差函数，取观测次数 200 次，以想定真阵中心位置逆时针旋转 10° 获取的初始误差阵为例，图 8.2.4 给出了 200 次计算的修正阵形位置的区域范围。图 8.2.4 中，蓝色实线为想定真阵，黑色实线为误差初始阵，红色区域为修正后的阵形误差范围。由图 8.2.5 可知，经过修正，误差阵形与想定真阵形位置更为接近，修正效果明显；同时，由于随机误差的影响，修正阵形在一定范围内波动。

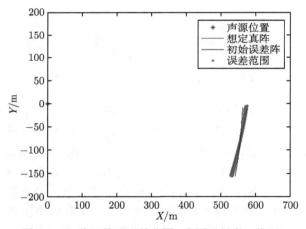

图 8.2.4　阵形修正误差范围 (彩图见封底二维码)

为定量对旋转误差修正结果进行分析，现分别选取旋转角度为 $\pm20°$、$\pm15°$、$\pm10°$ 和 $\pm5°$，这 8 种情况进行误差修正计算，观测次数均为 200 次。图 8.2.5 给出了 8 种情况下修正结果。由图 8.2.5 可知，不同旋转偏离度条件下，初始误差阵经过修正模型计算后，阵形均得到一定程度的修正；同时，初始旋转偏离度越大，修正阵形与理想阵形误差越大；反之，初始旋转偏离度越小，修正阵形与理想阵形误差越小，修正效果越好。

为进一步对误差修正效果进行对比，表 8.2.2 给出了不同旋转角度阵元误差统计信息。表 8.2.2 中，L_{0_mean} 和 L_{0_max} 分别代表修正前单个水听器位置坐标的误差均值和误差最大值；$L_{\_mean}$ 和 $L_{\_max}$ 分别代表修正后单个水听器位置坐标的误差均值和误差最大值。

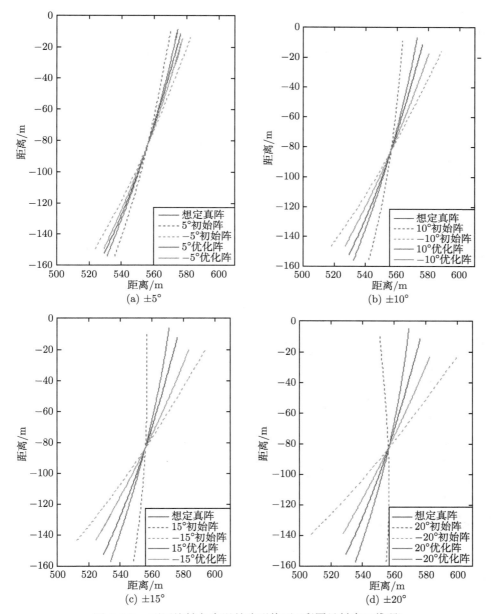

(a) ±5°　　　　　　　　　　(b) ±10°

(c) ±15°　　　　　　　　　　(d) ±20°

图 8.2.5　不同旋转角度误差阵形修正 (彩图见封底二维码)

由表 8.2.2 可知, 对于不同旋转偏离度条件下的初始误差阵, 由于仅考虑旋转
变化量, 对于旋转角度大小相等、方向相反的情况, 初始误差的均值和最大值分

别对应相等。同时，偏离度越小，即初始误差阵越靠近想定真阵，修正后阵元位置误差越小，计算效果越好。本例中，修正效果最好的是初始旋转偏离度 20° 的情况，其修正阵形误差均值减小了 54.4%，最大值减小了 60.3%；修正效果最差的为初始旋转偏离度 −5° 的情况。总体来看，阵形修正计算模型可对旋转偏离误差进行有效修正，在本例中其修正后阵形均值误差减小了 30%~50%，效果显著。

表 8.2.2　不同旋转角度阵元误差统计信息

旋转偏离度/(°)	−20	−15	−10	−5	5	10	15	20
L_{0_mean}/m	13.02	9.79	6.53	3.27	3.27	6.53	9.79	13.02
$L_{\_mean}$/m	7.18	5.88	3.74	2.30	2.23	3.28	4.32	5.94
修正效果/%	45.6	39.9	42.7	29.7	31.8	49.8	55.9	54.4
L_{0_max}/m	26.04	19.57	13.07	6.54	6.54	13.07	19.57	26.04
$L_{\_max}$/m	13.54	11.08	7.23	4.99	4.63	6.99	9.04	10.34
修正效果/%	48.0	43.4	44.7	23.7	29.2	46.5	53.8	60.3

8.3　基于拖曳阵的噪声源定位技术

本节在前述研究的基础上，通过将阵形预测技术与波束成形噪声源识别技术相结合，针对理想情况不同条件的拖曳阵回转本艇噪声源识别进行讨论，给出了多种情况下噪声源识别的仿真分析，据此初步确定了拖曳阵进行本艇噪声源识别的潜艇回转准则。

8.3.1　弯曲阵波束成形技术

波束成形是噪声源识别的经典技术，波束成形通过多阵元的空间增益可极大提高信噪比和目标分辨率，是现代声呐系统的核心基础[15]。考虑到回转中阵形发生弯曲，因此对等间隔基元线阵的波束成形理论[16,17]进行适当变形修正。

对于水平弯曲阵，假设入射信号为 $s(t)$，已知声源位置为 (x_0, y_0)，M 个阵元位置坐标为 $(x_i, y_i), i = 1, 2, 3, \cdots, M$，则声源到第 i 个阵元的声程差为

$$\mathrm{d}l_i = \sqrt{(x_i - x_0)^2 + (y_i - y_0)^2} \tag{8.3.1}$$

以第一个阵元为基准，则第 i 个基元接收到信号的时延为

$$\tau_i = (\mathrm{d}l_i - \mathrm{d}l_1)/c \tag{8.3.2}$$

则第 i 个基元接收信号为

$$s_i(t) = s(t - \tau_i) + n_i(t) \tag{8.3.3}$$

将各阵元接收信号写成 $M \times 1$ 维向量形式

$$X_s(t) = \begin{bmatrix} s_1(t) \\ s_2(t) \\ \vdots \\ s_M(t) \end{bmatrix} = \begin{bmatrix} \exp(-\mathrm{j}\omega\tau_1) \\ \exp(-\mathrm{j}\omega\tau_2) \\ \vdots \\ \exp(-\mathrm{j}\omega\tau_M) \end{bmatrix} s(t) \qquad (8.3.4)$$

其中，$\omega = 2\pi f$ 表示角频率，$a_s = [\exp(-\mathrm{j}\omega\tau_1), \exp(-\mathrm{j}\omega\tau_2), \cdots, \exp(-\mathrm{j}\omega\tau_M)]^{\mathrm{T}}$ 定义为阵列流形向量。

窄带常规波束成形器的加权向量为

$$w = a_s/M \qquad (8.3.5)$$

对应数据自相关矩阵为

$$R_x = E[X_s(\omega)X_s^H(\omega)] \qquad (8.3.6)$$

由此计算得到波束成形方位谱：

$$\sigma^2 = w^H R_x w \qquad (8.3.7)$$

8.3.2 算例

弯曲阵噪声源识别仿真主要从拖曳阵不同回转直径、不同回转时刻、不同阵列长度、不同拖缆长度、不同回转轨迹的单噪声源识别，以及双噪声源识别等角度进行，相关结论可推广至多噪声源情况。

为定量进行回转机动方式和阵元位置提取优化，定义声源到阵列中点位置连线与阵列垂直等分线的夹角为阵列有效夹角 θ_{array}；声源与阵列中心位置的距离为阵列作用距离 d_{array}，如图 8.3.1 所示。

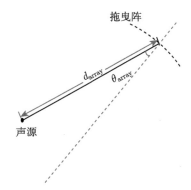

图 8.3.1 假定声源与不同回转直径拖曳阵的相对位置

1. 回转直径

假定艇载声源位置在原点处，回转后拖曳阵理想情况为直线阵，阵列在距离艇体回转直径位置，保持声源在直线阵的垂直平分线上，即 $\theta_{\text{array}} = 0$；5 种颜色分别代表回转直径 $D = 100\text{m}$，300m，500m，800m 和 1000m 这 5 种情况，即等效于不同距离直线阵情况，如图 8.3.2 所示。

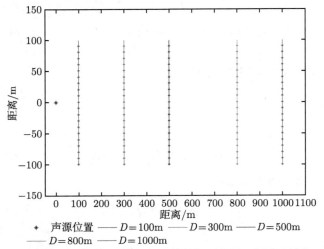

图 8.3.2　声源与不同回转直径理想阵位的相对位置 (彩图见封底二维码)

设信噪比 (SNR) 为 150dB，阵元 200 个，阵元间距 1m，声源在阵列的垂直等分线上，水下声速 c 为 1500m/s，采样率为 5000Hz。图 8.3.3 给出了 4 个频率 (120Hz，300Hz，500Hz，700Hz) 的仿真实验结果。

图 8.3.3 中 X 轴为潜艇所在的 Y 轴沿线扫描距离，本例中以艇艉为坐标原点，对该位置 ±50m 范围进行扫描。由图 8.3.3 可知，在相同频率下声源与阵列距离越近，其峰值位置判断越准确，主瓣宽度越窄，分辨率越高。

2. 回转时刻

为了通过回转中不同时刻阵位进行噪声源识别比较分析,假定回转直径 600m，以距离 600m 的直线阵作为理想参考阵，同时基于前述方法对回转过程中不同时刻的有效阵形进行获取，根据得到的阵形位置进行波束成形计算。图 8.3.4 为回转开始 100s 后，每隔 20s 的瞬时拖缆与拖曳母船的相对位置。其中，* 代表声源位置，布置在拖曳母船尾部；蓝色实线为拖曳母船，通过旋转平移，将潜艇位置统一沿 Y 轴正向放置；黑色细虚线代表拖缆轨迹；黑色实线代表拖缆尾部水听器阵列，共有阵元 150 个，阵元间距 1m。根据图 8.3.4 中给出的瞬时轨迹，考虑到部分阵形与理想阵形相差太大，不符合计算要求，据此选取 180~280s 每隔 20s 的

6 个时刻的相对位置进行噪声源识别计算。

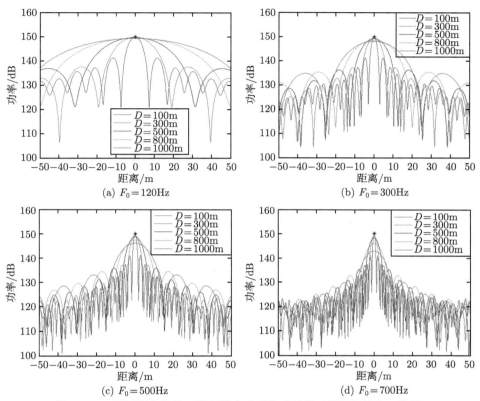

图 8.3.3　不同距离条件下常规波束成形仿真结果 (彩图见封底二维码)

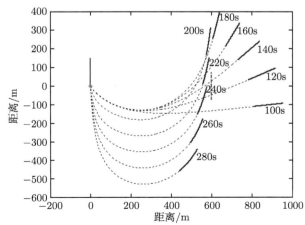

图 8.3.4　拖曳母船载声源与水听器阵相对位置

　　图 8.3.5 中给出了信号频率 200Hz，信噪比 (SNR)50dB 条件下，6 个时刻及理想阵形的功率谱。其中，横坐标为距离，纵坐标为功率。

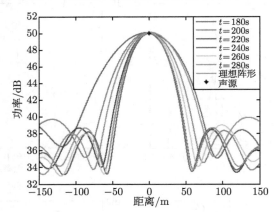

图 8.3.5　$F_0=200$Hz 的功率谱 (彩图见封底二维码)

　　由图 8.3.5 可知，声源与阵列相对位置不同对于声源估计影响很大，在 220s、240s、260s 三个时刻，功率谱估计与理想阵形比较接近。

3. 阵列长度

　　以图 8.3.5 中计算效果最好的第 240s 时刻的声源与拖曳阵相对于位置作为基准，水听器阵分布在拖曳阵尾端，以拖曳阵尾部最后一个节点作为阵列的末端，依次向前每隔 1m 取一个阵元，给出了拖曳系统尾端不同阵元与声源相对位置，如图 8.3.6 所示。

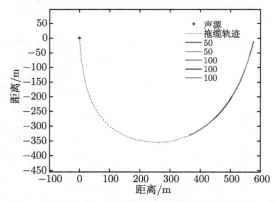

图 8.3.6　不同阵元与声源相对位置图 (彩图见封底二维码)

　　由图 8.3.6 可知，为方便选取不同长度阵形，按照每 50 个或 100 个阵元用不同颜色标记，依次将 400 个阵元分为 5 段。据此，从阵列尾端开始，分别选取阵元 50 个、100 个、200 个、300 个和 400 个，对 500Hz 单频信号进行噪声源识别计算。计算结果如图 8.3.7 所示，其中阵元个数从 50 个增加到 400 个对应的主瓣宽度依次为：31.2m、15.2m、7.7m、5.1m 和 3.9m。由图 8.3.7 可知，当回转瞬时的拖曳阵轨迹确定，且相对声源位置较好时，阵元个数越多，波束形成计算的主瓣宽度越小，其对噪声源识别效果越好，这与传统直线阵结论一致。

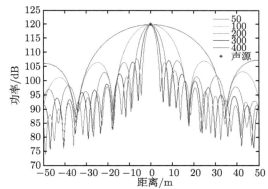

图 8.3.7　不同阵列长度的功率谱 (彩图见封底二维码)

4. 拖缆长度

实际使用过程中拖缆是在船尾由绞盘进行收放，因此其长度可控，一般情况下拖曳阵长度为几百米至几千米，当拖缆较短时，阵列无法在回转过程中达到潜艇舷侧的有效测量位置，当拖缆很长时，回转过程容易发生绞缆或缠绕，操作难度大且影响潜艇的安全性能，因此在前述算例的基础上，选取不同拖缆长度进行仿真计算，如图 8.3.8 所示。由图 8.3.8 可知，不同拖缆长度条件下，同样的回

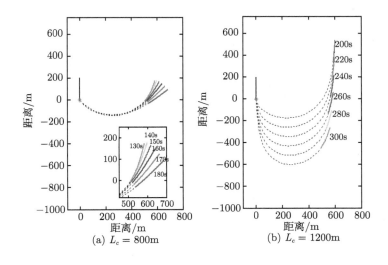

(a) $L_c = 800$m　　　　(b) $L_c = 1200$m

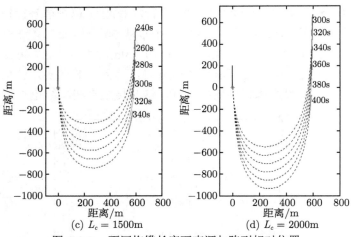

图 8.3.8　不同拖缆长度下声源与阵列相对位置

转机动方式得到的阵型位置存在差别，特别是拖缆较短时，差别较为明显，如图 8.3.8（a）与后三种情况差别较大；然而，当拖缆长度增大到一定程度后，优选阵型位置趋势较为一致。

如图 8.3.9 所示，给出了 $F_0 = 500\mathrm{Hz}$ 的声源保持相同阵元个数，在不同拖缆长度条件下的波束成形仿真计算结果。由图 8.3.9 可知，拖缆总长 L_c 在 $800 \sim 2000\mathrm{m}$

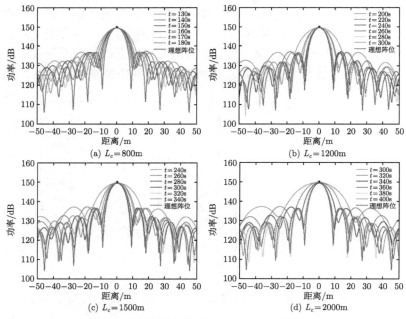

图 8.3.9　$F_0 = 500\mathrm{Hz}$ 不同拖缆长度的波束成形功率谱 (彩图见封底二维码)

变化时均可分辨出声源的位置，但是当 L_c=800m 时，6 个时刻阵位计算的主瓣宽度均大于理想阵位情况，而 $L_c \geqslant$1200m 时，三种长度下均有部分时刻其计算结果与理想阵位较为一致。

5. 回转轨迹

阵列与母艇的相对距离越小，相同条件下噪声源识别的精度越高。因此，在潜艇 U 形回转基础上，适当调整回转方式，对不同回转运动轨迹进行讨论分析，除母艇运动轨迹有所变化外，参数设置与前述保持不变，声源中心频率为 500Hz，表 8.3.1 给出了不同回转运动轨迹方案。

表 8.3.1   不同回转运动轨迹

轨迹	类型	运动总时间/s	回转运动时间/s	直线运动时间/s
1	1/2 圆周回转	471.20	188.48	282.74
2	3/4 圆周回转	471.20	282.72	188.50
3	整圆周回转	471.20	376.96	94.24

图 8.3.10 给出了不同时刻轨迹 2 和轨迹 3 阵元与拖曳母艇相对位置比较图，其中，黑色实线为艇体位置；黑色虚线为不同时刻轨迹；每条虚线尾端的彩色实线对应该时刻的阵形位置；蓝色虚线为距离 600m 的理想阵形位置。

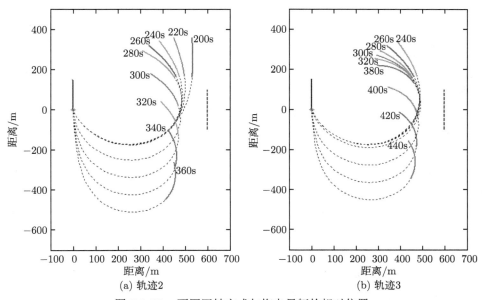

(a) 轨迹2   (b) 轨迹3

图 8.3.10   不同回转方式与拖曳母艇的相对位置

图 8.3.11 给出了噪声源频率 500Hz、信噪比 50dB，轨迹 2 不同阵位下噪声源识别效果。由图 8.3.11 可知，220~320s 每隔 20s 选取的阵位信息比水平距离

声源 600m 的理想阵形计算效果好，特别是第 300s 计算结果明显优于理想阵形。同时，该情况下第 200～360s 时刻阵形的主瓣宽度依次分别为 9.9m、8.7m、8.0m、7.6m、7.5m、6.6m、7.1m、8.7m 和 11.2m，理想直线阵主瓣宽度为 8.1m。

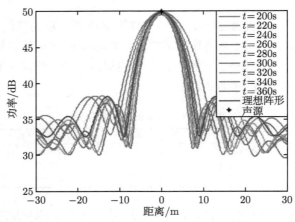

图 8.3.11　轨迹 2 不同阵位下噪声源识别效果 (彩图见封底二维码)

6. 双噪声源

由于潜艇是一个复杂结构体，其噪声源主要分为机械噪声、螺旋桨噪声和流噪声三类，且在不同工况下，各噪声类型的强弱有所区别。在本节潜艇拖曳阵系统模型中，阵形与艇体距离较远，可将主要噪声源区域近似等效为该区域中心位置的点声源进行仿真分析。对于潜艇，其各舱段均分布着各种不同类型或型号的机械设备，噪声源相对复杂，然而大多数情况下，其艇体中后部的动力舱机械噪声起主要作用。因此，当不考虑流噪声时，首先将螺旋桨噪声和动力舱机械噪声假定为两个同时发声的点声源构建双噪声源模型进行噪声源识别。双噪声源模型如下：假定除了尾部噪声源 1 外，在距离艇尾 50m 处还有一噪声源 2，两者仅在位置上有所区别，其他情况保持一致。为进一步分析双噪声源模型的识别效果，在前述三种回转方式中选取较为理想的回转阵形位置，如图 8.3.12 所示。图 8.3.12 中，阵形 1 表示从回转运动开始，轨迹 1 第 240s 的阵形位置；阵形 2 为轨迹 2 回转开始第 300s 的阵形位置；阵形 3 为轨迹 3 回转开始第 320s 的阵形位置；蓝色虚线为回转直径 600m 的理想阵形。

根据图 8.3.12 中提供的阵形位置，假定声源 1 和声源 2 采样频率为 5000Hz，噪声频率和信噪比一致。图 8.3.13 给出了信噪比为 50dB，单频信号 120Hz、300Hz、500Hz 和 700Hz 条件下，不同阵形下噪声源识别结果。由图 8.3.13 可知，选定的三种阵形和理想阵形效果较为一致，均能有效地识别出两个噪声源，并估计噪声源强度。阵形 2 和阵形 3 计算的主瓣宽度更小, 其计算结果要优于阵形 1 和理想阵形的计算结果。

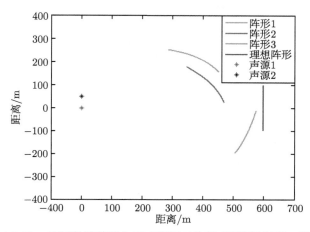

图 8.3.12 不同轨迹阵形与双声源相对位置 (彩图见封底二维码)

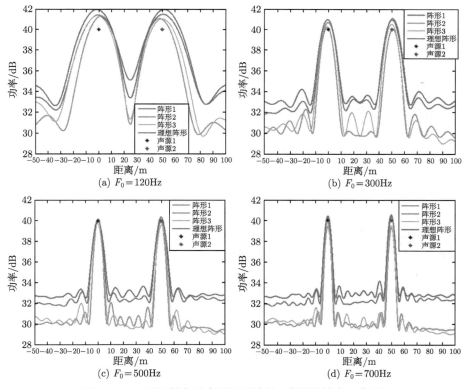

图 8.3.13 不同频率噪声源识别结果 (彩图见封底二维码)

8.3.3　回转准则

通过对回转直径、回转时刻、阵列长度、拖缆长度、回转轨迹以及双噪声源识别的分析，本艇噪声源识别拖曳阵回转准则如表 8.3.2 所示。

表 8.3.2　基于噪声源识别的拖曳阵回转准则

参数	变化及取值范围	备注
回转直径 D/m	3~4 个艇长 尽量保持最小的回转直径	
回转时刻/s	阵列有效夹角 <25° 阵列作用距离 < 回转直径 D	尽量两个条件都满足，部分情况下可保持作用距离最小，适当放宽有效夹角阈值，或酌情调整
阵列长度/m	保持阵元 200 个，可适当增大	该原则在阵元间隔保持 1m 不变条件下得出
拖缆长度/m	拖缆总长 > 回转轨迹半圆周长 一般为 2~3 回转直径	参考回转直径 600m 仿真案例，满足该条件即可满足最低识别需求，条件允许，可适当增大拖缆长度
回转方案	方案 1：U 形回转 方案 2：C 形回转 方案 3：O 周回转	三个方案可根据实际操作可行性酌情选择，参考回转直径 600m 仿真案例，方案 2> 方案 3> 方案 1，但方案 3 出现良好阵形的时间较长，因此，稳定性更好

8.4　本艇水平方向声场评估方法

自拖曳阵噪声评估是一个多系统交互融合的复杂技术，具体为：

(1) 操纵系统基于回转原则提供回转所需的操纵方案，根据操纵方案可获得潜艇回转的运动轨迹、运动速度、运动时间等参数，为动力学模型计算提供初值。

(2) 拖曳阵系统是该技术的核心系统，主要是在回转状态下采集噪声数据和主动声呐发出的辅助信号，通过数据处理实现阵形修正以及噪声评估。

(3) 声呐系统主要是利用主动声呐在回转过程中特定时刻发出指定信号，进而测量声呐与各阵元之间的到达时间，据此可进行动力学模型阵位的误差修正。

(4) 噪声监测系统可提供全船的实时振动和水声监测数据，特别是舷外水听器数据和螺旋桨噪声监测数据，可对噪声源识别和声场重建模型进行辅助测量及修正。

基于拖曳阵的本艇噪声评估技术框架如图 8.4.1 所示。

图 8.4.1 中技术实现主要分为回转机动模块、数据采集处理模块、阵形计算及修正模块，以及本艇声隐身状态评估模块，模块之间有相互交互情况。

具体来看，系统利用潜艇机动参数和实时环境参数作为初始值输入到动力学模型进行计算，结合回转机动准则确定回转机动方案，并对一次回转中不同时刻阵形进行筛选，获取有效阵形。然后，将回转机动方案反馈给潜艇操纵系统，确定回转机动方式；将理想阵形时间提供给声呐系统，确定一次回转中主动声呐信号发出与接收方案。完成以上预处理后，潜艇根据回转方案进行带阵回转并采集数据。然后进入数据采集处理模块，将采集的时域信号通过回转后阵形修正补偿，

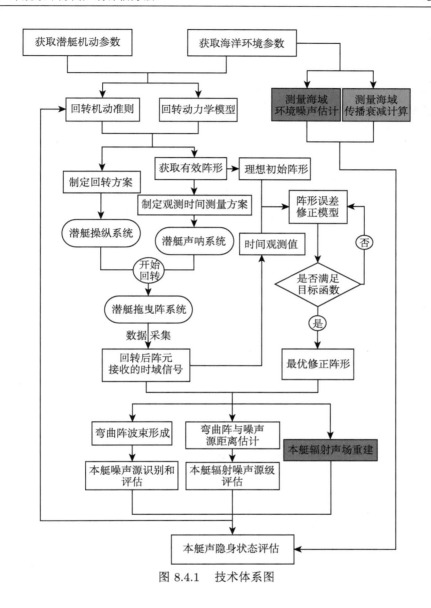

图 8.4.1 技术体系图

计算时间观测值，结合动力学模型计算的理想初始阵位，输入到阵形误差修正模型进行迭代计算，通过目标函数寻优判断，输出最优修正阵形。将回转后阵元接收的时域信号和最优阵形数据输入到噪声评估模块，利用弯曲阵波束成形技术实现本艇噪声源识别和评估；计算各声源与弯曲阵元的距离，实现本艇辐射噪声级评估；利用弯曲阵形结合声场重建技术进行本艇辐射声场重建。将计算结果反馈给回转机动准则，对该准则进行修正和完善。最后考虑实际环境的背景噪声和传播衰减，实现本艇声隐身状态评估。

8.4.1　概述

当确定了潜艇回转过程中拖曳阵的阵形信息后，接下来需要利用拖曳阵尾部的水听器阵列进行本艇辐射噪声的采集，并根据采集的信息进行本艇辐射噪声的评估，获取噪声谱级、水平方向声场云图、指向性等信息。对于潜艇这种圆柱辐射体，在其尾部螺旋桨、中后部动力舱段、指挥台围壳等位置存在明显的声学亮点，各部位噪声相互干涉、叠加导致潜艇远场辐射噪声具有方向特性。潜艇回转时，由于回转半径较大，拖曳阵与潜艇相距较远，远大于潜艇半径，此时拖曳阵处于声辐射远场区，可测量到具有明显空间指向性的辐射声场。因此，可将潜艇简化为若干沿艇体纵向分布的虚拟源，如图 8.4.2 所示，通过拖曳阵接收水平方向的复声压数据，利用波叠加方法进行潜艇的辐射声场预测。由于拖曳阵为水平线阵，无法获取潜艇垂直方向的声压信息，且由于虚拟源分布的简化处理，该方法对于潜艇辐射噪声近场预测存在一定误差，但对于其远场噪声的声源级及指向性预测较为理想。

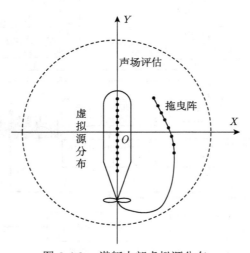

图 8.4.2　潜艇内部虚拟源分布

8.4.2　活塞式声源辐射特性

如图 8.4.3 所示，当活塞声源声压传播距离 r 远大于半径 a 时，辐射声场为夫琅禾费 (Fraunhofer) 远场区，辐射各部分发射的声波经过较远的距离可近似看作一束平行声线。同频率、不同振幅、不同相位的声线相互干涉叠加，形成了具有空间指向性的辐射声场。而当声压传播距离 r 较小时，辐射声场为菲涅耳 (Fresnel) 近场区，此时辐射声场形成复杂的干涉现象，指向性不明显[18]。

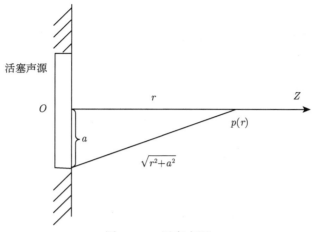

图 8.4.3 活塞声源

活塞中心法线 (Z 轴) 的辐射声压表达式为

$$p(r,t) = \text{i}2\rho c u_0 \text{e}^{\text{i}\left[\omega t - k\left(\sqrt{a^2+r^2}+r\right)/2\right]} \cdot \sin\left(\frac{k}{2}\sqrt{a^2+r^2}-r\right) \tag{8.4.1}$$

ρ 为介质密度，c 为声速，u_0 为质点振速幅值，k 为波数。

声压幅度为

$$|p(r,t)| = 2\rho c u_0 \sin\left(\frac{k}{2}\sqrt{a^2+r^2}-r\right) \tag{8.4.2}$$

如图 8.4.4 为活塞声源中心法线的声压传播损失，其中 a=2m，f=4000Hz，声速 c=1500m/s。

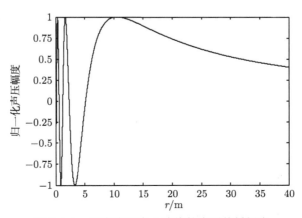

图 8.4.4 活塞声源中心法线的声压传播损失

由图 8.4.4 可看出在菲涅耳近场区，声压幅度起伏交替变化，当传播距离 $r > \dfrac{a^2}{\lambda} - \dfrac{\lambda}{4}$ 时，不再出现干涉现象，声压幅度逐渐减小，声场由菲涅耳近场区向夫琅禾费远场区过渡。

根据泰勒展开，式 (8.4.2) 中：

$$\sqrt{a^2 + r^2} = r + \frac{a^2}{2r} - \frac{a^4}{8r^3} + \cdots \tag{8.4.3}$$

若 $r \gg \dfrac{a}{2}$，则有 $\dfrac{a^2}{2r} \gg \dfrac{a^4}{8r^3}$，因此式 (8.4.1) 中声压幅度为

$$|p(r,t)| = 2\rho c u_0 \sin\left(\frac{\pi a^2}{2\lambda r}\right) \tag{8.4.4}$$

若 $\dfrac{\pi a^2}{2\lambda r} \ll 1$，则有 $\sin\left(\dfrac{\pi a^2}{2\lambda r}\right) \approx \dfrac{\pi a^2}{2\lambda r}$，因此式 (8.4.4) 可写成

$$|p(r,t)| \approx \rho c u_0 \frac{\pi a^2}{\lambda r} \tag{8.4.5}$$

此时声压与距离成反比，与声源面积成正比。由此可知，夫琅禾费远场区的判决条件为

$$\begin{cases} r \geqslant \dfrac{a}{2} \\ r \gg \dfrac{\pi a^2}{2\lambda} \end{cases} \tag{8.4.6}$$

8.4.3　波叠加法

波叠加法基本理论如下，在理想流体媒质中传播的小振幅声波满足三维波动方程：

$$\nabla^2 p(\boldsymbol{r},t) - \frac{1}{c}\frac{\partial^2 p(\boldsymbol{r},t)}{\partial t^2} = 0 \tag{8.4.7}$$

令 $p(\boldsymbol{r},t) = p(\boldsymbol{r})\mathrm{e}^{-\mathrm{i}\omega t}$，去掉时间的相关性 $\mathrm{e}^{-\mathrm{i}\omega t}$，式 (8.4.1) 可转化成 Helmholtz 方程：

$$\nabla^2 p(\boldsymbol{r}) + k^2 p(\boldsymbol{r}) = 0 \tag{8.4.8}$$

在图 8.4.5 所示的声辐射问题中，S 是辐射体的封闭表面，其外部空间为 E，内部空间为 D，式 (8.4.8) 的解为

$$C_1(\boldsymbol{r})p(\boldsymbol{r}) = \int_S \left[p(\boldsymbol{r}_s)\frac{\partial G(\boldsymbol{r},\boldsymbol{r}_s)}{\partial n} - \mathrm{i}\rho c k v(\boldsymbol{r}_s)G(\boldsymbol{r},\boldsymbol{r}_s) \right] \mathrm{d}S_{r_s} \tag{8.4.9}$$

式 (8.4.9) 中，ρ 为介质密度，c 为介质中声速，k 为辐射体振动波数，$\boldsymbol{r}$ 为虚拟源中心 O 到空间任意处的位置矢量，$\boldsymbol{r}_s$ 为虚拟源中心 O 到辐射体边界的位置矢量，$v(\boldsymbol{r}_s)$ 为辐射体边界点 $\boldsymbol{r}_s$ 的法向振速，当点 $\boldsymbol{r}$ 分别在 D、S、E 上时，$C_1(\boldsymbol{r})$ 分别为 0，0.5，1。自由空间中格林函数定义为

$$G(\boldsymbol{r}, \boldsymbol{r}_s) = \frac{\mathrm{e}^{-\mathrm{i}k|\boldsymbol{r}-\boldsymbol{r}_s|}}{4\pi\,|\boldsymbol{r}-\boldsymbol{r}_s|} \tag{8.4.10}$$

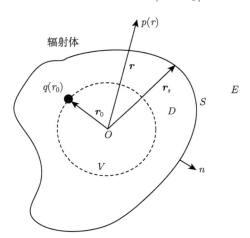

图 8.4.5　辐射体内的虚源分布

在图 8.4.5 所示的内声辐射问题中，设辐射体内部存在一个连续分布的声源体 V，根据质量守恒定理，得到修正 Helmholtz 方程：

$$\nabla^2 p(\boldsymbol{r}) + k^2 p(\boldsymbol{r}) = \mathrm{i}\rho ck q_0(\boldsymbol{r}) \tag{8.4.11}$$

式中，

$$q_0(\boldsymbol{r}) = \begin{cases} q(\boldsymbol{r}), & \boldsymbol{r} \in V \\ 0, & \boldsymbol{r} \notin V \cap \boldsymbol{r} \in D \end{cases}$$

因此，式 (8.4.11) 的解为

$$C_2(\boldsymbol{r})p(\boldsymbol{r})$$
$$= \int_S \left[-p(\boldsymbol{r}_s)\frac{\partial G(\boldsymbol{r}, \boldsymbol{r}_s)}{\partial n} + \mathrm{i}\rho ck v(\boldsymbol{r}_s)G(\boldsymbol{r}, \boldsymbol{r}_s) \right] \mathrm{d}S_{r_s} + \int_V \mathrm{i}\rho ck q(\boldsymbol{r}_0)G(\boldsymbol{r}, \boldsymbol{r}_o)\mathrm{d}V \tag{8.4.12}$$

当点 $\boldsymbol{r}$ 分别在 D、S、E 上时，$C_2(\boldsymbol{r})$ 分别为 1，0.5，0。当 $\boldsymbol{r}$ 取在边界 S 上时，由式 (8.4.9) 和式 (8.4.12) 可得

$$p(\boldsymbol{r}) = \mathrm{i}\rho c k \int_V q(\boldsymbol{r}_0) G(\boldsymbol{r}, \boldsymbol{r}_0) \mathrm{d}V \tag{8.4.13}$$

$\boldsymbol{r}_0$ 为虚拟源中心 O 到虚源 $q(\boldsymbol{r}_0)$ 的位置矢量，$q(\boldsymbol{r}_0)$ 为结构体内部 $\boldsymbol{r}_0$ 处点源强。由式 (8.4.13) 可知波叠加法 (wave superposition method，WSM) 基本思想是：假想结构体内部存在无数个不同强度、不同相位的点源，这些点源的声场相叠加等效为结构体声场。这些点源称为虚拟源，通过对结构体表面的法向振速或近场声压进行数据计算得到虚拟源的源强，然后将虚拟源的辐射声场进行叠加来估计结构体表面的声学量和预测整个外部声场。将式 (8.4.13) 转化为离散形式：

$$p(\boldsymbol{r}) = \mathrm{i}\rho c k \sum_{i=1}^{N} G(\boldsymbol{r}, \boldsymbol{r}_{0i}) q(\boldsymbol{r}_{0i}) \tag{8.4.14}$$

其中，$q(\boldsymbol{r}_{01}) \sim q(\boldsymbol{r}_{0N})$ 为辐射体内部 N 个虚拟源的源强，将式 (8.4.14) 写成矩阵形式：

$$\boldsymbol{P} = \boldsymbol{M}\boldsymbol{Q} \tag{8.4.15}$$

其中，$\boldsymbol{P} = [p(\boldsymbol{r}_{h1}), p(\boldsymbol{r}_{h2}), \cdots, p(\boldsymbol{r}_{hM})]^{\mathrm{T}}$ 为 M 个接收测点的复声压构成的声压向量，$\boldsymbol{Q} = [q(\boldsymbol{r}_{01}), q(\boldsymbol{r}_{02}), \cdots, q(\boldsymbol{r}_{0N})]^{\mathrm{T}}$ 为 N 个虚拟源强度构成的列向量。$\boldsymbol{M}$ 为虚源与场点声压的传递函数矩阵：

$$\boldsymbol{M} = \mathrm{i}\omega\rho_0 \begin{bmatrix} G(\boldsymbol{r}_{h1}, \boldsymbol{r}_{01}) & \cdots & G(\boldsymbol{r}_{h1}, \boldsymbol{r}_{0N}) \\ \vdots & \ddots & \vdots \\ G(\boldsymbol{r}_{hM}, \boldsymbol{r}_{01}) & \cdots & G(\boldsymbol{r}_{hM}, \boldsymbol{r}_{0N}) \end{bmatrix} \tag{8.4.16}$$

由式 (8.4.16) 通过接收测点复声压向量 $\boldsymbol{P}$ 及 $\boldsymbol{M}$ 求逆，可得到声场体积速度向量 $\boldsymbol{Q}$，再通过式 (8.4.14) 计算出任意空间位置处的声压分布。

需要注意体积速度矩阵 $\boldsymbol{Q}$ 的求解过程是求解线性方程组 $\boldsymbol{P} = \boldsymbol{M}\boldsymbol{Q}$，属于求解 $\boldsymbol{b} = \boldsymbol{A}\boldsymbol{x}$ 的声学反问题，也称不适定性问题。不适定性问题表现在解的非唯一性，主要特点是：对矩阵 $\boldsymbol{A}$ 进行奇异值分解所得的奇异值是由大到小排序，随着空间维数增加，分解所得的奇异值数目也相应增加，当矩阵 $\boldsymbol{A}$ 的条件数 (最大奇异值与最小奇异值的比) 非常大时，空间解表现出强烈的不稳定性，也称矩阵 $\boldsymbol{A}$ 为病态矩阵。利用波叠加法进行声场重建时，需要判断逆问题的处理是否需要正则化，即较小的奇异值是否会对结果产生较大影响。可通过矩阵 $\boldsymbol{A}$ 与向量 $\boldsymbol{b}$ 是否满足 Picard 条件来判断，该条件是指随着系数 i 的变化，傅里叶系数的期望值 $\left|\boldsymbol{u}_i^{\mathrm{T}}\boldsymbol{b}\right|$ 下降趋势是否快于奇异值 σ_i 趋于零的速度。当傅里叶系数的期望值 $\left|\boldsymbol{u}_i^{\mathrm{T}}\boldsymbol{b}\right|$ 所对应的曲线与奇异值 σ_i 所对应的曲线出现交叉时，不满足 Picard 条件，此时如果不进行正则化处理，求解 $\boldsymbol{x}$ 会出现激烈振荡，呈现出随机性。目前存在奇异值分解法 [19]、共轭梯度法 [20]、Tikhonov 法 [21]、Landweber 迭代法 [22] 等。

本节在此选择 Tikhonov 方法 +L 曲线法进行正则化处理，通过 Matlab 正则化工具箱[23] 进行优化计算得到理想的矩阵 $\boldsymbol{Q}$。

8.4.4 算例

1. 多点源模型的声场评估

大多数噪声源是具有辐射指向性的，由于声源辐射指向性的存在，声源在自由场中向外辐射声波时，声压级随方向的不同呈现不均匀的属性[24]。对于潜艇这种复杂的大型水下目标，通常可看成多个声源的复合，各声源的类型和复合方式必将影响整个复杂声源的辐射指向性，造成声场空间分布的不均匀。

如图 8.4.6 所示，潜艇指挥台围壳为流激空腔共振声，其振动由有限体积的流体产生，具有偶极子声源特性；螺旋桨空化时产生脉动空泡，为单极子声源，而低航速非空化时螺旋桨噪声具有偶极子声源特性；尾部主电机、柴油机，通过基座激励壳体，属于单极子声源。除此之外，各类机械设备如齿轮箱、空压机等，以及各类泵、管路、阀门中流体的空化和湍流也会产生振动和噪声并传递到潜艇外部。

图 8.4.6 潜艇噪声源分布

采用 "点源替代法"[24] 构建潜艇的辐射声场，即将潜艇的辐射声场看作多点声源的组合，然后利用拖曳阵接收不同位置处的局部声压数据进行潜艇的辐射声场评估。假设潜艇中心位于坐标原点 O，艇艏与 Y 轴正向同向，由两个单极子组成偶极子代表指挥台围壳的流噪声，其坐标分别为 (5m，40m) 和 (−5m，40m)；单极子坐标 (0，0)，(0，−20m)，(0，−60m) 分别代表柴油机、主电机和螺旋桨噪声源，信号频率为 200Hz。直线虚拟源沿 Y 轴均匀分布，虚源中心位于坐标原点 O，相邻虚元间隔 1m，虚源个数为 140。潜艇回转时拖曳阵与潜艇所在的空间位置实时变化，选择两种典型空间位置的接收阵列进行声场预测。接收阵列 1 与 Y 轴平行，阵列中心坐标 (700m，0)，阵元个数 300，阵元间距 1m，阵长 300m；接收阵列 2 与 X 轴平行，阵列中心坐标 (1000m，300m)，阵元个数 800，阵元间距 2m，阵长 1600m。声场预测结果如图 8.4.7 所示。

由图 8.4.7(a) 可看出多个点声源相互干涉，形成具有复杂指向性的辐射声场，声场中存在多个 "声压波瓣"。由图 8.4.7(b) 和 (c) 可看出波叠加法可进行从辐射体中心到阵列两端扇形范围的声场预测，预测的辐射声场与理论值吻合，但由于拖曳阵长度较短，拖曳阵与潜艇距离较远，全息孔径有限，全息孔径外部区域存在预测盲区。

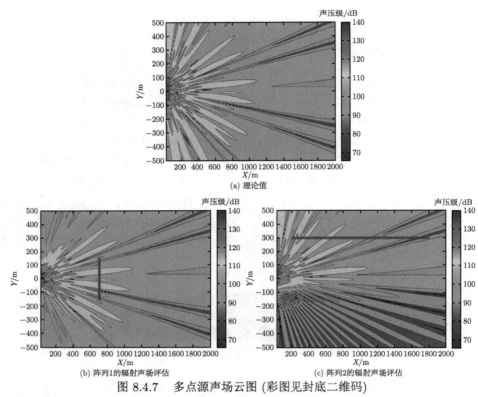

(a) 理论值

(b) 阵列1的辐射声场评估　　　　　　　(c) 阵列2的辐射声场评估

图 8.4.7　多点源声场云图 (彩图见封底二维码)

图 8.4.8 为上述仿真条件下 Picard 结果，期望值 $\left|\boldsymbol{u}_i^{\mathrm{T}}\boldsymbol{b}\right|$ 所对应的曲线与奇异值 σ_i 所对应的曲线出现交叉，不满足 Picard 条件，因此利用波叠加法进行辐射声场预测时，需要对式 (8.4.16) 中系数矩阵 $\boldsymbol{M}$ 进行正则化处理。

2. 潜艇模型的声场评估 [25]

通过 Virtual.Lab 有限元软件中自动匹配边界 (automatic matched layer, AML) 方法进行潜艇模型的声振耦合仿真，获取模型在空间中任意位置的声压级，将其代入拖曳阵的波叠加算法中分析声场评估性能。AML 技术是经历了声学无限元技术和完美匹配层 (perfectly matched layer, PML) 技术后，在 LMS Virtual.Lab10 中开发出的新技术。这种方法不需要添加人工声学吸收层网格，只要画出声学有限元声辐射边界条件，就会自动定义吸收层和吸收系数，从而提高了计算精度，也提高了计算速度，针对计算外场辐射噪声的问题具有巨大优势，其计算流程如图 8.4.9 所示。

有限元仿真参数如下: 模型长 70m, 直径约 6m, 材料密度 7850kg/m³, 杨氏模量 2.1×10^{11}N/m², 泊松比 0.3, 网格单位长度 0.2m, 可计算信号最高频率 1250Hz。流体介质密度 1000kg/m³, 声速 1500m/s。在模型上取三点作为单频激励源, 频率 500Hz, 激励大小均为 100N。对单频激励下的潜艇模型进行声振耦合计算, 可计算潜艇模型表面及空间任意位置的声压及质点振速, 图 8.4.10 为潜

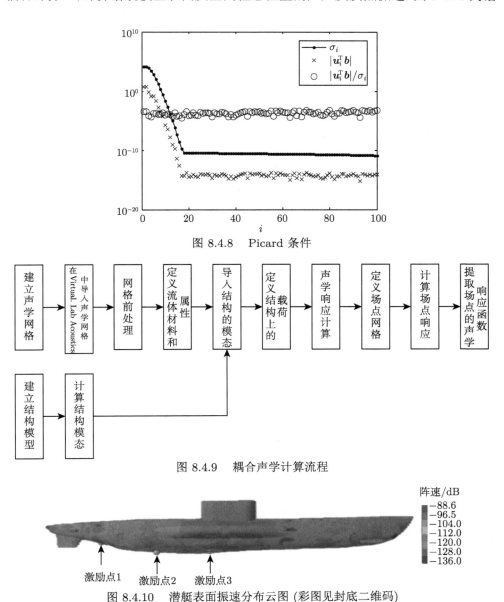

图 8.4.8 Picard 条件

图 8.4.9 耦合声学计算流程

图 8.4.10 潜艇表面振速分布云图 (彩图见封底二维码)

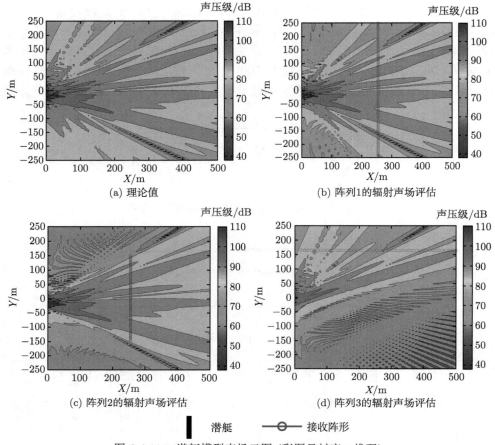

图 8.4.11　潜艇模型声场云图 (彩图见封底二维码)

艇表面振速分布。图 8.4.11(a) 为通过有限元方法获取潜艇水平方向 (XOY 平面) 的辐射噪声云图,潜艇中心位于坐标原点 O,艇艏与 Y 轴正向同向。

在 XOY 平面上选择三种典型空间位置的接收阵列进行辐射声场评估。接收阵列 1 与 Y 轴平行,阵列中心坐标 (250m, 0),阵元个数 100,阵元间距 5m,阵长 500m;接收阵列 2 与 Y 轴平行,阵列中心坐标 (250m, 0),阵元个数 100,阵元间距 3m,阵长 300m;接收阵列 3 与 X 轴平行,阵列中心坐标 (250m, 150m),阵元个数 100,阵元间距 5m,阵长 500m。直线虚拟源沿 Y 轴均匀分布,虚源中心位于坐标原点 O,相邻虚元间隔 1m,虚源个数为 100。声场预测结果如图 8.4.11(b)~(d) 所示。

通过图 8.4.11 的仿真可看出潜艇在多点激励的作用下在夫琅禾费远场区形成明显的指向性,这是由于潜艇各部分发射的声波经过较远的距离可近似看作一束平行声线，相互干涉叠加，形成了具有空间指向性的辐射声场。而在菲涅耳近场区，其干涉声场较为复杂，看不出明显的指向性。而声场预测结果与多点声源近似，可进行从辐射体中心到阵列两端扇形范围的声场预测，预测的辐射声场与理论值吻合。但由于全息孔径有限，存在预测盲区，因此为了尽可能地扩大评估范围，须尽量保证潜艇位于阵列的垂直平分线方向上，如图 8.4.12 所示。

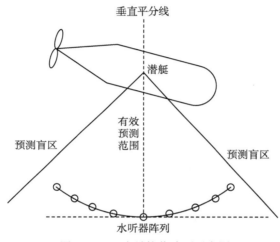

图 8.4.12　有效接收阵列示意图

3. 辐射噪声谱级测量与分析

拖曳阵回转过程中不仅可实现水平方向声场云图的绘制，还可实现航行潜艇纵向谱级的测量。对潜艇水下辐射噪声测量过程中的单水听器布放及参数要求在第 6 章中已做了相关介绍，根据 GJB4057—2000《舰船噪声测量方法》，声压谱源级计算公式如下[26]：

$$L_{po}(i) = L_p(i) + 20\lg(d) \tag{8.4.17}$$

式 (8.1.17) 中 $L_p(i)$ 为第 i 根的线谱的声压谱级 (dB)，d 为水听器到等效声中心的距离。等效声中心通常按照如下准则确定[27]：船舶在匀速直线航过程中，宽带水听器测得的噪声输出最大时，从水听器向船舶首尾作垂线，其垂足被认为是等效声中心。

通过对单水听器进行潜艇辐射噪声测方法的介绍可知，潜艇沿两个水听器的中垂线直线航行时可等效为水听器沿潜艇轴向平行移动，为了保证测量方式的一致，要求拖曳阵声学段与潜艇轴向尽量保持平行移动，因此提出潜艇做 U 形回转机动，即潜艇首先回转 1/2 圆周，然后沿圆周切向直线航行，且尽量保证拖曳阵具有足够的长度，图 8.4.13 为潜艇以回转半径为 100m、航速 10kn 做 U 形回转，

130~155s 时间段内拖曳阵运动状态，拖曳阵总长 1000m，此时拖曳阵可以与潜艇保持较好的平行状态，便于进行横向水平辐射噪声的测量，但由于潜艇回转半径较大，拖曳阵声学段与潜艇相距约为 200m，此时接收信号的信噪比较低，考虑利用相邻多个水听器的相干性，抑制非相干背景噪声的影响，其公式表达如下：

$$\tilde{L} = \frac{1}{N} \sum_{i=1}^{N} L_i \qquad (8.4.18)$$

其中，N 为相邻水听器个数，L_i 为第 i 个水听器的噪声谱级，$\tilde{L}$ 为经过平均处理后的噪声谱级。

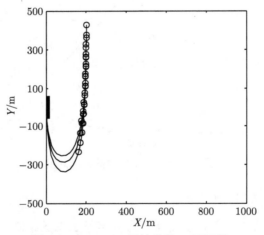

图 8.4.13　100m 回转半径 U 形回转

　　进行基于拖曳阵的多点源模型的纵向谱源级测量仿真。设仿真参数如下：多点声源由三个幅度相同、相位相同的点声源组成，三个点声源坐标分别为 (0，50m)，(0，0)，(0，−20m)，信号频率为 1000Hz，声源级为 120dB，背景噪声为高斯白噪声，噪声谱级为 70dB。根据图 8.4.14 中拖曳阵回转实际情况，选取拖曳阵上 1~4 号四个接收阵元，其坐标分别为 (200m，2m)，(200m，1m)，(200m，0)，(200m，−1m)。根据国军标《舰船噪声测量方法》中对水听器布放的要求，在 (50m，0) 的位置上布放 5 号水听器作为对照组，信号采样率为 8912Hz，采样时间为 2s，设等效声中心位置为坐标原点 O，测点布放如图 8.4.14 所示。

　　图 8.4.15(a)~(d) 分别为拖曳阵上 4 个接收阵元的信号谱级，由于传播距离较远，可看出 1000Hz 线谱的峰值基本掩盖在噪声之下，而通过公式 (8.4.18) 进行谱级平均，可较好进行噪声抑制，显示出线谱峰值，如图 8.4.15(e) 所示。图 8.4.15(f) 为水听器 5 的信号谱级，可看出由于距离声源较近，接收信号信噪比较高。

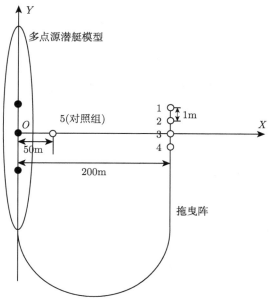

图 8.4.14 纵向谱级测量示意图

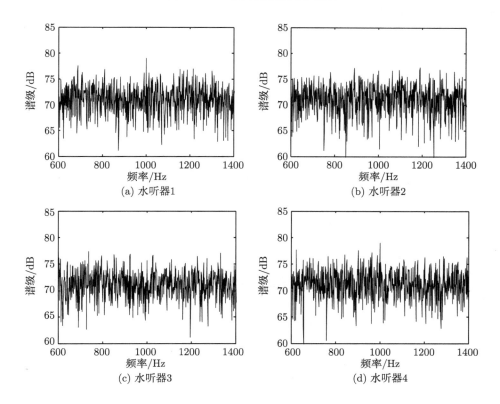

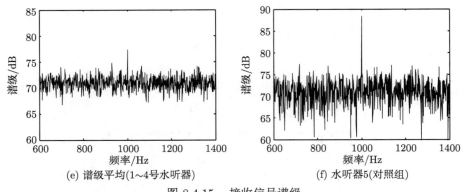

(e) 谱级平均(1~4号水听器)　　　　(f) 水听器5(对照组)

图 8.4.15　接收信号谱级

根据公式 (8.4.16) 进行接收信号的谱源级预测，以比较拖曳阵接收信号与对照水听器声源级预测的差异，由图 8.4.16 可看出利用拖曳阵 4 阵元最终预测 1000Hz 声源级为 122.9dB，而根据《舰船噪声测量方法》中单水听器预测声源级为 122.2dB，两者无明显差别。由上述仿真可知拖曳阵回转过程中，通过多个水听器阵元可实现低信噪比下潜艇纵向谱级测量与分析，同理也可实现 1/3oct 频带声压级及宽带总级的测量分析。该测试方法证明自拖曳阵进行本艇辐射噪声谱级测量理论上完全可行，对测试系统的要求也相对比较简单，较容易工程实现。

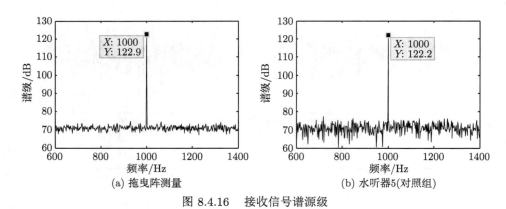

(a) 拖曳阵测量　　　　(b) 水听器5(对照组)

图 8.4.16　接收信号谱源级

8.5　本艇三维方向声场评估方法

由于拖曳阵为水平线阵,因此垂直方向是其测量盲区,如果潜艇表面安装大量加速度传感器,可将结构表面振速数据与拖曳阵的声压数据联合以实现对本艇三维方向的辐射噪声评估,并最终以声压云图的方式体现。参考柱面统计最优声全息算法及圆柱壳体振动耦合的模态展开形式,本节提出了"基于模态展开法 (modal superposition) 的辐射噪声评估算法"。

8.5.1 基于模态展开法的辐射噪声评估算法

"基于模态展开法的辐射噪声评估算法" 基本原理如下, 将长度为 L, 半径为 a 的圆柱壳两端面分别简支在刚性无限长圆柱形的声障板上。坐标原点位于弹性圆柱壳的左端, 如图 8.5.1 所示。此时圆柱壳表面的振动在其两端会产生反射, 沿轴向形成驻波振动, 任意形式的振速分布均可展开为周向和轴向的对称和反对称振动模态的叠加, 同时声场也可按该模态展开[28−30]。将有限长圆柱壳在介质中的径向振动用轴向及周向模态表示, 并建立各阶模态与场点声压之间的传递函数矩阵, 通过匹配全息面的声压或振速 (潜艇表面的加速度传感器) 来确定各阶模态系数。在此基础上, 通过少量远场声压数据 (拖曳阵的声压数据) 进行最小二乘意义下的参数匹配, 获取最优的轴向及周向模态阶数, 最终实现辐射声场的预测。公式推导如下所示[31]。

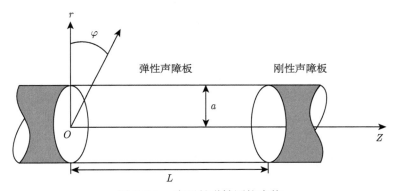

图 8.5.1 有限长弹性圆柱壳体

壳体表面振动引起表面介质振动而产生声场, 声场中声压满足波动方程:

$$\frac{\partial^2 p}{\partial r^2} + \frac{1}{r}\frac{\partial p}{\partial r} + \frac{1}{r^2}\frac{\partial^2 p}{\partial \varphi^2} + \frac{\partial^2 p}{\partial z^2} + k^2 p = 0 \tag{8.5.1}$$

考虑到壳体表面的边界条件, 即表面介质的质点振动和圆柱壳表面的径向振动速度相等, 壳体振动沿轴向方向为驻波形式, 通过模态展开:

$$v_r(r,\varphi,z)|_{r=a} = \sum_{\alpha=0}^{1}\sum_{n=0}^{\infty}\sum_{m=1}^{\infty} \dot{W}_{mn}^{\alpha} \sin\left(n\varphi + \frac{\alpha\pi}{2}\right) f_m(z) \tag{8.5.2}$$

式中, $f_m(z) = \begin{cases} \sin(k_m z) & (0 \leqslant z \leqslant L) \\ 0 & (|z| > L) \end{cases}$, $k_m = \dfrac{m\pi}{L}$; $\dot{W}_{mn}^{\alpha}$ 表示径向振速模态展开系数; $\alpha = 0,1$ 分别对应周向的对称及非对称振动; m、n 分别为轴向与周

向模态阶数，当 m 为奇数时表示轴向对称振动，为偶数时表示反对称振动。对式 (8.5.2) 做空间傅里叶变化得

$$\tilde{v}_r(r,\varphi,k_z)|_{r=a} = \sum_{\alpha=0}^{1}\sum_{n=0}^{\infty}\sum_{m=1}^{\infty} \dot{W}_{mn}^{\alpha} \sin\left(n\varphi + \frac{\alpha\pi}{2}\right) \tilde{f}_m(k_z) \tag{8.5.3}$$

其中，

$$\tilde{f}_m(k_z) = \int_{-\infty}^{\infty} f_m(z) \mathrm{e}^{-\mathrm{i}k_z z} \mathrm{d}z = \int_{0}^{L} \sin(k_m z) \mathrm{e}^{-\mathrm{i}k_z z} \mathrm{d}z \tag{8.5.4}$$

根据常用函数积分表：

$$\int \mathrm{e}^{ax} \sin(bx) \mathrm{d}x = \frac{\mathrm{e}^{ax}}{a^2 + b^2} [a\sin(bx) - b\cos(bx)] \tag{8.5.5}$$

设 $a = -\mathrm{i}k_z$，$b = k_m$，$x = z$，式 (8.5.4) 可改写为

$$\tilde{f}_m(k_z) = \frac{\mathrm{e}^{-\mathrm{i}k_z L}}{k_m^2 - k_z^2}[-\mathrm{i}k_z \sin(k_m L) - k_m \cos(k_m L)] + \frac{k_m}{k_m^2 - k_z^2} \tag{8.5.6}$$

由 $k_m L = m\pi$ 可得 $\sin(k_m L) = 0$，$\cos(k_m L) = (-1)^m$，将其代入式 (8.5.6) 中得

$$\tilde{f}_m(k_z) = \frac{k_m[1 - \mathrm{e}^{-\mathrm{i}k_z L}(-1)^m]}{k_m^2 - k_z^2} \tag{8.5.7}$$

根据分离变量法，式 (8.5.1) 的声压解为

$$p(r,\varphi,z) = \sum_{\alpha=0}^{1}\sum_{n=0}^{\infty}\sum_{m=1}^{\infty} A_{mn}^{\alpha} P_m(r) P_m(z) \sin\left(n\varphi + \frac{\alpha\pi}{2}\right) \tag{8.5.8}$$

对 (8.5.8) 做空间傅里叶变换得

$$\tilde{p}(r,\varphi,k_z) = \sum_{\alpha=0}^{1}\sum_{n=0}^{\infty}\sum_{m=1}^{\infty} A_{mn}^{\alpha} P_m(r) \tilde{P}_m(k_z) \sin\left(n\varphi + \frac{\alpha\pi}{2}\right) \tag{8.5.9}$$

其中，$\tilde{P}_m(k_z) = \int_{-\infty}^{\infty} P_m(z) \mathrm{e}^{-\mathrm{i}k_z z} \mathrm{d}z$，由 n 阶 Bessel 方程在无限介质中的解，得 $P_m(r) \approx H_n^{(1)}(k_r r)$，式 (8.5.9) 可写成

$$\tilde{p}(r,\varphi,k_z) = \sum_{\alpha=0}^{1}\sum_{n=0}^{\infty}\sum_{m=1}^{\infty} A_{mn}^{\alpha} H_n^{(1)}(k_r r) \tilde{P}_m(k_z) \sin\left(n\varphi + \frac{\alpha\pi}{2}\right) \tag{8.5.10}$$

其中，$H_n^{(1)}(k_r r)$ 表示 n 阶第一类 Hankel 函数，$k_r = \sqrt{k^2 - k_z^2}$，$k = \dfrac{\omega}{c}$ 是流体声学波数，k_z、k_r 分别为波矢量在轴向和径向上的分量。根据 Euler 方程：

$$\mathrm{i}\omega\rho v_r(r,\varphi,z) = \frac{\partial p(r,\varphi,z)}{\partial r} \tag{8.5.11}$$

将式 (8.5.3)、式 (8.5.10) 联立得

$$\mathrm{i}\rho\omega \sum_{\alpha=0}^{1}\sum_{n=0}^{\infty}\sum_{m=1}^{\infty} \dot{W}_{mn}^{\alpha} \sin\left(n\varphi + \frac{\alpha\pi}{2}\right) \tilde{f}_m(k_z)$$

$$= \sum_{\alpha=0}^{1}\sum_{n=0}^{\infty}\sum_{m=1}^{\infty} A_{mn}^{\alpha} k_r H_n^{'(1)}(k_r a) \tilde{P}_m(k_z) \sin\left(n\varphi + \frac{\alpha\pi}{2}\right) \tag{8.5.12}$$

利用 $\sin\left(n\varphi + \dfrac{\alpha\pi}{2}\right)$ 函数的正交性可得

$$\mathrm{i}\rho\omega \dot{W}_{mn}^{\alpha} \tilde{f}_m(k_z) = A_{mn}^{\alpha} k_r H_n^{'(1)}(k_r a) \tilde{P}_m(k_z) \tag{8.5.13}$$

其中，$H_n^{'(1)}(k_r a)$ 为 n 阶第一类 Hankel 函数的导数，将式 (8.5.13) 代入式 (8.5.10) 得

$$\tilde{p}(r,\varphi,k_z) = \sum_{\alpha=0}^{1}\sum_{n=0}^{\infty}\sum_{m=1}^{\infty} \frac{\mathrm{i}\rho\omega \sin\left(n\varphi + \dfrac{\alpha\pi}{2}\right) \dot{W}_{mn}^{\alpha}}{k_r} \tilde{f}_m(k_z) \frac{H_n^{(1)}(k_r r)}{H_n^{'(1)}(k_r a)} \tag{8.5.14}$$

对式 (8.5.14) 做空间傅里叶反变换得 [28]

$$p(r,\varphi,z) = \int_{-\infty}^{\infty} \frac{\tilde{p}(r,\varphi,k_z)}{2\pi} \mathrm{e}^{\mathrm{i}k_z z}\mathrm{d}k_z$$

$$= \sum_{\alpha=0}^{1}\sum_{n=0}^{\infty}\sum_{m=1}^{\infty} \frac{\mathrm{i}\rho\omega \sin\left(n\varphi + \dfrac{\alpha\pi}{2}\right) \dot{W}_{mn}^{\alpha}}{2\pi} \int_{-\infty}^{\infty} \tilde{f}_m(k_z) \frac{H_n^{(1)}(k_r r)}{H_n^{'(1)}(k_r a)} \frac{\mathrm{e}^{\mathrm{i}k_z z}}{k_r}\mathrm{d}k_z \tag{8.5.15}$$

将式 (8.5.7) 代入式 (8.5.15) 得

$$p(r,\varphi,z) = \sum_{\alpha=0}^{1}\sum_{n=0}^{\infty}\sum_{m=1}^{\infty} \frac{\mathrm{i}\rho\omega k_m \sin\left(n\varphi + \dfrac{\alpha\pi}{2}\right) \dot{W}_{mn}^{\alpha}}{2\pi}$$

$$\int_{-\infty}^{\infty} \frac{[1 - \mathrm{e}^{-\mathrm{i}k_z L}(-1)^m]}{k_m^2 - k_z^2} \frac{H_n^{(1)}(k_r r)}{H_n^{'(1)}(k_r a)} \frac{\mathrm{e}^{\mathrm{i}k_z z}}{k_r}\mathrm{d}k_z \tag{8.5.16}$$

提取指数部分进行化简:

$$\int_{-\infty}^{-\infty} [1 - e^{-ik_z L}(-1)^m] e^{ik_z z} \mathrm{d}k_z = 2 \int_0^{\infty} \{\cos(k_z z) - (-1)^m \cos[k_z(L-z)]\} \mathrm{d}k_z$$

(8.5.17)

将 (8.5.17) 代入式 (8.5.16) 得

$$p(r, \varphi, z) = \frac{i\rho\omega}{2\pi} \sum_{\alpha=0}^{1} \sum_{n=0}^{N} \sum_{m=1}^{M} k_m \dot{W}_{mn}^{\alpha} \sin\left(n\varphi + \frac{\alpha\pi}{2}\right)$$

$$\times \int_0^{k_{z\,\max}} \frac{\{\cos(k_z z) - (-1)^m \cos[k_z(L-z)]\}}{(k_m^2 - k_z^2)\sqrt{k^2 - k_z^2}} \frac{H_n^{(1)}(\sqrt{k^2 - k_z^2}\,r)}{H_n^{'(1)}(\sqrt{k^2 - k_z^2}\,a)} \mathrm{d}k_z$$

(8.5.18)

式 (8.5.18) 中, $k_{z\,\max}$ 为轴向截止波数, N 为周向最大模态阶数, M 为轴向最大模态阶数。定义模态数 $\kappa = (\alpha, m, n)$ 在柱坐标系 $R = (r, \varphi, z)$ 处的声压基函数:

$$\phi_\kappa(R) = \frac{i\rho\omega}{2\pi} k_m \sin\left(n\varphi + \frac{\alpha\pi}{2}\right)$$

$$\times \int_0^{k_{z\,\max}} \frac{\{\cos(k_z z) - (-1)^m \cos[k_z(L-z)]\}}{(k_m^2 - k_z^2)\sqrt{k^2 - k_z^2}} \frac{H_n^{(1)}(\sqrt{k^2 - k_z^2}\,r)}{H_n^{'(1)}(\sqrt{k^2 - k_z^2}\,a)} \mathrm{d}k_z$$

(8.5.19)

因此式 (8.5.18) 可写成

$$p(r, \varphi, z) = \sum_{j=1}^{2M(N+1)} \phi_{\kappa_j}(R)\dot{W}_{\kappa_j}$$

(8.5.20)

可将式 (8.5.20) 转换成矩阵形式:

$$\boldsymbol{P} = \boldsymbol{A}_p \boldsymbol{W}$$

(8.5.21)

其中, $\boldsymbol{P} = [p(R_1), p(R_2), \cdots, p(R_X)]^{\mathrm{T}}$ 为全息面上的 X 个复声压构成的声压向量, $\boldsymbol{W} = [\dot{W}_{\kappa_1}, \dot{W}_{\kappa_2}, \cdots, \dot{W}_{\kappa_{2M(N+1)}}]^{\mathrm{T}}$ 为声场传递系数矩阵, 声压基函数矩阵为

$$\boldsymbol{A}_p = \begin{bmatrix} \phi_{\kappa_1}(R_1) & \cdots & \phi_{\kappa_{2M(N+1)}}(R_1) \\ \vdots & \ddots & \vdots \\ \phi_{\kappa_1}(R_X) & \cdots & \phi_{\kappa_{2M(N+1)}}(R_X) \end{bmatrix}$$

(8.5.22)

由式 (8.5.21) 可知，通过全息面复声压向量 $\boldsymbol{P}$ 及 $\boldsymbol{A}_p$ 求逆，可得到声场传递矩阵系数 $\boldsymbol{W}$，再通过式 (8.5.20) 可计算出任意位置的声压分布。根据 Euler 方程，由式 (8.5.18) 可得质点径向振速为

$$
\begin{aligned}
v_r(r,\varphi,z) = \frac{1}{2\pi} \sum_{\alpha=0}^{1} \sum_{n=0}^{N} \sum_{m=1}^{M} \dot{W}_{mn}^{\alpha} \sin\left(n\varphi + \frac{\alpha\pi}{2}\right) k_m \\
\times \int_0^{k_{z\max}} \frac{\{\cos(k_z z) - (-1)^m \cos[k_z(L-z)]\}}{k_m^2 - k_z^2} \frac{H_n^{'(1)}(\sqrt{k^2 - k_z^2}\, r)}{H_n^{'(1)}(\sqrt{k^2 - k_z^2}\, a)} \mathrm{d}k_z
\end{aligned}
\tag{8.5.23}
$$

同理，定义模态数 $\kappa = (\alpha, m, n)$ 在柱坐标系 $R = (r, \varphi, z)$ 处的振速基函数：

$$
\begin{aligned}
\psi_\kappa(R) = \frac{1}{2\pi} \sum_{\alpha=0}^{1} \sum_{n=0}^{N} \sum_{m=1}^{M} k_m \sin\left(n\varphi + \frac{\alpha\pi}{2}\right) \\
\times \int_0^{k_{z\max}} \frac{\{\cos(k_z z) - (-1)^m \cos[k_z(L-z)]\}}{k_m^2 - k_z^2} \frac{H_n^{'(1)}(\sqrt{k^2 - k_z^2}\, r)}{H_n^{'(1)}(\sqrt{k^2 - k_z^2}\, a)} \mathrm{d}k_z
\end{aligned}
\tag{8.5.24}
$$

因此式 (8.5.24) 可写成

$$
v_r(r,\varphi,z) = \sum_{j=1}^{2M(N+1)} \psi_\kappa(R) \dot{W}_{\kappa_j}
\tag{8.5.25}
$$

可将式 (8.5.25) 转换成矩阵形式：

$$
\boldsymbol{V} = \boldsymbol{A}_v \boldsymbol{W}
\tag{8.5.26}
$$

其中，向量 $V = [v(R_1), v(R_2), \cdots, v(R_X)]^{\mathrm{T}}$ 为全息面上 X 个复振速构成的振速向量，振速基函数矩阵为

$$
\boldsymbol{A}_v = \begin{bmatrix} \psi_{\kappa_1}(R_1) & \cdots & \psi_{\kappa_{2M(N+1)}}(R_1) \\ \vdots & \ddots & \vdots \\ \psi_{\kappa_1}(R_X) & \cdots & \psi_{\kappa_{2M(N+1)}}(R_x) \end{bmatrix}
\tag{8.5.27}
$$

参数 M，N，$k_{z\max}$ 的选取是影响声场预测精度的重要因素，对于潜艇回转测噪过程，可通过拖曳阵的远场声压数据对各类参数进行优化选择，因此提出利

用最小二乘意义下的最优参数匹配方法获取最优参数, 如式 (8.5.28) 所示。

$$\begin{cases} I = \dfrac{\sum\limits_{i=1}^{K} |p(r_i) - \hat{p}(r_i)|^2}{\sum\limits_{i=1}^{M} |p(r_i)|^2} \\[4mm] \dfrac{\partial I}{\partial y} = 0, \quad I \leqslant C \end{cases} \tag{8.5.28}$$

其中, $p(r_i)$ 为 K 个 P_r 远场线阵的测量声压, $\hat{p}(r_i)$ 为对应位置处模态展开法的预测声压, C 为最低精度需求, $y = (M, N, k_{z\max})$ 为配置的参数。

8.5.2 算例

利用全息柱面的声压、振速数据对点声源、圆柱模型及船舶模型进行声场预测仿真, 并对算法中参数的选取及误差进行分析与仿真。图 8.5.2 为全息面与重建面示意图, (r_H, φ_H, z_H)、(r_S, φ_S, z_S) 分别为全息柱面与预测柱面的坐标。当 $\varphi_S = \pi$ 时, 可进行结构体在 XOZ 平面 (水平方向) 的声场预测。

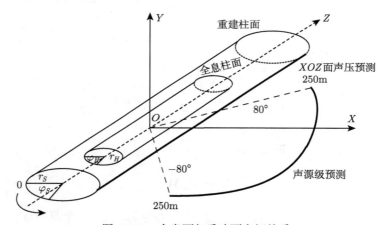

图 8.5.2　全息面与重建面空间关系

由于脉动球声源具有声压与质点振速的解析解, 因此通过圆柱统计最优近场声全息法 (SOCNAH)[29] 及模态展开法进行脉动球声场的预测仿真。脉动球质点振速与声压分别为

$$v = \frac{v_0(ikr-1)}{ika-1}\frac{a^2}{r^2}e^{ik(r-a)} \tag{8.5.29}$$

$$p = \frac{v_0(i\rho_0 kca^2)}{(ika-1)r}e^{ik(r-a)} \tag{8.5.30}$$

在柱坐标系下 $(r, \varphi, z) = (0, 0, \pm 20\text{m})$ 的两个相同脉动球，振动频率 $f = 200\text{Hz}$，脉动半径 $a=0.05\text{m}$，振速 $v_0 = 0.01\text{m / s}$，传播介质为水；全息柱面为 $r_H = 4\text{m}$，$-30\text{m} \leqslant z_H \leqslant 30\text{m}$，$0 < \varphi_H < 2\pi$；全息面网格的轴向间隔 $\text{d}z=2\text{m}$，周向间隔 $\text{d}\varphi = \pi/18$，得到 31×36 节点的全息面数据。通过远场声压数据进行参数匹配，获取模态展开法参数如下：轴向最大模态阶数 $M=14$，周向最大模态阶数 $N=10$，轴向最大波数 $k_{z\ \text{max}} = 1.5$；当振动频率 $f = 1000\text{Hz}$ 时，$\text{d}z=0.5\text{m}$，$M=40$，$N=10$，其他仿真参数不变。SOCNAH 参数可根据文献 [29] 设置，其预测面声压表达式可写成

$$p(r_S, \varphi_S, z_S) = \frac{1}{2\pi} \sum_{n=-N_1}^{N_1} \text{e}^{\text{i}n\varphi_S} \sum_{k_z=-k_z\ \text{max}}^{k_z\ \text{max}} P_n(a, k_z) \frac{H_n^{(1)}(k_r r_S)}{H_n^{(1)}(k_r a)} \text{e}^{\text{i}k_z z_S} \quad (8.5.31)$$

其中，$N_1 = \dfrac{\pi}{\text{d}\varphi}$，$L$ 为全息柱面长度；波数域轴向最大波数 $k_{z\ \text{max}} = \dfrac{\pi}{\text{d}z}$。

图 8.5.3(a) 和 (b) 分别为振动频率为 200Hz、1000Hz 时 XOZ 平面 $r_S=5\text{m}$，$\varphi_S = \pi$，$-150\text{m} \leqslant z_S \leqslant 150\text{m}$ 位置的预测声压级，可看出利用 SOCNAH 进行声场预测时，在全息孔径以内范围 ($-30\text{m} \leqslant z_S = z_H \leqslant 30\text{m}$) 重建效果较好，在全息孔径以外范围则出现周期性的 "虚像"，而利用模态展开法在全息孔径以外可获得很好的预测结果。

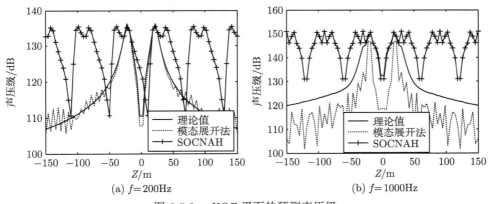

(a) $f=200\text{Hz}$ (b) $f=1000\text{Hz}$

图 8.5.3 XOZ 平面的预测声压级

为了进一步验证模态展开法的声压远场预测性能，对比不同预测柱面半径 r_S 下声压预测精度，图 8.5.4 给出振动频率为 200Hz、1000Hz 时 XOZ 平面 $r_S = 200\text{m}$、300m，$\varphi_S = \pi$，$-150\text{m} \leqslant z_S \leqslant 150\text{m}$ 位置的预测声压级，由于脉动球在轴向边界处并不是简支约束，且全息孔径有限，可看出高频信号在全息面首尾方向的声场预测存在一定误差，模态展开法的有效预测范围如图 8.5.5 所示。

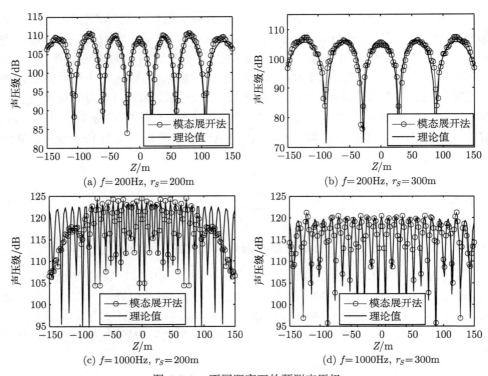

(a) $f=200\text{Hz}$, $r_S=200\text{m}$

(b) $f=200\text{Hz}$, $r_S=300\text{m}$

(c) $f=1000\text{Hz}$, $r_S=200\text{m}$

(d) $f=1000\text{Hz}$, $r_S=300\text{m}$

图 8.5.4 不同距离下的预测声压级

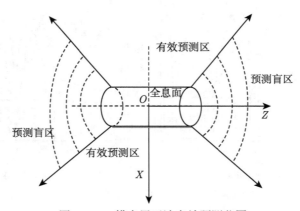

图 8.5.5 模态展开法有效预测范围

8.6 本艇非自由声场评估方法

8.4 节和 8.5 节分别讨论了利用拖曳阵及结构表面的加速度传感器实现二维和三维的本艇辐射噪声评估,但仅将信号传播路径当作自由声场环境进行相关研究。考虑到实际情况，回转过程中潜艇与拖曳阵水听器收发信道不能当作自由声场考虑，需要考虑海洋环境的影响。声波在海洋中的传播非常复杂，多途效应、频散效应、边界的不平整性、水中的不均匀性，均会引起接收信号的畸变。同时考虑潜艇下潜深度有限及拖曳阵与潜艇的空间位置关系，属于一种近海面、短收发距离的水声信道环境。

8.6.1 基本理论

所有水声信道模型的理论基础均为波动方程，严格求解波动方程是复杂甚至不可能的，所以需要通过数值算法来求解波动方程。不同数值算法形成了不同的声场模型，一般常用的声场模型有以下五种：射线理论模型、简正波理论模型、多途扩展模型、快速场模型、抛物线模型。不同声场模型之间的关系可由图 8.6.1 表示[30]。

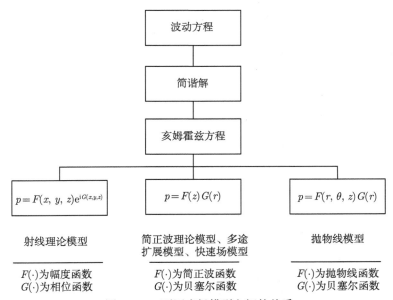

图 8.6.1 不同声场模型之间的关系

射线理论通过声线来描述声场中的能量传递过程。从声源发出的声线按一定的路径到达接收点，接收到的声能是所有到达声线的叠加。由于声线都有一定的路径，分别有一定的到达时间和相位。射线理论形式简洁，计算速度快，物理意义明确，结果简单易懂，而且能适应介质及边界的水平变化，声线图有助于直观、形象地理解声场。但射线理论是波动方程的高频近似解，用射线声学理论作近似计算时要满足两个条件：

(1) 要求声波振幅在波长尺度的空间范围内相对变化量足够小；

(2) 要求介质折射率在波长尺度的空间范围内变化足够小。

若声线在一个波长的范围内弯曲或声强发生变化, 利用这种方法就不能实现准确可靠的声场分析, 因此射线理论只适用于分析高频声场问题, 但是在通常的论述中对深海浅海、高频低频的论述没有严格定义, 也很难给出严格界限, 式 (8.6.1) 一般作为高频条件的近似指导 [32]:

$$f > 10\frac{c}{H} \tag{8.6.1}$$

其中, f 是频率, H 是波导深度, c 是声速。

Boyles 指出通过对不同频率信号进行衍射修正, 可将射线理论扩展到较低频率的声场问题。常用的射线模型主要有 RAY、BELLHOP、TRIMAIN、HARPO。

简正波理论用特征函数来描述声传播, 每一个特征函数都是波动方程的一个解, 把简正波叠加起来, 以满足边界条件, 就得到简正波解。简正波理论是浅海声场分析的一个重要手段, 适合分析分层介质中的点源声场, 它忽略了各号简正波的相互作用和模型的连续谱结构, 频率越高, 可传播的简正波的阶次也越高; 频率越低, 简正波就越少, 相应的计算量也越小。常用的简正波模型有 KRAKEN、MOATL、SNAP、COUPLE 等。在远距离范围内, 由于高阶简正波随着距离的增加而迅速衰减, 所以只需少量低阶简正波就可描述声传播, 因此采用简正波理论是较为合适的。而在近距离范围内, 由于声线经过多次反射损失较大, 只需通过少量声线就可描述声传播, 此时采用射线理论较为方便。两种理论所适用的区域之间有一 "衔接" 距离 [33]:

$$r = \frac{H^2}{\lambda} \tag{8.6.2}$$

式中, H 是海水深度, λ 是信号波长。

快速场理论也叫 "波数积分法", 原理与简正波算法近似, 只是计算方法不同。简正波算法运用复变函数中的留数定理, 利用围线积分将声场无限积分形式表示成围线内有限极点留数和的形式来求解声场积分, 而快速场理论是通过使用快速傅里叶变换 (FFT) 方法直接计算声场积分表达式 [34], 既包含了离散模式部分, 又包含了连续模式部分, 计算结果比较精准。目前基于快速场理论的模型有 FFP、PRESS、SCOOTER、SPACE 等。

多路径展开理论把波动方程用声场积分的形式展开, 每个积分代表一条声线路径, 适合进行深海环境中高频信号传播计算, 可用于求解与环境特性及距离无关的声场。主要模型有 FAME 和 MULE。

抛物型方程理论是用抛物型方程代替椭圆型方程进行波动方程的求解, 可用于求解与环境特性及距离有关的声场。抛物型方程理论是波动方程的窄角近似解, 适用于求解小略射角范围且与边界交互较少的情况, 不能计算近场, 也不能计算水平变化较剧烈的声场。对于低频问题的计算速度很快，但当频率增高、水深增加时，计算量较大 [35]。

Jensen[36] 提出了一种水声信道选择模型方案，如图 8.6.2 所示，RI 表示与距离无关的环境；RD 表示与距离有关的环境；● 表示这种建模方式在物理上是适用的，在计算机上也是可行的；○ 表示这种建模方法既不适用也不可行；◐ 表示这种建模方法在精度或执行速度上有某些局限性，低频与高频分界为 500Hz。频率在 500Hz 以上时许多波动理论模型在计算上都显得非常紧张，而在 500Hz 以下时某些射线理论模型因其限制性假设而在物理上可能变得有问题 [37]。

模型类别	应用							
	浅海				深海			
	低频		高频		低频		高频	
	RI	RD	RI	RD	RI	RD	RI	RD
射线理论	○	○	●	●	◐	◐	●	●
简正波理论	●	◐	◐	◐	◐	◐	◐	○
多路径展开理论	○	○	◐	◐	○	○	◐	○
快速场理论	●	○	◐	○	●	○	◐	◐
抛物型方程理论	◐	●	○	○	◐	●	◐	◐

图 8.6.2 不同声场模型适用性

根据上述分析可知射线理论及简正波理论的普适性较强，算法较为成熟，因此考虑利用射线理论及简正波理进行非自由场环境下潜艇的声场预测研究。考虑潜艇带拖曳阵回转时的实际情况，以较大半径进行回转时拖曳阵与潜艇相距 200~1000m；出于安全性考虑，潜艇下潜深度较小，仅有 100~300m 的深度；由于水中高频信号衰减远大于低频，因此需要研究近海面、短收发距离条件下低频声信号传播特性。当信号带宽选择 $50 \sim 1500$Hz 时，根据式 (8.6.2) 得到不同频率 f 与不同水深 H 下的简正波理论与射线理论衔接距离，如表 8.6.1 所示。

表 8.6.1 简正波理论与射线理论衔接距离

f/Hz	H/m		
	100	200	500
50	333m	1333m	8000m
150	1000m	4000m	2.5×10^4m
1500	10^4m	4×10^4m	25×10^4m

由表 8.6.1 可看出，当水深较大时 ($H>500$m)，衔接距离远大于拖曳阵与潜艇的距离，此时可使用射线理论；当水深较小时 ($H<100$m)，衔接距离在拖曳阵与潜艇的距离范围之内，两种理论均有适用性。

8.6.2   深海环境声场评估方法

本节将射线理论与波叠加法联合，修正海洋信道中能量分布的不均匀性对预测结果的影响，实现深海环境下的多点源模型辐射声场预测仿真。由射线理论可知，非自由场环境下，声源发出的本征声线按一定的路径到达接收端，接收信号声是所有到达声线的叠加，该处接收点的声压为

$$p = p_0 \sum_{n=1}^{N} \frac{A_n}{r_n} \mathrm{e}^{-\mathrm{i}kr_n} \tag{8.6.3}$$

其中，p_0 为声源幅值，A_n 为各声线的衰减系数，$\mathrm{e}^{-\mathrm{i}kr_n}$ 为各声线的相位偏移，r_n 为各声线的传播距离，N 为声线总个数。因此，需要将自由空间中的波叠加系数矩阵 $\boldsymbol{M}$ 中的元素改写成

$$M_{ab}(\boldsymbol{r}_{ha}, \boldsymbol{r}_{ob}) = \mathrm{i}\omega\rho_0 \sum_{n=1}^{N} \frac{\mathrm{e}^{-\mathrm{i}k|\boldsymbol{r}_{hm}-\boldsymbol{r}_{on}|_n}}{4\pi |\boldsymbol{r}_{ha}-\boldsymbol{r}_{ob}|_n} \tag{8.6.4}$$

其中，$M_{ab}(\boldsymbol{r}_{ha}, \boldsymbol{r}_{ob})$ 代表矩阵 $\boldsymbol{M}$ 中第 a 行、第 b 列的元素，$\boldsymbol{r}_{ha}$ 为虚源中心 O 到第 a 个接收阵元的位置矢量，$\boldsymbol{r}_{ob}$ 为虚源中心 O 到第 b 个虚源的位置矢量，$|\boldsymbol{r}_{ha}-\boldsymbol{r}_{ob}|_n$ 为虚源 b 到接收阵元 a 的第 n 个特征声线的传播距离。

进行深海环境下多点源的声场预测仿真，多点源模型由 5 个初始相位与幅度相同的点声源组成，其位置分布与 8.4.4 节仿真设置相同，坐标分别为 (5m，40m)，(−5 m，40 m)，(0，0)，(0，−20 m)，(0，−60 m)，信号频率为 200Hz。直线虚拟源沿 Y 轴均匀分布，虚源中心位于坐标原点 O，相邻虚元间隔 1m，虚源个数为 140。选择四个圆形虚源面，虚源点以半径 $r=1\mathrm{m}$，弧度 $\theta=15°$ 均匀分布，共 96 个虚源点，圆心坐标分别为 (0，40m)，(0，0)，(0，−20m)，(0，−60m)。设多点源模型位于水深 50m 处，仅考虑海面反射与直达声，通过射线理论求得其水平方向声场云图如图 8.6.3(a) 所示，接收阵列同样位于水深 50m 处，与 Y 轴平行，阵列中心坐标 (500 m，0)，阵元个数 200，阵元间距 1m，阵长 200m；图 8.6.3(b) 为通过波叠加法预测的声场云图。

为了分析模型辐射声场的预测范围，在声场云图上以坐标原点 O 为圆心，选取半径 500m，$−90°\sim90°$（X 轴方向为 $0°$）范围内的若干声压数据，通过球面扩展损失转化得到模型 1m 处的声源级，如图 8.6.4 所示。

由图 8.6.3 和图 8.6.4 可看出射线法与波叠加法联合可有效地进行深海环境下的声场预测，由于阵列孔径范围有限，$−30°\sim30°$ 方向内预测的辐射声场与理论值吻合，$30°\sim90°$、$−30°\sim−90°$ 方向内预测存在一定误差。

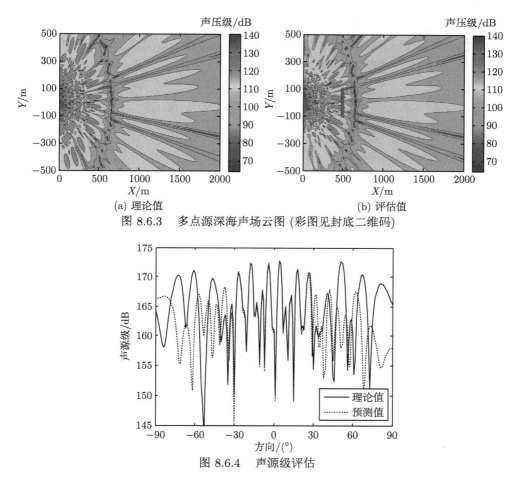

(a) 理论值   (b) 评估值

图 8.6.3   多点源深海声场云图 (彩图见封底二维码)

图 8.6.4   声源级评估

8.6.3   浅海环境声场评估方法

1. 简正波理论

本节利用简正波理论对浅海环境下信号的传播特性进行分析。简正波算法是浅海声场分析的一个重要手段，特别是考虑海底参数影响时，它能完整地给出由海洋固有简正方式决定的声传播特性。简正波理论中声压表达式为[38]

$$P(r,z) = \frac{\mathrm{i}}{\rho(z_s)\sqrt{8\pi r}} \mathrm{e}^{-\mathrm{i}\pi/4} \sum_{m=1}^{\infty} Z_m(z_s) Z_m(z) \frac{\mathrm{e}^{\mathrm{i}k_{rm}r}}{\sqrt{k_{rm}}} \tag{8.6.5}$$

其中，m 为简正波阶数，$Z_m(z)$ 为深度 z 下 m 阶简正波特征向量，z_s 为声源深度，$\rho(z_s)$ 为 z_s 深度处的海水密度，k_{rm} 为水平波数第 m 阶特征值。可通过有限差分法进行特征值与特征向量的求解[39]。如图 8.6.5 所示，考虑一个两层界面，

上层海水深度为 D，下层为沉积层海底。将海水与沉积层均匀分成 L 个间隔，间隔宽度为 h。ρ_s、ρ_w 分别代表沉积层密度与海水密度。需要注意的是，数目 L 应选择得足够大，通常每个波长至少取 10 个点。

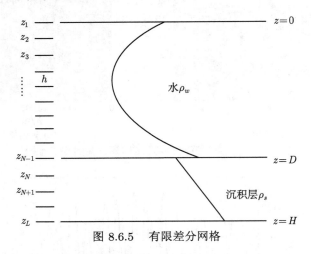

图 8.6.5　有限差分网格

通过式 (8.6.6) 求解相应的特征函数 $Z_m(z)$ 及特征值 k_{rm}。

$$fZ_{N-1} + fa_N^{\text{int}}Z_N + f\frac{\rho_w}{\rho_s}Z_{N+1} = h^2 k_r^2 Z_N \tag{8.6.6}$$

其中，$f = \dfrac{2\rho_s}{\rho_s + \rho_w}$，$a_N^{\text{int}} = -\left(1 + \dfrac{\rho_w}{\rho_s}\right) + \dfrac{1}{2}\left[\dfrac{h^2\omega^2}{c^2(D^-)} + \dfrac{\rho_w}{\rho_s}\dfrac{h^2\omega^2}{c^2(D^+)}\right]$，$c(D^{\pm})$ 中 D^-、D^+ 分别表示从 $z < D$ 和 $z > D$ 方向逼近界面时的极限声速值。式 (8.6.6) 可表示为矩阵形式：

$$A^{\text{mod}}Z = h^2 k_r^2 Z \tag{8.6.7}$$

式 (8.6.7) 中，三对角矩阵

$$A^{\text{mod}} = \begin{pmatrix} a_1 & 1 & & & & & & & \\ 1 & a_2 & 1 & & & & & & \\ & \ddots & \ddots & \ddots & & & & & \\ & & 1 & a_{N-1} & 1 & & & & \\ & & & f & fa_N^{\text{int}} & f\dfrac{\rho_w}{\rho_s} & & & \\ & & & & 1 & a_{N+1} & 1 & & \\ & & & & & \ddots & \ddots & \ddots & \\ & & & & & & 1 & a_{L-1} & 1 \\ & & & & & & & 1 & a_L \end{pmatrix}$$

$$a_j = -2 + \frac{h^2\omega^2}{c^2(z_j)}, \quad i = 1, \cdots, N-1, N, \cdots, L-1, L$$

对式 (8.6.7) 进行特征值及特征函数求解, 代入式 (8.6.5) 中可求出海洋环境中任意空间位置的复声压。

与射线模型类似, 简正波模型同样需要考虑介质吸收及边界散射引起的能量, 其统称为损耗扰动。损耗扰动体现为简正波本征波数是复数值, 虚部体现出简正波的衰减特性。对于弱损耗介质, 文献 [39] 把衰减系数等效为纯虚的声速扰动, 利用微扰方法给出了简正波本征波数的衰减系数:

$$\beta_m = \frac{\omega}{k_{rm}} \int_0^\infty \frac{\rho(z)\alpha(z)}{c(z)} |Z_m(z)|^2 \, \mathrm{d}z \tag{8.6.8}$$

将式 (8.6.8) 分为水层衰减、沉积层衰减两部分叠加的形式:

$$\beta_m = \frac{\omega}{k_{rm}} \left[\int_0^D \frac{\rho_w(z)_w\alpha_w(z)}{c_w(z)} |Z_m(z)|^2 \, \mathrm{d}z + \int_D^\infty \frac{\rho_s(z)\alpha_s(z)}{c_s(z)} |Z_m(z)|^2 \, \mathrm{d}z \right] \tag{8.6.9}$$

其中, $\alpha_w(z)$、$\alpha_s(z)$ 分别为水层衰减系数、沉积层衰减系数。水层衰减系数 $\alpha_w(z)$ 可根据 Thorp 公式得到

$$\alpha_w = \frac{0.1f^2}{1+f^2} + \frac{40f^2}{4100+f^2} + 2.75 \times 10^{-4}f^2 + 0.003$$

沉积层衰减系数 α_s (dB/m) 近似与频率的 β 次方成正比, 可写成

$$\alpha_s = Kf^\beta \tag{8.6.10}$$

式中, K 为常数, 其值与孔隙率 η 有关, $\eta=35\%\sim60\%$, 则 K 近似等于 0.5; f 为信号频率 (kHz); β 为指数, 就沙、淤泥和黏土而言, $\beta \approx 1$。将本征波数的衰减系数 β_m 代入式 (8.6.5), 得到考虑介质损耗时的复声压函数表达式为

$$P(r,z) = \frac{\mathrm{i}}{\rho(z_s)\sqrt{8\pi r}} \mathrm{e}^{-\mathrm{i}\pi/4} \sum_{m=1}^\infty Z_m(z_s) Z_m(z) \frac{\mathrm{e}^{\mathrm{i}k_{rm}r - \beta_m r}}{\sqrt{k_{rm}}} \tag{8.6.11}$$

若水层、沉积层为均匀介质, 则沉积层衰减系数为常数 $\alpha_s(z) = \alpha_s$, 简正波特征函数 $Z_m(z)$ 可写成指数衰减:

$$Z_m(z) = Z_m(D)\mathrm{e}^{-\gamma_m(z-D)} \tag{8.6.12}$$

其中, $\gamma_m = \sqrt{k_{rm}^2 - (\omega/c_s)^2}$, 因此式 (8.6.9) 中沉积层衰减积分公式化简为

$$\int_D^\infty \frac{\rho_s(z)\alpha_s(z)}{c_s(z)} |Z_m(z)|^2 \, \mathrm{d}z = \frac{|Z_m(z)|^2 \alpha_s\omega}{2k_{rm}\gamma_m c_s\rho_s} \tag{8.6.13}$$

2. 浅海环境声场评估

本节简正波理论与波叠加法联合,修正海洋信道中能量分布的不均匀性对声场重建结果的影响[38]。

与射线法相比,简正波方法更加简洁,计算量低,在环境参数及信号频率确定的条件下可直接求解得到不同深度的特征向量,本节将简正波与波叠加法联合,修正海洋信道中能量分布的不均匀性对预测结果的影响,实现浅海环境下的多点源模型辐射声场预测。由波叠加原理可知,声场某点处的声压可由所有简单辐射源贡献的积分得到,将式 (8.4.15)、式 (8.6.5) 联立可得

$$p(\boldsymbol{r}) = \sum_{i=1}^{N} \sum_{m=1}^{\infty} Z_m(z_s) Z_m(z) \frac{\mathrm{e}^{\mathrm{i}k_{rm}|\boldsymbol{r}-\boldsymbol{r}_{oi}|}}{\sqrt{k_{rm}}} \frac{1}{\sqrt{|\boldsymbol{r}-\boldsymbol{r}_{oi}|}} Q_i \tag{8.6.14}$$

其中,$p(\boldsymbol{r})$ 为空间 $\boldsymbol{r}$ 处的声压,$\boldsymbol{r}_{oi}$ 为虚源中心 O 到虚源 i 的位置矢量,Q_i 包含了虚源 i 的强度与相位信息,因此可将式 (8.6.4) 中自由空间中的波叠加系数矩阵 $\boldsymbol{M}$ 中的元素改写成

$$M_{ab}(\boldsymbol{r}_{ha}, \boldsymbol{r}_{ob}) = \frac{1}{\sqrt{|\boldsymbol{r}_{ha}-\boldsymbol{r}_{ob}|}} \sum_{m=1}^{\infty} Z_m(z_s) Z_m(z) \frac{\mathrm{e}^{\mathrm{i}k_{rm}|\boldsymbol{r}_{ha}-\boldsymbol{r}_{ob}|}}{\sqrt{k_{rm}}} \tag{8.6.15}$$

其中,$M_{ab}(\boldsymbol{r}_{ha}, \boldsymbol{r}_{ob})$ 代表矩阵 $\boldsymbol{M}$ 中第 a 行、第 b 列的元素,$\boldsymbol{r}_{ha}$ 为虚源中心 O 到第 a 个接收阵元的位置矢量,$\boldsymbol{r}_{ob}$ 为虚源中心 O 到第 b 个虚源的位置矢量。

根据以上理论,进行浅海环境下多点源的声场预测仿真。仿真参数参照文献 [38],仿真结果如图 8.6.6 所示。其中图 8.6.6(a) 为多点源模型浅海水平辐射声场的理论值,图 8.6.6(b) 通过简正波理论与波叠加法结合得到声场重建云图。

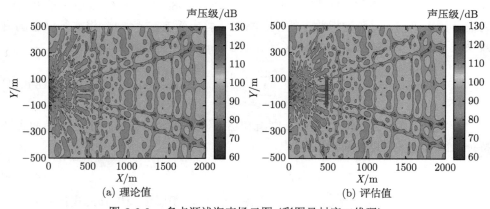

图 8.6.6　多点源浅海声场云图 (彩图见封底二维码)

同样为了分析模型辐射声场的指向性,其指向性评估如图 8.6.7 所示。

由图 8.6.6 和图 8.6.7 可看出简正波与波叠加法联合可有效地进行浅海环境下的声场预测，由于阵列孔径范围有限，$-30° \sim 30°$ 方向内预测的辐射声场与理论值吻合，$30° \sim 90°$，$-30° \sim -90°$ 方向内预测存在一定误差。

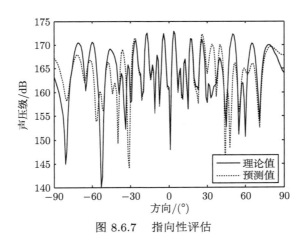

图 8.6.7   指向性评估

参 考 文 献

[1] Yang J X, He L, Shuai C G. Application review on underwater radiated noise measurement by using a vessel's own towed array[J]. Vibroengineering Procedia, 2015, 5: 585-590.

[2] Yang J X, Shuai C G, He L, et al. The dynamic and position estimation of the towed array during the U-turn process[C]. Journal of Physics Conference Series, 2015, Southampton, England, 2016.

[3] 中国科学院声学研究所. 拖曳式线列阵声纳研究丛书 [M]. 北京: 中国科学院声学研究所,1989.

[4] 朱克强. 舰船与水下拖体系统耦合运动的非线性数值模拟 [J]. 华东船舶工业学院学报, 1993, 7(4): 51-57.

[5] 朱克强. 流线型与圆截面型拖缆的流体动力特性对拖曳系统的影响比较 [J]. 华东船舶工业学院学报, 13(6): 13-18, 1999.

[6] Wilson B W. Characteristics of Anchor Cables in Uniform Ocean Currents: Report 204-1 [R]. College Station: Texas A & M Research Foundation, 1960.

[7] Hoerner S F, Borst H V. Fluid-Dynamic Lift[M]. Brick Town: Hoerner Fluid Dynamics, 1975.

[8] Srivastava S K, Ganapathy C. Experimental investigations on loop manoeuvre of underwater towed array cable-array system[J]. Ocean Engng, 2011, 5(1): 85-102.

[9] Srivastava S K, Ganapathy C. Analytical investigations on loop-manoeuvre of underwater towed cable-array system[J] . Applied Ocean Research, 1996, 18(6): 353-360.

[10] Hoerner S F. Fluid-Dynamic Drag[M]. Brick Town: Hoerner Fluid Dynamics, 1965.

[11] Duncan A J. The measurement of underwater acoustic noise radiated by a vessel using the vessel's own towed array[D]. Curtin, Curtin University of Technology, 2003.

[12] Shuai C G, Zhang S K, Zhou S T. Array Shape Estimation using partitioned Eigenstructure Method with Acoustic Sources in unknown localizations[J]. Sound and vibration, 2018, 52(4): 2-5.

[13] Rockah Y, Schultheiss P M. Array shape calibration using sources in unknown locations-Part: 139 Far-field Sources[J]. IEEE Trans. Acoustics Speech and Signal Processing, 1987, 35(3): 288-299.

[14] Schmidt R O. A Signal Subspace Approach to Multiple Emitter Location and Spectral Estimation[D]. Stanford: Stanford University, 1981.

[15] Junger M C, Feit D. Soundstructuresand Their Interaction[M]. Massachusetts: The MIT Press, 1986.

[16] 何祚镛. 结构振动与声辐射 [M]. 哈尔滨: 哈尔滨工程大学出版社, 2001.

[17] 刘涛. 水中复杂壳体的声-振特性研究 [D]. 上海: 上海交通大学, 2002.

[18] 周福洪. 水声换能器及基阵 [M]. 北京: 国防工业出版社, 1984.

[19] Hansen P C. The truncated SVD as a method for regularization[J]. BIT Numerical Mathematics, 1987, 27(4): 534-553.

[20] 贺春东, 毕传兴, 徐亮, 等. 用于近场声全息正则化的共轭梯度法 [J]. 振动工程学报, 2011, 24(1): 67-72.

[21] Tikhonov A N, Arsenin V Y. Solutions of ill-posed problems[J]. Mathematics of Computation, 1977, 32(144): 491.

[22] Landweber L. An iteration formula for fredholm integral equations of the first kind[J]. American Journal of Mathematics, 1951, 73(3): 615-624.

[23] Hansen P C. Regulariation Tools: A matlab package for analysisand solution of discrete ill-posed problems[J]. Numerical Algorithms, 1994, 6(1): 1-35.

[24] 刘宁. 典型潜艇水下辐射噪声空间分布特性测试与分析技术研究 [D]. 哈尔滨: 哈尔滨工程大学, 2005.

[25] 周思同, 何琳, 帅长康, 等. 基于拖曳阵的本船辐射声场重建技术研究 [J]. 华中科技大学学报, 2017, 45(9):96-100.

[26] 国防科学技术工业委员会. 舰船噪声测量方法: GJB4057-2000[P]. 北京: 国防科工委军标出版发行部, 2000.

[27] 王之程, 陈宗岐, 于沨, 等. 舰船噪声测量与分析 [M]. 北京: 国防工业出版社, 2004.

[28] 董康军, 冯洋. 不同介质中圆柱壳体的低阶模态声辐射特性研究 [J]. 机械强度, 2015, 37(4): 598-601.

[29] 王振山. 基于统计最优近场声全息水下运动噪声源定位识别 [D]. 哈尔滨: 哈尔滨工程大学, 2010.

[30] 笪良龙. 海洋水声环境效应建模与应用 [M]. 北京: 科学出版社, 2012.

[31] 周思同, 帅长庚, 杨家轩. 基于模态展开法的水下航行器辐射噪声远场预测方法研究 [J]. 振动与冲击,2019, 38(24):197-202, 242.

[32] Etter P C. Underwater Acoustic Modeling[M]. Amsterdam: Elsevier Applied Science, 1991.

[33] 徐亮, 毕传兴, 陈心昭, 等. 基于带限信号恢复算法的近场声全息分辨率增强方法 [J]. 科学通报, 2008, 53(14): 1632-1639.

[34] Dinapoli F R, Deavenport R L. Theoretical and numerical Green's function field solution in a plane multilayered medium[J]. Journal of the Acoustical Society of America, 1980, 67(1): 92-105.

[35] Lee D, Mcdaniel S T. Ocean acoustic propagation by finite difference methods[J]. Computers & Mathematics with Applications, 1987, 14(5): 305-307.

[36] Jensen F. Numerical models of sound propagation in real oceans[C]. Washington: Oceans 82, 1982.

[37] 欧晓丽. 水声信道建模及其仿真平台的实现 [D]. 厦门: 厦门大学, 2007.

[38] 周思同, 何琳, 帅长庚, 等. 基于简正波和波叠加法的水下非自由声场重建技术仿真研究 [J]. 兵工学报, 2018, 39(2): 338-344.

[39] Jensen F B, Kuperman W A, Porter M B, et al. Computational Ocean Acoustics[M]. NewYork: AIPPress, 1994.